Memórias

seguido de DIÁRIOS DE GUERRA

ROLAND GARROS

Memórias

seguido de DIÁRIOS DE GUERRA

Tradução de Julia da Rosa Simões

L&PM EDITORES

Texto de acordo com a nova ortografia.

Título original: *Mémoires*

Capa: Ivan Pinheiro Machado. *Foto*: Roland Garros D. R./ Col. Musée de l'Air et de l'Espace - Le Bourget
Tradução: Julia da Rosa Simões
Preparação: Patrícia Yurgel
Revisão: Mariana Donner da Costa

CIP-Brasil. Catalogação na publicação
Sindicato Nacional dos Editores de Livros, RJ

G226m

Garros, Roland, 1888-1918
Memórias *seguido de* Diários de guerra / Roland Garros; tradução Julia da Rosa Simões. – 1. ed. – Porto Alegre [RS]: L&PM, 2024.
464 p. ; 21 cm.

Tradução de: *Mémoires*
ISBN 978-65-5666-499-6

1. Garros, Roland, 1888-1918. 2. Guerra Mundial (1914-1918) - Operações aéreas. 3. Pilotos de aviões de caça - França - Biografia. 4. Narrativas pessoais francesas. I. Simões, Julia da Rosa. II. Título.

24-92500 CDD: 940.44092
CDU: 929:94(100)"1914-1918"

Meri Gleice Rodrigues de Souza - Bibliotecária - CRB-7/6439

Rua Comendador Coruja, 314, loja 9 – Floresta – 90.220-180
Porto Alegre – RS – Brasil / Fone: 51.3225.5777

Pedidos & Depto. comercial: vendas@lpm.com.br
Fale conosco: info@lpm.com.br
www.lpm.com.br

Impresso no Brasil
Inverno de 2024

Sumário

Prefácio: O homem que beijava as nuvens – *Philippe Forest* 7

Apresentação – *Jean-Pierre Lefèvre-Garros* 19

Memórias

O começo 25

Na América 73

Campanhas esportivas na França 187

Na América do Sul 265

A temporada de 1912 297

As temporadas de 1913 e de 1914 333

Diários de Guerra 385

Anexos – *Jean-Pierre Lefèvre-Garros*

Cronologia da vida de Roland Garros 425

Quinze perfis biográficos de personalidades que marcaram a trajetória de Roland Garros 434

Créditos 450

Prefácio

O homem que beijava as nuvens

Philippe Forest

1

Por muito tempo acreditei em uma fábula.

Eu ia escrever: em uma piada.

Dei fé – atrevo-me a dizer! – a algumas linhas de Blaise Cendrars, cuja habilidade para falsificar a própria vida foi tamanha que, na mente do leitor mais crédulo, acabou lançando dúvidas até sobre a mais autêntica das anedotas que relata.

As linhas de que falo estão em *O loteamento do céu*, o último dos grandes textos de Cendrars e talvez o mais subestimado, a mais desconhecida das obras-primas literárias de nosso velho século XX. Em 1949, o lendário e distante poeta de *A prosa do Transiberiano* e de *Páscoa em Nova York* conclui seu empreendimento autobiográfico, iniciado por ele quatro anos antes com *O homem fulminado*.

"Memórias que são Memórias sem serem Memórias", ele diz.

Em seu livro, Cendrars celebra – de estrelas a pássaros, passando por mortos e santos – tudo o que está no céu: o novo céu, nascido com o novo século, onde em poucas décadas começaram a rodopiar estranhos objetos nascidos da inventividade humana, os quais Clément Ader, ao que parece, foi o primeiro a chamar de "aviões", maravilhosas máquinas que levavam a promessa da paz que finalmente seria alcançada entre os povos que compartilhavam o mesmo pequeno planeta, mas que logo se tornaram instrumentos de uma destruição como a terra jamais havia visto.

2

Estamos perto de Carvin, em Pas-de-Calais, na época da chamada "guerra de mentira", que Cendrars acompanha como correspondente junto às forças britânicas. A First Brigade está em manobra, exposta a um hipotético ataque da Luftwaffe. O futuro autor de *O loteamento do céu* tem longas conversas com um padre irlandês, o capelão dos Welsh Fusiliers. Elas giram em torno da lenda de Joseph de Cupertino, monge italiano cujas inigualáveis proezas de levitação contribuíram para sua canonização, tornando-o o santo padroeiro dos aviadores. Por associação de ideias, Cendrars começa a pensar no *Diário* de Roland Garros e mais especificamente em suas primeiras páginas, nas quais o pioneiro da aviação lembra como, quando criança, já sonhava em voar.

"Esse *Diário*", escreve Cendrars em 1949, "permanece inédito. Garros fez com que fossem datilografados cinco exemplares e os entregou pessoalmente a cinco amigos, quase todos antigos companheiros de aventuras em Nova Orleans, no México, em Havana, sob a condição expressa de nunca o publicarem e de nunca o mostrarem à imprensa. Mesmo assim, consegui obter um desses cinco exemplares, mas ele sumiu, com todos os meus outros papéis, durante o saque de minha casa de campo em Seine-et-Oise, no final de junho de 1940. Meu exemplar era um manuscrito de 286 folhas cuidadosamente datilografadas frente e verso, em papel Hollande, de pequeno formato *écu*, como um papel de carta de uma dama da alta sociedade ou similar, sem espaçamento, sem parágrafos e sem nenhuma margem, datilografia em bloco, um trabalho consistente, como concreto, sem um erro, sem uma rasura. Um trabalho muito bem-feito. Nunca vi nada igual. Contar de quem o recebi seria escrever um romance. Talvez eu o faça um dia; mas nada é menos certo."

Esse romance, como se pode imaginar, Cendrars nunca o escreveu. A prometida história parece tão inverossímil que o leitor – foi o que senti – fica muito tentado a imaginar que deva tudo às elucubrações do escritor e que o misterioso manuscrito que ele alega ter recebido, lido e depois perdido seja pura ficção: uma espécie de livro-fantasma desprovido de realidade e inteiramente criado para alimentar a lenda de seu suposto autor.

3

No entanto, o *Diário* de Roland Garros realmente existe.

Tenho diante de mim uma cópia feita a partir do exemplar que está sob a guarda do Museu do Ar e do Espaço de Le Bourget. A datilografia não se assemelha em nada à descrição feita em *O loteamento do céu*. A página de título – que chama de *Memórias* o que Cendrars chama de *Diário* – fornece algumas indicações sobre o percurso que o manuscrito seguiu. Elas não são menos romanescas do que as de Cendrars. As *Memórias* do aviador teriam sido escritas durante seu longo período de cativeiro na Alemanha, entre 1915 e 1918, mais exatamente nas celas dos "campos de represálias" para onde Garros foi enviado devido à sua insubordinação. O manuscrito teria sido confiscado por seus carcereiros, que o teriam conservado após a fuga do prisioneiro. Foi com eles que um certo Jean Ajalbert o teria encontrado.

Esse nome já não significa grande coisa para muita gente, mas ele foi um escritor proeminente. Em Saigon, ele havia conhecido o pai do jovem aviador, tornando-se mais tarde amigo deste último e contribuindo grandemente para sua glória póstuma ao assinar, em 1926, os dois volumes de *La Passion de Roland Garros*. É a ele que deveríamos, portanto, a descoberta na Alemanha do *Diário* do aviador, do qual Ajalbert teria feito uma cópia para entregar ao pai do piloto desaparecido. Pelo menos é o que indica a nota no início do manuscrito que tenho comigo... O que não corresponde ao que é dito em *O loteamento do céu*, em que Cendrars, certo de que Ajalbert não as teria lido, ironiza sobre o que esse duvidoso hagiógrafo teria feito com as *Memórias* de seu herói se, como ele, as tivesse tido em mãos.

É de se ficar confuso! No entanto, não se pode duvidar que Cendrars tenha tido o texto em seu poder. O resumo que ele faz é muito preciso. "O *Diário* de Garros", escreve ele, "é o documento mais extraordinário, pitoresco e vivo que se pode ler sobre os primeiros dias da aviação na França e em todo o mundo." O leitor decidirá, mas eu acredito que seja bastante preciso.

Qual seria a prova de que Cendrars está dizendo a verdade e que ele conhecia as memórias deixadas pelo aviador? No início de *Voo a vela*, outro de seus textos autobiográficos, publicado pela primeira vez em 1932, ele usa como epígrafe – à frente de um trecho da epístola aos coríntios de São Paulo! – uma longa citação do *Diário* do aviador à guisa de *incipit*. Roland Garros explica a origem de sua vocação e a faz datar dos sonhos que tinha quando criança, nos quais, sem a ajuda de qualquer máquina, apenas com os recursos de seu corpo e de sua mente, ele se via voando.

4

Nem todos os homens conseguem ver seus sonhos de infância realizados.

Especialmente quando esses sonhos também foram os do século em que cresceram.

Roland Garros recebeu essa graça – que, como todas as outras, vem de cima. Ele reconhece isso. Sua exaltação foi compartilhada com todos os homens e todas as mulheres de sua época, que, como ele, se emocionaram com as façanhas dos primeiros inventores do céu: "Eu também poderia mencionar minha paixão infantil pelas quimeras de Júlio Verne; meu entusiasmo juvenil pelas realizações de Santos Dumont, dos Wright e dos Voisin. É verdade que, naquela época, toda a minha geração vibrava junto comigo...".

A incontestável utopia que acompanhou os primórdios da aviação, há pouco mais de cem anos, está agora tão distante de nós que mal conseguimos compreendê-la. Ela nos fala de um tempo em que as pessoas ainda acreditavam no progresso, convencidas de que o desenvolvimento levaria a humanidade unida a uma era de prosperidade, liberdade e justiça. Porque personificavam um espírito livre das leis da gravidade, os pilotos eram vistos como pioneiros e profetas, arautos prometeicos de uma nova era em que as antigas fronteiras traçadas na Terra deixariam de separar as nações, para que todos os povos pudessem conversar pacificamente nos ares.

As *Memórias* de Roland Garros são o testemunho dessa esperança. A narrativa abrange cinco breves anos. Mas cada um deles parece mais longo que um século, de tão densos em acontecimentos e ricos em novidades, passando a sensação de que o tempo de repente se acelerou. No início – estamos em 1910 –, Garros, no comando de seu frágil *Demoiselle* concebido por Santos Dumont, pena para decolar por alguns metros a fim de realizar um voo rasante em torno de uma pista para impressionar os espectadores pouco exigentes da província remota onde ele e seus amigos exibem suas novas máquinas. No final – apenas dois anos depois –, seu *Blériot* permite que ele se eleve cinco mil metros acima do solo, quebrando o recorde de altitude e, depois, em seu *Morane-Saulnier*, se tornando o primeiro a atravessar o Mediterrâneo, realizando uma verdadeira proeza graças à qual seu nome se inscreve para sempre na História, entre os de Blériot e Lindbergh, em letras maiúsculas de igual importância.

5

Mas as *Memórias* de Roland Garros têm um valor que vai além do puramente documental. Caso contrário, o livro interessaria apenas aos historiadores da já finada epopeia aeronáutica, tão antiquada que parece pertencer a uma época definitivamente passada.

Elas são um verdadeiro romance, um romance de verdade, o do nascimento da aviação, tal como ele foi vivido por um indivíduo inteiramente dedicado, por sua vocação, à pura paixão de voar.

Nessas páginas, só se trata de aviões. Do resto, Roland Garros não fala – ou quase não fala. Quem quiser saber mais sobre a vida do herói terá que consultar os trabalhos que os biógrafos dedicaram a ele no passado e o mais recente *Roland Garros, pionnier de l'aviation*, de Jean-Pierre Lefèvre-Garros.

Sobre sua infância distante – ele nasceu na Ilha da Reunião e cresceu em Saigon –, Garros não diz nada, exceto para lembrar dos sonhos que o encantavam e aos quais devia o desejo de voar. Sua narrativa começa aos vinte anos, ainda estudante, quando os negócios no comércio automobilístico o deixam com um pequeno pecúlio que ele utiliza para comprar seu primeiro avião. Tudo termina quando a Primeira Guerra Mundial está prestes a estourar – como se Garros não tivesse tido coragem de levar adiante seu relato.

Notado no aeródromo de Issy-les-Moulineaux, onde está manobrando o *Demoiselle*, o piloto prova suas habilidades em Cholet durante uma exibição que o leva a ser convidado a Nova York. É a oportunidade de se juntar ao circo aéreo cuja turnê passa pelos Estados Unidos, México e Cuba. Em 1911, ele retorna à Europa e se destaca nas corridas aeronáuticas que interligam as capitais do velho continente. Ele parte novamente para o Novo Mundo e chama atenção no Brasil. De volta à França, ele participa de todas as competições, de todos os encontros, quebrando várias vezes o recorde de altitude, abrindo novas rotas no céu. Delas, a mais famosa é a que, em setembro de 1913, finalmente o faz atravessar o Mediterrâneo.

6

Tudo isso pode ser lido, a bem dizer, como um romance em que não falta nada do que o gênero exige. O jovem herói modestamente aprende sua arte, triunfa sobre os desafios que surgem em seu caminho, sobrevive às múltiplas ameaças que enfrenta. Ele prova suas qualidades físicas e morais, demonstra seu talento, conquista a glória.

Seu romance tem as dimensões do mundo – mas de um mundo para o qual a terra já não é suficiente, um mundo que exige o céu. Ele tem um lado Júlio Verne, do qual Roland Garros tinha plena consciência, aliás. Tudo começa, como deve ser, no espírito de *Cinco semanas em um balão* e termina nos preocupantes tons de *Robur, o conquistador*. As tribulações do aviador e de seus camaradas nas terras exóticas da América evocam irresistivelmente as de Phileas Fogg e Passepartout.

O jovem aviador, destaca Cendrars, "faz cem retratos de extravagantes que se apaixonaram de repente pelas coisas do ar e que queriam se tornar pilotos: caubóis, financistas, mecânicos, bêbados, mulheres, todas mais ou menos excêntricas, querendo pelo menos experimentar o batismo aéreo e arrastando-o para todo tipo de aventuras que geralmente terminavam em bares com coquetéis fulgurantes (os primeiros!) que Garros enumera com deslumbramento". Ele relata, acrescenta Cendrars, "a formação de um piloto de elite que saiu ileso dos mil e um riscos enfrentados e das inúmeras quedas de um *casseur de bois*".*

Este incrível folhetim, repleto de cores, tem como heróis aviadores destemidos e teatrais, habilidosos e acrobatas que multiplicam seus perigosos números no céu. Em improváveis terrenos improvisados nas profundezas do interior francês ou nos Estados mais periféricos da grande América, no México onde reina a guerra, multidões se aglomeram para aclamar suas proezas, quando não ameaçam linchá-los e incendiar suas aeronaves se a apresentação oferecida não estiver à altura das expectativas geradas pelo espetáculo – e do preço pago para assisti-lo. Eles correm riscos e quebram recordes, levam uma vida de equilibristas e saltimbancos ao mesmo tempo em que realizam o que ninguém antes deles ousou empreender ou mesmo imaginar. A pura paixão pelo voo que

* *Casseur de bois*: literalmente, "quebrador de madeira", apelido dos aviadores nos primórdios da aviação, devido ao número de quedas e tentativas fracassadas. (N.T.)

os impregna adquire as proporções de um vício: "O voo", admite Garros, "se tornou mais do que uma paixão: uma necessidade. Ele me absorvia por inteiro e eu não conseguia abrir mão dele sem sentir uma espécie de desequilíbrio físico".

7

Para uma boa história como a contada por Garros, é necessária uma fatalidade que o herói desafia, da qual ele triunfa ou perece. Isso não falta.

A morte acompanha os aviadores. Ela os atinge com frequência. Como em 31 de dezembro de 1910, quando John Moisant, amigo e mentor de Garros, cai na pista de um aeródromo na Louisiana. Os companheiros prestam uma última homenagem ao piloto cujo corpo é exposto em seu traje de voo. "Os traços estão imóveis", relata Garros, "com uma expressão de calma infinita, em um leve sorriso misterioso. Diríamos que ele está sonhando, não fosse pela tez cadavérica e pelo instinto animal que nos assinala a morte." Garros medita diante dessa imagem do destino que, provavelmente, também o aguarda: "Uma estranha impressão emanava dessa cena. Era aquilo que restava daquela natureza indomável, daquele orgulho inflexível, daquela ousadia alucinada. Um breve momento havia contido o desenlace daquela longa vida de aventuras, obscuras e brilhantes. [...] O que poderíamos esperar, nessa luta cotidiana contra perigos crescentes, terrenos impossíveis, aeronaves desgastadas... O risco intoxicava nossos nervos, se tornava um veneno necessário para nossa saúde. O macabro nos era familiar".

Uma ária de *Lakmé*, de Léo Delibes, ouvida na Opéra Comique, obceca o piloto e parece lhe anunciar o último ato, necessariamente sangrento, da tragédia que ele encena no palco do mundo sob um cenário celeste: "E sobre sua cabeça Brahma/ Suspendeu sua vingança/ E quando ela explodir/ Será a libertação". Mesmo os sonhos encantados da infância contêm sua parcela de angústia.

O "voo-sonho" de criança, lembra Garros, era acompanhado do "voo-pesadelo". Um era o avesso do outro. E ambos formulavam para a criança, juntos, a profecia do destino cuja sentença ela não poderia adiar indefinidamente.

Cedo ou tarde, bem ou mal, a vida confirma o sonho que a anunciava. O passado já compreendia, obscuramente, tudo o que o presente ofereceria. O voo real, quando finalmente experimentado, repete, duplica e reitera para o adulto a ideia que a criança tinha em seus sonhos, maravilhada e assustada, já sabendo de tudo e pressentindo como finalmente se desdobraria. Não é surpreendente que o sonho se transforme em pesadelo. "Em espelho, em enigma", conforme as palavras de São Paulo citadas por Cendrars, a queda reflete o voo que ela anuncia e com o qual, misteriosamente, se completa.

8

Sempre falta uma conclusão às *Memórias* deixadas pelos homens. O momento da morte está necessariamente ausente. O relato de Roland Garros é interrompido às vésperas da guerra. No entanto, ele é seguido por uma espécie de epílogo. Trata-se do diário mantido pelo aviador de 16 de agosto de 1914 a 18 de abril de 1915. Garros se juntou às fileiras do exército. Tornou-se um piloto de guerra, aplicando toda a sua engenhosidade para elaborar um sistema destinado a permitir que uma metralhadora montada na fuselagem dispare atrás do campo de rotação da hélice: uma revolução técnica com a qual nasce a arte moderna do combate aéreo e que o aviador experimenta pessoalmente no *Morane-Saulnier* em cujo comando o novo armamento lhe garante três vitórias consecutivas. Em 18 de abril, porém, a aeronave de Garros é forçada a pousar atrás das linhas inimigas. O piloto incendeia seu avião, mas não consegue destruir o equipamento, o que permite aos engenheiros alemães estudá-lo à vontade. Roland

Garros não desiste de fugir dos campos cada vez mais rigorosos onde é mantido prisioneiro. Dizem que sua história teria inspirado a Renoir o enredo de *A grande ilusão*. Depois de várias tentativas, o aviador finalmente consegue escapar, retorna à França, volta aos combates e morre em 5 de outubro de 1918, quando sua aeronave se desmembra em pleno voo e cai no solo das Ardenas.

Em certo sentido, visto que foi o primeiro a ser equipado com o armamento que a exigia, Roland Garros inventou a batalha aérea. Foi em 1º de abril de 1915. Ele a descreve, nas anotações de seu diário, e fala da visão de horror que se seguiu: "uma chama imensa jorra do motor alemão e se propaga instantaneamente. É curioso notar que o avião não cai, mas descreve uma imensa espiral. O espetáculo é terrivelmente trágico, irreal. A descida se acentua por vinte segundos e termina com uma queda de duzentos metros e um choque terrível. Olho por um longo tempo para me convencer de que não se trata de um pesadelo". "Pegamos o carro para ver os destroços", continua Garros, "um monte de fragmentos carbonizados e dois cadáveres nus e ensanguentados. Os reservatórios estavam perfurados, o passageiro tinha uma bala na cabeça. Não pudemos identificar os outros devido ao horrível estado dos cadáveres..."

Garros conclui: "Este sucesso é uma imensa alegria para mim". É difícil escapar ao sentimento de que é a própria morte que Roland Garros espelha, enquanto o sonho aeronáutico em que toda a humanidade havia depositado suas esperanças, e ao qual ele havia servido tão bem, estava prestes a se tornar, em torno dele, com ele, graças a ele, apesar dele, um pesadelo.

9

Não sei exatamente como poderíamos explicar o vínculo tão particular que outrora unia pilotos e poetas. Mas esse vínculo existe. O simples nome de Saint-Exupéry é prova disso. Houve muitos outros escritores que, antes dele, com ele, tomaram o partido da nova arte da aviação. Demoraria demais citá-los todos aqui. No entanto, é necessário falar ao menos de Cocteau. Ele foi amigo de Garros, que o levou a bordo de seu avião, conforme relatado em verso em *Cabo da Boa Esperança*:

"Um novo universo/ desmorona", escreve Cocteau. Pode ser, afinal, que se trate do mesmo desejo de vertigem compartilhado por pilotos e poetas: um mundo de cabeça para baixo onde, sem referências, nos vemos embriagados de céu, libertados das regras habituais que prevalecem na terra, livres do peso dos significados usuais que nos prendem ao solo. Uma revolução do olhar se opera, recriando todas as coisas novas entre as quais flutuam o corpo e a mente, igualmente desprendidos das antigas exigências da gravidade.

O momento da morte não é necessariamente o momento mais verdadeiro de uma vida.

Em vez da imagem do guerreiro, do aprendiz de feiticeiro desencadeando as forças de destruição que eventualmente lhe seriam fatais, acredito que devamos guardar outra imagem de Garros. Suas primeiras proezas, quando voava nos céus americanos e se destacava em jogos de esconde-esconde entre as nuvens para grande deleite do público que via sua aeronave ressurgir entre o azul e o branco, lhe valeram o apelido de *cloud-kisser*, beija-nuvens.

O inverso costuma ser menos comum, mas um piloto pode ser um poeta. Tenho como prova, entre muitas outras, as linhas em que Roland Garros descreve o céu, da altitude em que o contempla, como se finalmente o entendesse: "Contemplei pela primeira vez o espetáculo deslumbrante do 'mar de nuvens'. Acima de mim, um céu azul de pureza ideal. À minha esquerda, um sol como não se pode ver da terra, pois ela está sempre envolta em vapores imperceptíveis que filtram os raios de luz, que se decompõem ou obscurecem. Lá em cima era a luz virgem no ar virgem. Era uma volúpia de ver e respirar. Eu deslizava sobre as ondas fixas de um oceano de prata. Descendo mais perto, esse mar ganhava relevo e se transformava em paisagens estranhas, caos de rochas, grutas, vales, precipícios... Minhas asas cortavam picos vertiginosos, sobrevoavam abismos inundados de brancura... Em minha cabeça, era um sonho que se desenrolava. A lembrança da vida comum flutuava distante e vaga".

Beijando as nuvens, Roland Garros saúda o século nascente, em mais um sinal que ele envia a todos os homens de hoje que não perderam a esperança no céu.

Apresentação

Jean-Pierre Lefèvre-Garros

Esta obra contém dois escritos de Roland Garros.

O mais importante em tamanho e formato é o que muitos chamaram de *Memórias* ou *Diário* de Roland Garros, mas que o autor modestamente denominava *Notas*. Pela primeira vez é publicada a versão integral do documento em que Garros, então prisioneiro de guerra, narra a si mesmo em cadernos escolares, na penumbra de uma cela alemã, em um estilo claro e preciso, de maneira muitas vezes jubilosa: um verdadeiro romance, assegura Philippe Forest com razão. Em fevereiro de 1918, durante sua fuga do campo de prisioneiros de Magdeburg, na companhia do tenente Marchal (ambos disfarçados de oficiais alemães para mais facilmente passar pelas sentinelas), Roland tinha preocupações maiores do que levar, além de suas roupas civis e outros acessórios, meia dúzia de cadernos, então eles ficaram em Magdeburg. Depois da morte de Roland e do armistício de 11 de novembro, foi somente após inúmeros esforços e intervenções do amigo Jean Ajalbert que os antigos carcereiros concordaram em reunir os pertences de seu antigo prisioneiro em uma caixa, que foi enviada ao comando do SPA 26. De lá, a bagagem foi para o castelo de Malmaison, do qual Ajalbert era o administrador à época. Ele descobriu com emoção o relato emocionante dos 59 meses que Garros dedicou à aviação. Ele cobre, de fato, o período que vai de 1909 até o início de agosto de 1914. Mas várias perguntas se colocam, sem respostas oficiais até o momento: o que aconteceu com o manuscrito em si? Talvez ainda esteja guardado no cofre de algum especulador? Quanto às quatro (ou cinco) cópias, quem decidiu datilografá-las? Parece que Ajalbert foi o responsável por essa operação. Quanto à distribuição dessas cópias, segundo o historiador da aviação Edmond Petit, Ajalbert tinha uma, cedida a Charles Dollfus e hoje no inventário do Museu do Ar e do Espaço de Le Bourget: é a que temos. René Barrier e Georges Garros, pai de Roland, teriam cada um uma cópia. Edmond Petit também mencionou a presença em Drouot, em 26 de maio de 1961, de um manuscrito de 482 páginas...

O segundo documento, intitulado *Diário de Garros* (16 de agosto de 1914 a 17 de abril de 1915), seguiu um caminho diferente. Trata-se de um verdadeiro diário, escrito praticamente dia a dia por Garros, que relata sua passagem pela esquadrilha MS 23 e depois pela esquadrilha do Camp Retranché de Paris, descrevendo a longa criação do sistema de tiro atrás do campo de rotação da hélice, depois seu retorno à linha de frente no MS 26 e suas duas primeiras vitórias obtidas graças ao sistema de tiro adaptado em seu *Morane Parasol*. A terceira vitória não é mencionada, pois uma pane no motor, ocorrida na tarde de 18 de fevereiro, o obrigou a pousar perto de Hulste, na Flandres ocupada, e ele foi capturado pelos alemães. Tem início um longo cativeiro e suas múltiplas tentativas de fuga. Esse documento seria cuidadosamente preservado por seu fiel mecânico Jules Hue, que faria uma cópia manuscrita e a enviaria em 9 de maio de 1932 para Jacques Mortane, que a depositaria no Museu do Ar e do Espaço.

Depois de sua fuga espetacular, Clemenceau tentou manter Garros e suas imensas habilidades na retaguarda. Um pouco como se estivesse envergonhado de ter ficado tanto tempo longe da guerra, Garros recusou a proposta do Tigre e exigiu voltar aos combates em sua antiga esquadrilha.

Na véspera de completar trinta anos, depois de sua quarta vitória, Roland Garros encontraria a morte, em 5 de outubro de 1918, no comando de seu SPAD número 30 da esquadrilha das cegonhas SPA 26, perto de Saint-Morel, nas Ardenas, em circunstâncias não esclarecidas até hoje.

Seu motor e suas duas metralhadoras Vickers, terrivelmente destruídas, como o próprio Garros no impacto com o solo, foram respeitosamente exibidos na grande sala do Museu do Ar e do Espaço de Le Bourget.

Agradecemos ao Museu do Ar e do Espaço por nos fornecer
os documentos necessários para a edição deste volume.

O COMEÇO

I

Eu poderia falar em vocação. Desde bem pequeno, sonhei muitas vezes que tinha a capacidade de voar, sem nenhuma máquina, apenas com os recursos de meu próprio corpo...

Como? É difícil de explicar. Eu tinha que inspirar e reter o máximo de ar nos pulmões; fazer com os braços movimentos rápidos e muito cansativos, que se assemelhavam com os gestos do nadador e com as batidas de asas do pássaro. E eu alçava um voo tangencial muito difícil durante a ascensão, muito agradável e seguro durante a descida planada...

Tive o *voo-pesadelo* e o *voo-sonho*.

Exemplo de voo-pesadelo: sou perseguido por um touro furioso, encurralado contra um obstáculo – faço um esforço desesperado e escapo... por via aérea.

Exemplo de voo-sonho: em uma noite clara e tranquila, sem angústia, mas com uma emoção muito agradável, pulo de uma janela e voo silenciosamente acima de uma cidade iluminada (quase sempre Nice), paro nas sacadas, nas mansardas, surpreendo os apaixonados...

À época, eu sofria de alucinações bastante frequentes, e me espanto de nunca ter realmente pulado da janela, tal era a força da ilusão.

Esse fenômeno do sonho-voo é conhecido, ao que parece, por todos os fisiologistas do sono.

No entanto, cito meu caso porque mais tarde fiquei bastante surpreso ao perceber uma grande semelhança entre minhas primeiras sensações de piloto e essas reminiscências distantes.

Eu também mencionaria minha paixão infantil pelas quimeras de Júlio Verne; meu entusiasmo juvenil pelas realizações de Santos Dumont, dos Wright e dos Voisin. É verdade que, naquela época, toda a minha geração vibrava comigo...

Mais tarde, assisti extasiado à primeira apoteose de Reims...* Eu teria arriscado minha vida para fazer como eles...

Na última noite, todos estavam em delírio, as mulheres choravam e nada, afinal, prova que meu entusiasmo tenha sido maior que o dos outros...

No entanto, meu destino estava traçado.

Infelizmente, as vocações nem sempre são fáceis de seguir...

Estávamos na era heroica. Para comprar um aeroplano e cobrir os custos de aprendizado, eram necessários de trinta a cinquenta mil francos... A menos que houvesse arranjos, dos quais eu não tinha a menor ideia...

Trinta mil francos... Para um jovem estudante vivendo com uma modesta pensão, em uma época em que os pais tremiam ao ouvir a palavra *aviação*...

Mas aos vinte anos não duvidamos de nada... "À espera do momento certo", entrei para uma empresa de automóveis; comecei com pequenos negócios, depois todo um comércio... Tive um pouco de sorte e, no salão aeronáutico de 1909, me vi com cerca de dez mil francos em dinheiro, adquiridos por meios próprios...

Era pouco... Mas as circunstâncias vieram em meu auxílio.

Santos Dumont tinha acabado de realizar proezas com seu *Demoiselle*. A empresa Clément-Bayard lançou no mercado reproduções desse aparelho por 7.500 francos. Era uma das novidades do Salão...

---

* Provável alusão à Grande Semaine d'Aviation de la Champagne, ocorrida nas proximidades da cidade de Reims, na França, em agosto de 1909, considerada um dos primeiros eventos internacionais dedicados à aviação. (N.T.)

Depois de algumas noites de febril hesitação, segui meu instinto e encomendei um *Demoiselle* Clément-Bayard...

Todos os meus amigos me criticaram, sobretudo os mais sensatos – por uma loucura, eu comprometia a situação invejável que havia criado para mim mesmo aos vinte anos...

Muitos não levaram meus planos a sério. Minha família, naturalmente, não sabia de nada, nem mesmo do comércio de automóveis... Eu era supostamente um estudante de direito.

Escolhi o *Demoiselle* por necessidade, por causa do preço. Mas ele também me seduziu por sua leveza – eu tinha uma instintiva fobia de peso.

Quando assinei meu pedido, a empresa Clément-Bayard já havia recebido cerca de quarenta – a primeira série mal estava sendo construída. Fui avisado de que teria que esperar dois ou três meses.

Passei esse período em um sonho constante. Eu imaginava as dificuldades do aprendizado; treinava mentalmente os movimentos a fazer. À noite, em minhas insônias, sentia-me partindo, decolando, voando, com um realismo impressionante. Às vezes, tinha a visão de um acidente...

Essa capacidade de *viver antecipadamente* uma provação se desenvolveu em mim e me foi útil mais tarde. Terei a ocasião de voltar a isso.

Não havia escola para o *Demoiselle*. Apenas Santos Dumont o pilotava. Mas isso não me preocupava: "Vou me virar"... A proximidade do aeródromo de Issy-les-Moulineaux me permitiria não negligenciar muito meu negócio de automóveis.

Houve um longo atraso na entrega. Enquanto isso, eu desenvolvia um pensamento, me acostumava com a ideia de morrer. A grande sombra era o acidente estúpido que resultava em mutilação após um longo martírio... ou simplesmente, as dificuldades materiais: meu pequeno capital estava à mercê de qualquer movimento em falso... Apesar de tudo isso, mantive a fé.

Essas complicações podem parecer pueris hoje em dia... No início de 1910, eram outra coisa... E não se tratava de tentar como amador: eu tinha me condenado a ter sucesso...

É curioso o prazer que sinto em recordar esse período de febre, cheio do angustiante apelo das primeiras aventuras...

Em Paris, eu sufocava... Senti que minha presença indiferente não impediria meu negócio de perecer; isso pouco importava, aliás, às vésperas da Vitória ou do Fim. Decidi ir para o Sul me encontrar com amigos que lá permaneciam – era março de 1910. Peguei a estrada, em meu pequeno carro de testes, um leve torpedo esportivo de dois lugares. Um mecânico, contratado por meus amigos, ocupava o lugar do acompanhante e me prestaria no caminho eventuais serviços de seu ofício. O pobre homem lamentou não ter pegado o trem...

Eu estava acostumado a dirigir; na estrada, meu nervosismo crônico se traduzia em uma velocidade que, percebo agora, devia ser uma tortura para um tranquilo pai de família... Além disso, eu estava distraído, a ponto de esquecer os obstáculos...

O resultado eram soluções improvisadas que aterrorizavam meu companheiro.

Nenhum de nós conhecia a estrada – nos perdíamos o tempo todo –, tínhamos que voltar... Entre três e quatro horas da tarde, estávamos mesmo assim nos arredores do vilarejo de Feurs, perto de Saint-Étienne.

Foi lá que, ao fazer uma manobra brusca para ultrapassar uma carroça, minhas rodas da esquerda ficaram presas em um sulco da estrada e vi com horror meu companheiro descrever uma curta parábola pelo ar e pousar de cabeça em um campo arado. Depois do primeiro segundo de angústia, fui tomado por um riso nervoso incontrolável. O homem era atarracado e sanguíneo. Ele se levantou cambaleando e virou para mim um rosto congestionado tanto pela raiva quanto pelo impacto. Seus olhos estavam esbugalhados, lacrimejantes. Ele deu um passo automático em minha direção... Iria me estrangular?... As coisas acabaram um pouco melhor. Perguntei se estava machucado, ele resmungou uma resposta, se acalmou rapidamente e veio constatar comigo que estávamos seriamente atolados. Somente um boi ou um cavalo robusto poderia nos tirar dali. Encontramos a ajuda necessária em uma fazenda próxima. Mas tudo isso nos fez perder duas horas...

Estávamos cansados: naquela noite, não tentei ir além de Feurs. Um bom jantar e a promessa de ir mais devagar no dia seguinte devolveram a meu companheiro seu temperamento naturalmente calmo.

No resto da viagem, meu motor, cuja lubrificação eu havia negligenciado, travou duas vezes e se recusou a alcançar altas velocidades. Chegamos a Nice com dificuldade em dois dias e meio.

Foi uma grande alegria reencontrar o ambiente de meus anos de colégio: o ar perfumado, as flores, o sol e o azul sem igual do Mediterrâneo. Fui visitar meu colégio em Cannes, o liceu de Nice, as duas casas onde vivi, o velódromo de Vallon des Fleurs... Refiz os longos passeios que antigamente fazia de bicicleta... Prestes a me lançar na aventura, fiquei emocionado de rever essa bela região onde, quando criança, invejei tantas coisas... Como seria bom voltar para lá *feliz*, na embriaguez de um esforço vitorioso...

De cada lembrança eu recolhia um pouco de coragem; cada hora tornava mais odiosa e impossível a ideia de uma existência medíocre, com sua rotininha diária. Eu estava um pouco exaltado...

Um dia, um amigo me convidou para ir a Monte Carlo. Ele me fez visitar os salões de jogos. Fui atraído pela tentadora visão daquelas mesas cobertas de ouro e dinheiro sendo recolhidos com rastelos... Ali, também, correr riscos exercia seu fascínio...

Meu amigo se sentou. Eu me aproximei de uma mesa de trinta e quarenta e observei o jogo por alguns instantes.

Eu tinha comigo os dez mil francos destinados a pagar meu avião e várias despesas. Decidi testar minha sorte... O que aconteceu foi uma lição e um aviso: apostei seis vezes seguidas sem ganhar, e como, por espírito metódico, segui uma complicada estratégia de apostas, em cinquenta minutos me vi com 2.400 francos no vermelho... Vislumbrei o abismo... A próxima aposta custaria 2.550 francos, perder seria arruinar tudo... Me abstive... Então a cor que eu tinha apostado seis vezes saiu... Me afastei, talvez um pouco pálido, apesar de meus esforços para manter a calma – afinal, não era apenas uma pequena parte daquilo que eu poderia perder em breve? Fui ao encontro de meu amigo e disse casualmente que tinha feito maus negócios. A noite foi encantadora; um jantar requintado no Hôtel de Paris me deixou com a sensação de que a vida era bela e com alguns poucos trocados, insignificantes se comparados à fortuna que eu merecia...

Enquanto isso, meu substituto em Paris estava fazendo algumas vendas bem-sucedidas que me permitiram prolongar minha estadia na Côte d'Azur. Aquelas férias me fizeram muito bem e retornei a Paris em 30 de abril – dia de pagamento – em uma forma física e mental muito favorável.

II

Certa tarde, fui buscar meu avião. Na ocasião, conheci o corajoso sr. Legay, a sra. Legay, os guardas do hangar Clément--Bayard; o fiel Romain, mecânico, companheiro de meus primeiros passos, e alguns outros camaradas.

Me acomodei na aeronave, para me acostumar com a posição e repetir os movimentos que havia imaginado.

A mão esquerda manobrava a roda do leme; a direita, a alavanca de profundidade – a alavanca de direção estava fixada às costas do piloto, contra a espinha dorsal, por uma cinta de couro com suspensórios; o pé direito controlava o acelerador. Sentava-se em um simples couro esticado a dez centímetros do solo – e com a cabeça tocava-se as asas. Uma vez acostumado, essa posição era bastante confortável.

Romain preparava os equipamentos em nome da empresa. Pedi que deixasse tudo pronto para a primeira hora de bom tempo – o tempo ficava *bom* quando, no meio do campo de pouso, a fumaça de um cigarro subia em uma vertical perfeita até o céu. Caso contrário, era *tempestade*.

Aquele dia, exatamente, era de tempestade, e os alunos esperavam a calmaria do crepúsculo para se aventurar na pista.

"Só o sr. Audemars* 'ousa' sair com esse vento...", disse o sr. Legay, quando eu saí do hangar. "Lá está ele justamente em pane, no final do campo de pouso..." E ele me explicou que o sr. Audemars havia recebido seu aparelho três semanas antes. Vinha se dedicando a um treinamento obstinado e fazia rápidos progressos. "Ele atravessa o aeródromo sem tocar o chão...", ele me explicou.

---

* Edmond Audemars (1884-1970), ciclista, aviador e empreendedor suíço. (N.T.)

Fiquei curioso para conhecer o sr. Audemars: fui até ele e sua aeronave.

Era um homem pequeno, magro, de membros finos e nervosos. Estava bem calçado, usava polainas, calções esportivos de corte elegante, um colete especial equipado nas costas com o dispositivo de rolagem;* segurava um capacete de aviador com uma minúscula mão enluvada. Tudo estava muito sujo, coberto de manchas de óleo e poeira endurecida que chegavam até seu rosto e realçavam seus olhos ardentes. Um tique peculiar agitava pálpebras de cílios muito longos. Toda a fisionomia expressava uma energia tenaz. Seu mecânico procurava o motivo da pane; ele, atento, dava de tempos em tempos alguma indicação ou fazia alguma pergunta breve.

Se eu o conhecesse, teria entendido que ele estava furioso; e se eu conhecesse o *Demoiselle*, teria adivinhado por quê. Àquela hora, aquela devia ser a décima pane da tarde.

O sr. Audemars viu que eu me aproximava, e seu olhar claramente dizia: "Mais um impertinente...". Mesmo assim, me apresentei como um iniciante. Ele foi educado, reservado, quase frio. Me mantive afastado alguns minutos para deixá-los trabalhar, depois fui embora discretamente, sem saber, é claro, que o sr. Audemars um dia se tornaria meu amigo mais íntimo...

Issy-les-Moulineaux, campo de exercícios militares, só estava disponível para nós em determinados horários – de manhã, da alvorada até seis horas, depois das dez horas ao meio-dia, e das quatro horas da tarde até anoitecer. Ninguém pensava em sair das dez às doze horas "nos redemoinhos de calor". Restavam, portanto, como horários úteis, o alvorecer e o crepúsculo.

Meu primeiro voo aconteceu ao entardecer, entre seis e sete horas.

---

* Nos primórdios da aviação, controle lateral (de "rolagem") de uma aeronave de asa fixa. (N.T.)

Estava "bom". Romain tirou meu avião e o preparou. Ajustei a cinta de direção e me sentei no avião, sem óculos nem nada na cabeça. A alavanca de direção foi fixada às minhas costas. Eu estava muito emocionado, mas decidido. Fiz um sinal: tudo pronto. Romain girou a hélice. O motor não funcionou. Ele tentou várias vezes, sem resultado. Verificamos se eu havia feito o contato corretamente, se tudo estava em ordem. Romain fez um esforço extra: uma vez, duas vezes... dez vezes... Nada...

Entretanto, o motor tinha funcionado muito bem na véspera, durante um teste no solo – depois disso, não tínhamos mexido em nada.

Por precaução, desmontamos as velas para limpá-las. Levou alguns minutos. Enquanto isso, os curiosos, atraídos pelo amarelo berrante de minha nova aeronave, formaram um círculo a meu redor – o número de pessoas aumentava a cada minuto. Eu devia estar pálido – o que inspirou zombarias dos mais insolentes. Eu não tinha saído de meu assento, a gasolina pingava em meus pés devido a um vazamento...

Com as velas recolocadas, Romain se esforçou com nova energia – mas o abominável motor não deu sinal de vida...

Eu estava no auge da exasperação... Me sentia ridículo...

A multidão, agora, me cercava de perto, deixando apenas um pequeno espaço livre à minha frente, onde Romain se agitava – eu não conseguia ver o chão, nem à esquerda, nem à direita.

"Vai... não vai", diziam vozes agudas que ecoavam em meus ouvidos como brocas...

Romain, exausto, suando, procurava, desmontava o magneto de ignição, o carburador, empurrava um garoto que pisava em seus pés...

Quanto tempo durou essa comédia – não sei. Mas sei que, de repente, uma explosão ensurdecedora cobriu as vozes e fui jogado em uma violenta corrente de ar... Houve uma agitação em torno do avião, e o rosto alegre e suado de Romain apareceu perto de mim, embaixo da asa direita. Ele esperava o meu *solte tudo* para repassar aos auxiliares.

Meu coração batia com toda força. Eu estava com a garganta seca, as pernas moles, paralisadas de emoção. Mas um pensamento dominava: *eu estava diante do que havia decidido fazer; não havia motivo para hesitação...*

Um esforço de vontade me devolveu um pouco a calma... A um sinal, a cabeça de Romain desapareceu: me senti solto...

Meus movimentos eram incoerentes – um toque no acelerador fez com que eu tivesse uma arrancada fulminante. Soltei o pedal para diminuir a velocidade... Nesse exato momento, vi surgir à minha direita uma máquina enorme que vinha em minha direção na velocidade de um trem expresso... Estava a apenas alguns metros de mim... Eu não tinha como parar a tempo... Um lampejo de lucidez me fez executar a única manobra sensata: acelerei o máximo possível, para tentar passar...

Infelizmente, o choque era inevitável: foi terrível... Me encolhi e fechei os olhos – foi exatamente como nos meus sonhos. Me vi sentado no chão, em uma nuvem de poeira, cercado de destroços disformes... A cem metros dali, como uma sombra, vi o enorme biplano que me pegou de lado...

Eu me sentia atordoado e lúcido. Não estava machucado, não sofria. Sentia uma grande fadiga, uma grande indiferença.

As pessoas se aproximaram, me cercaram, me bombardearam de perguntas. Romain tinha visto o perigo desde o início... Ele me gritara para parar; não ouvi nada. Nada disso teria acontecido se essa multidão não tivesse ocultado o terreno. Minha aceleração me salvara: evitei as rodas e a hélice do biplano por uma fração de segundo – as asas principais me acertaram. Um décimo de segundo a mais e eu teria passado...

Ouvi todos esses comentários com uma tranquilidade inesperada. Falei pouco e me dirigi para o hangar... Cheguei lá ao mesmo tempo que o piloto do biplano: era Maurice Clément.* Ele estava visivelmente preocupado; perguntou se eu não estava ferido, disse que lamentava não ter conseguido me evitar. Agradeci e fui me trocar na pequena sala que servia de vestiário. A sra. Legay me ajudou a escovar minha roupa, disse que tive sorte em meu infortúnio.... Voltei sozinho de Issy-les-Moulineaux, pelo Bois de Boulogne, na hora tranquila e deliciosa do crepúsculo...

A catástrofe era uma das eventualidades previstas, então não fiquei surpreso, mas me espantei de não ficar abatido, desesperado... O que eu faria? Eu não sabia, mas não tinha perdido a confiança...

Passei uma noite agradável com meus companheiros de sempre – contei a eles, brincando, de minha estreia – e uma boa noite de sono ajudou minha recuperação.

No dia seguinte, me dediquei aos negócios até cinco horas. Às cinco e quinze, estava em Issy para examinar a situação no local.

Os destroços haviam sido reunidos em um canto. Apenas o motor continuava utilizável: o restante estava em pedaços – nenhuma reparação era possível.

Uma aeronave nova, sem motor, devia custar cerca de quatro mil francos – não havia outra solução a não ser consegui-los... Mas eu já havia feito o possível, na verdade, em termos de milagres...

Fui tirado dessas reflexões pela chegada de Maurice Clément – e aqui está o que ouvi, um minuto depois:

– Sim... fiquei muito assustado... Pensei que o tivesse matado... E foi um pouco culpa minha... A propósito: você sabe que não deve se preocupar com seu avião... Sou responsável... Será substituído... amanhã ou depois de amanhã...

Eu não poderia decentemente pular em seu pescoço e beijá-lo... Além disso, nenhum gesto, nenhuma palavra poderiam dar conta de

---

* Maurice Clément (1887-1931), um dos filhos de Adolphe Clément (1855-1928), famoso industrial fabricante de automóveis, dirigíveis e aviões, fundador da empresa Clément-Bayard. (N.T.)

minha gratidão. Agradeci como pude, ou seja, muito mal – conversamos por um momento –, e então ele foi treinar em seu biplano.

Fiquei em Issy até a noite; o aeródromo estava em plena agitação – aeronaves de todos os sistemas cruzavam-no em velocidades variadas. Entre elas, três ou quatro pequenos *Demoiselles* amarelos faziam zigue-zagues caprichosos e saltitantes.

Sozinho, o sr. Audemars ia em linhas perfeitamente retas de uma ponta à outra da pista, e os conhecedores afirmavam que, no meio do percurso, ele *voava*...

Conheci naquela noite alguns novos personagens. A alegria me tornava mais comunicativo do que o normal.

A equipe dos *Demoiselles* incluía: sr. Audemars, sr. Versepuy,* uma estrela de menor grandeza; o ciclista Trousselier;** o fotógrafo Meurisse;*** Georges Sizaire**** e um ou dois outros, que raramente apareciam.

Romain era o mecânico titular de Maurice Clément; mas era ele que, com dois ou três ajudantes, cuidava de todo mundo. Ele tirava as aeronaves, colocava-as em funcionamento, corria de um lado para outro; apertava uma porca, limpava uma vela, enchia um pneu. De tempos em tempos, recolhia para o hangar um pássaro ferido... Ao final de cada sessão Romain estava extenuado, mas tinha transmitido a todos o seu inesgotável entusiasmo.

O silêncio sucedeu aos estampidos; trocamos algumas impressões das quais tentei tirar proveito – então me despedi e voltei com mais esperança e confiança do que nunca...

---

* Léon Versepuy (1881-1954), que obteria seu brevê em 1910 com Audemars e Garros. (N.T.)

** Louis Trousselier (1881-1939), vencedor do Tour de France e de Paris–Roubaix em 1905. (N.T.)

*** Louis Meurisse (1873-1932), fotógrafo belga e fundador da agência Meurisse. (N.T.)

**** Georges Sizaire (1880-1924), piloto automotivo. (N.T.)

Três dias depois, eu era o feliz proprietário de uma esplêndida aeronave nova, e me vi uma bela noite no hangar, para testá-la... Dessa vez, me senti menos deslocado, não havia curiosos e o motor pegou na primeira girada de hélice.

Talvez eu não estivesse com toda a calma possível, mas não estava paralisado.

Eu tinha sido aconselhado a rolar suavemente até o canto da pista de onde partia a linha reta tradicional. O sr. Audemars estava lá, justamente, com uma avaria – estavam substituindo uma roda que ele acabara de quebrar. Eu estava a cerca de trezentos metros de distância. Dei a partida para ir a seu encontro... Tudo ia bem... Sem querer, ganhei velocidade... depois mais um pouco... No meio do trajeto, eu estava em alta velocidade e *voando*, a mais de um metro do chão... Estava emocionado. Assim, fiz cerca de cem metros, sem tocar o chão... Então tive medo de não conseguir parar a tempo. Soltei o acelerador sem manobrar corretamente. Toquei o solo com um pouco de força; uma roda quebrou... Tudo isso aconteceu em quinze segundos... Fiquei radiante...

O sr. Audemars se dignou a dar os poucos passos que nos separavam para me cumprimentar. Meus primeiros passos o divertiram muito, e um sorriso malicioso havia substituído sua expressão severa.

Além da roda quebrada, uma haste se entortara... Era melhor adiar a continuação dos testes. Mas eu estava contente comigo mesmo e não fiquei chateado de encerrar com aquela boa impressão.

À noite, convidei o sr. Audemars, que gentilmente aceitou jantar comigo e meus companheiros, e comemoramos minha feliz estreia.

III

Seria enfadonho descrever minhas saídas em detalhe. As quatro primeiras foram mais ou menos semelhantes, ou seja, duraram de dez segundos a dois minutos e terminaram invariavelmente com uma roda quebrada.

As rodas eram o ponto fraco da aeronave – o sr. Audemars havia reforçado as suas e, mesmo assim, elas às vezes quebravam. Segui seu exemplo. A única coisa que vale a pena lembrar é que *nunca mais saí sem voar*, mesmo que por apenas cem metros.

No entanto, não entendi imediatamente o que deveria fazer. Até a quarta tentativa, não realizei nenhum progresso; comecei a duvidar de mim mesmo. Foi na quinta que, de repente, *entendi...*

Antes de falar daquele dia, gostaria de registrar algumas lembranças desse período de aprendizado que durou dois meses: dois meses de primavera e esperança.

O sr. Audemars logo se tornou um excelente parceiro – nós nos víamos todos os dias. Enquanto eu cuidava dos meus negócios, ele cuidava dos dele: administrava, por correspondência, um comércio de motocicletas em Berlim.

Nossas situações apresentavam uma curiosa analogia. O sr. Audemars era de uma boa família suíça, de Genebra. Tínhamos começado a vida quase da mesma maneira, lutado contra as mesmas dificuldades, no mesmo ambiente – e agora seguíamos em direção às mesmas esperanças, com a mesma mentalidade. Tínhamos tudo para nos entender. Nos dias de tempo bom, eu o levava de volta a Issy; nos outros, ele me encontrava em minha loja, na Avenue de la Grande-Armée.

Na hora do aperitivo, o Cinzano, na Rue du 4 Septembre, era ponto de encontro para o nosso grupo alegre e simpático. Depois de pagar as contas de acordo com os resultados do pôquer de dados, votávamos o programa da noite. A lista dos restaurantes habituais era composta principalmente por pequenos estabelecimentos que nos esforçávamos para encontrar em Paris. Alguns deles perderam o caráter intimista e o encanto ao longo do tempo e se tornaram lugares da moda.

A partida para o restaurante costumava ser épica... Tínhamos, no total, dois pequenos carros, um deles o meu, teoricamente com dois lugares, e precisávamos transportar uma dúzia de grandalhões que ocupavam muito espaço, sem contar às vezes um ou dois jovens que tinham coragem de aceitar o convite. Nos ajeitávamos como podíamos, nos estribos, nos porta-malas, sobre os para-lamas, em posições inacreditáveis.

Dois passageiros seguravam lampiões de papel com os braços esticados, substituindo os faróis ausentes. E esses dois grupos humanos rolavam, sob o olhar desfavorável dos tiras, na direção de uma taberna em Montmartre, de um *chant d'vin* no centro ou de um bistrô às margens do Sena. A alegria geral era inesgotável.

A moda do *skating* estava no auge: havia uma sala muito charmosa na Rue d'Amsterdam à qual tínhamos acesso por causa de um de nossos companheiros, que era codiretor.

Às vezes, para descansar, passávamos a noite no castelo. Era uma casinha de um andar, com seis quartos, uma cozinha e alguns recantos; na frente da casa, um jardinzinho inculto; atrás, um pátio minúsculo. O castelo era a morada de três de nossos companheiros – mas era raro encontrar a qualquer hora do dia menos de dez pessoas lá dentro, acomodadas como se estivessem na própria casa, mesmo na ausência dos donos...

Era o templo da camaradagem, o santuário do bom humor... Aparecíamos para almoçar sem convite – uma velha cozinheira corria até a mercearia mais próxima, trazia ovos, uma lata de sardinhas; encontrávamos no fundo de um armário uma asa de frango... De resto, podíamos levar nossa própria comida...

Nas noites de festa, um piano de certa idade permitia fazer música – um dos frequentadores tinha uma voz magnífica –, mas na maioria das vezes fazíamos apenas barulho; conversávamos, jogávamos bridge, fumávamos e degustávamos licores.

Audemars e eu não éramos íntimos do castelo, mas lá passamos horas encantadoras, que me fazem lembrar da atmosfera boêmia daquele tempo.

Havia em nosso grupo alguns entusiastas de música – eles me levaram a concertos aos quais eu nunca teria ido por conta própria. Mas uma vez superada a inércia, me vi entre os que mais vibravam.

Nunca esquecerei a impressão que me causou *Antar*, de Rimsky-Korsakov (apresentado no Odéon por Antoine); sobretudo na abertura, aquelas primeiras notas graves, mágicas, que de repente lançam a alma nas profundezas misteriosas do deserto, à espera do refrão ornamentado de sonhos do pastor árabe...

Voltei para ouvir *Antar* quatro vezes seguidas e vivi alguns dias sob o feitiço (cativante) desse belo conto oriental, cujo herói havia morrido de entusiasmo, fé e amor...

Entre outras peças, na Opéra-Comique, ouvimos *Lakmé*. Não sei por que esta passagem

E sobre sua cabeça Brahma
Suspendeu sua vingança
E quando ela explodir
Será a libertação

permaneceu muito tempo ressoando em meus ouvidos...

Mais tarde, vivi esse fenômeno várias vezes – cada período de minha vida tem seu refrão, lembrado ao acaso –, frequentemente uma simples canção, ou uma melodia cigana; as notas e o ritmo me visitam a todo momento; é como um pano de fundo sobre o qual meus pensamentos e sensações se destacam (especialmente durante as longas tensões das corridas). Com o passar do tempo, só preciso ouvir uma dessas antigas melodias para reviver na mesma hora, não sem alguma melancolia, todas as sensações e toda a atmosfera do período correspondente.

O refrão de Issy-les-Moulineaux foi a melodia de *Lakmé*. Ela se tornou uma obsessão e, mecanicamente, adaptei-a com essas palavras idiotas:

> E sobre minha cabeça Baya(rd)
> Colocou seu motor – que dança,
> E quando ele explodir,
> Será a libertação...

Audemars morava em um hotel no centro de Paris. Nos dias de tempo bom, eu o buscava antes das quatro horas da manhã. Mas como eu morava na Porte Dauphine, essa manobra não era fácil.

Ele se acostumou a passar a noite em meu estúdio na Rue Lalo – primeiro em um sofá no toucador, mais tarde em minha própria cama, que dividíamos. Dormíamos por volta da meia-noite, e o impiedoso despertador nos arrancava do sono três horas depois.

Um de nós se levantava, ia até a janela que dava para um pátio; afastava as cortinas e verificava as folhas da árvore, para ver se valia se dar o trabalho... O outro, ansioso, aguardava o veredito:

"Não tem jeito... Uma verdadeira tempestade..."

Tranquilizado por essa declaração, o segundo também se levantava, fingia verificar, às vezes levava o zelo até um "Você acha?", e o outro se preocupava:

"Rajadas de vento... Há pouco, os galhos do alto estavam curvados..."

Então ambos voltavam para os lençóis, com suspiros hipócritas, que poderiam expressar tanto alívio quanto lamento...

Mas houve manhãs heroicas em que, não podendo alegar nenhum fremir das folhas, chegamos a Issy por volta das quatro horas.

Era o tempo de abrir o hangar, tirar os aviões, se preparar, se posicionar e estávamos na pista às cinco ou cinco e meia. Às vezes, não encontrávamos nossos mecânicos em seus postos – eles também observavam as folhas durante as rajadas de vento... Nesses dias, um dava a partida para o outro, com a ajuda do sr. Legay.

Às seis horas, tínhamos que evacuar a pista; era hora dos exercícios de cavalaria. Havia especialmente uma turma de trombetas que estudava todos os dias os mesmos toques, com as mesmas notas erradas...

Então corríamos para casa de Marie, todos juntos, os quatro ou cinco alunos presentes, Romain e seus ajudantes, o sr. Legay; a "casa de Marie", era um pequeno cabaré para carroceiros, a trezentos metros do hangar – Marie era a garçonete. A essa hora da manhã, muitas vezes tínhamos que acordar Marie, pedir que abrisse. Tínhamos apetite: nos serviam ovos, presunto com picles, café com leite, vinho branco... Depois disso, íamos descansar de novo na Rue Lalo; ou subíamos ao telhado do hangar, de onde víamos uma parte de Paris: nos deitávamos ao sol e cochilávamos ao som dos clarins que repetiam indefinidamente a mesma melodia com notas erradas...

Essa vida durou dos primeiros dias de maio aos primeiros dias de julho de 1910. Durante esse tempo, fiz apenas cerca de uma dúzia de voos de verdade, contando os quatro primeiros, que não totalizaram mais do que cinco minutos de exercício.

Pode parecer surpreendente que em dois meses de aprendizado eu tenha tido apenas doze ocasiões de treino.

Mas é preciso calcular que o tempo bom não se apresentava mais do que uma vez a cada três dias; que o *Demoiselle* era um avião frágil e temperamental que nos fez perder belos dias. Não se deve esquecer das pequenas fraquezas matinais, dos despertadores quebrados etc. Posso dizer que meu aprendizado foi curto, se considerarmos que não envolveu, no total, mais de três horas de treino real.

De resto, o simples fato de ter voado no *Demoiselle* foi considerado uma proeza para Audemars e para mim; e podemos quase nos orgulhar de termos sido, ao lado de Santos Dumont, os únicos pilotos desse avião.

Voltemos a minha quinta saída.

Era fim do dia. O tempo estava particularmente bom. Dessa vez, tive a paciência de rolar suavemente até a grande linha reta. Meu amigo Audemars me confiara na noite anterior preciosos segredos: "Acabo de observar algo importante", ele dissera. "Para se endireitar, não basta inclinar a asa que está pendendo: é preciso dar um toque no leme, como se fosse virar para o lado oposto ao que está inclinado". E ele acrescentou: "Acima de tudo, guarde isso com você... é um segredo...".

Tal era a nossa ignorância dos princípios mais elementares...

Comecei gradualmente, então, e mantive o sangue-frio, depois de decolar, para tentar a manobra indicada e subitamente tive a emocionante sensação de ter entendido... Em vez de voltar ao chão, mantive-me no ar, a dois metros do solo, é verdade... Assim, percorri os seiscentos metros em linha reta, talvez um pouco oscilante, mas concluí com um pouso normal – meu primeiro...

Não saí do assento; deixei o motor funcionando em marcha lenta. Romain veio correndo, vermelho, sem fôlego, extasiado. Ele virou o avião e eu percorri de novo a grande linha reta no sentido oposto, com o mesmo sucesso. Repeti essa façanha cinco vezes seguidas e só parei por causa de um infeliz vazamento do radiador... eu estava a salvo...

Audemars já estava voando havia alguns dias. Ele havia tentado no dia anterior uma curva muito ampla. Na sessão seguinte, comecei a fazer arcos de círculo.

Audemars se apressou a obter seu brevê para participar do meeting* de Angers – sua inscrição tinha sido aceita condicionalmente.

Certa manhã, então, fomos buscar um comissário do Aéro-Club, que havia aceitado um encontro às três e meia.

Mas o *Demoiselle* aprontou naquele dia, e tivemos que adiar a sessão.

No dia seguinte, à mesma hora, a mesma cena... Era o último dia útil... Audemars teimou. Consertamos o avião; esperamos pela primeira hora permitida – o vento havia aumentado, agravado por turbulências de calor. Nada deteve o obstinado... Infelizmente, na segunda prova do brevê, o avião parou definitivamente. Tentamos de tudo em vão – Audemars pensou que seu meeting estava perdido... Tive a alegria de evitar esse aborrecimento e, ofereci-lhe meu *Demoiselle*. Ele guardou por mim a gratidão de um homem pouco acostumado a gestos desinteressados.

Assim, ele iniciou sua terceira tentativa, nos propiciando muitas emoções. Durante o tempo que tínhamos perdido, a pista havia sido invadida por uma multidão de curiosos atraídos por qualquer chegada sensacional de algum piloto conhecido. Vimos com terror Audemars, ainda pouco seguro de suas curvas, passando várias vezes um metro acima das cabeças, com aquele motor que padecia em média de uma pane a cada meia hora...

E que dança, no meio das turbulências... O público, que não sabia de nada, ficou encantado...

A cena teve um final feliz – Audemars foi para Angers.

Ele participou de todos os grandes meetings europeus: Juvisy, Toulouse, Bournemouth, Le Havre, Bordeaux, Milão etc., e logo adquiriu uma reputação de habilidade e incomparável energia.

* O meeting aéreo, ou espetáculo aéreo, é uma espécie de show em que as capacidades dos pilotos e das aeronaves são demonstradas em provas competitivas e apresentações de acrobacias. (N.T.)

Ao longo desse período, nos víamos apenas de vez em quando, durante suas breves passagens por Paris.

Da minha parte, fiz mais duas ou três saídas, depois assinei meu primeiro contrato de exibição, para voar em 14 de julho de 1910 em Cholet.

As circunstâncias me desviaram dos meetings aéreos – exceto o caso especial de Nova York; durante todo o primeiro ano de minha carreira, fiz apenas demonstrações. Audemars, por sua vez, desde o início encontrou seu lugar na cena esportiva.

IV

O comitê de festas de Cholet confiou a organização de um pequeno evento de aviação a uma sociedade de Nantes: La Libellule. O empresário Albert Baré, criador e diretor de La Libellule, foi pessoalmente até Issy e contratou, por um valor mais econômico, três pilotos não licenciados, mas que diziam ter voado: Obre,* Versepuy e eu. Faríamos três exibições.

Guardei, por curiosidade, o original em papel timbrado desse primeiro contrato.

Inúmeras adições e correções atestam uma discussão acalorada e as precauções que tomei para evitar os conflitos então comuns entre pilotos e organizadores.

Foi-me impossível obter meu brevê antes de Cholet: problemas com aeronaves também me obrigaram a marcar vários encontros sucessivos com o comissário do Aéro-Club. Acabei viajando sem conseguir completar as três provas de cinco quilômetros...

Cheguei a Cholet pela estrada, sobre um de meus chassis e com dois assentos de teste.

Meu velho amigo Jacques Quellennec havia concordado em me acompanhar. Eu estava feliz por tê-lo por perto naquela situação intimidadora

Chegamos cobertos de lama ao hotel em que éramos esperados. O título de aviador ainda gozava de algum prestígio à época e fomos muito bem recebidos.

Os outros dois pilotos haviam chegado, assim como os mecânicos. Tudo estava pronto. Eu conhecia Versepuy por tê-lo visto várias vezes em Issy – na pista e no bar de Marie.

* Émile Obre (1881-1934), que tirou seu brevê em 1910, com Roland Garros. (N.T.)

Eu conhecia Obre vagamente. Os dois eram *bons vivants*, assim como Baré: desde o primeiro jantar formamos um grupo cordial – que sabia apreciar os vinhos de Anjou.

Depois do jantar, procuramos locais de diversão e descobrimos o music-hall – por três francos, tínhamos os melhores lugares da plateia. E foi lá que nos foi revelada, por um comediante indescritível, a inesquecível canção que se tornou o triunfo de Versepuy:

Ela é – loira?
Ninguém – sabe...
Ha... Ha... – Ha... Ha...
Em todo o mundo... etc...

Depois de acordar tarde e de um almoço com muito vinho – começo natural de qualquer dia de exibição –, chegamos ao campo por volta das duas e meia, em plena forma.

À primeira vista, a aparência das bandeiras nos marcou desfavoravelmente. Os emblemas tricolores pareciam tensos, agitados, o que não deixava dúvidas sobre o estado da atmosfera: era de "tempestade", em toda sua horrível extensão...

No entanto, cada um teve a discrição de esconder seus sentimentos íntimos e se retirou para seu hangar para se preparar...

O público se aglomerou atrás das barreiras, e a hora oficial do primeiro voo chegou.

Os membros do comitê nos cercaram, preocupados...

– Acham que tudo vai correr bem?

– Claro... – eu respondi. – O vento certamente vai se acalmar... daqui a pouco...

– Então há vento demais no momento?

– Bem... seria melhor esperar um pouco...

Certamente, seria melhor...

À medida que o tempo passava, o ambiente se tornava cada vez mais tenso...

Que papel ingrato o do comitê de festas de uma pequena cidade do interior.

Trabalho árduo e não remunerado, problemas de todos os tipos; e, como recompensa, o descontentamento obstinado e as críticas azedas dos inimigos políticos... Tarefa ingrata...

Enquanto isso, mostramos... nossas boas intenções... A aparição dos aviões na pista provocou manifestações de aprovação – os mecânicos se mostravam atarefados. Depois de cerca de quinze minutos, o primeiro motor foi ligado, depois o segundo... Cada um desses eventos foi saudado com demonstrações de incentivo...

Ganhamos duas horas... Mas o tempo só seguiu piorando... Versepuy, Obre e eu chegamos à conclusão mais franca: não havia realmente nada a fazer...

Só podíamos sair daquela situação diplomaticamente... Apresentamos ao comitê a seguinte tese:

Esperamos em vão – o tempo, em vez de melhorar, tornou-se perigoso. Estávamos dispostos a correr os riscos – mas observamos que um acidente poderia comprometer o dia seguinte, o principal, o 14 de julho...

Houve deliberação. Alguns não deixaram de lembrar que tinham se oposto ao projeto daquela festa da aviação, outros, que haviam recomendado a contratação de um piloto conhecido...

Por fim, o presidente Moudoux conseguiu levar as pessoas à opinião mais sensata.

Primeiro, não se devia pressionar aqueles jovens a arriscarem suas vidas. Em segundo lugar, não se devia desanimar na primeira dificuldade, nem comprometer o dia 14 de julho. Não se podia fazer nada contra os elementos... O público de Cholet seria razoável o suficiente, suficientemente informado para entender que a aviação é dependente dos elementos da natureza.

Além disso, os aviadores podiam demonstrar sua boa vontade rodando um pouco na pista...

Disso, de fato, éramos capazes... Obre partiu primeiro e deu algumas voltas, a vinte quilômetros por hora... Seu motor fazia um barulho infernal; o monoplano arrastava sua longa cauda, com uma aparência saltitante e torta, grotesca...

Entrei na pista com Versepuy: fomos igualmente lamentáveis...

A multidão não se conteve e nos dirigiu mil gracinhas mais ou menos espirituosas.

Felizmente, algumas gotas de chuva vieram em nosso socorro para terminar o dia sem escândalos.

Voltamos para o hotel, o mais discretamente possível, um pouco abatidos...

Na mesma noite, porém, o bom humor e o entusiasmo voltaram; Versepuy foi inesgotável em piadas sobre nossa aventura. Em breve teríamos uma revanche...

A imprensa local publicou nossas explicações e prestou homenagem à azarada coragem. Esperamos o 14 de julho.

Foi um 14 de julho de verdade, ensolarado, radiante...

Às duas horas, encontramos a pista já cercada pelo público.

Tudo parecia bem – mas eu estava nervoso. O comitê estava nervoso.

Retardamos um pouco mais os preparativos para deixar o vento das horas quentes se acalmar. Sentia-se a desconfiança de um público já desapontado uma vez.

Finalmente, senti que era hora de fazer algo e anunciei o primeiro voo.

Os bons olhos do presidente expressavam ao mesmo tempo sua alegria e uma certa ansiedade paterna. Ele se aproximou e disse: "Obrigado... Mas seja prudente...". Um silêncio se fez na multidão. Tomei meu lugar. Romain girou a hélice, liguei o motor a toda a velocidade... Com um toque decidido na alavanca, levantei voo... Infelizmente... O motor não estava dando vencimento... a máquina voltou ao chão...

Antes das barreiras, soltei o acelerador e freei com as duas mãos nas rodas. Virei sem sair do aparelho, graças a uma manobra que havia aprendido recentemente e que consistia em imobilizar a roda esquerda segurando-a com a mão enquanto acelerava, até que o avião levantasse a cauda e girasse sobre a roda bloqueada... Era preciso cuidar para não acelerar demais e segurar corretamente a alavanca de profundidade, para não capotar.

Voltei ao hangar, dessa vez sem qualquer solavanco, pois já não enfrentava um vento suave contra o avião.

A multidão saudou minha decolagem com um grito de alegria, uma alegria passageira, agora hesitante em vaiar.

Ofereci explicações – eu precisava verificar meu motor. Os outros podiam partir.

Obre se posicionou na pista: vinte quilômetros por hora e zigue-zagues...

Versepuy partiu, e já não pensava em brincadeiras... O vento da hélice fez voar alguns chapéus. O avião liberado arrancou, deu um salto saudado pelo "Ah..." de oito mil vozes. A seguir, como um acrobata que toma impulso, ele mergulhou, enterrou uma asa no chão e deu uma cambalhota... deslumbrante...

As mulheres soltaram gritos agudos. Os mecânicos correram, seguidos pelos membros do comitê. O corajoso sr. Moudoux lamentava... Os seguranças mal conseguiam conter a multidão.

Antes que o alcançassem, Versepuy se soltou e, enquanto tateava as costelas, avaliava o acidente. Ele recuperou sua veia cômica e se lançou em uma confusa história sobre uma corrente de ar ou redemoinho... Ele parecia quase feliz, aliviado... Nossa situação, nós que ainda faltávamos, era mais desagradável do que nunca.

Obre retomou seu triste passeio a vinte quilômetros por hora. Ele passava a poucos metros do público e o barulho do motor felizmente o impedia de ouvir as vaias.

Por fim, voltei à pista; persisti com uma raiva impotente, aproveitando qualquer saliência que me fizesse pular... Todo medo, toda ansiedade haviam desaparecido – mas de minha máquina cansada não havia nada a extrair, nada...

Depois de dez minutos desse desempenho, parei na frente de meu hangar e declarei que havia feito o que podia. O público foi dispensado na medida do possível.

Esperamos em um hangar até que a estrada para Cholet estivesse menos congestionada e o crepúsculo suficientemente escuro... Um momento difícil...

Versepuy foi o menos afetado: o acidente havia, de certa forma, salvado sua honra. Ele nos arrancou os primeiros sorrisos. Obre respondeu que só queria que tudo se resolvesse sem violência. Pouco a pouco, o bom humor voltou. Evocamos as caras desapontadas dos senhores do comitê, suas perguntas apavoradas, nossas respostas hipócritas, as gracinhas dos camponeses e o ridículo espetáculo que oferecemos a oito mil espectadores...

Tudo isso nos fez rir, assim que decidimos não chorar.

Voltamos ao hotel incógnitos. A dona foi cruelmente educada: "Então, senhores... Parece que não tiveram sorte hoje à tarde?".

Nos vingamos na hora do jantar.

Naquela noite, ouvindo mais uma vez "Ela é loira... etc.", vagávamos pela praça como almas penadas quando nossa atenção foi atraída por grupos de mulheres que entravam na igreja. Versepuy e eu nos aproximamos maquinalmente: o que poderia estar acontecendo àquela hora naquele Santo Lugar, enquanto todas as casas ao redor já estavam mergulhadas na mais profunda escuridão? Por curiosidade, entramos também – seria errado ir à igreja ao sair de um café-concerto? Talvez. Mas juro pelo céu que não tínhamos a menor má intenção e que nossa atitude foi irrepreensível. Ficamos à parte, em silêncio respeitoso, a um canto discreto. As orações começaram. As fiéis (exclusivamente mulheres) recitaram um primeiro rosário, seguindo o padre que iniciava sozinho os pai-nossos e as ave-marias. Teríamos saído depois de dois minutos, não fosse o medo de perturbar os outros e chamar atenção. Terminado o rosário, o padre começou um sermão. Foi um discurso violento contra os "maus cristãos" que, em vez de virem às Vésperas nos domingos, perdiam a tarde assistindo alguns bonecos (*sic*) arrastando o traseiro na grama...

O bom padre não fez nada para esconder que sua inspiração vinha de nossa presença e as beatas mais ousadas nos lançavam olhares cheios de malícia... Versepuy me deu uma cotovelada, sufocando o riso. A invectiva chegou ao fim, as orações recomeçaram; saímos na ponta dos pés...

No dia seguinte houve um acerto de contas.

O comitê havia nos chamado, juntamente com Baré, à casa do presidente Moudoux.

Quando chegamos, aqueles senhores já estavam reunidos. Primeiro houve um silêncio constrangedor. Todos os rostos refletiam descontentamento, despeito – o do presidente, apenas tristeza.

Para eles, a festa havia sido um grande desastre – os invejosos, os adversários políticos faziam disso um escândalo. A imprensa, embora moderada, havia registrado um fracasso completo e o descontentamento público.

Apesar disso, nenhuma crítica nos foi dirigida – a amabilidade inata do presidente até trouxe cordialidade à conversa.

Nossos contratos definiam os casos de força maior de forma tão ampla que nos isentavam de qualquer responsabilidade, e nossos cachês nos eram devidos. Não houve, nem poderia haver, qualquer discussão.

Entretanto, fiquei tocado com a atitude do comitê; era doloroso para mim deixar Cholet depois daquela aventura lamentável; não pude deixar de fazer a seguinte proposta: eu iria a Paris, conseguiria uma aeronave nova e ofereceria aos habitantes de Cholet uma exibição de verdade para compensar as decepções passadas.

Obre se juntou a mim – Versepuy, impedido por um compromisso anterior, lamentou não poder seguir nosso exemplo.

A proposta foi recebida com gratidão e nos restituiu a simpatia do comitê.

Ficou combinado que eu mesmo escreveria uma carta de explicações ao público. A imprensa regional a publicou no dia seguinte, com o anúncio da nova exibição.

Na mesma noite, parti para Paris com Obre, que iria buscar um motor mais potente.

Eu estava longe de dispor dos cerca de sete mil francos necessários para pagar por uma aeronave nova. No entanto, precisava "arranjar" uma... Minha primeira visita foi ao diretor da Clément-Bayard. Tentei despertar o interesse dele por meu infortúnio – apesar de todos os meus esforços, meu *Demoiselle* se recusara a voar em um momento delicado; isso acarretava prejuízos para mim, uma má reputação para a marca.

Meu interlocutor deu a entender que suspeitava que minha inexperiência fosse a verdadeira causa de meus problemas, o que não o incentivava a me ceder uma aeronave nova. No final, tive que ser persuasivo, e depois de uma longa discussão obtive o seguinte acordo: eles me venderiam um avião a crédito, com a promessa de anular a fatura depois de minhas primeiras ações de destaque... Eu não pedia mais do que isso. O novo avião foi enviado para Cholet sem demora, e 48 horas depois, eu mesmo fui para lá.

O dia de sexta-feira foi gasto desembalando o *Demoiselle* e montando-o. Trabalhei um pouco com os mecânicos; quando fazia muito calor, bebíamos uma garrafa de vinho de Anjou na casa de Mamãe, uma boa senhora que administrava um bar em uma casinha próxima. Mamãe era muito atenciosa. Quando eu queria ficar tranquilo, ela me oferecia seu próprio quarto como uma espécie de sala privativa. Ela nos enchia de guloseimas e petiscos feitos por ela.

O avião ficou pronto na tarde de sábado. Às cinco horas da tarde, aproveitando o tempo excelente, fiz um teste brilhante. Voei apenas cinco minutos – para preservar o motor – a uma altitude de trinta ou quarenta metros, fazendo curvas e um pouso que nem Santos Dumont desaprovaria... E o *Demoiselle* foi logo guardado em seu hangar, como se fosse um objeto precioso... Eu estava feliz e confiante: o tempo permaneceria bom – eu sentia isso... Dessa vez, eu estava pronto para a minha revanche...

O dia decisivo se anunciava magnífico. Eu me sentia tão tranquilo, tão livre de preocupações que, depois do almoço, aceitei um convite para jogar tênis com alguns jovens que havia conhecido na pista. Joguei com muito entusiasmo até a hora do primeiro voo – até cheguei um pouco atrasado ao aeródromo. O público estava esperando...

Sem perder tempo, entrei na pista; o motor fez barulho e, para surpresa daqueles que esperavam os preparativos habituais, decolei...

Por cerca de dez minutos, fiz manobras em todas as direções, subindo a cinquenta metros, descendo rente ao solo, indo e voltando... Suspenso sob minhas asas, eu via chapéus e lenços se agitarem... O comitê formava um pequeno grupo animado.

A aterrissagem foi bem-sucedida – deslizei suavemente até o hangar.

Assim que o motor foi desligado, ouvi – pela primeira vez – os aplausos e as aclamações da multidão...

Fui cercado – aqueles senhores estavam radiantes, o presidente tinha lágrimas nos olhos. Me encheram de cumprimentos e vigorosos apertos de mão. Fui levado ao buffet para beber uma taça de champanhe: declarei minha preferência pelo vinho de Anjou e isso me rendeu ainda mais a simpatia dos habitantes de Cholet.

Depois, foi a vez de pensar no restante do programa – era a vez de Obre. Ele não tinha tido tempo de testar o novo motor.

Percorreu algumas linhas retas infrutíferas, como nos dias anteriores – apenas um pouco mais rápido e com muito mais barulho. A demonstração terminou em uma colisão com as paliçadas – houve gritos de pânico na multidão.

Mas ninguém ficou ferido, exceto o "grande pássaro", que perdeu a hélice e um pedaço da asa.

Fiquei sozinho na pista e fiz mais dois voos – o sucesso e o vinho de Anjou me animaram –, me superei. Além disso, o voo do *Demoiselle* era naturalmente impressionante pela extrema mobilidade, leveza e velocidade.

O presidente Moudoux não sabia como expressar a gratidão do comitê. Ele me abraçou emocionado e disse: "Você salvou nossa honra...".

Naquela mesma noite, assinei com Baré um contrato para voar na semana seguinte em Rennes, um contrato duas vezes mais vantajoso que o primeiro.

Deixei Cholet no dia seguinte. Lá ficaram as lembranças de meus primeiros passos, de minhas primeiras satisfações profissionais e de outras memórias encantadoras. Também deixei boas amizades – Cholet me traria sorte.

Partimos, Baré e eu, com meu chassi de testes.

Tínhamos marcado um encontro em Rennes com os mecânicos, que deveriam seguir meu avião, e com Obre, que havia sido contratado sob a condição de voar.

Estava chovendo um pouco. Sem nenhuma carroceria, ficamos cobertos de lama. Além disso, embora o chassi fosse novo, os pneus de teste da casa Garros não o eram e furavam facilmente.

Passamos algumas horas em Nantes – um grande meeting estava sendo preparado. Baré ofereceu meus serviços. Mas não consegui chegar a um acordo com o comitê: eu era tão exigente quanto desconhecido.

À noite, chegamos a Rennes.

V

Cinco pilotos participaram das apresentações em Rennes. A estrela do time era Busson* (avião *Blériot* com motor Clerget) – conhecido por ter sobrevoado a Torre Eiffel, o segundo depois do conde de Lambert.** Os outros eram: Paul de Lesseps,*** em um biplano *Sommer*; Dufour,**** em um *Voisin* de célula; Obre e eu.

No primeiro dia, com bom tempo, as performances foram as seguintes:

De Lesseps decolou, percorreu uma longa linha reta sem ultrapassar muito a altura das árvores; fez uma curva ampla, fora de nosso campo de visão; depois, desapareceu. Ele voltou de carro duas horas depois, com a cabeça envolta em um enorme curativo. Tinha despedaçado sua aeronave.

Obre percorreu uma impetuosa linha reta no solo, seguida de uma decolagem desastrosa e uma queda completa – tudo em menos tempo do que levo para escrever.

Dufour aproveitou a calma do crepúsculo, deu algumas voltas bastante suaves na pista, rente ao solo.

Busson realizou dois voos corretos e um pouco monótonos.

Consegui fazer dois voos. Estava prestes a fazer o terceiro quando, rolando no solo, tentei girar em uma roda, como de costume. Mas uma aceleração um pouco nervosa fez o *Demoiselle* bater em um pilar – a hélice quebrou.

---

* Guillaume Busson (1885-1958). (N.T.)

** Charles de Lambert (1865-1944), primeiro piloto a sobrevoar uma grande cidade (Paris), em 1909. (N.T.)

*** Paul de Lesseps (1880-1955). (N.T.)

**** Jean Dufour (1899-1981). (N.T.)

A segunda exibição foi dramática. A sessão começou com um tempo ameaçador e já agitado. Deixei que os mais experientes, Busson e Dufour, falassem – mas eles hesitaram, perderam tempo... Anunciei um voo. Meu avião foi preparado, entrei nele, Romain girou a hélice. Durante meia hora, ele fez esforços em vão. A chuva começou, em gotas finas... Guardamos o *Demoiselle* no hangar – o público esperava debaixo de guarda-chuvas e começava a vaiar.

O prefeito (sr. Janvier) veio me perguntar se eu não preferiria desistir "já que o tempo não era favorável". Eu estava terrivelmente irritado: respondi que "o tempo estava excelente", o que fez Busson sorrir.

Eu parecia estar representando um número conhecido: a pane oportuna... Essa ideia me era insuportável. Romain lutou por mais de uma hora... O tempo havia se tornado completamente ruim, tempestuoso. A maioria dos espectadores já tinha ido embora.

Dentro do hangar, porém, eu nem imaginava essas coisas. Só pensava em voar; eu exagerava a ironia e a malícia que sentia a meu redor, e estava furioso...

No entanto, logo teria que me resignar, desistir...

No último minuto, sem razão aparente, o motor ligou... Certamente, ninguém mais esperava por isso. Houve surpresa, emoção... Vieram me dizer que o tempo estava *realmente* ruim lá fora, e que meus colegas achavam loucura querer voar em plena tempestade. Eu não quis nem ouvir o que me diziam: dispensei brutalmente esses conselheiros que um pouco antes haviam zombado de mim.

Recusei-me a desligar o motor, gritei para Romain me tirar daquele jeito mesmo.

Assim que saí do hangar, acelerei ao máximo, decolei contra o vento. De uma só vez, cheguei a cinquenta metros de altura. Eu estava tão irritado que dei uma volta na pista antes de perceber que estava sendo sacudido, balançado em todas as direções, como uma rolha em água agitada. Minhas asas estavam se dobrando – eu as sentia estalar. Lutei, com os dentes cerrados, nervos tensos, por cinco minutos. Então algo assustador aconteceu: de repente, senti-me elevado, arremessado para o céu com meu avião, em uma posição incompreensível. Vi as árvores de cabeça para baixo... Quase na mesma hora, porém, tive a sensação de acordar de um pesadelo. Me vi voando normalmente, um pouco mais baixo e na *direção diametralmente oposta*. Eu estava atordoado... Manobrei maquinalmente para me alinhar para o pouso e voltei ao chão sem incidentes, graças à proteção das arquibancadas e das árvores. Parei a poucos metros do hangar. Todos correram até mim. Meus dois mecânicos choravam.

As pessoas estavam pálidas. O chefe, sr. Janvier, me abraçou (de novo...).

Ninguém pensou em prolongar a sessão. O meeting de Rennes havia terminado.

Eu estava encantado com essa nova vida um tanto romântica. Não pensava mais nas tarefas e nos problemas do comércio de automóveis. Baré me propôs uma combinação: organizarmos uma semana em Saint-Malo e Dinard.

Eu simpatizava com meu empresário – ele era um companheiro cheio de entusiasmo. Tinha vivido anos de aventura na América e mantinha o hábito de se adaptar a tudo, de se virar em qualquer situação.

Aceitei a proposta. Partimos, sempre pela estrada, à frente dos mecânicos e do avião.

Em Saint-Malo, tivemos dificuldade para encontrar um terreno. A praia estava na maré baixa, um aeródromo ideal, mas era impossível organizar um evento lá. Tivemos que nos contentar com uma pequena pista triangular e erguer barreiras a nosso custo. Este terreno era apenas possível: pequeno, cercado de árvores, casas, cabos telegráficos.

A primeira exibição em Saint-Malo não foi encorajadora – a receita mal cobriu as despesas. Danifiquei meu avião depois de um voo de poucos segundos.

Baré se comprometeu a preparar uma revanche; aproveitei para passar alguns dias em Paris.

Lá, encontrei meu negócio de automóveis em situação bastante ruim – mas não me importei muito –, recorri a parte de meus lucros em aviação para pagar as contas.

Passei em Paris algumas semanas felizes, marcadas por dois incidentes memoráveis.

Conheci John Moisant entre os frequentadores do hangar Clément-Bayard.

Na ausência de um dirigível, o hangar era usado como garagem para aeroplanos, aberto a todos mediante o pagamento de um aluguel. Lá, além de uma longa fila de *Demoiselles*, pouco usados por seus proprietários, havia uma coleção de aeronaves fenomenais – era uma curiosidade para os leigos e uma alegria para os iniciados: o lenticular de Maurice Clément, conhecido como *A Pulga*; o inenarrável balão-planador de César, um híbrido entre balão e avião; o *Corvo* de Moisant e sua aeronave de chapa ondulada, que nenhuma imaginação havia conseguido batizar.

Moisant era um personagem um tanto misterioso. Era um homenzinho moreno, quase calvo, de pele bronzeada e olhos negros cintilantes. Sempre amável, sorridente, alerta – era impossível dizer sua idade. Falava fluentemente o francês especial dos velhos canadenses – também inglês e espanhol. Ele dizia ser de origem franco-canadense. Hospedava-se em um hotel modesto – o mais próximo que encontrara do aeródromo. Vestia-se com negligência, muitas vezes sujo de poeira e óleo. Mas ele usava na gravata e no anel dois enormes diamantes autênticos; e ele se dava ao luxo dispendioso de construir aviões de sua própria invenção. O *Corvo* foi seu primeiro modelo – era um pequeno monoplano todo preto, com asas pouco curvas, fuselagem arredondada e completamente revestido de tecido. Esse aparelho, muito bem construído para a época, era admiravelmente penetrante – mas tinha que ser equilibrado apesar dos princípios elementares, pois, sempre que Moisant o testava, ele capotava *no ar* a alturas e velocidades aterrorizantes, antes de inevitavelmente se espatifar no chão. É verdade que Moisant sempre tivera a pretensão de voar sem nenhum aprendizado prévio.

Depois do *Corvo*, veio o avião de chapa ondulada: era uma versão modificada do *Corvo*, aperfeiçoada por uma superestrutura que suportava uma segunda asa, feita de chapa cinza ondulada, como a usada em alguns telhados. Era uma loucura...

O *Corvo* havia garantido a seu mestre uma reputação de inacreditável audácia – a chapa ondulada o tornou conhecido como um excêntrico. Vimos essa máquina cruzando a pista de Issy a trinta quilômetros por hora, fazendo um barulho de rolo compressor – e depois voltar para a garagem. Moisant desapareceu por algum tempo. Eu fui para Cholet.

De volta a Paris, eu vagava certa noite pelo hangar; era a antevéspera do Circuito do Leste.* Por acaso, encontrei Moisant, mais amável e sorridente do que nunca. Ele me parabenizou por meus primeiros passos.

– E saiba que eu também voo... – ele disse.

– Realmente... Seu avião...

– Não... Comprei um *Blériot* de dois lugares, testei-o anteontem pela primeira vez. Ontem, tirei meu brevê de piloto...

Ele disse isso com naturalidade... E era verdade – ele voara sem treinamento e, em seu segundo voo, tirara a licença, quinhentos metros acima de Étampes...

---

* Competição aeronáutica de 785 quilômetros organizada pelo jornal *Le Matin*, a ser percorrida entre 7 e 17 de agosto de 1910, em seis etapas: Paris, Troyes, Nancy, Mézières, Douai, Amiens, Paris. (N.T.)

– E tenho um grande projeto para depois de amanhã... – acrescentou ele.

– Vamos... Conte-me...

– Bem... É quase um segredo... Vamos lá: depois de amanhã começa o Circuito do Leste. Pretendo ir de Étampes a Issy, perto da hora da largada.

– Leve-me com você! – exclamei.

Ele sorriu maliciosamente.

– Você teria medo... Sabia que será meu terceiro voo?

– Leve-me com você...

Minha confiança claramente o lisonjeava...

– Bem... – ele disse – eu tinha praticamente prometido ao sr. Kousminski, mas vou lhe dar a preferência...

Fiquei radiante. Marcamos de nos encontrar no dia seguinte à noite. Precisávamos dormir em Étampes para partir ao amanhecer.

Esta viagem – minha *primeira viagem* de aeroplano – me deixou uma memória vívida. Ao pensar nela, revivo todas as fases, todas as impressões.

Logo no início, notei a sobriedade de movimentos de meu piloto. Ele deixava o avião voar e o reerguia lentamente, sem pressa: parecia se dar o tempo de *refletir sobre o que precisava ser feito*... O que aconteceria se houvesse um súbito desequilíbrio?

A decolagem foi muito suave, quase imperceptível. A ascensão foi bastante gradual, fiquei impaciente de nos ver tão perto das árvores. Gritei várias vezes no ouvido de Moisant: "Suba... Suba...". Subimos de maneira constante, de um lado para outro. Eu não sentia nada, mas acompanhava a subida pelo altímetro que estava na minha frente. Eu anunciava a Moisant a altura atingida a cada cinquenta metros. No começo, ele fez uma curva ampla que me desorientou. Os campos passaram diante de nós, envoltos em uma neblina rosa. Seguíamos uma estrada principal. Trezentos metros...

Quatrocentos metros... O horizonte se ampliava. Deslizávamos com um zumbido abafado, sob um ar idealmente calmo. Infelizmente, eu estava congelado. Com minha habitual imprevidência, saí mal agasalhado. Essa sensação desagradável estragou a alegria da viagem. De repente, Moisant fez um gesto e exclamou: "A Torre!". Ele tinha uma visão aguçada. Levei alguns minutos para avistar a silhueta minúscula da Torre Eiffel. Quinhentos metros... A Torre se torna mais nítida. Paris se delineia na névoa. Moisant não faz mais nenhum movimento. O avião voa sozinho e sobe lentamente, constantemente. Seiscentos metros... Eu tremo... Bato os dentes... Mas o objetivo se aproxima. O entusiasmo faz meu coração bater e força o sangue a circular. Setecentos metros... Chegamos aos subúrbios do sudeste, ao lado de Montrouge. Issy está à nossa esquerda, um pouco à frente. Estamos em Paris, a oitocentos metros... Lentamente, Moisant vira à esquerda. O frio é insuportável; mas em alguns momentos consigo esquecê-lo... Que êxtase este primeiro voo, tão alto. Passamos sobre a Torre. Sou tomado pela grande curiosidade de vê-la de cima. As asas me impedem. Eu me levanto e me inclino um pouco para fora da fuselagem. Uma mão me puxa pela aba do casaco e me faz sentar. Moisant esboça um gesto de "não faça isso"... Então ele mexe em uma alavanca que diminui a potência do motor e mergulha em direção a nosso velho campo de Issy, que está cercado por uma multidão escura. Por cinco minutos, descemos assim. Tenho a impressão de que estamos cortando o ar a uma velocidade incrível. Toda a aeronave vibra... É normal? Tenho uma confusa sensação de insegurança. Moisant desceu tarde demais ou mal: é visível que a descida nos levará para fora da pista. Ele tenta mergulhar mais. Mas a resistência do ar se torna brutal: ele se endireita e retoma a inclinação anterior. O motor assobia como um pião... De fato, passamos a pista. O sol nos cega. Moisant continua descendo. Agora, os telhados estão próximos demais... O que ele está fazendo? Bato em seu ombro e aponto para o perigo... Ele se endireita rapidamente, aumenta toda a potência do motor e começamos a voar normalmente, nivelados, bem a tempo... Uma curva ampla nos coloca de frente para a pista. Ficamos rente ao solo. Moisant desliga o motor e espera, imóvel. O avião pousa, para. Descemos, eu aperto sua mão. Meus ouvidos estão zumbindo... As pessoas chegam correndo:

– Quem são vocês?

– Moisant e Garros...

Os oficiais se entreolham, somos desconhecidos...

Moisant acrescenta com orgulho:

– Viemos de Étampes...

Porque tinha sido uma proeza...

VI

Alguns dias depois, um amigo de Santos Dumont veio me ver na Avenue de la Grande-Armée. Ele me informou que Santos Dumont estava em Deauville. Por conselho do médico, ele havia desistido da aviação. O último avião que ele próprio havia construído estava à venda. Fomos visitá-lo. Era uma joia admirável, de bambu leve e seda branca. O motor estava cheio de pequenos dispositivos especiais. Peguei um trem para Deauville na mesma hora. Santos Dumont, que eu via pela primeira vez, me recebeu com grande simpatia e o acordo foi fechado em cinco minutos. Na mesma noite, eu estava de volta a Paris.

Meu novo avião foi imediatamente transportado para o hangar Santos Dumont, em Saint-Cyr. Por alguns dias, Romain ajustou alguns detalhes a meu gosto, e certa noite fiz o primeiro teste.

O mecânico Chapin, que trabalhava com Santos Dumont, me deu mil conselhos. Claramente, ele esperava ver sua obra-prima destruída em um segundo – eu sentia nele uma hostilidade melancólica. Por fim, tudo ficou pronto: parti. Que encanto... O avião voava com uma facilidade incomparável. Era uma sensação completamente nova. Dois terços da potência do motor eram suficientes para o voo horizontal. Com potência máxima, o aparelho subia aos céus como um puro-sangue... A atmosfera estava radiantemente calma, ao crepúsculo... De repente, lembrei que não deveria desgastar inutilmente meu valioso motor. Comecei a descer – percebi então que estava a cerca de duzentos metros de altitude. Nunca se tinha visto um *Demoiselle* a essa altura... Pousei. Amigos me elogiaram. Chapin estava incrédulo. Fiquei entusiasmado. Feliz. Confiante...

Nos dias seguintes, fiz alguns voos de treinamento e ajustes. Passei dias deliciosos, preguiçosamente deitado nos campos, enquanto o bom Romain trabalhava no hangar.

Enquanto isso, os heróis do Circuito do Leste terminavam sua odisseia. Restava apenas a etapa Amiens-Paris, programada para um domingo. Assim como Moisant havia feito, resolvi aproveitar a oportunidade. Eu iria de Saint-Cyr a Issy no *Demoiselle*, o que daria a esse voo um valor especial.

Tudo foi preparado, não falei sobre meu projeto para ninguém, mas durante dois dias e duas noites o repassei sem parar – imaginava-me partindo, subindo, sobrevoando Versalhes, subindo sempre mais; passando pelo lindo vale de Sèvres, pela curva do rio Sena; eu via o panorama de Paris, finalmente a chegada a Issy, palco dos meus primeiros passos.

A descida de seiscentos, oitocentos, talvez mil metros, em meu pequeno pássaro de seda branca...

Na madrugada de domingo, às cinco horas, eu estava no hangar de Saint-Cyr, apenas com Romain. O *Demoiselle* foi submetido a uma última inspeção. Esperei até as seis horas. O tempo estava claro e calmo. Romain me colocou em movimento. Liguei o motor. Em vinte metros, a roda esquerda bateu em uma pedra e quebrou. O impacto fez o avião pular, e como a velocidade era grande, eu estava condenado a quebrar no pouso. Considerando tudo, preferi quebrar em Issy. A viagem começou como eu havia sonhado; subi rapidamente a duzentos metros. Vi Versalhes. Continuando a subir, dirigi-me ao Palácio. Passei sobre o parque entre trezentos e quatrocentos metros. A Avenue de Paris indicava, com seu amplo traçado, o caminho a seguir. Eu já vasculhava o horizonte em busca da Torre Eiffel. Ardendo de impaciência e preocupado em poupar o motor, eu pisava de leve no acelerador. De repente, uma pane... Minha hélice começou a girar em baixa rotação – sem potência de tração. Isso aconteceu bem acima do castelo. Desci em linha reta. Eu não sabia fazer uma curva planando e, aliás, acreditava que chegaria diretamente à praça. Não tinha a sensação de que iria me machucar, mas estava certo de que, com apenas uma roda, quebraria o avião. A descida foi longa. No último momento, percebi que passaria da praça, mas não fiquei alarmado – a Avenue de Paris se abria larga e livre à minha frente naquela hora da manhã. O solo se aproximou a poucos metros, tentei me reerguer. Meu gesto não teve efeito algum: o avião chegou ao chão com toda a velocidade e inclinação de descida. O impacto foi extremamente violento. Fiquei paralisado sob os destroços, o menor movimento causava dor aguda. Pensei ter quebrado a coluna... Tive visões do hospital, da agonia dolorosa... Lutei para não desmaiar.

Soldados se aproximaram, para me ajudar, eu os detive:

– Me deixem... Não me toquem...

Fiquei ali por longos minutos, contorcendo-me como um animal ferido.

Pouco a pouco, a coragem voltou. Consegui me levantar, lentamente. Fui levado até a caserna, onde tomei um tônico.

Descobri que minha fuselagem havia enganchado nos fios telegráficos, que tinham impedido o estabilizador de funcionar.

Logo Romain apareceu com meu chassi. Ao chegar à praça, ele percebeu que havia acontecido uma catástrofe e parou perto do aglomerado de gente. Eu me sentia um pouco melhor e estava ansioso para ficar sozinho, em casa. Pedi que Romain me levasse de volta a Paris. Fui colocado ao lado dele na carroceria improvisada; eu não conseguia sentar; me deitei de lado, com as pernas dobradas, apoiando o peso de meu corpo nos braços. Romain partiu devagar. Cada solavanco me arrancava um gemido; mesmo assim, aguentei até a Rue Lalo. Romain me despiu, me colocou na cama. Um médico foi chamado.

Eu tinha apenas uma pequena fratura no cóccix e uma forte contusão na parte inferior das costas. Prescrição: descanso, massagem... Finalmente fui deixado sozinho...

Então pensei na esperança frustrada, no valioso aparelho destruído, e meus nervos exaustos se desmancharam em uma crise de choro.

Romain cuidou de transportar os destroços de Versalhes para Issy. Depois, se dedicou a uma análise minuciosa e me apresentou o seguinte relatório:

1. A falha foi causada pelo afrouxamento de um parafuso minúsculo – a válvula do carburador virou no eixo e simplesmente se fechou... Uma estupidez...

2. O avião não tinha conserto. Mas poderia ser reconstruído rapidamente.

Ordenei o início imediato da construção.

Minha recuperação foi menos longa e menos triste do que eu havia previsto.

Dez dias depois do acidente, eu conseguia ficar em pé e andar devagar. Pude cuidar de meus negócios, acompanhar o trabalho de Romain e de seus ajudantes.

O novo *Demoiselle* tomou forma rapidamente. Constatei com alegria que ele não perdia em nada ao modelo anterior em termos de qualidade de fabricação. O motor havia escapado de danos graves. Romain o desmontou e revisou peça por peça. Para a cobertura de tecido, eu mesmo fui ao Louvre para escolher a mais bela seda branca da loja. As asas foram cobertas e revestidas por um especialista habilidoso.

Quatro semanas depois do desastre em Versalhes, eu estava de volta a Paramé. Eu ainda mancava um pouco e tinha dificuldade de sentar, mas era pouca coisa.

Dinard... uma palavra evocativa... Me vejo novamente sob minhas pequenas asas, de um branco nupcial... entrando com ímpeto juvenil na vida de meus sonhos, essa mistura de energia, preguiça, emoção, despreocupação, tenacidade, capricho, razão, sensualidade exacerbada pelo perigo diário... Volto a sentir o primeiro gosto da independência conquistada, da autoconfiança crescente... satisfações geralmente diluídas ao longo dos anos, que Dinard me ofereceu como um buquê em sua atmosfera suave e encantada.

Dessa vez, entrei em cena com um estado de espírito diferente dos de Cholet ou Rennes. Eu sabia que era capaz de enfrentar os imprevistos e tinha um avião seguro e pronto para ser usado. Isso era muito.

Na minha ausência, Baré tinha feito amizades e conseguido a criação de um prêmio para o voo Paramé–Saint-Malo–Dinard.

As circunstâncias deram a esse pequeno desafio um brilho inesperado.

Naquele dia, o vento mais forte que se poderia enfrentar e o mar agitado davam à paisagem um ar de tempestade.

Em Dinard, pessoas que haviam assistido aos meetings espalharam a ideia de que era impossível voar naquele tempo.

Porém, consegui completar o percurso, e – como o vento me empurrava – a uma velocidade incrível. Em Saint-Malo estraguei uma roda, Romain a substituiu em questão de minutos, e em Dinard viram-me surgir inesperadamente, crescendo a 150 por hora. O tamanho pequeno e a transparência das asas, a extraordinária mobilidade da aeronave, fizeram esse voo parecer um prodígio. Descrevi uma curva oblíqua para pousar na praia, o que acentuou o efeito...

Essa estreia causou uma forte impressão em Dinard.

Baré, empresário astuto, conseguiu outro prêmio, para o voo de Dinard à ilha de Cézembre.

Naquele dia magnífico, foi um passeio encantador. Na ocasião, pela primeira vez observei o fenômeno de transparência que permite ver o fundo do mar quando ele está calmo. Foi também a primeira vez que tive a mente suficientemente livre para admirar do céu a Costa Esmeralda em um belo dia de verão. Terminei com algumas manobras acima do terraço do Cassino.

Uma terceira subvenção foi concedida para uma exibição livre, assim minha estadia se prolongou.

Adquiri certa popularidade na região. Ela se manifestava em mil gentilezas – eu era tratado como um filho querido da região. Algumas famílias me recebiam como um filho; membros do comitê se tornavam meus mentores, organizavam excursões, passeios de barco, pescarias; diretores de cassinos me abriam todas as portas. Essa simpatia pública, de um tom quase íntimo, era algo novo e encantador.

Um dia, porém, um desastre quase aconteceu: Eu dirigia tranquilamente meu seis cilindros Grégoire pela estrada de Paramé a Saint-Malo, com um amigo ao lado (Gallet). Passamos por duas carruagens a cavalo, andando uma atrás da outra.

No exato momento da ultrapassagem, um garoto de uns dez anos, até então invisível, pendurado nos estribos da última carruagem, atravessou repentinamente a estrada. Com uma freada desesperada, consegui evitar o acidente. Infelizmente... Eram dois... O segundo literalmente se atirou embaixo da roda... Senti o carro passar por cima de algo macio... Parei na hora, saltei e peguei, na poeira, uma pobre criaturinha se contorcendo... Nunca entendi que prodígio o levou a conseguir ficar de pé, dar alguns passos e declarar que não estava muito mal...

A roda de um carro de 1.200 quilos tinha acabado de passar por cima de sua barriga...

Felizmente, o passageiro da carruagem era médico. Ele não pôde fazer um diagnóstico imediato, mas deu esperança de melhoras...

Eu empalideci de vertigem e tive que me sentar ao pensar que quase havia matado ou mutilado o pobre garotinho...

O testemunho do médico, de resto, me eximia de qualquer responsabilidade.

Levamos os dois meninos para suas casas.

Minha pequena vítima teve um gesto tocante: quando a porta se abriu e sua mãe apareceu, ele teve coragem de afastar nossos braços que o sustentavam e caminhar sozinho, todo pálido, em direção à mãe, gritando: "Não foi nada... Mamãe... Não foi nada...".

Ele foi colocado na cama. Mandei doces para ele, nos tornamos amigos e, oito dias depois, ele corria como um coelhinho...

Assim, nenhuma sombra obscureceu a lembrança luminosa que guardei da Costa Esmeralda.

Depois de Dinard, fiz mais duas pequenas exibições: Évreux, La Ferté-Vidame.

Então assinei, inesperadamente, um contrato com Nova York (outubro de 1910). Só retornei à França na primavera de 1911.

NA AMÉRICA

VII

Devo o contrato de Nova York a uma triste circunstância. A lista estava fechada, mas Léon Morane e seu irmão foram vítimas, nas proximidades de Paris, de um terrível acidente.* Uma quantia substancial ficou disponível no orçamento do meeting; o nome de Léon Morane era o luxo mais caro que um comitê poderia oferecer, então naturalmente haviam começado por ele em Nova York. O lugar de Morane era grande o suficiente para quatro. Audemars, Simon** e Barrier*** haviam se destacado nos meetings recentes e foram imediatamente aceitos. Minha candidatura foi mais difícil – cinco exibições no interior eram minhas únicas referências. Mas fui recomendado ao sr. Hart O'Berg de maneira muito calorosa por um de seus amigos, que tinha assistido a meus voos em Dinard. O nome do sr. Hart O'Berg está ligado aos sucessos dos Wright na Europa e a muitos outros grandes negócios. Encarregado de negociar na França os contratos de Nova York, ele exercia uma autoridade considerável sobre as decisões do comitê. Ele apoiou minha candidatura; depois de uma troca de telegramas, meu contrato foi assinado em um sábado à noite. Embarquei em Cherbourg dois dias depois, uma segunda-feira, com duas aeronaves e dois mecânicos.

Parti para ficar três semanas, voltei oito meses depois.

---

* Os irmãos Léon Morane (1885-1918) e Robert Morane (1886-1968), inventores e pioneiros da aviação na França, sofreram um grave acidente em outubro de 1910, na tentativa de conquistar o prêmio Michelin de Aviação. (N.T.)

** René Simon (1885-1947). (N.T.)

*** René Barrier (1884-1930). (N.T.)

O acondicionamento dos dois *Demoiselles* foi trabalhoso – eles só poderiam chegar a tempo se viajassem como bagagem. Tiveram que ser desmontados e colocados em grandes caixas do tamanho de baús... Na última noite, trabalhamos nisso até o amanhecer...

Na pressa, no sábado à noite completei meu insuficiente guarda-roupa com algumas compras. Tudo foi empacotado de qualquer maneira. Mas não perdi nem o trem nem o navio. Era o que importava.

Conheci Simon e Barrier no trem rápido de Paris a Cherbourg. Logo me separei deles e de Audemars para seguir sozinho em um navio alemão, o *Kronprinz Wilhelm*, onde havia conseguido com dificuldade e a um alto custo minha passagem e a de minha equipe. Esta viagem, solitária, se anunciava triste, e assim foi.

Ao chegar a bordo, me indicaram um beliche em uma cabine de primeira classe, já ocupada por dois grandes alemães. Declarei-me disposto a todos os sacrifícios para viajar sozinho. Um quarto oficial mecânico concordou em me ceder sua cabine mediante uma quantia exorbitante. Aceitei sem discussão, encontrando uma nova alegria nesse desprezo pela economia, e tomei posse de um pequeno lugar bastante sujo onde reinavam, devido à proximidade das máquinas, um calor sufocante e um cheiro de graxa morna que obviamente causava náuseas. Mas fiquei sozinho – para vomitar.

Fazia exatamente dez anos que eu não viajava por mar. Parti com a ideia absurda de que o enjoo poderia ser evitado pela simples força de vontade. A primeira refeição foi servida na saída do porto. Desci alegre e bem-disposto à suntuosa sala de jantar cheia de douraduras e decorações de um perfeito mau gosto. Indicaram-me meu lugar, em uma pequena mesa redonda, em frente a dois senhores muito elegantes. Escolhi, de uma verdadeira enciclopédia culinária, um menu simples, e pedi alguns vinhos, pois a partida e a solidão tinham me deixado melancólico e acredito na boa mesa como um remédio para pensamentos sombrios. Ai de mim... me serviram uma comida pretensiosa e artificial...

Defendi-me até a sobremesa: uma duvidosa bomba gelada de framboesa... Enquanto isso, o navio chegava a mar aberto – as ondas lhe conferiam um balanço traiçoeiro. Senti um leve desconforto. Mas esperei bravamente o café e as bebidas. Então tive que admitir que não estava bem. Os dois senhores idosos pareciam preocupados. Eu precisava de ar fresco; paguei a conta e me levantei. A posição vertical agravou o mal-estar, senti vertigens, calafrios e uma grande náusea. O respeito humano me impediu de atravessar a sala correndo pelo contrário, tentei manter uma aparência calma. Ao chegar à escada, uma segunda onda de náusea me atingiu, mas a reprimi com grande energia. Dois andares me separavam do convés. No meio do caminho, eu já não podia ser visto da sala de jantar, comecei a subir os degraus de dois em dois, a toda a velocidade: cheguei ao convés como uma ventania. Infelizmente, era tarde demais... Em vão, apertei a mão sobre a boca em um esforço supremo. Estava a seis metros da amurada – ganhar dois segundos seria a salvação... não consegui. A catástrofe foi indescritível. Meu rosto ficou todo salpicado, as mangas sujas, ah... aquele sorvete de framboesa... Atravessei o convés sem pressa – para quê, afinal? Me apoiei na amurada e acabei triste e sozinho...

A impressão desse primeiro dia persistiu. Fiz a travessia sem dirigir a palavra a ninguém.

Não pude deixar de me emocionar ao ver no horizonte, começando a crescer, as gigantescas silhuetas dos *buildings* e a poderosa Estátua da Liberdade em seu pedestal quadrado. O quadro era uma expressiva alegoria da Força.

O *Kronprinz Wilhelm* atravessou a entrada do porto e atracou com uma surpreendente rapidez de manobras – obviamente, tudo estava previsto e preparado *to save time*. As passarelas logo foram instaladas e a multidão ansiosa de parentes e amigos irrompeu no convés.

Fui cercado por quatro ou cinco repórteres com lápis e cadernos; eles conseguiram extrair de mim, no mínimo de tempo e com o mínimo de perguntas, uma *interview* adequada. Também fui recebido por um delegado do aeroclube da América. Esses senhores me ajudaram nas primeiras formalidades alfandegárias – sabe-se como a alfândega americana é rigorosa –, depois fui levado ao hotel Astor, enquanto arranjavam acomodações para os mecânicos.

Eu me senti deslocado como sempre acontece quando se chega a uma cidade estrangeira – mas além disso havia uma curiosa sensação de esmagamento entre aqueles arranha-céus que pareciam obra de um povo de gigantes.

Depois da primeira toalete e de uma refeição reconfortante, fui me apresentar ao comitê – eu tinha uma carta de recomendação do sr. Hart O'Berg, um talismã...

Fiquei sabendo que John Moisant, meu ex-colega de Issy, também estava hospedado no Astor, como eu. Eu não o via desde sua histórica viagem (a primeira Paris–Londres). Encontrei-o à noite. Continuava o mesmo homenzinho seco, de cabeça redonda e calva, a pele amarela e enrugada; o rosto escanhoado, sem idade; e sobretudo dois olhos de diamante negro, de olhar estranho. Mas seus trajes haviam mudado, ele estava quase elegante, e os dois grandes brilhantes gêmeos que ele usava, um no dedo, outro na gravata, já não destoavam tanto...

Ele me recebeu cordialmente, ainda se sentia lisonjeado pelo voto de confiança que eu lhe dera no dia de Étampes-Paris. Eu tinha sido seu primeiro passageiro – ele nutria por mim uma espécie de afeição, que mais tarde foi comprovada.

Enquanto isso, ele se ofereceu para me pilotar em um passeio por Nova York, me apresentou a seu irmão mais velho, o banqueiro, e às srtas. Moisant, suas duas irmãs. Eles moravam em família em um belo apartamento no sétimo andar do Astor. Lá encontrávamos, exposta na sala, a taça de ouro maciço oferecida pelo *Daily Mail* em memória de sua grande proeza;* e víamos o gato Paris-Londres, seu lendário mascote, alimentado pelo dono com sardinhas compradas todos os dias especialmente para ele...

Eu fazia a maioria das refeições à mesa dos Moisant. Depois do almoço, íamos de carro à pista de Belmont Park, para supervisionar a descarga e a montagem de nossos aviões. Só voltávamos para o jantar, e a noite terminava no teatro e no music-hall.

Audemars, Simon e Barrier chegaram pouco depois de mim, em um navio menos rápido – eles estavam no hotel Knickerbocker. Eu quase não vira Audemars desde sua partida para Angers. Ele tinha se associado, nos grandes meetings, a Simon, Aubrun,** Latham*** etc. – toda a constelação da época. Todos estavam no mesmo hotel e, até o fim do meeting, não os vi fora da pista.

O meeting de Nova York não foi um sucesso esportivo para mim. Foi a primeira vez que tive contato com os aviadores, os grandes, e me senti bem pequeno... Eu estava disposto a correr todos os riscos, certamente, mas que luta eu poderia travar, com minha inexperiência, contra os *reis do ar*? Moisant se destacou, em quatro voos; meu frágil *Demoiselle* não permitia tais proezas: era apenas um brinquedo em comparação com as máquinas aperfeiçoadas do

* Moisant efetuou a primeira travessia do Canal da Mancha com passageiro (seu mecânico Albert Fileux), parte de um midiatizado voo Paris–Londres. (N.T.)

** Émile Aubrun (1881-1967), célebre por efetuar um voo noturno na Argentina em 1910 e terminar em segundo lugar no Circuito do Leste do mesmo ano. (N.T.)

*** Hubert Latham (1883-1912), detentor do primeiro recorde de altitude, em 1909, e o primeiro a ultrapassar os mil metros, em 1910. (N.T.)

Circuito do Leste e de Paris–Londres. Eu não podia aspirar a nenhum prêmio de altura, nem de duração, nem de velocidade. Para piorar, nenhum de meus dois motores concordava em funcionar por mais de cinco minutos seguidos – eu raramente conseguia dar mais de uma volta na pista em voo. Audemars estava na mesma situação... As poucas aparições que fizemos, no entanto, despertaram curiosidade. O comitê criou para nós um prêmio diário especial, um *match*, uma largada em linha reta com três voltas na pista. Desde o início, Audemars se recusou a ser derrotado todos os dias por meu *Demoiselle* branco, que voava dez quilômetros por hora a mais do que o dele. Como tudo se resumia, no fundo, a satisfazer o público, concordamos em dividir os prêmios, fraternalmente... Fazíamos decolagens impressionantes, curvas que pareciam disputadas com astúcias de apache e um igual desprezo pelo perigo. E tudo não passava de uma brincadeira inocente...

Não perdi meu tempo em Nova York. O contrato me garantia uma remuneração honrosa, e alguns prêmios especiais se somaram a ela. Mas esses quinze dias foram acima de tudo uma lição; entrei em contato com o meio onde criaria um lugar para mim. Observei nos outros os defeitos que limitam o sucesso e os excessos que causam desastres. Eu era como um ator estudando nos bastidores a atuação dos protagonistas.

Vou tentar registrar aqui algumas impressões, gravadas em minha memória como fotografias, que a lembrança traz a meus olhos com a nitidez e o movimento da realidade.

UMA QUEDA DE JOHN MOISANT

John tinha dois aviões para o meeting, seu velho dois lugares de Paris–Londres e um monoposto novinho em folha, fino e leve, como Blériot os fazia na época. Esse avião foi montado e preparado em uma manhã, dois dias antes do meeting, acredito. John, que desprezava o prazer de acordar tarde – e todos os prazeres, exceto o de vencer –, se levantou cedo para ir testá-lo. Desnecessário dizer que, àquela hora, eu estava na cama.

Ele se atrasou para o almoço – às vezes até o esquecia completamente e percebia, por volta das sete ou oito da noite:

– Ora... Estou com um pouco de fome... Devo ter esquecido de almoçar hoje...

Naquele dia, vi primeiro seu secretário – John tinha um secretário encarregado dos jornalistas em busca de entrevistas, que o fazem perder tempo...

O tal Le Vino estava branco de medo. Ele foi logo dizendo:

– John quase se matou...

– Ele se machucou? – perguntei.

– Nada, mas o avião novo está em pedaços... Do solo, não entendemos nada. Ele estava voando a uma centena de metros, de repente o avião se inclinou, ficou em uma posição impossível e caiu em direção ao solo... Pensamos que estava perdido... Mas no segundo seguinte ele se endireitou e voltou a voar normalmente. Mal nos recuperamos dessa emoção quando o mesmo fenômeno se repetiu e o avião se espatifou no chão, bem no meio da pista... Corremos até lá... Por milagre, John já estava de pé entre os destroços, calmo, sorridente, sem um arranhão...

Alguns instantes depois, o próprio John se juntou a nós.

– Então... meu velho... O que me diz? – perguntei, estendendo-lhe as mãos.

– Sou um imbecil...

Ele falava um francês peculiar, fluente, mas com um forte sotaque canadense.

O que diabos você fez?

– Não vi que os mecânicos tinham esquecido de abrir o óleo. Impossível alcançar a torneira com a mão, então tentei com o pé... Escorreguei... então... o pé que estava no pedal girou o leme e despenquei... Mas recuperei o equilíbrio... Na segunda vez...

– Vejamos... – interrompi – Você não aprendeu a lição? Por que não aterrissou, para abrir a torneira tranquilamente?

– Ah, não... Eu queria abrir sem descer...

E os pequenos olhos de diamante negro brilharam de orgulho...

O *CROSS-COUNTRY*

A prova consistia em passar por um pilar em algum ponto de Long Island, a cerca de quinze quilômetros de distância – eu não sabia exatamente onde, nunca tinha tido a pretensão de participar... Havia uma neblina opaca, viscosa – não se via nada a quinhentos metros. Parecia óbvio que a prova seria adiada. O comitê consultou os competidores – ninguém hesitou em concordar. Apenas Moisant protestou... Ele queria voar. Tentamos convencê-lo do contrário: não era uma questão de coragem; sabíamos que ele era capaz de voar, mas era preciso direcionar o voo, encontrar o pilar, era impossível...

– Quero tentar... Deixem comigo...

Não insistimos, seria inútil...

De acordo com o regulamento, o comitê não podia impedir a partida. E lá se foi John em seu velho dois lugares... Ele sumiu em questão de segundos – ninguém pensou em seguir seu exemplo. Meia hora se passou – onde ele teria pousado? Se conseguisse encontrar o pilar e voltar! Ninguém acreditava nisso. A neblina ficou ainda mais espessa... Um zumbido, uma apariçao repentina acima dos hangares – era ele... Corremos para lá, o enchemos de perguntas.

– E não é que fui! – o que significava: "consegui..."

– Mas como?

– Em linha reta, caramba... Não tenho compasso... – o compasso é uma bússola.

Magia e estupefação...

Um pouco mais tarde, o comissário do pilar perguntou por telefone se devia ficar em seu posto, ele só tinha visto um avião – curva perfeita...

O FIM DO VELHO DOIS LUGARES

Um vento violento. Os concorrentes pedem o adiamento de uma corrida. Moisant, evidentemente, tinha uma opinião contrária. Ele ordenou ao fiel Fileux que trouxesse seu velho dois lugares – o único avião que lhe restava. Quatro homens e o mecânico empurraram a grande máquina. Eles chegaram ao meio da pista. Lá, o vento não era contido pelo volume dos hangares. O avião ameaçava decolar sozinho... Os homens se agarraram aos cabos. Enquanto isso, Moisant se preparou, vestiu o macacão amarelo sujo e a velha touca preta, limpou os óculos. Em torno dele, repórteres, de lápis em mãos, e uma multidão de admiradores com Kodaks indiscretas.

Estava na hora. John se dirigiu a seu avião, o único a partir. O vento estava furioso. Nesse exato momento, uma rajada levantou o velho monoplano a cinco ou seis metros do chão. Sob uma das asas, o corpo de um homem balançava, suspenso pelas mãos, era o fiel Fileux, que não soltava o avião...

O avião e o homem giraram pelos ares e se espatifaram com um estrondo de madeira quebrada... Moisant parou, deu meia-volta bruscamente e retornou a seu hangar, com o mesmo passo nervoso, sem olhar para trás... O sorriso malicioso estava congelado em um esgar...

O POUSO DE LATHAM

O vento tenta atrapalhar a festa. Alguns pilotos decolam mesmo assim... Mas o céu escurece, as rajadas se tornam mais violentas: a tempestade chega. Um por um, os pilotos retornam, com pousos agitados. Latham fica sozinho no céu; ele finaliza a prova de duração. Nesse momento, cada minuto de voo é uma vantagem sobre todos.

O *Antoinette* se destaca, a duzentos metros, no céu negro – e continua sua ronda. Cada volta acontece assim: uma interminável linha reta contra o vento – o avião quase parado, como que suspenso. Às vezes parecendo recuar.

Então uma leve mudança de direção o coloca de lado, com vento pelo lado direito: é uma longa derrapagem, um escorregão plano da direita para a esquerda.

Um novo quarto de volta deixa o avião de costas para o vento, a uma velocidade vertiginosa até a terceira curva, quando as asas se inclinam para frente e executam uma volta precisa em torno do pilar, para passar do vento de cauda para o vento à esquerda, resistindo à deriva.

O *Antoinette* demonstra uma elegância magnífica nessas manobras, uma agilidade de gaivota. Não se percebe nenhum esforço. A pequena quantidade de tecido e madeira animada por um pensamento humano parece brincar com os elementos. A cena é emocionante.

Mas a situação piora: pequenas rajadas carregadas de chuva anunciam uma grande tempestade. Em um instante, o ar estará completamente insustentável. Já há solavancos bruscos, inclinações abruptas, que rompem a harmonia do voo: mas um instinto de pássaro anima as asas e os órgãos estabilizadores – os golpes invisíveis são *antecipados*... Mais alguns minutos se passam... Por fim, o sinal diário (dois foguetes, cuja fumaça branca é levada pelo vento) anuncia o encerramento da prova de duração – Latham descreve no ar uma última órbita, que encerra esse voo com uma assinatura suave e magistral. O pouso é uma maravilha de segurança. A alguns passos de mim, vejo o avião suspenso a poucos metros do chão, a hélice em marcha lenta... A famosa silhueta encurvada emerge da fuselagem. O piloto se funde com a máquina. As mãos, em gestos rápidos, manipulam os dois manches laterais. E esse perfil se completa com o lendário cigarro aceso no canto da boca, com um sorriso de desdém.

O vento piorou muito; o avião agora oscila, vacila... mas a mão o contém e o endireita, infalível.

Por fim, bem devagar, suavemente, as rodas tocam a grama e se fixam no lugar, sem rolar, a vinte passos do hangar.

A COPA GORDON-BENNETT DE 1910

Desde o dia anterior, o grande evento é o assunto de todas as conversas.

A França está representada por:

Leblanc* (*Blériot 100 HP Gnome*)

Latham (*Antoinette 100 HP Antoinette*)

A Inglaterra, por:

Grahame-White** (*Blériot 100 HP Gnome*)

A América, por:

Brookins*** (*Baby Wright*)

C. K. Hamilton**** (*Hamilton 160 HP*)

X???***** (em um inverossímil monoplano *Curtis*).

O grande favorito é Leblanc. Grahame-White também pilota um *Blériot 100 HP*, mas a aparência das duas máquinas mostra o cuidado especial dado à de Leblanc.

Alguns acreditam que o *Antoinette* especial de Latham, com as asas reduzidas e o motor de muitos cilindros, é imbatível.

C. K. Hamilton anuncia velocidades fantasiosas.

---

* Alfred Leblanc (1869-1921), vencedor do Circuito do Leste de 1910. (N.T.)

** Claude Grahame-White (1879-1959), primeiro a efetuar um voo noturno, na competição de Londres a Manchester, em 1910 (N.T.)

*** Walter Brookins (1889-1953). (N.T.)

**** Charles K. Hamilton (1885-1914). (N.T.)

***** O último piloto permanece desconhecido. (N.T.)

Por fim, um grande mistério cerca os hangares da Wright, onde um caminhão acaba de guardar a minúscula máquina de Brookins.

A Copa Gordon-Bennett é disputada em um dia específico, entre o nascer e o pôr do sol. Cada concorrente escolhe sua hora e corre contra o relógio.

Chego tarde à pista, a corrida já foi realizada:

Brookins, vítima de uma falha, se quebrou todo. Está no hospital, em coma.

Grahame-White terminou regularmente um pouco acima de cem quilômetros por hora, ele é o líder.

Leblanc é eliminado por um acidente, devido a uma negligência. Ele tinha a corrida ganha, batendo todos os recordes até cem quilômetros, mas um minuto antes do final um reservatório mal preenchido o deixa sem gasolina... Surpreendido rente ao solo, ele não consegue fazer a manobra necessária e vai bater fora da pista, em um poste telegráfico que cai na hora. O piloto sai com um olho roxo e um corte na testa.

Os americanos, muito esportivos, o consideram o vencedor moral da prova. Em todos os lugares onde aparece com a cabeça envolta em bandagens, ele recebe uma ovação.

C. K. Hamilton desfruta de grande popularidade na América. As esperanças nacionais se voltam para ele. Mas dizem que seu terrível motor está com defeito – um defeito muito oportuno, eu diria...

X, com o incrível *Curtis*, não dá sinal de vida... Como o entendo...

Aubrun, com seu avião de série, só pode se curvar diante do desempenho de Grahame-White. Assisti à corrida tardia de Latham; desde o início, seu avião é reconhecido como menos veloz que os *Blériot 100 HP*, mas ele insiste em terminar o percurso – pela honra. Seus cilindros param de funcionar um depois o outro. Quando a pane é grande demais, Latham pousa, faz os reparos e decola novamente. Suas curvas em torno dos pilares são sempre as mesmas obras-primas de flexibilidade e precisão: mesmo na derrota, reconhece-se o Mestre...

JOHNSTONE-HOXSEY

O voo de Johnstone e Hoxsey* proporciona outras sensações. É a demonstração de uma habilidade desconcertante, uma sucessão de desafios às leis da gravidade. Não são mais grandes asas sensíveis, mas uma célula geométrica, uma máquina voadora, segura, automática. As manobras, de uma rapidez incrível, criam ilusões de ótica: vemos a máquina virar, cair, se dobrar no ar e o espetáculo geralmente termina com alguma espiral vertiginosa, partindo de uma nuvem, terminando na porta do hangar, em um pouso descontraído, com as hélices paradas...

Ao lado disso, uma completa indiferença pelo perigo, uma obstinação fria, imutável em toda resolução tomada...

Um dia, eles partem juntos para uma competição de altitude. Em dez minutos, estão um ao lado do outro, sozinhos no céu, pois o vento aumenta. Johnstone está alguns metros acima de Hoxsey.

Hoxsey quer alcançar Johnstone, mas quando sobe um metro, Johnstone faz o mesmo e a diferença não diminui.

Por outro lado, a velocidade do vento aumenta com a altitude, eles logo são imobilizados, depois arrastados para trás, primeiro imperceptivelmente, depois mais rápido. Vemos eles se afastarem, muito alto; eles não são mais que dois pontos no céu... eles desaparecem... esperamos... sem mais notícias...

No dia seguinte, os jornais nos tranquilizam. Johnstone e Hoxsey foram resgatados em uma ilha... no mar... Eles pousaram sem acidentes.

---

* Ralph Johnstone (1880-1910) e Archibald Hoxsey (1884-1910), conhecidos como "gêmeos celestes" devido a seus duelos por recordes de altitude. (N.T.)

Nem um nem outro quis ceder. Hoxsey, arrastado pelo vento, voou até a última gota de combustível, felizmente a pane ocorreu acima de uma ilha... Então Johnstone, certo da vitória, também desceu.

À noite, os dois rivais retornam ao aeródromo, pelo ar; o avião do vencedor está decorado com pequenas bandeiras estreladas. Eles são recebidos em triunfo.

Um pouco mais tarde, tenho a oportunidade de apertar a mão de Johnstone, que é um sujeito encantador. Não consigo deixar de expressar minha admiração:

– Você foi magnífico, Johnstone; mas que loucura, por um simples prêmio de altitude...

– O prêmio não é nada... mas é preciso ter espírito esportivo, não é mesmo?

A ESTÁTUA DA LIBERDADE

O prêmio da Liberdade, o ponto alto do meeting, é favorecido por um belo dia de sol. A multidão é enorme. Talvez cem mil pessoas.

Moisant entra em cena com um pequeno *Blériot* novo, que acabou de comprar no local. O negócio foi fechado em um minuto: "Aceita vender sua aeronave? – Sim. – Quanto? – Tanto... (um preço confortável...) – Aqui está o cheque".

Se Grahame-White tiver a audácia de fazer essa corrida em seu 100 HP, ele será praticamente imbatível. Tentamos desencorajá-lo dessa máquina perigosa... Por outro lado, John lhe oferece cinquenta mil francos em dinheiro por ela... Mas Grahame-White não quer nem saber, ele está determinado a vencer a prova.

É dada a largada. A competição se reduz a Grahame-White, o favorito, John e J. de Lesseps.* Há apenas um prêmio, de cinquenta mil francos. Cada um parte para sua vez contra o cronômetro.

* Jacques de Lesseps (1883-1927), segundo piloto a atravessar o Canal da Mancha. (N.T.)

Grahame-White é o primeiro a voltar, depois de um percurso regular – as ovações da multidão saúdam a vitória, que parece certa.

Diante do hangar de Moisant, forma-se um pequeno grupo de amigos, com uma luz de esperança nos olhos; uma esperança insensata... Mas tal é o prestígio da audácia.

De Lesseps retorna; seu tempo, em um avião semelhante ao de John, o deixa atrás de Grahame-White, naturalmente.

No grupo de Moisant, ninguém tira os olhos dos cronômetros – os segundos e os minutos passam –, a impaciência aumenta.

Chegam os últimos momentos de esperança. John só tem mais quatro minutos para retornar como vencedor. Os olhares vasculham o horizonte. Só mais três minutos... Só mais de dois minutos e meio. Alguns segundos se passam... Um grito: lá vem ele... Vários o veem ao mesmo tempo. Só pode ser ele: é Moisant...

Um rumor se espalha pela multidão – uma grande emoção toma conta de todos. Moisant chegará a tempo?

Os segundos continuam a passar e o ponto cresce lentamente para olhos nervosos de impaciência.

Por fim, a silhueta do *Blériot* se torna mais clara. O último minuto dissipa todas as dúvidas: Moisant é o vencedor... A toda a velocidade, ele corta o ar, em uma trajetória oblíqua e sibilante – como uma flecha... Ele corta a linha de chegada, rente ao chão, diante da grande tribuna onde a multidão delira. Então ele sobe abruptamente e escala o céu, como uma cotovia ofuscada pelo sol.

Uma última volta na pista e ele para a poucos metros da tribuna de honra. Os "vivas" se intensificam e formam um clamor imenso. Os chapéus, as bengalas, as flores voam. Os seguranças estão impotentes. A multidão transborda para a pista, corre em direção a Moisant: eles o carregam em direção a seu hangar; no meio do caminho, alguém o enrola em uma grande bandeira estrelada. Os ianques carregam aquela bandeira viva em triunfo...

À noite, na intimidade, John nos explica sua incrível vitória. Nos cerca de quinze quilômetros que separam o Belmont Park da Estátua da Liberdade, há um subúrbio de Nova York, ou seja, arranha-céus, entrelaçados por linhas elétricas de todos os tipos. Um pequeno desvio é suficiente para evitar o perigo. Grahame-White, confiante em sua velocidade e prudente por natureza, havia desistido da linha reta. John, obviamente, não tinha se preocupado um segundo com essas contingências.

JOHNSTONE ESTABELECE UM RECORDE

Sentíamos uma forte simpatia por Johnstone. Ele era um magnífico atleta, solidamente musculoso, sem ser pesado. Seu rosto expressava energia, franqueza, confiança. Havia se tornado uma celebridade, no passado, sob um pseudônimo de music-hall, como acrobata ciclista. Foi o criador do *looping* de bicicleta. Suas proezas eram conhecidas.

Durante suas turnês profissionais, ele inaugurou um sistema original de publicidade – a maioria dos grandes prédios americanos possui uma *fire escape*; trata-se de uma escada estreita, que desce em zigue-zague pela parede externa do prédio, conectando os quinze ou vinte andares ao solo. Em cada cidade, Johnstone escolhia a *fire escape* mais longa, mais vertiginosa; ele anunciava ao público através dos jornais e, na hora marcada, descia a *fire escape* de uma ponta à outra... em um monociclo... Era sua forma de publicidade.

Tendo se tornado aviador – poucos meses antes (três ou quatro, acredito) – ele superou todos os recordes de audácia e habilidade, apesar de não ter um desempenho esportivo excepcional. Em Belmont Park, a lentidão do Wright o havia eliminado antecipadamente das competições interessantes. Ele só havia se classificado nos prêmios de duração e altitude.

Na véspera do último dia, passamos a noite juntos. Johnstone nos falou de uma nova máquina que Wright havia acabado de preparar e que, dizia ele, possuía maravilhosas capacidades de ascensão. E ele acrescentou:

– Vocês vão ver amanhã, no concurso de altitude.

Tive um presságio na mesma hora.

– Quer fazer uma aposta? – perguntei.

– Qual?

– Bem... Aposto que amanhã, a essa hora, você vai ser o recordista mundial...

Johnstone sorriu e respondeu com uma evasiva.

Conversamos sobre outras coisas – ele acreditava possível o looping em avião e planejava experimentá-lo em breve. Esse projeto louco – estávamos em 1910 –, exposto com voz tranquila, nos pareceu natural em sua boca, pois ele havia abalado completamente nossas noções do possível.

No dia seguinte, em Belmont Park, ele partiu calmo e sorridente, desapareceu atrás de uma nuvem e voltou um pouco mais tarde com o recorde desejado.

Infelizmente... na semana seguinte, soubemos de sua morte. Durante uma exibição, seu avião, sujeito a um esforço excessivo, se partiu no ar...

Seguem aqui, fora de ordem, algumas lembranças desse grande meeting.

Apesar de meu entusiasmo, eu percebia as fraquezas daqueles que eu admirava – Johnstone e Hoxsey ultrapassavam a medida aceitável de risco –, talvez por excesso de confiança ou simples inconsciência. Essa impressão foi tristemente confirmada pela morte acidental de ambos, com apenas algumas semanas de diferença.

Moisant raciocinava e calculava muito. Ele não levava em consideração a fragilidade dos aviões. Além disso, frequentemente fazia questão de menosprezar o risco, em vez de sempre avaliar seu peso.

Ele também acabaria encontrando a morte em breve: caiu no mesmo dia que Hoxsey. Assim, dos quatro melhores pilotos de

Belmont Park, apenas Latham sobreviveu por algum tempo. Ele morreu dois anos depois em um acidente de caça na África – sem ter sido derrotado pelo ar, esse monstro voraz.

Desde o início, aprendi a me instruir observando o voo dos outros. É uma abundante fonte de experiência.

A fama é tola; ela coloca quase no mesmo nível Latham, esse astro, e pálidos heróis de corridas – insignificantes perto dele no céu.

THE BARBER'S SHOP

Independentemente desses resultados profissionais, a estadia em Nova York foi bastante agradável. O dia começava tarde, a tarde era passada no aeródromo, ao anoitecer voltávamos para o hotel – antes do jantar, era hora do banho e do *barber's shop*.

A barbearia americana oferece ao mesmo tempo descanso e distração, ao menos quando não se está acostumado a ela.

Deitado em uma grande poltrona articulada, de conforto refinado, o cliente pode receber simultaneamente os cuidados de um barbeiro-massagista, uma ou até duas manicures, geralmente encantadoras, uma pedicure... ou um engraxate negro...

Cada um desses operadores é um artista em seu ofício. Os equipamentos e produtos utilizados são de uma perfeição desconhecida na Europa.

Conheci todos os tipos de massagem no couro cabeludo e no rosto; toda a coleção de xampus e loções, e aprendi todas as maneiras de graduar as aplicações de toalhas quentes e frias, depois de um meticuloso barbear.

Mais tarde, chegamos até a adotar o corte de cabelo ianque – apelidado de *rabo de macaco* – que consistia em raspar a nuca e a barba, de modo que o cabelo ficasse bem alto, em um pescoço nu, e parecesse uma peruca curta demais... Era horrível... Mas a operação em si proporcionava uma agradável sensação de frescor e prolongava as sessões na barbearia...

À noite, eu jantava com a família Moisant ou com o grupo Audemars, Simon, Barrier. As noites terminavam em music-halls, teatros e outros lugares de diversão. Assisti várias vezes, em particular, à opereta *Dollar Princess*, então em alta, e o refrão "*Every little movement has a meaning of its own...*" ficou associado a todas as minhas memórias daquela época.

DEPOIS DO MEETING

A estadia em Nova York se prolongou até muito depois do meeting.

Entre os pilotos europeus, um ou dois haviam retornado para seus países.

Latham e alguns outros estavam participando do meeting de Baltimore.

Um último grupo ficou em Nova York com a esperança de conseguir contratos – C. K. Hamilton, Moisant, Simon, Audemars, Barrier, eu e mais um ou dois outros.

Ao nosso redor gravitava um grande número de gerentes e organizadores.

John Moisant me ofereceu um contrato de um ano. Ele me garantia uma quantia fixa por um número indeterminado de voos. Todas as despesas, todos os riscos materiais estariam por sua conta. A proposta foi irrecusável. Ela atendia às minhas expectativas. Aceitei sem hesitar. Pude assistir, como observador curioso, à épica negociação que se seguiu...

John e seu irmão, o banqueiro, tinham concebido o projeto de uma turnê monstruosa, com uma grande equipe de aviadores e uma vasta organização. Eles estavam convencidos de que essa empreitada, apesar dos enormes custos gerais, lhes traria fortuna.

Era preciso contratar bons pilotos, mecânicos, toda uma equipe de gerentes e funcionários... Assim que a gangue de tubarões que nos rondava percebeu a importância que os Moisant davam a esse assunto, ela se lançou sobre essa presa.

Durante quinze dias, foram realizadas reuniões intermináveis, manobras obscuras, nas quais cada um buscava ora se unir contra os Moisant, ora eliminar uns aos outros. Esses dramas aconteciam durante todo o dia e parte da noite em todos os cantos do saguão e da sala de fumo do Astor. O empresário francês B. representava a equipe Audemars, Simon, Barrier. Ele procurava, como os outros, impor aos Moisant suas condições ou sua concorrência.

Hamilton e seu empresário Young se dedicavam a uma verdadeira chantagem, um blefe vergonhoso a respeito de sua reputação e de seus meios. Arrancaram dos Moisant um contrato exorbitante. E Young ficou com a direção da turnê – do show...

Com o fim das intrigas de Hamilton, a situação se resolveu rapidamente. Os empresários encontraram trabalho na combinação.

Finalmente, consegui convencer Audemars, depois Simon e Barrier, a se juntarem a nós; de modo que o empresário B., de antipática memória, ficou de fora. Ele voltou para a França de mãos vazias, no primeiro navio... Contratamos para completar o número: Frisbie, um velho piloto irlandês, e Joe Seymour, um aviador obscuro – mas notório automobilista, que deveria apimentar o programa com corridas de carro contra avião.

PRIMEIRO VOO EM UM *BLÉRIOT*

Alguns dias antes de nossa partida, fiz meu primeiro voo em um *Blériot*, em Belmont Park. Havíamos terminado a reconstrução do pequeno aparelho que fora despedaçado por John na véspera do meeting. Esse trabalho foi concluído por Fileux, com a ajuda de um pseudoengenheiro salvadorenho que apareceu do nada, um velho conhecido de Moisant.

John deveria testar essa aeronave antes de emprestá-la, mas não teve tempo. Sempre impaciente, decidi fazer o primeiro teste por conta própria.

Fileux declarou que a máquina estava pronta; eu confiei nele, incapaz, por inexperiência, de verificar qualquer coisa...

Os controles do *Blériot* eram completamente diferentes dos que eu estava acostumado – toda a aeronave estava configurada para me desorientar –, do banco do piloto não se enxergava nada abaixo da aeronave: eu nunca havia pousado sem ver minhas rodas de perto... E como voaria aquele avião reconstruído e ajustado ao acaso? Para aumentar minha apreensão, quando cheguei a Belmont Park, o tempo não estava convidativo. Posicionei o avião de frente para o vento. Eu me lançaria ao ar de lá, me sairia bem... Enquanto isso, estava nervoso...

Fileux me colocou em movimento e me soltou. O avião arrancou, de frente para as arquibancadas. Sem ver nada abaixo de mim, tive medo de bater no telhado, o que me fez empinar de forma indecente... Eu não sentia o que estava fazendo. As turbulências me atiravam de um lado para outro. O *Blériot* não obedecia, seria incompetência minha? Eu flutuava, desamparado. Depois de duas voltas desajeitadas na pista, pensei no pouso, a prova temida... Me preparei à distância, com infinitas precauções. Meu coração batia acelerado... Tudo correu muito bem. Cometi o erro de me erguer um pouco demais, com medo de capotar. O impacto no solo não foi tão brutal; recebi os cumprimentos entusiasmados de Fileux:

– Mas é incrível... Você pousa como um pássaro... Eu sempre disse ao sr. Moisant que é necessário chegar suavemente e não como um raio...

Ser comparado a John Moisant em meu primeiro teste, eu certamente não merecia isso... Mas não demonstrei ter agido sem querer.

Um segundo voo, alguns minutos depois, correu da mesma forma. Voltei para o Astor feliz por ter me saído bem, mas sem entusiasmo algum pelo Rei dos Monoplanos.

VIII

Uma bela noite, partimos para a Grande Turnê... Seria difícil para mim reconstituir o verdadeiro diário dessa longa viagem. Esboçarei apenas a organização realizada pelos Moisant e depois tentarei registrar algumas lembranças específicas que podem ser classificadas em quatro períodos: de Nova York a Nova Orleans; de Nova Orleans a El Paso; no México; em Havana.

A MOISANT'S INTERNATIONAL AVIATORS LTDA

A M.I.A. era uma grande empresa de aviação.

Em Nova York, ela tinha:

1. Uma sede e escritórios, toda uma administração;
2. Uma grande oficina chamada Usina.

Os funcionários incluíam: oito aviadores; uma dúzia de mecânicos; uma dúzia de *tentmen*; quatro ou cinco secretárias de publicidade; uma dezena de caixas e vendedores de ingressos; um fotógrafo; um gerente responsável pela bagagem; uma dezena de funcionários diversos; e, finalmente, uma numerosa equipe de *promoters*, cujo papel era visitar antecipadamente as cidades e obter os subsídios e garantias necessárias. Ao todo, de setenta a oitenta pessoas.

O equipamento incluía doze aviões em uso ou de reserva; um lote de motores e peças sobressalentes; um carro de serviço; o 100 HP de corrida, uma enorme tenda de lona que servia de hangar, montada pelos *tentmen* em três horas e desmontada em uma hora.

O pessoal e o equipamento viajavam em um grande trem especialmente adaptado, pertencente à companhia. Nele, eram acomodados a tenda e os aviões desmontados, sem embalagem:

era uma grande economia de tempo e trabalho. Uma oficina móvel facilitava os reparos urgentes. Os aviadores compartilhavam com os principais gerentes um grande vagão Pullman. O restante dos funcionários se distribuía nos outros vagões. Vivíamos como ciganos: o trem era nossa carroça...

Em quase todas as cidades, tínhamos como campo o *fairground*, que geralmente tinha uma pista circular, arquibancadas, cercas e um gramado central livre de obstáculos. Suprema comodidade: cada *fairground* estava conectado à estação de trem vizinha por um ramal ferroviário – nosso trem chegava assim diretamente à pista e lá permanecia. Graças a essa organização, houve vezes em que terminávamos uma exibição às cinco da tarde e estávamos prontos para voar na manhã seguinte, em outra cidade distante cinco ou seiscentos quilômetros...

Segue-se, esquematicamente, como a M.I.A. operava:

Um promotor das exibições visitava uma cidade e se encontrava com um comitê de patrocínio. Esse comitê garantia à companhia apoio moral, material e financeiro. Imediatamente, começava uma campanha publicitária intensa. Uma vanguarda de gerentes nos precedia por um ou dois dias para finalizar a organização e preparar nossa chegada. Nosso trem nos transportava. Carros nos aguardavam, nos levavam ao hotel – nossos quartos estavam prontos. O gerente especial trazia nossas malas.

Enquanto isso, o trem havia sido dirigido para o *fairground*. Quatro horas depois, a tenda e os aparelhos estavam montados. As bilheterias instaladas. Tudo estava pronto.

OS PRIMEIROS DIAS DA M.I.A.

A partida de Nova York nos deixou uma impressão bastante desagradável. Todas as partidas têm algo de triste. Trocaríamos uma vida de conforto e prazeres pelo Desconhecido e pela Aventura, da qual talvez não retornássemos... Porque, naquela época, vivíamos com uma ideia de que sempre poderia haver uma tragédia.

Na estação, ficamos um pouco alarmados com o número de gerentes que nos cercavam. Não tínhamos sido avisados sobre tamanho número de funcionários – cada um desempenhava uma tarefa específica: aquilo cheirava a disciplina, de uma maneira desagradável para nossas cabeças jovens e um pouco quentes...

Fomos obrigados a esperar, depois a avançar; nos indicaram nosso vagão, nossos lugares: tudo estava organizado...

O fiel Fileux, um pouco embriagado, causou um pequeno escândalo, porque um gerente havia se permitido contar os mecânicos em voz alta e apontar para eles enquanto passavam pelo guichê da plataforma.

– Então é isso... Não passamos de um rebanho... (Ah... os direitos humanos...)

Nossa irritação também vinha do fato de mal sabermos para onde estávamos indo e nada sabermos sobre a vida que nos esperava. Com nossos contratos assinados, fomos avisados para estarmos prontos em tal data; sentíamos um certo desconforto com essa falta de explicações que, no entanto, não tinha nada de intencional. Por fim, quando estávamos no trem, tivemos que admitir que viajaríamos com conforto; a irritação diminuiu e deu lugar à curiosidade. Dois de nós perderam esta primeira partida. Audemars foi resolver seus negócios na Europa. Ele queria se livrar de seu negócio de motocicletas em Berlim, dando-me um exemplo que eu teria seguido de bom grado se tivesse tido os meios; pois minha agência de automóveis estava estagnada na maior desordem, apesar dos esforços generosos de meu velho amigo Jacques Quellennec...

O outro ausente era John. Soubemos vagamente que ele também estava fazendo uma viagem de negócios e que logo se juntaria a nós.

Exceto por essas duas ausências, a trupe estava completa.

A. J. Moisant e suas duas irmãs nos acompanhavam.

Nossa primeira exibição se deu em Richmond. Na ausência de John, eu era considerado o homem de confiança da trupe. Lisonjeado, levei meu papel a sério. Portanto, não hesitei quando, na véspera de nossa estreia, o velho Moisant me perguntou se eu estava pronto para prestar um serviço à companhia. Tratava-se de um voo sobre a cidade. Exatamente naquela manhã, o presidente Taft atravessaria a cidade com um cortejo oficial. Este voo seria apresentado como uma saudação graciosa da M.I.A. ao chefe de Estado: era necessário passar uma boa impressão desde o início...

Orgulhoso de minha missão, me esforcei para demonstrar entusiasmo. Na realidade, estava bastante emocionado com essa primeira aventura... Na época, sobrevoar Richmond era um grande feito: citava-se o recente gesto de Latham, que, no meeting de Baltimore, havia ousado permanecer quarenta minutos sobre os telhados, para satisfazer a curiosidade de um paralítico.* Ainda me lembro da obsessão que foi a ideia desse voo, desde o momento em que foi decidido, até o momento em que o executei... Minha última noite foi insone e agitada. Mas devo me dar o crédito de em momento algum ter pensado em desistir.

Tive a sorte de contar com um tempo excelente. Na hora marcada, eu estava na pista; recebi algumas instruções sobre a direção a seguir e o ponto a alcançar. Era preciso atravessar toda a cidade, extensa e pontilhada com os habituais arranha-céus. Eu deveria me guiar por uma das principais artérias – tudo isso foi mostrado em um mapa, e parti muito emocionado...

Mas assim que decolei, fui tomado por uma surpresa agradável. Eu tinha conseguido para este voo o novo avião de John,

* O voo de Latham sobre Baltimore venceu o prêmio de cinco mil dólares oferecido pelo jornal *The Baltimore Sun* a quem sobrevoasse os céus da cidade, mas também obteve um bônus de quinhentos dólares oferecido por um doente acamado (o "paralítico") e com pouco tempo de vida, Ross Revillon Winans (1850-1912), que desejava ver o monoplano sobrevoar sua casa. (N.T.)

aquele que era chamado de *statue of Liberty*, em memória da grande vitória: uma maravilha de leveza e ajuste. Senti-me levado suavemente, deslizando com total segurança... Os telhados passavam abaixo de mim, atrás das asas – à frente eu não via nada além de uma distante nebulosidade... O motor cantava com regularidade. Eu estava ansioso, antecipava uma pane. Mas nos acostumamos com essa angústia do coração. E eu pensava que esta prova era a primeira de uma longa série, que muitas vezes eu me veria em situações semelhantes ou piores. Aquele era apenas um episódio da aventura que eu havia buscado.

Em minha cabeça um pouco entorpecida de frio, onde tudo isso passava como um sonho, o pequeno refrão de Nova York voltava incessantemente, com o aroma dos restaurantes noturnos, e eu pensava na ironia das palavras: "*Every little movement has a meaning of its own...*".

Ao cabo de dez minutos, julgando a missão cumprida, fiz uma curva ampla, muito cuidadosa – plana – e peguei o caminho de volta. Percebi que estava muito alto e entendi que, sem perceber, me mantivera empinado o tempo todo. Assim, havia feito o percurso sem ver nada além do horizonte...

Encontrei a pista: a descida e o pouso foram feitos com extrema precaução. Me agradeceram muito: o voo foi um sucesso – o cortejo presidencial havia parado para ver o avião: que publicidade...

No entanto, a semana em Richmond não obteve o sucesso esperado. A publicidade não tinha sido suficiente; o local não era propício para lucros; acima de tudo, o principal dia coincidiu com eventos políticos: o presidente Taft competia conosco...

Durante essa semana, voei quase que exclusivamente no *Blériot* de John; eu não me sentia tão confortável quanto no meu *Demoiselle*, mas estava encantado com a segurança superior do avião. No último dia, John se juntou a nós. Ele não quis me deixar com a vantagem de ter sobrevoado a cidade sozinho: ele a atravessou em ambos os sentidos. Simon, atiçado, fez o mesmo; o prudente Barrier também seguiu nosso exemplo. Assim, naquele dia três aviões passaram duas vezes sobre Richmond: poucas cidades no mundo tinham visto tantos...

Depois desse triplo desfile, John e Simon fizeram uma corrida de virtuosidade. Essa competição quase deu errado para John, pois ele estava muito ansioso para superar seu rival, muito mais treinado em exercícios de destreza. Eu também quis tentar algumas curvas inclinadas, mas logo me desencorajei...

Hamilton e Frisbie apareceram e tudo acabou bem – Moisant dava grande importância a que essa estreia fosse ao menos um sucesso na imprensa; esse sucesso foi merecido e obtido; os jornais foram unânimes em nos encher de elogios. Em contrapartida, do ponto de vista financeiro, foi um fracasso. Moisant se mostrou bom perdedor – tomou nota dos erros cometidos, prometendo evitá-los no futuro.

Partimos de Richmond para Chattanooga.

CHATTANOOGA

John nos deixou novamente, para resolver alguns negócios.

Em Chattanooga, tudo estava preparado de acordo com as regras da M.I.A.

Ficamos em um belo apartamento do melhor hotel. Estávamos cheios de entusiasmo. Infelizmente... nossa primeira visita à pista acabou com esse bom humor... Era um campo pequeno, sem horizonte, cercado de árvores e fios, cheio de obstáculos... Parecia impossível decolar de lá ou pousar. Assinalamos o perigo; nos prometeram tomar precauções para o futuro, mas nos suplicaram, pela reputação da companhia, que honrássemos os compromissos assumidos. Aceitamos tentar o impossível...

Mas no dia do evento tudo estava contra nós; um tempo terrível, com um céu escuro cheio de vento. Era demais... Explicamos a situação à direção. Mas o velho Moisant se agarrava à ideia de cumprir o contrato. Ele nos implorou que esperássemos e aproveitássemos uma calmaria.

O tempo só piorou. O público, composto por fazendeiros e rudes caubóis do Tennessee, logo começou a se manifestar. A polícia não conseguia contê-los. Eles cercaram a tenda aos gritos; ameaçaram incendiar tudo e atiraram para cima, como aviso...

A. J. Moisant estava entre nós, desamparado, branco de emoção...

Ele nos implorou para salvar a situação, pois era tarde demais para recuar. Era uma oportunidade de lhe fazer um grande favor; eu a agarrei. Anunciei um voo no *Demoiselle*. A multidão se acalmou. Trouxeram minha aeronave, cujo motor felizmente funcionou. Decolei e consegui serpentear entre os obstáculos da pista por alguns minutos, com manobras escabrosas.

Voando baixo, permaneci na zona protegida do vento pelas árvores e casas ao redor. Só as dimensões reduzidas e a incrível manobrabilidade do *Demoiselle* para permitir essa tática. Pousei sem problemas. Um espetáculo tão simples não foi suficiente para a multidão. Simon teve que fazer o mesmo. Ele não tinha outra escolha senão passar por cima das árvores. Seu voo foi muito tenso para nós; ele conseguiu e terminou com um pouso milagroso...

Dessa vez, conseguimos recolher os aviões ao hangar e nos livrar da multidão. Depois dessa experiência, não hesitamos em cancelar as outras exibições em Chattanooga.

De resto, a honra estava salva...

MEMPHIS

Tínhamos grandes esperanças para Memphis, mas foi outra decepção.

Provavelmente por causa do frio. A duração prevista de nossa estadia era de uma semana; durante esse tempo, porém, os *promoters* não conseguiram nada em outro lugar e ficamos em Memphis por cerca de três semanas, voando todos os dias, sob qualquer temperatura, às vezes para arquibancadas vazias...

Tivemos apenas duas ou três bilheterias, mas nossas exibições foram brilhantes. Todos os dias, às duas horas em ponto, podia-se ouvir o pequeno canhão que servia de sinal – o velho Moisant o chamava de *cagnon*.

A banda começava a tocar o Dixie e o Yankee Doodle. Aos primeiros compassos se misturava o ronco de um Gnome – John partia e, durante meia hora, fazia as acrobacias mais imprudentes.

Em uma ordem previamente estabelecida, nós o sucedíamos, um depois do outro, às vezes vários ao mesmo tempo. Em Memphis, todos os pilotos da M.I.A. voaram, até mesmo C. K.

Houve muitas corridas entre carros e aviões – às vezes com dois aviões ao mesmo tempo. Essas corridas, desprovidas de sinceridade, ofereciam, graças a isso, momentos emocionantes... as duas ou três máquinas passavam como foguetes diante das arquibancadas, roçando umas nas outras e nos obstáculos...

Na linha de chegada, passávamos tão perto do carro que o grande Seymour não conseguia evitar encolher a cabeça entre os ombros largos, instintivamente, e frear na hora...

Pessoalmente, em Memphis, tive contratempos; insistiram que eu voasse no *Demoiselle*, que era uma raridade, uma atração... Eu não tinha muita vontade de satisfazer esse desejo; no entanto, tive que fazer um voo diário no "menor aeroplano do mundo" até o dia do feliz acidente que o deixou fora de serviço. Então me designaram um velho *Blériot* de segunda mão; ele foi montado e ajustado sem cuidado e o usei pela primeira vez durante uma exibição. O ar estava ruim. Desde o início, senti a inutilidade de meus comandos. Sacudido e indefeso, dei uma volta ampla para enfrentar o vento e aterrissar. Finalmente alcancei o solo; mas o avião o tocou cedo demais, com uma roda, e saltou de volta para o ar. Ao mesmo tempo, a asa esquerda se dobrou, com um estalo de madeira quebrada. Eu estava no ar, a oitenta por hora, com uma única asa... O avião mergulhou para a esquerda; o trem de pouso tocou o solo de lado, se espatifou, e a máquina fincou na terra, bruscamente. Fui arremessado, meus óculos se quebraram em um poste. O sangue inundou meu rosto. As pessoas correram até mim. Mas consegui me libertar e me levantar sozinho. A abundância de sangue causou comoção. Acharam que eu tinha perdido o olho esquerdo. Na verdade, o dano se limitava a dois pequenos cortes, um no canto da sobrancelha, outro no nariz, cuja cartilagem estava quebrada.

Um médico me fez dois pontos no local, com total indiferença às dores que poderia ter evitado. As irmãs Moisant me enfaixaram, cuidaram de mim com muita gentileza. Por alguns dias, me impediram de voar e meu rosto permaneceu inchado e manchado, passando por toda uma gama de cores...

Ao sair de Nova York, John Moisant já era um grande piloto, pela energia e intrepidez – mas não era um virtuose do voo. Em Richmond, ele se sentiu desafiado ao ver Simon, muito treinado e estimulado pelos exemplos de Belmont Park, desenhando curvas e espirais como nenhum *Blériot* jamais havia feito. John quis imitá-lo imediatamente e escapou por pouco das situações críticas que essa impaciência causou. Mas, já no final da estadia em Memphis, ele havia alcançado e ultrapassado Simon. Suas espirais eram mais longas, mais audaciosas. Ele virava tão bem para a direita quanto para a esquerda: Simon, experiente na pista, era incapaz de fazer uma curva fechada para a direita. John realizava quase as mesmas manobras, sob qualquer tempo; as turbulências rapidamente acalmavam as fantasias de Simon.

Por outro lado, John nunca conseguiu emular a elegância e a flexibilidade de seu modelo. Seus voos continuaram abruptos e entrecortados – ele realizava proezas, trajetórias impossíveis, mas nunca de maneira graciosa.

Uma das peculiaridades de nossa quinzena em Memphis foi o número de recordes mundiais que quebramos – o velho M. dizia "quebrar" um recorde... Tivemos, entre outros: o recorde de velocidade de descida sem motor (*sic*) por Moisant; o recorde de velocidade de voo sobre cidades (*sic*) por Barrier. Eles precisavam de *world's records*...

Apesar das loucuras acrobáticas de John, das corridas de carro de Simon, das aparições do nacional Hamilton, apesar dos recordes quebrados, o público achou que estava muito frio e permaneceu indiferente... A M.I.A. enfrentou dificuldades financeiras. Tivemos que recorrer ao crédito para nossos salários e, às vezes, só conseguimos os pagamentos prometidos por meio de uma atitude extremamente enérgica. Nessas ocasiões, fui porta-voz de meus colegas e permanecemos sempre unidos na mais estreita solidariedade.

Ao nosso redor, pelo contrário, crescia a discórdia e a irritação, como em todos os grandes negócios que dão errado.

Hamilton, que custava uma fortuna e cujo avião sofria de indisponibilidade crônica, tornou-se o mais odiado.

Houve uma cena escandalosa em um dia de exibição, entre ele e os Moisant, a respeito de seus mecânicos pessoais.

C. K., espumando de raiva, gritou os insultos mais sórdidos para o velho A. J. na frente do público e dos jornalistas. John interveio e também foi insultado. Eu esperava vê-lo saltar sobre o insultador, mas, para minha grande surpresa, ele não fez nada e o caso foi abafado.

Curioso personagem esse Hamilton, herói do primeiro voo aéreo Nova York–Filadélfia, a quem a imprensa americana dava grande destaque. Por ter conseguido a tempo essa única façanha de sua carreira, C. K. se tornara o Aviador Nacional dos Americanos. Ele percorrera o país em todas as direções, explorando habilmente a publicidade de seu nome, espalhando por onde passasse lendas das quais era o herói. Foi assim que adquiriu grande fama.

Esse mestre do blefe e da encenação era de um maquiavelismo sem escrúpulos nos negócios.

Fisicamente, um esqueleto desengonçado, com uma grande cabeça óssea e pontuda, rosto liso e escanhoado; olhos fundos e brilhantes, a boca entreaberta por longos dentes irregulares e sempre torcida em um sorriso diabólico. Seu caminhar era cauteloso, desarticulado. C. K. se vangloriava de ter quebrado todos os ossos do corpo.

Suas largas calças flutuantes e a ampla jaqueta ianque pareciam estar penduradas em um cabide.

De costas, quando as mãos enfiadas nos bolsos das calças erguiam um pouco a parte inferior da jaqueta, notavam-se duas protuberâncias nos quadris: era um grande rolo de notas bancárias e um enorme revólver automático carregado.

Todas as noites voltávamos de carro da pista de aviação; o ponto de encontro era o bar do hotel. Enquanto Barrier e eu tomávamos um modesto coquetel, C. K. consumia uma quantidade prodigiosa de uísque, absinto e outros licores, seguido de perto pelo velho Frisbie e mais de longe por nosso colega Simon.

A seguir, banho, toalete e jantar. Depois do jantar, encontrávamos os americanos no saguão ou em nossos quartos e decidíamos juntos o programa da noite.

Normalmente, era um espetáculo de music-hall ou uma sessão de boxe.

No music-hall, não havia nada de especial, exceto a trupe dos menestréis de Geo Evans, conhecida como The Honey Boy Minstrels. Essa trupe era apresentada pelo famoso Corbett, ex-campeão mundial de boxe. Consistia em cerca de trinta artistas, maquiados como negros, vestidos com figurinos antigos e coloridos. Cantavam canções negras em um coro perfeitamente harmonizado, ora com uma melodia nostálgica, ora com um ritmo animado, acompanhados de instrumentos peculiares. A performance era ao mesmo tempo musical e cômica.

A trupe também incluía notáveis dançarinos de ragtime. Por fim, havia interlúdios falados, diálogos ou monólogos, incluindo uma revista improvisada pelo Honey Boy.

Esse trovador do humor americano dominava o palco sozinho por uma hora. Mordiscando um grosso charuto, ele contava histórias, encadeadas umas às outras, salpicadas de insinuações sobre eventos atuais, peculiaridades locais, piadas direcionadas a alguns espectadores na plateia – tudo isso com verve e pertinência inesgotáveis. Era um tremendo sucesso.

Por fim, Corbett aparecia por alguns minutos sem maquiagem, usando um elegante terno preto, e descrevia em poucas palavras a grande luta Johnson-Jeffries, como ele a vira dos bastidores sendo o segundo de Jeffries. Ele dava explicações honrosas sobre a derrota do campeão branco. Os aplausos testemunhavam a paixão dos americanos pelo boxe e pela popularidade de Corbett em particular.

Essa trupe de *minstrels*, que preenchia o programa de uma noite inteira, era algo muito americano, muito característico. Guardamos dela uma lembrança curiosa e agradável.

Houve também algumas boas noites de boxe em salas muito modestas, em clubes especiais ou em palcos de pequenos cafés concertos. Essas sessões aconteciam uma ou duas vezes por semana – éramos muito assíduos.

Depois de um ou dois combates entre novatos, a grande *fight* colocava em confronto dois pesos leves ou médios, com reputações regionais.

Todos tinham apelidos e o *speaker* anunciava com ênfase: “Kid Johnson, o Trovão de Tupale, contra Jim Lewis, o Leão de Memphis...”.

Havia uma proporção bastante grande de negros entre os lutadores. O público não tinha indulgência e, embora o boxe nem sempre fosse bom, as lutas eram encarniçadas. A plateia vaiava e o árbitro penalizava impiedosamente aqueles que demonstravam pouca combatividade. Nos *knock-downs*, os segundos fictícios eram contados com tanta lentidão que se passavam facilmente vinte segundos reais antes que a vitória fosse anunciada; e se a vítima fosse um negro, o árbitro, enquanto contava os segundos, às vezes o reanimava com alguns chutes nas costelas...

Um dia, quando um pobre Trovão negro expectorou no ringue dois ou três molares ensanguentados, vimos um espectador da primeira fila estender a mão, com calma, pegar um deles, examiná-lo com curiosidade e depois enrolá-lo em seu lenço – de recordação...

Normalmente, éramos admitidos por cortesia nos bastidores e no próprio palco, atrás das cordas do ringue. Podíamos falar com os boxeadores durante os intervalos. Várias vezes atuamos como patrocinadores, instituindo bolsas especiais que aumentavam o interesse das lutas.

Lembro-me de uma premiação criada assim no meio de uma luta acirrada. Um dos lutadores dominava havia vários rounds; o outro, reduzido a se defender, resistia com uma coragem magnífica, enquanto o primeiro se esgotava batendo. Querendo romper a monotonia dessa luta, oferecemos um bônus ao vencedor... O *speaker* o anunciou durante um intervalo.

Em seu canto, nós mesmos encorajamos o lutador mais cansado – mas ele parecia não nos ouvir, estava inchado de contusões, inerte... Obviamente, não iria longe... No entanto, os auxiliares redobraram seus esforços e conseguiram reanimá-lo um pouco; seu olhar se voltou para nós com um brilho de gratidão: ele havia entendido nossa simpatia e, naquela sala cheia de indiferença, aquilo era um conforto...

O gongo soou para ele como uma descarga elétrica. Ele encontrou no fundo de seu ser uma última reserva de forças. Pulou para o meio do ringue, caiu sobre o adversário surpreso e o golpeou furiosamente... A plateia gritava...

Esse barulho ainda agitava os nervos de nosso pequeno campeão... O outro, que parecia ter a vitória na mão havia pouco tempo, de repente se viu desmoralizado; ele se defendia mal, não tinha tempo de respirar e de repente um golpe rápido e limpo atingiu sua mandíbula e o deixou estendido no chão...

O vencedor foi carregado em triunfo. Seu cansaço havia passado... Ele sorriu para nós.

Muitas vezes desistíamos dos espetáculos ou não encontrávamos nenhum. Nos reuníamos então em um de nossos quartos, onde conversávamos sobre notícias atuais ou lembranças da França, jovens e já distantes...

Essas festas do pijama se prolongavam até tarde da noite, e por volta da meia-noite, pedíamos por telefone bebidas e uma variedade de sanduíches exóticos. O preferido era o reforçado club sandwich, que continha peito de frango, presunto, alface, tomate temperado, manteiga, mostarda... tudo grelhado e servido quente...

A equipe americana – Frisbie, Hamilton, Seymour – apreciava menos do que nós esses pacíficos momentos de lazer. Eles sempre queriam nos arrastar para os bairros mal-afamados. A voz aguda de C. K. se tornava insinuante: "*Come on... Let's go... New place... new girls... Fine...*".

Suas palavras ecoavam como um disco quebrado por horas a fio. Às vezes, Simon se deixava convencer e nós ficávamos sozinhos, Barrier e eu. E ficávamos fumando, conversando tranquilamente.

A equipe dos festeiros voltava fazendo barulho, tarde da noite, em um estado de embriaguez formidável. Geralmente já estávamos deitados – mas precisávamos nos levantar, de bom ou mau grado, e ouvir histórias e piadas de bêbados. Tentamos entrincheirar nossas portas – houve verdadeiros cercos em que sempre tínhamos que ceder.

Uma vez, Barrier deixou aberta uma pequena janela de ventilação acima de sua porta e viu objetos em chamas caírem em seu quarto... Mas como estava com sono e esse truque não veio acompanhado do habitual barulho noturno, ele deixou a coisa queimar no tapete; essa atitude muito americana não durou muito tempo, ele começou a espirrar, a sufocar e correu para a janela para evitar a asfixia. Os bandidos haviam carregado suas bombas incendiárias com pimenta ou alguma substância que liberava vapores irrespiráveis... Apesar do frio, o pobre Barrier teve que abrir seu quarto a todas as correntes de ar e, furioso, veio se refugiar no meu... Os culpados tinham ido se deitar tranquilamente depois de trancar a porta...

Mas tivemos uma vingança brilhante... No dia seguinte, fabricamos com um alfinete de segurança um pequeno martelo à mola que foi firmemente colocado na parte superior da porta de C. K. Um fio preto, imperceptível, ligava esse martelo ao nosso quarto através do corredor, passando pela janela de ventilação. C. K., assim que se deitou, ouviu o martelo bater e gritou: "*Come in...*". Enquanto isso, nós, de pé em uma mesa atrás da porta de Barrier, observávamos o resultado... O pequeno martelo funcionou novamente: "*Come in...*" – gritou uma voz furiosa. Naturalmente, ninguém entrou. Então nossa vítima percebeu que era uma brincadeira e não deu mais sinais de vida.

O martelo bateu em sua porta por uma hora; ele permaneceu impassível, mas logo os outros hóspedes do andar se levantaram para tentar parar aquele barulho irritante. Eles entreabriam suas portas e, vendo o corredor vazio, as fechavam resmungando. Como o insuportável barulho continuava, as reclamações chegaram à recepção por telefone; Hamilton, sem dúvida, foi o primeiro a pensar nisso... Vimos o inspetor de plantão avançar pelo corredor sorrateiramente... Ele se aproximou em silêncio, rente à parede, e parou bem na frente de nossa porta. Ele estava de costas para nós e fixava um olho profundo à la Sherlock Holmes na porta de Hamilton. Podíamos vê-lo a um metro de nós. Seguramos a respiração. O barulho misterioso se fez ouvir de novo. Nosso Sherlock, obviamente, não entendia nada...

Depois de um momento, talvez impressionado por um fenômeno aparentemente sobrenatural, ele se retirou com cautela, do mesmo jeito que havia chegado...

Ficamos no controle da situação e cessamos as represálias...

Materialmente, tínhamos uma vida luxuosa.

Barrier só falava em comprar grandes diamantes para presentear seus conhecidos quando voltássemos...

Cada um de nossos dias continha um esforço, uma pequena aventura, um risco, um progresso... depois era o descanso, a independência, em um país onde tudo era novo e deveria nos interessar. No entanto, não estávamos felizes. A perspectiva constante e familiar de um desastre, naquele país estrangeiro e brutal, provocava em nós um nervosismo latente. Sentíamos penosamente as pequenas contrariedades diárias – a má situação financeira da Companhia; as dificuldades de obter nossos pagamentos; a incerteza do futuro. E não conseguíamos nos acostumar com o papel de peças de uma grande engrenagem, a falta de iniciativa, a espécie de disciplina automática. Éramos utilizados, movidos como equipamento, sem sermos consultados, quase sem aviso prévio...

Estávamos ali por livre e espontânea vontade, sem dúvida; mas naquela atmosfera nova de crescente discordância, nossa situação nos parecia odiosa. Em vez de aproveitarmos a estadia, apreciarmos os prazeres de uma vida tão curiosa, só sentíamos o tédio e a hostilidade das coisas. E começamos a sentir falta da França e de nossa liberdade...

A partida de Memphis foi anunciada – Moisant tinha entendido que o frio e a neve não ajudavam em nada seus negócios. A M.I.A. precisava de grandes cidades em clima temperado. Todas as esperanças foram depositadas em Nova Orleans.

Lá, tudo parecia favorável, com uma temperatura meridional; uma população numerosa, rica, cuja origem francesa a tornava um bom público para aviação. Além disso, os Moisant tinham velhas relações em Nova Orleans que lhes garantiam apoio e facilidades. Em resumo, decidiu-se fazer um grande esforço nessa cidade, e tudo foi iniciado para preparar o sucesso.

John, que pensava grande, imaginou um voo de Memphis para Nova Orleans – ao longo do Mississippi, cerca de setecentos quilômetros. Teria sido, na época, um recorde de viagem. Esse projeto esportivo me entusiasmou, mas apesar de nossos encorajamentos, desistiram dela. Talvez John tenha considerado que a empresa precisava demais de seu equipamento para arriscá-lo, talvez tenha temido perder prestígio nessa viagem em que a sorte poderia favorecer outro que não ele. Por fim, pegamos o trem.

TUPELO

No último minuto, foi decidido que faríamos uma parada em Tupelo, para conseguir patrocínio. Passamos três dias nesse horrível vilarejo sem recursos. Como estávamos quebrados...

Nossa exibição foi, por sua pobreza, digna do lugar. O *fairground* era minúsculo, impraticável no centro: tínhamos que partir da pista. Pegamos um tempo terrível, um vento que cruzava a única direção possível de aterrissagem em ângulo reto.

No primeiro dia, John desconsiderou essas dificuldades. Ele voou por um longo tempo. Simon quis imitá-lo. Uma turbulência fez com que ele desse uma guinada assustadora na decolagem. No entanto, ele conseguiu voar e voltar. Um público pouco numeroso ficou satisfeito com essas duas demonstrações.

No segundo dia, o tempo foi ainda pior. O pouso com vento de lado parecia impossível até mesmo para John – ele mandou derrubar as duas cercas da pista, em uma extensão de quinze a vinte metros, mandou desobstruir uma plataforma voltada para o vento, de dimensões ínfimas, que terminava na parede vertical de uma pedreira de granito... O menor erro de manobra ali seria irremediável.

Dessa vez, John voou sozinho. Ele partiu da pista – com vento lateral – e pousou na plataforma. Assim que as rodas tocaram o solo, ele saltou do avião com uma acrobacia e se agarrou a ele com todas as suas forças para pará-lo.

John conseguiu realizar esse truque de acrobacia uma vez, mas falhou na segunda tentativa e o *Blériot* ficou como um poste na entrada da pedreira. Isso custou apenas uma hélice...

Naquela mesma noite, deixamos Tupelo.

IX

Nossa chegada a Nova Orleans foi uma grande alegria. Desde Nova York não tínhamos uma estadia tão agradável. As cidades do Texas, erguidas a partir do nada em poucos anos, eram enormes mercados. Tudo ali era sacrificado aos negócios, nada ao prazer.

Nova Orleans, ao contrário, tinha um ar de festa. Um terço da população falava um pouco de francês. A cidade não era composta apenas por arranha-céus opressivos. A temperatura, naquele mês de dezembro, lembrava a de Nice. Uma atmosfera ensolarada acalmou nosso nervosismo crônico.

No entanto, encontramos motivo para reclamar desde a chegada. John e sua família tinham se hospedado em um palácio mais bonito que o nosso...

Era inevitável que o descontentamento se tornasse uma questão pessoal para nós?

Na verdade, foi impossível, por falta de espaço, nos hospedarmos juntos. O gerente da companhia, ciente de nossa exigência habitual, fez o melhor que pôde. Ficamos em uma sequência de belos quartos comunicantes com banheiros e um boudoir. Nossas janelas davam para uma avenida e pegavam sol em abundância. A nosso pedido, o mobiliário do boudoir foi complementado por um piano.

Nossa primeira saída, em cada cidade nova, geralmente era uma visita ao campo de aviação.

Em Nova Orleans, era uma bela pista de corridas fechada, cujo centro poderíamos utilizar. Havia amplas arquibancadas disponíveis para o público. A proximidade da cidade e as comodidades de transporte pareciam garantir o sucesso. Na verdade, foi em Nova

Orleans que a organização da M.I.A. atingiu seu auge. Foi lá que o equipamento e os funcionários estiveram pela primeira e última vez completos e no ponto.

Nunca nosso programa foi tão brilhante e variado – corridas contra carros, perseguições, voos sobre a cidade, voos de altitude, efeitos de nuvens, exibição do *Demoiselle* por Audemars (nos últimos dias), uma festa de acrobacias por John e Simon; por fim, voos de conjunto com seis ou sete aviões se entrecruzando em todas as direções...

Na primeira sessão que viu, Audemars resumiu assim sua impressão: "Isso seria impensável na França...".

No que diz respeito a mim, Nova Orleans foi o palco dos meus primeiros progressos no *Blériot*. Eu usava diariamente o avião de Barrier ou o de John.

Eu voava com prazer, o máximo possível e preferencialmente alto.

No início, A. J. sempre vinha nos indicar a região onde deveríamos voar, para não sermos vistos por quem não pagasse.

"Sigam por ali...", ele dizia, "não por ali..." Ele apontava o lugar com gestos de general explicando uma tática.

Invariavelmente partíamos para o lado errado, o que deixava o velho furioso.

Nosso prazer habitual era brincar com as nuvens acima do lago Pontchartrain. Lá, ninguém, pagante ou não, nos via. As paisagens eram de sonho e a atmosfera sempre calma.

A partir dessa época, todas as minhas energias se concentraram no desejo de voar melhor. Eu colocava toda a minha alma nisso. Quando o tempo estava desfavorável, a alegria de voar se transformava em uma necessidade de superar a dificuldade; quando era preciso ceder aos elementos, eu sentia um mal-estar nervoso.

John, por outro lado, não se importava mais com o vento. Ele me disse um dia: "Eu gostaria de ter uma verdadeira tempestade, para provar que sempre é possível voar...".

Infelizmente, ele morreria antes de tentar qualquer uma das belas loucuras com que sua imaginação ardente fervilhava...

Mas ele permaneceu para mim um grande exemplo, uma grande lembrança...

Apesar de duas ou três grandes multidões, a M.I.A. mais uma vez teve péssimos resultados financeiros. As despesas gerais devoravam as receitas.

O velho Moisant persistia em sua confiança, mas os reveses, a dilapidação organizada que ele sentia a seu redor, amargavam seu humor. Ele se tornou rude, grosseiro e chegou a ser detestado por nós. Nossas relações perderam toda a cordialidade.

Um dia, ele quis exigir que estivéssemos prontos e alinhados na pista, diante de nossas aeronaves, exatamente na hora do *cagnon*...

Naturalmente, recusamos nos prestar a esse espetáculo circense. O velho A. J. ficou tão furioso que ameaçou suspender nossos salários. Essa cena aconteceu no dia da chegada de Audemars: ela lhe causou uma impressão desagradável.

Nossa vida em Nova Orleans correu habitualmente – manhãs preguiçosas, tardes no aeródromo, com as mesmas emoções, os mesmos esforços diários; os felizes retornos ao conforto e ao merecido descanso; longas noites de music-hall, em *new places*; festas do pijama, entre a fumaça dos cigarros...

Tudo isso dominado e estragado por uma espécie de febre, pelo nervosismo injustificado que permanecia em nós. No entanto, Nova Orleans nos envolvia com seu ambiente amigável.

STAG

Todas as noites fazíamos uma parada ao voltar do aeródromo. O Stag é um bar famoso, ao que parece, em todos os Estados Unidos. É uma espécie de Academia do Coquetel, onde são preservadas fórmulas antigas e criadas ou aprimoradas fórmulas novas. As receitas são incontáveis e podem ser personalizadas para cada cliente.

O chefe do bar, a quem chamávamos de velho Stag, era um senhor de cabelos brancos como a neve, de semblante alegre e acolhedor. Cercado por seus atentos ajudantes, todos de branco, ele parecia o sacerdote de algum Baco aprimorado, o deus dos *mixed-drinks*...

O velho Stag nos recebia com seu sorriso mais gentil. Depois de alguns elogios sobre nossas façanhas do dia, ele nos interrogava.

– *Well, what's yours?* (Bem, qual é o seu pedido?)

Nós só conhecíamos uma pequena parte do repertório. No entanto, cada um de nós já tinha suas preferências e raramente saía delas, exceto quando o velho Stag, cansado de reproduzir indefinidamente a mesma obra-prima, nos iniciava em alguma nova especialidade.

E cada um sugeria, dependendo se estivesse com sede ou frio, cansado ou mal-humorado, o *gin-fizz*, o *egg-nog*, os *flips*, o *corpse-reviver* (ressuscitador de cadáveres...), o *bronx*, o *manhattan* ou o simples martíni seco ou meio seco "para começar". Mas o grande favorito era o *clover-club*, uma novidade, uma descoberta, um triunfo...

Nunca conseguimos descobrir a fórmula exata desse néctar perfumado como um buquê, fresco como o orvalho, com uma tonalidade de coral, de sabor estranho e sutilmente complicado.

Depois de escolher a bebida, ainda era preciso especificar.

– Você quer como ontem?

– Sim, o último estava delicioso – qualquer crítica tinha que ser precedida de um elogio –, talvez um pouco menos seco... um pouco mais ácido...

– Entendo... *All right*...

E o Mestre começava imediatamente a mistura, em um grande copo de prata, com agilidade de prestidigitador... Seus gestos eram sóbrios; as garrafas, trazidas na hora certa, na ordem desejada, por ajudantes silenciosos, pareciam chegar por si mesmas em sua mão. Num piscar de olhos, o mistério estava feito. Só restava adicionar a quantidade adequada de gelo. Então ele fechava o copo cônico, cobrindo-o com outro do mesmo formato, ligeiramente maior, virado para baixo. Isso resultava em um recipiente hermeticamente fechado. Um negro agitava o recipiente com ar solene, produzindo um som opaco e cadenciado de guizos rachados. Essa operação de mistura era realizada por um dos primeiros ajudantes, cuidadosamente.

Por fim, os copos voltavam ao Mestre para o acabamento.

Os copos, resfriados com gelo e não enxugados, se alinhavam diante dele. Então, depois de verificar a perfeição da mistura, o velho Stag, com a mão esquerda na cintura, despejava com a direita, segurando com um dedo um pequeno coador que obstruía o copo e filtrava a bebida... Ele enchia todos os copos até a metade, depois passava novamente, para garantir completa homogeneidade. Ele observava a nuance do líquido inclinando a cabeça sobre o ombro, como um pintor acompanhando o efeito de seus traços em uma tela; seu braço se erguia a alturas incríveis, sem perder uma gota do néctar...

A última gota completava exatamente o último copo.

O velho Stag assinava sua obra, conforme o caso, com uma casca de limão, uma pitada de noz-moscada ralada, um pedaço de canela, um cravo...

Então, suave e respeitosamente, nós degustávamos... Essa atitude recatada agradava a nosso velho artista. Éramos seus clientes preferidos.

O bar era dividido em dois balcões: o dos coquetéis, onde o velho Stag trabalhava, e o das ostras, não menos curioso.

Havia ali uma enorme pilha de ostras, constantemente irrigadas por um jato de água salgada fresca. À esquerda, pilhas de torradas com manteiga. Um pouco mais adiante, uma infinidade de frascos contendo molhos de cebola, pimenta, tomate etc., e uma cesta cheia de limões.

Você se aproximava, pegava um prato ou um garfo, preparava um molho conforme sua vontade – outro tipo de coquetel... e, com um sinal, o garçom abria os moluscos até você ficar satisfeito.

O Stag nos proporcionava bons momentos todos os dias. Lá, nos abastecíamos de alegria para a noite. Ao sair, eu me proclamava o Rei do Ar; Simon cantava:

"Paquita... Venha, minha morena...

Ouvimos os cucos..."

Audemars mostrava-se travesso; Barrier distribuía gorjetas de marajá, afirmando: "Eu sou o Rei dos Dólares...".

Uma das alegrias de Nova Orleans foi a chegada de Audemars. Ele nos trazia um pouco do ar da França e notícias; algumas tristes para nosso amigo Barrier. Mas nossa vida na época era propícia a gerar esquecimento.

Nossas noites foram mais íntimas, mais agradáveis do que nunca. Houve algumas memoráveis; por exemplo, aquela em que uma senhora que passava pelo corredor, na frente de nossa porta aberta, foi convidada imediatamente a tomar uma taça de champanhe, para o que não precisou ser persuadida, o que teve consequências imediatas, sucessivas e sem importância.

Houve a noite sentimental da intimidade, quando decidimos, enquanto esvaziávamos uma garrafa antiga, que deixaríamos de nos tratar formalmente. O "você" já reinava entre Simon, Barrier e Audemars, mas o "senhor" ainda permanecia ao se dirigirem a mim.

A convenção foi respeitada, exceto quando Barrier falava comigo. A simpatia e a força das circunstâncias haviam criado tanta intimidade entre nós, sob o regime do "senhor", que se incrustou, que o "você" nunca pegou...

Outra noite memorável foi a do dia 30 de dezembro de 1910.

Tendo anteriormente conhecido o teatro Opéra francês, tivemos a dor de ouvir uma trupe francesa cantar em francês. Depois disso, nos tornamos amigos de três moças do coro...

Na noite de 30 de dezembro, elas honraram nossos apartamentos com sua presença para brindar com champanhe.

A conversa tomou rapidamente um tom íntimo e libertino. Simon fazia sucesso ao estilo palhaço cômico. Audemars cultivava a piadinha cínica. Barrier era o Rei dos Dólares; eu me entediava.

As moças tiveram destinos diversos. A mais jovem, uma morena bonita que teria sido vista com prazer em um vestido limpo, mostrou-se receptiva aos elogios de Barrier.

Outra confessou uma paixão súbita por nosso amigo Simon, que mal conseguia disfarçar sua repulsa natural e resistia com sucesso, aliás incompleto, às investidas que recebia.

A terceira dama foi declarada "realmente intragável"... por Audemars, que entendia do assunto!

Eu ficava sobretudo ao piano.

Esse banquete de gosto duvidoso se prolongou até tarde. Eu não vi o fim e não falaria sobre isso nessas notas se essa noite não tivesse antecedido, em um contraste que caracteriza bem nossa vida naquele país, o dia mais dramático de nossa viagem à América.

No dia seguinte, de fato, por volta das oito horas da manhã, fui despertado por um toque de telefone no quarto ao lado, o de Barrier. Em minha sonolência, ouvi uma conversa distante... Um segundo depois, eu era vigorosamente sacudido por meus três camaradas.

Barrier disse: "Levante-se, rápido... Moisant acabou de se matar!".

Pensei que fosse uma brincadeira macabra, do tipo habitual. Mas essa teria ultrapassado os limites, e eu via o olhar assustado de todos. De resto, o que havia de surpreendente? Não tínhamos condenado John cem vezes? Tudo isso passou por minha mente. Eu me levantei, fiz algumas perguntas. Sabíamos que John começaria, naquela manhã, a disputa pela copa Michelin. Ele teria sido vítima de um acidente na decolagem? Não nos deram detalhes. Tentei ligar pessoalmente para o hotel dos Moisant. Não conseguiram me colocar em contato com ninguém, mas a telefonista confirmou a morte...

Nos vestimos às pressas, outra emoção: Simon percebe que oito mil francos desapareceram de sua carteira, nossas suspeitas recaem galantemente sobre nossas amigas de noitada. Mas não tivemos tempo de nos preocupar com isso...

Corremos para o hotel de John. Só encontramos rostos consternados.

Ele foi levado ao necrotério... Um gerente se encarrega de nos levar até lá. Percorremos algumas ruas e chegamos à sinistra casa. Entramos livremente. Uma larga escadaria de madeira nos conduz ao primeiro andar. É lá. Entramos na sala mortuária. John repousa no meio sobre uma espécie de mesa de exposição, estreita e elevada, coberta de preto. Ele foi deixado com a roupa que usava sob o traje de aviador. Ele está deitado, as mãos cruzadas sobre o peito. As pálpebras estão fechadas. Os lábios terrosos ligeiramente entreabertos deixam entrever o reflexo nacarado de um dente. Os traços estão imóveis, com uma expressão de calma infinita, em um leve sorriso misterioso. Ele pareceria estar sonhando, não fosse pela tez cadavérica e pelo instinto animal que nos assinala a morte. Não havia vestígios de queda, exceto por um pequeno arranhão superficial, sob o nariz.

Na sala, gerentes, estranhos, um policial, nenhum parente. Alguns, surpresos com essa tragédia inesperada, ou preocupados com o futuro; outros, simplesmente curiosos e indiferentes.

Uma estranha impressão emanava dessa cena. Era aquilo que restava daquela natureza indomável, daquele orgulho inflexível, daquela ousadia alucinada. Um breve instante havia contido o desenlace daquela longa vida de aventuras, obscuras e brilhantes.

A causa? Uma distração ou o rompimento de um fio... Um destino semelhante nos aguardava. Como escapar? A imprensa nos informava diariamente sobre as catástrofes ocorridas na França, nas melhores condições de segurança. O que poderíamos esperar, nessa luta cotidiana contra perigos crescentes, terrenos impossíveis, aeronaves desgastadas...

O risco intoxicava nossos nervos, se tornava um veneno necessário para nossa saúde. O macabro nos era familiar. Nos divertíamos com uma publicidade sádica. Um jornal dizia sobre nós: "Ontem, o sr. Fulano de Tal trocou um aperto de mão com a morte...". Até nossas brincadeiras assumiram esse tom sombrio.

Nos momentos críticos, dirigíamos ao que partia o já tradicional: "Adeus, pobre camarada, coragem... etc.".

Hoje era um verdadeiro adeus... Entre John e nós, havia um pouco de intimidade. Mas de quem seria a vez amanhã?

Estávamos imersos nessa meditação quando o policial, que fornecia explicações a um recém-chegado, se aproximou do cadáver como se estivesse fazendo as honras...

"O nariz provavelmente está quebrado", ele disse, e sem a menor cerimônia, pegou o pobre nariz ferido entre o polegar e o indicador e o sacudiu levemente, para verificar... Depois, se afastou.

John mantinha o indefinível sorriso de morte...

Estávamos ansiosos para conhecer as causas do acidente. Ao sair do necrotério, fomos levados ao local do acidente. John havia escolhido um terreno na zona rural para sua tentativa, mais favorável do que nossa pista de corridas. Ele saíra cedo para chegar voando ao local em questão. No momento do pouso, a aeronave embicou bruscamente e lançou o piloto para frente, no ar... O avião se espatifou. John foi encontrado inconsciente, sem fraturas visíveis. Seu coração parou alguns minutos depois, durante o transporte, sem que ele recobrasse a consciência. O médico constatou a ruptura da coluna vertebral na base do crânio.

Os destroços da aeronave foram preservados e pudemos examiná-los, assegurando-nos de que os controles estavam intactos. Na hora, não encontramos nenhuma explicação e o acidente permaneceu um mistério.

Desde então, formei a seguinte opinião: o manche *escapou das mãos* de John em uma turbulência e porque ele o segurava com negligência. Isso bloqueou repentinamente a descida, causando um violento mergulho da aeronave, e John, pego de surpresa, foi jogado para fora.

A investigação foi concluída e voltamos cheios de pensamentos tristes.

Era preciso pensar nos oito mil francos de Simon. Como eu não havia estado presente no final da noite, não me envolvi na questão. Voltei para o hotel, enquanto a vítima e as duas testemunhas seguiam para a delegacia. Lá, parece ter ocorrido uma cena ao mesmo tempo cômica e penosa.

As moças, convocadas, protestaram veementemente. Quase houve uma injustiça: foi descoberta uma quantia suspeita com aquela que havia concedido seus favores ao Rei dos Dólares – mas este, para espanto de todos, admitiu ter feito uma generosidade que nos havia ocultado... A acusação foi abandonada. A investigação continuou, mas permaneceu sem frutos.

O enterro foi realizado com grande pompa. As autoridades e a imprensa prestaram uma homenagem pública a John Moisant. O corpo foi colocado em um caixão envidraçado na altura do rosto. Até o último momento, pudemos ver os traços que a morte havia alterado com uma espécie de inchaço.

O velho A. J. vagava desorientado, com gestos e caretas de loucura... Para ele, John tinha sido um ser sobrenatural – invencível, invulnerável, envolto em admiração supersticiosa, carinho. Tudo desmoronava...

O cortejo foi imponente, mas frio, exceto por algumas emoções sinceras, mais com manifestações de admiração do que de afeto. Nenhuma mulher... Suas irmãs não apareceram.

No túmulo, depois das orações, algumas palavras foram pronunciadas por autoridades oficiais. No final da cerimônia, quando o caixão deslizou para o fundo do túmulo, vimos o velho Moisant se inclinar e lançar um último olhar, através do vidro, para o rosto já irreconhecível de seu semideus...

Uma grave questão se colocava: o que aconteceria com a M.I.A. sem John? Era improvável que A. J. persistisse em uma empreitada que parecia destinada ao fracasso. Mas era preciso estar preparado para tudo, e os acontecimentos mais uma vez tomaram um rumo inesperado.

O Velho mandou nos chamar, assim como Young – nós o encontramos com as duas irmãs, em trajes de luto fechado. A mais nova tinha os olhos vermelhos. A mais velha, que se assemelhava a John tanto em caráter quanto em fisionomia, estava magnífica em seu luto sofrido. Balbuciamos nossas condolências e as senhoritas se retiraram.

A. J. parecia ter recuperado o juízo. Ele nos fez sinal para sentarmos, e houve um silêncio constrangedor. Finalmente ele falou, com voz firme, um pouco abafada. Em frases desajeitadas, desconexas, disse mais ou menos o seguinte:

– Nada mudou... Em honra a meu irmão, quero continuar o que ele começou e lutar até o sucesso. Peço-lhes que me ajudem...

Nesse momento, o rosto rude do velho aventureiro parecia magnífico. Sentia-se sua sinceridade: ele agia por orgulho, pelo Nome – não por avareza. Não pude deixar de sentir simpatia, que varreu para longe as velhas inimizades. Eu admirava seu orgulho; tinha pena de sua candura.

Meus companheiros compartilhavam minha impressão: prometemos honrar a memória de John.

– Quem quer testar a nova aeronave?

Era um monoplano híbrido, construído em alguma oficina na França, segundo as plantas de John, e que acabara de chegar. Foi montado e exposto entre as outras máquinas. Nós o batizamos de *Lagosta*, devido às suas formas bizarras e sua cor vermelha.

A menção ao *Lagosta* lançou um frio glacial.

Barrier, Simon e Audemars se recusaram, com um gesto evasivo...

– E o senhor? – A. J. me perguntou, com um olhar entristecido.

Não tive coragem de uma franqueza cruel. Pedi para estudá-lo primeiro...

– Enfim, você vai ver... – ele concluiu tristemente.

E continuou:

– Vou deixá-los, pelo menos por um tempo. Preciso colocar os negócios em ordem, reorganizar os escritórios de Nova York e a Usina. Young vai dirigir o show na minha ausência. Espero que vocês lhe facilitem a tarefa...

Concordamos prontamente, felizes de compensar assim nossa falta de entusiasmo pelo *Lagosta*; além disso, nos dávamos muito bem com Young.

Então, A. J., tendo dito tudo, nos dispensou com um melancólico "*Good luck...*".

A partida foi anunciada para a mesma noite às nove horas. Iríamos para Dallas.

Era hora de dizer adeus a Nova Orleans. Em breve, os belos voos que fizemos lá, as noites alegres, Stag, os incidentes burlescos, o drama da noite anterior, tudo isso estaria longe e desapareceria atrás de novas memórias...

Nossas mentes já estavam mais ocupadas com o futuro do que com o passado.

Nossas vidas estavam prestes a mudar para melhor. Com a morte de John, nós nos tornamos os senhores da situação. A. J., enfadonho por seu caráter brutal e suas manias, nos livrava espontaneamente de sua presença.

O infortúnio, que lamentávamos sinceramente, havia, portanto, resolvido bem as coisas.

Depois de fazer as malas, livres das mil preocupações de uma partida, como de costume, fomos até Stag para o último *clover-club*... Quero dizer, os últimos... Em seguida, convidamos Audemars e Simon para um bom jantar francês – "talvez o último" – em um pequeno restaurante elegante que Barrier e eu tínhamos descoberto na véspera.

Chegamos cedo ao Ernest, devido à partida. A sala ainda estava vazia de clientes. Sentamo-nos a uma mesa redonda, à esquerda da entrada. O menu foi elaborado com verve; os vinhos, escolhidos com todo o conhecimento. Lembro-me que o primeiro prato consistia em ostras fritas com manteiga em suas conchas, sobre uma cama de sal grosso: "uma especialidade...". Essa nota exótica em um menu francês foi muito apreciada, exceto por Audemars, que nunca come frutos do mar ou peixes.

O resto foi digno desse começo brilhante. Além disso, a adega era excelente, e o sommelier se superou.

No prato principal, Barrier já era o Rei dos Dólares, ele afirmava isso com voz e gestos enfáticos. As demonstrações de respeito a nosso redor aumentaram. Na sobremesa, porém, tudo quase deu errado: Barrier se transformou em Baggesen...* Seguindo o exemplo desse mestre do music-hall, que quebra algumas centenas de pratos todas as noites com movimentos de uma desajeitada habilidade, ele pegava pilhas enormes e as transportava

* Carl Baggesen (1858-1931), famoso palhaço da época. (N.T.)

em zigue-zague entre as mesas. Os garçons, apavorados, corriam atrás dele, convergindo de todos os cantos da sala, com sorrisos encomendados, e pegavam a louça no ar... Às repreensões educadas do gerente, Barrier respondia: “Não se preocupe, meu caro... Eu pago... Sou o Rei dos Dólares...” e, ao retirar o lenço do bolso, fingia deixar cair algumas notas que se recusava a recolher...

Na verdade, ele não causou nenhum dano, e embora estivéssemos bastante embriagados, mantivemos a decência.

Um observador externo talvez julgasse com severidade essa alegria logo depois de um luto. Mas precisávamos relaxar. Nossa vida teria sido insuportável se não nos acostumássemos perfeitamente à ideia de acidente. E estávamos tão acostumados com ela que a recente tragédia não podia exercer sobre nós um impacto duradouro: ela acabava se diluindo em nosso cotidiano.

Chegamos ao hotel alguns minutos antes do combinado. As bagagens já tinham partido. Audemars exigiu o sobretudo que tinha deixado no quarto. Disseram-lhe que o aposento tinha sido desocupado. Muito agitado, ele começou um escândalo terrível, declarando em voz alta que estavam tentando roubar seu sobretudo, assim como o dinheiro de Simon; mas que “com ele, isso não funcionaria...”. Uma breve investigação encontrou o sobretudo tranquilamente depositado no guarda-volumes. “Eu sabia que o devolveriam... comigo não tem jeito...”, gritou ele ao receber a roupa.

Um carro nos esperava; nos amontoamos nele, com o americano C. K. fedendo a uísque. A caminho da estação, ele sentiu calor e, dizendo que seu chapéu o incomodava, se livrou daquele feltro magnífico, jogando-o descuidadamente pela janela...

O trem esperava por nós: assim que entramos, ele arrancou rumo a Dallas.

X

O período que se seguiu foi o mais feliz de nossa estadia na América. Young teve a habilidade de eliminar todas as fontes de descontentamento. Primeiro, colocou nossas contas em dia e garantiu pagamentos regulares. Ele nos cercou de atenções e gentilezas. Em contrapartida, nunca fomos submetidos a um trabalho tão intenso. As viagens se sucederam com uma rapidez até então desconhecida: a exploração atingiu seu máximo. A companhia teve lucros por um tempo... Dallas teve e manteve o recorde de receitas. Em nenhum outro lugar encontramos um entusiasmo semelhante.

Por uma injustiça completa, esse sucesso coincidiu com problemas nos equipamentos. Nosso melhor *Blériot* tinha desaparecido com John. Simon danificou o seu em um dos primeiros pousos. Ele fez contato com o solo em alta velocidade, seguindo os antigos princípios. O problema é que a ponta da pista havia sido arada e gradeada. As rodas afundaram; o avião descreveu uma cambalhota perfeita...

Corremos até lá, ansiosos... Nada se mexia. Chegando bem perto, ouvimos uma voz saindo do chão:

– Sem ferimentos... *All right*...

Dez pares de braços vigorosos levantaram o avião virado. Então vimos o *fool-flyer*, com o rosto violeta de tão machucado, se arrancar do chão por um ágil rastejamento e um pulo para se levantar.

– O que houve? O que aconteceu? Maldição... – ele repetia sem parar, com uma agitação em que risos se misturavam com a raiva.

– Aconteceu que você capotou, imbecil... Limpe-se.

Depois dessas palavras de consolo, nós o levamos para o hangar. Ele ainda resmungava:

– Não entendi nada... Nadinha...

– Tudo bem... Vamos mandar você de volta para a escola...

Foi uma interminável sequência de sarcasmos.

Outro avião foi eliminado: o de Frisbie. O pobre homem, sempre cheio de boa vontade e uísque, voava em linha reta, a pouca altura... E não mais o vimos... Um pouco mais tarde, um mensageiro veio pedir ajuda. Frisbie, em pane, havia pousado sem acidente – ó milagre... Os mecânicos partiram de carro. Duas horas depois, ao crepúsculo, ele apareceu, sempre rente às árvores... Ele chegou na frente das arquibancadas. "Estranho", disse um de nós, "ele não está pousando..." De fato, ele estava no meio da pista – que não era grande – e ainda não havia demonstrado nenhuma intenção de descer; ele seguia em frente, na direção das arquibancadas. "Mas o que ele está fazendo? Ele está louco..." Frisbie desligou o motor e mergulhou em direção ao solo, como se estivesse no aeródromo de Reims...

Ele tocou o chão em alta velocidade, a vinte passos do obstáculo, e quicou a quatro ou cinco metros de altura. Então ele percebeu que sua situação era anormal... Ele ligou o motor novamente, fez uma curva para a direita... O avião havia perdido impulso demais: ele teimosamente voltou ao chão, quero dizer, às barreiras da pista. O impacto nos arrancou um grito de angústia...

O biplano estava destruído... O velho Frisbie, preso, esmagado contra uma paliçada, lutava contra o sufocamento e a apoplexia... Nós o soltamos... Ele tinha as costelas um pouco afundadas, mas só pensava no avião destruído, e praguejava contra a má sorte: para ele, um pouso era uma questão de puro acaso...

C. K. se recuperava... de sua própria pane...

Meu *Demoiselle* não era consertado desde Memphis. Eu não o utilizaria mais.

Audemars havia trazido da França um *Demoiselle* amarelo Clément-Bayard. Naturalmente, o avião se recusava a voar... Ele arrancou dele alguns pulos, de tanta persistência, e um dia até uma volta da pista... Mas ele fez mais quilômetros no solo do que se esperava no ar...

Um valente cachorro, que se infiltrara sorrateiramente na pista, o perseguiu na grama por toda uma tarde. O espetáculo fez tanto sucesso que o deixaram continuar, apesar dos riscos e perigos para o pobre animal. De todo modo, ele se saiu bem.

Foi assim que "o maior show de aviação do mundo" ficou reduzido a um *Blériot*, compartilhado por três pilotos.

Cada um fez maravilhas em sua especialidade. Simon se superou, como *fool-flyer* (o louco-voador). Eu fui o incansável *cloud-kisser* (o beija-nuvens). O *tiny* Audemars (o minúsculo Audemars) exibiu como pôde "o menor e mais perigoso aeroplano do mundo"... Somente Barrier não pôde mostrar seus talentos especiais de "recordista de voo sobre cidades"... (*sic*). De fato, cansados dos arranha-céus e das redes elétricas, decidimos nos ater estritamente aos termos de nossos contratos – eles estipulavam que as exibições ocorreriam "em campos de aviação".

Informamos Young que não iríamos mais para as cidades, exceto para ganhar prêmios; ficou combinado que, nesse caso, cada um iria alternadamente receber o prêmio por todos os outros.

Audemars insistia em pilotar apenas o *Demoiselle* – portanto, não pôde participar dessa combinação. Young tentou nos persuadir a ir para Dallas, em vão... Sem prêmios, sem riscos...

A preocupação de respeitar esse combinado me levou a uma pequena aventura. Eu estava saindo, como de costume, para um voo de altitude. Meu número de beija-nuvens consistia em perseguir as nuvens, quando havia alguma a menos de dois mil metros, e manobrar para desaparecer e reaparecer várias vezes. Essa tática era muito eficaz.

Naquele dia, o tempo estava bom, as nuvens estavam no ponto: parti rumo ao poente. Subi naquela direção por cerca de dez minutos e depois voltei na direção oposta. Ao passar sobre o aeródromo, estava a cerca de 1.200 metros de altura. Eu não precisava subir muito mais para alcançar as nuvens. Continuei tranquilamente, admirando as cores do céu. Alguns minutos depois, eu não via mais a terra. Então, um espetáculo magnífico e uma especial sensação de solidão me fizeram esquecer por um momento a exibição, o público... e o resto...

De repente, me ocorreu que talvez eu tivesse me afastado demais do aeródromo. Aproveitando uma abertura nas nuvens, procurei um ponto de referência: nada... Desliguei o motor e passei por baixo das nuvens. Surpresa desagradável: a cidade tinha desaparecido... Uma névoa rosa marcava o horizonte; até onde eu podia ver, havia apenas uma planície cinzenta, deserta, pontilhada de arbustos roxos... Nenhuma estrada, nenhuma casa... Perdido... Uma sensação de pesadelo...

Recompus-me, me orientei grosseiramente pelo sol – porque não tinha bússola. Calculei que devia ter me afastado para leste – o vento empurrava nessa direção e eu geralmente o seguia. Virei na direção sudoeste aproximada e, em cinco minutos, tive o prazer de encontrar a cidade novamente.

Aproximei-me até as primeiras casas, era impossível ver aeródromo... Do centro da cidade, eu o teria visto imediatamente – mas me lembrei da palavra dada: eu precisava dar a volta...

Infelizmente, escolhi mal minha direção de giro... Depois de um tempo que me pareceu interminável, ainda não havia encontrado a pista. Cheguei a me perguntar se a cidade que eu estava contornando era mesmo Dallas...

Por fim, acreditei ver a luz de um sinal de fogo – mas ameaçado tanto pela escuridão quanto pela falta de combustível, aterrissei em um grande campo. Pela primeira vez na vida eu tinha voado por mais de uma hora...

Alguns fazendeiros vieram correndo e me ajudaram a empurrar o *Blériot* até um abrigo. Fui informado de que estava a menos de uma milha do *fairground* – certamente era o sinal que eu tinha visto.

Um cabriolé passou na estrada. Meus gestos de aflição o fizeram parar; os ocupantes – um *gentleman-farmer* e sua esposa – me deram lugar entre eles e gentilmente me levaram até o campo de aviação.

Estava escuro: o público tinha esperado por mim até muito tarde e estava se dispersando lentamente quando chegamos perto do aeródromo.

Encontramos meus colegas, que estavam voltando de carro – eles me reconheceram com alegria, pois estavam preocupados com meu destino. Voltamos conversando. Foi bom que eu não tivesse seguido o sinal de fogo, pois a pista tinha sido completamente invadida: eu teria aterrissado em crânios...

Simon fez em Dallas uma de suas melhores exibições.

Era quase crepúsculo, com um tempo incrivelmente calmo. O *fool-flyer* entrou na pista, para o último voo.

Ele estava inspirado naquele dia. Fez uma sequência de curvas, ondulações e espirais caprichosas que mantiveram o espectador constantemente envolvido. Não houve um segundo de ansiedade desagradável ou monotonia: tudo parecia fácil, flexível, gracioso... Simon tinha um estilo próprio, cheio de fantasia espontânea, habilidade e elegância natural.

Barrier e eu não nos cansávamos daquele espetáculo.

Ele encerrou esse voo com um efeito de audaciosa precisão.

A pista de corrida, bastante estreita, passava diante das arquibancadas entre duas fileiras de postes com bandeiras. A última espiral trouxe o avião rente ao solo e o vimos entrar a uma velocidade vertiginosa nesse corredor mortal, roçando as asas na cabeça do público e nos obstáculos... o piloto acenava com a mão despreocupada...

Então, sem transição, depois de uma curva limpa, ele fez um pouso impecável, no centro do campo...

Barrier ficou pasmo com essa última proeza. Ele se virou para mim e disse esta frase – que ainda ouço: "Bem, camarada... Você acha que algum dia faremos tanto?".

Nossa tese sobre os "riscos extraordinários" logo produziu efeito. Para nos atrair para a cidade, um prêmio foi criado.

O desafio era deixar cair uma mensagem dentro dos limites de um prédio que nos fizeram visitar. Infelizmente, tudo foi acertado apenas dois dias antes de nossa partida e o vento estava tão forte que a última exibição teve que ser adiada. O pacato Barrier, escolhido no sorteio, se negou. Simon não estava acostumado a levar as coisas desagradáveis a sério. Quanto a mim, eu estava enfurecido por não poder fazer nada...

"Se John estivesse aqui", eu pensava, "que lição... Que brincadeira para Latham ou Johnstone..."

O perigo por si só não me deteria – mas meu medo instintivo da queda, da madeira estalando, do motor danificado, era agravado pelo fato de que só tínhamos mais um avião...

Acima de tudo, eu sentia a dificuldade de deixar a mensagem cair no lugar certo. Com esse tempo, não adiantava pensar em sobrevoar os telhados – voando alto, eu praticamente tinha certeza de errar o alvo.

Por dois dias, essas reflexões me deixaram febril. O prêmio não me importava muito, mas era doloroso para mim "não poder"...

Por fim, a prudência venceu, e o prêmio não foi conquistado... Mas prometi a mim mesmo revanches espetaculares...

Simon se entediava...

Antes de deixar Dallas, ele comprou um acordeão, um bandolim, uma ocarina, uma flauta. E se casou. Ele também queria levar um macaquinho e um lagarto. Mas conseguimos dissuadi-lo.

FORT WORTH

Fort Worth é uma pequena cidade vizinha de Dallas. Passamos dois dias lá. O vento inimigo não havia cessado. A primeira sessão aconteceu com os momentos habituais de hesitação.

Deixaram o público entrar, com a esperança de que o tempo melhorasse. Depois vieram os subterfúgios de sempre.

A visita às aeronaves, conduzida pelo *speaker* loquaz e estridente, cuja lábia um vendedor ambulante de nossas grandes avenidas não teria desaprovado... Os estrondos empoeirados de Seymour em seu terrível Fiat de 100 cavalos... As pipas de Frisbie, recentemente inauguradas, cuja fragilidade nos fazia sonhar...

Na extremidade de uma corda da grossura de um polegar, eram amarrados meia dúzia desses objetos feitos, como brinquedos, de varetas de madeira branca e algodão vermelho e verde... De tempos em tempos, uma rajada arrancava uma... Na corda, a quarenta metros do chão, um minúsculo balanço recebia os passageiros... E ninguém morreu...

Naquele dia, esgotaram-se todos os truques. Chegava a hora de voar ou devolver o dinheiro.

Young nos consultou sem insistir: ele percebia que as dificuldades atmosféricas estavam além da medida habitual.

Quando ele se convenceu de que o seu dinheiro estava perdido, eu o levei para um lado e falei-lhe desta maneira:

– Quero tentar salvar a situação, é um risco excepcional, peço uma indenização...

Em um minuto, chegamos a um acordo. Fiz sinal para levarem o avião para a partida. Simon se agitou, gritando: "Ele está completamente louco...". Barrier arregalou os olhos, consternado. Audemars piscou freneticamente seus olhinhos. Deixei-os a par de tudo em poucas palavras. Mas Barrier não conseguia acreditar.

– Você viu o vento?...

– Eu sei, vai ser difícil...

Tomei lugar no *Blériot* que os mecânicos seguravam. Audemars havia recuperado o cinismo. Ele deu início às brincadeiras habituais: "Adeus camarada... Que pena... Era bom rapaz etc.".

Os três simularam seguir meu funeral tirando os chapéus e segurando o caixão...

Fui colocado em movimento...

Esse voo, que marcou uma etapa de meus progressos, durou quinze minutos. Deixou-me a impressão de uma luta feroz, com os dentes cerrados, à qual um pouso acidentado colocou um fim.

A era dos prêmios estava aberta, e eu havia tido minha primeira revanche contra o Vento...

OKLAHOMA

Oklahoma fica seiscentos quilômetros ao norte de Dallas. Lá encontramos o inverno, a neve e o gelo – o que significa que o sucesso foi medíocre.

Voamos todos os dias, mas penosamente. A cem metros de altura, encontrávamos um teto de névoa úmida e glacial. Era impossível ficar no ar mais de dez minutos sem morrer de frio. Nossas exibições foram pouco interessantes. Só me lembro de um voo, em que, aproveitando a neblina, fiz pela primeira vez o teste de uma bússola. A experiência foi um sucesso completo: segui a direção norte sem referência durante cinco minutos. Depois, virei e apontei para o sul. Encontrei facilmente o aeródromo. Havia voado cerca de quinze quilômetros sem desvio considerável.

Dediquei este pequeno sucesso ao pobre John, que era um fervoroso defensor da bússola.

Oklahoma foi uma das cidades menos acolhedoras que conhecemos. O gosto do *struggle for life* emanava das coisas, mais áspero e brutal do que em outros lugares. Ele era evidente na aspereza das fisionomias e das linguagens, na aparência rígida das avenidas, na feiura das grandes casas novas, todas impregnadas de tinta fresca...

Fomos aconselhados a não abusar dos passeios noturnos: as brigas eram frequentes.

De fato, na primeira noite ouvimos de nossos quartos os ecos de uma discussão terrível e de tiros, em um bar da vizinhança.

Young conseguiu arrancar do comitê organizador, com grande dificuldade, a garantia devida, e trocamos aquele lugar por regiões de clima temperado.

WACO

Uma cidade modesta e bastante simpática, mas com pouquíssimas distrações... Felizmente, encontramos um hotel adequado: passamos nossas noites lá, em um salão onde havia um piano aceitável. A presença de nossa encantadora camarada Mabel acrescentava um perfume feminino à doçura desses longos descansos...

Eu repassava velhas reminiscências musicais, entre as quais uma habanera langorosa. Simon tocava todos os seus instrumentos e cantava “Paquita... venha, minha morena...”. As horas passavam... Mas minha impaciência sempre trazia uma certa amargura...

Mais uma vez, nos deparamos com mau tempo. Mas o programa não deixou de ser interessante. Barrier foi receber um prêmio na cidade. Houve corridas contra carros, voos de fantasia, uma aparição de Hamilton, algumas de Frisbie; as pipas, o *Demoiselle* de Audemars (que, graças a uma feliz mudança de carburador, de repente ganhou uma energia incomum)...

Um único dia o tempo esteve tão ruim e o público tão pequeno que, conversando com Young, decidimos não voar.

Este foi o pretexto para as dificuldades entre a M.I.A. e o comitê local, e a origem de um incidente que ocorreu um pouco mais tarde, em Houston.

TEMPLE

Quando soubemos que Temple, a próxima cidade, estava a apenas sessenta ou oitenta quilômetros de distância, alguém sugeriu irmos de carro. A ideia foi bem recebida. Partimos em nosso carro de serviço, um pequeno Steam que funcionava admiravelmente. Impossível descrever as estradas por onde tivemos que passar. Eram uma sucessão de atoleiros ligados por sulcos profundos. Blocos de pedra e troncos de árvores bloqueavam o caminho. Tivemos que atravessar um rio a vau; o Steam saiu vitorioso dessa prova.

Chegamos a Temple no crepúsculo, derrotados e doloridos... Em uma grande praça quadrada, nos indicaram o hotel onde nossos quartos nos aguardavam.

Young era conhecido em Temple por ter vivido lá como modesto funcionário. Ele parecia orgulhoso de voltar à cidade, ainda jovem, à frente de uma poderosa companhia... A sorte o favoreceu: fizemos uma de nossas melhores exibições.

O espetáculo foi curto. Tínhamos alinhado nossos aviões: ao sinal, as decolagens se sucederam rapidamente. Todos ficaram no ar ao mesmo tempo e, por uma hora, viu-se uma inacreditável fantasia aérea.

O *Demoiselle* voou como nunca... Eu consegui minha primeira grande espiral. Todos se superaram. No final, as aterrissagens ocorreram em conjunto, parecia um bando de perdizes pousando em um campo.

O comitê, entusiasmado, fez questão de nos oferecer uma lembrança e discretamente perguntou sobre nossos gostos.

Respondemos que seríamos sensíveis a qualquer atenção do comitê por nosso diretor.

No dia seguinte, Young recebeu em grande estilo um enorme relógio de ouro maciço que trazia a seguinte inscrição gravada:

A YOUNG,
O rei dos *managers*.

HOUSTON

Nossa chegada a Houston foi marcada pelo incidente que mencionei anteriormente. Cada um de nós encontrou no hotel um telegrama dos escritórios de Nova York, com a seguinte mensagem:

"*Why did you not fly in Waco?*" Assinado: Wuffermann, gerente-geral.

O ar de repreensão dessa pergunta inflamou nossas suscetíveis sensibilidades. Cada um se esforçou para compor a resposta mais insolente possível: "Voamos demais em Waco: sob as mesmas circunstâncias, nos absteremos doravante de um zelo que vocês não merecem...". C. K. acrescentou algumas injúrias. E ele tinha voado em Waco...

A grande ambição de Young era libertar sua gestão do controle de Nova York: ele nos apoiou. Em uma longa carta, ele se eximia de toda responsabilidade caso os escritórios se intrometessem novamente para provocar o descontentamento em uma organização em que ele se orgulhava de ter restabelecido a harmonia.

Por fim, Wuffermann, alarmado, escreveu para cada um de nós uma carta de desculpas e agradecimentos pelos serviços prestados à companhia...

Pela primeira vez, o campo de aviação não deixava nada a desejar. Era uma vasta planície na qual se improvisaram cercas e arquibancadas de madeira. O primeiro dia incluiu dois voos sobre a cidade – eu fiz um, Simon o outro. Estávamos cegados pelo sol e pelo reflexo, sacudidos por turbulências.

Quando Simon voltou, ele quase passou sobre o campo sem vê-lo. Ele deu uma volta pelas redondezas e então pousou, a menos de um quilômetro de distância...

Os carros arrancaram. Em poucos minutos, chegamos até o perdido. Ele nos recebeu com exclamações atônitas:

– Vocês já estão aqui? Onde estou? Não vi nada... Onde está o campo?...

– O campo? Você está voando em círculos acima dele há uma hora...

– Não é possível...

– Mesmo assim, é verdade... Vamos voltar...

– Mas onde está o campo, maldição?...

– Ali, em frente, a quinhentos metros... Quer que sua babá o leve até lá?

Furioso e resmungando, ele se posicionou e anunciou: "Contato...". Um mecânico girou a hélice... A partida foi dada. Ele não tinha rolado nem dez metros quando sua asa enganchou na capota de um carro... Simon desligou o motor; a aeronave parou perto do maldito carro. O dano era leve, mas impossibilitava o retorno pelo ar.

Os mecânicos logo começaram a desmontar as asas – enquanto nós fomos embora por terra, enchendo o pobre Simon de insultos.

A cada exibição, encontrávamos algum efeito inédito para apimentar o espetáculo. Em Houston, foi a corrida de touros em aeroplano: avançávamos com o motor no máximo contra os pacíficos ruminantes que pastavam na planície, e os pobres animais fugiam em todas as direções, dando saltos engraçados.

Outro exercício consistia e mergulhar em direção às arquibancadas – que não tinham teto – até roçar as cabeças... Quanto mais pânico causávamos, mais satisfeitos ficávamos...

Foi em Houston, numa bela tarde, que fiz meu primeiro voo de fantasia, imitando o mestre, Simon. Eu havia progredido muito desde Nova Orleans e, encorajado pela primeira espiral de Temple, me lancei em curvas fechadas e manobras precisas.

E enquanto voava, inebriado de sentir pela primeira vez a suavidade de minhas asas, vi o pequeno grupo isolado de meus três camaradas, destacando-se na grama... Pensei com um pouco de orgulho na reflexão de Barrier em Dallas, menos de um mês antes:

– Você acha que algum dia faremos tanto?

Eu quis terminar com uma bela troca de mão – uma manobra delicada. Tendo ameaçado as arquibancadas com uma curva para a direita, me inclinei subitamente para a esquerda, para rodopiar, rente ao solo, em torno do grupo de amigos...

Fui um pouco ousado: a asa esquerda apenas roçou a grama, mas a roda a tocou, derrapando. Senti um pequeno choque desagradável na aeronave. Consegui me endireitar e aterrissar. A roda estava apenas um pouco torta.

Eu esperava elogios – Barrier foi o único a dizer, com sua voz suave: "Está exagerando um pouco, camarada...".

Houston teve um dia de vento pitoresco. O público ficou exasperado com a espera, Simon fez um pequeno voo; eu, outro. Isso não foi suficiente: pediram o programa completo. O campo foi invadido, as aeronaves cercadas. Falou-se em tocar fogo nos aviões... Young nos chamou à parte:

– Se não agirmos, vão incendiar tudo... Aterrissem nos campos laterais, isso já salvará os dois aparelhos, depois espalhamos o boato de um acidente duplo...

Anunciaram que iríamos voar, mas o público se recusou a abandonar o terreno. Mal conseguimos, na frente da hélice, abrir um corredor estreito que se fechava a poucos metros. Qualquer desvio na decolagem seria uma colheita de cabeças e membros decepados...

Avisamos do perigo. Ninguém se mexeu...

– Voem mesmo assim... – gritavam.

Simon partiu e me esperou no ar. Saímos do campo lotado de gente e, um atrás do outro, seguimos uma direção qualquer. Eu estava na frente. Um pouco mais adiante, me virei: nem sinal de Simon...

Ele achou que estava longe o suficiente e pousou. Continuei mais alguns quilômetros; vi um grande campo perto de uma fazenda isolada. Aterrissei. Protegi a aeronave, ajudado pelos fazendeiros. Alguns motoristas que felizmente voltavam para Houston me ofereceram uma carona.

Estava escuro. Logo divisamos no horizonte um clarão de incêndio. Os bandidos tinham realmente incendiado tudo... Ao passar pelo aeródromo, fiquei aliviado: eram apenas as arquibancadas...

Em um dia de folga, vimos na pista alguns vaqueiros a cavalo, vindos para conhecer as aeronaves. Eles nos honraram com uma demonstração de seus costumes. Eles atiravam seus lenços e os pegavam do chão, passando a galope... Os cavalos, embora elegantes, eram tão dóceis que pareciam adivinhar o pensamento do cavaleiro...

Na lista de sucessos financeiros da M.I.A., Houston ficou em segundo lugar. Houve muita gente e entusiasmo, em um espetáculo curioso, com a enorme tenda, adornada com as cores francesas, americanas, irlandesas, suíças, no meio do campo, cercada por uma multidão agitada, um exército de vendedores ambulantes, vendedores de bebidas, amendoins, frutas, entre os quais um vendedor de bananas que a cada minuto gritava com uma voz anasalada, num ritmo irritante:

– *How many... how many...*

– Quantos... quantos... (você quer?)

Se nosso dia a dia não tinha distrações, era quase sempre porque não as buscávamos.

À noite, dificilmente renunciávamos à felicidade do pijama, das bebidas geladas e dos cigarros perfumados.

Éramos cinicamente inacessíveis aos estrangeiros – todo desconhecido era para nós um chato... Às vezes ignorávamos bravos compatriotas felizes de nos encontrar, e que teriam ficado de quatro para nos agradar. Muitas vezes nos recriminávamos por essa atitude imperdoável, mas não conseguíamos nos corrigir. No entanto, houve recepções inevitáveis e nelas sempre encontrávamos a mais acolhedora cordialidade.

O Clube Francês de uma cidade do Texas era composto por simpáticos e sorridentes tios ricos na América, expatriados há dezenas de anos e que fizeram fortuna. A maioria é do Sul: eles têm amor pelo banquete onde "se tem a palavra".

Houve momentos engraçados, como aquele em que Frisbie, com C. K., subiu na mesa durante a sobremesa e fez uma pequena dança, para grande prejuízo dos copos e pratos.

Também presenciamos alguns discursos divertidos – especialmente um certo monólogo que nenhum de nós esqueceu:

– ...e os lagostins, não precisamos mais deles, eles só servem para alimentar as *cocottes*... E as *cocottes*, não precisamos mais delas, elas só atravancam as calçadas... E as calçadas, não precisamos mais delas... etc.

Foi na mesma noite que um amável vizinho de mesa fez questão de me deixar seu cartão. Nele estava escrito:

A. DURAND
Lápides e monumentos funerários

Ele acrescentou, com um sorriso encantador:

– Se eu puder lhe ser útil...

Estava totalmente dentro do nosso tom...

Na última noite, Young teve alguma dificuldade para nos fazer pegar o trem. Por um capricho que não tentarei explicar, Barrier e eu queríamos passar mais uma noite em Houston...

Prometíamos pegar o primeiro trem rápido, no dia seguinte, para San Antonio, mas Young estava irredutível e conseguiu nos trazer de volta para o caminho da sensatez...

SAN ANTONIO

A semana em San Antonio foi feliz, com as dificuldades habituais de um terreno muito pequeno.

A jornada militar merece uma menção.

A companhia havia obtido a colaboração de uma autêntica bateria de campanha, que naquele dia invadiu um canto do *fairground*.

Ficamos à disposição dos oficiais. Primeiro nos foi confiada uma missão de reconhecimento da região circundante. Antes da partida, porém, Young nos fez a seguinte confidência: "Atrás daquela colina, há uma meia companhia, e no vale, a uma milha daqui, uma bateria em posição...". Simon, sempre brincalhão, deu uma volta na pista a duzentos metros e declarou que tinha visto uma bateria na colina e um regimento no vale...

De minha parte, achei a experiência interessante. Subi a oitocentos metros – uma altitude reconhecida como segura... – e girei sobre a colina e o vale por um quarto de hora. A princípio vi apenas um rebanho de cabras, depois, com muita persistência, um vago grupo de homens. A bateria, dissimulada sob as árvores, permaneceu perfeitamente invisível.

Fomos elogiados pela precisão de nossos relatórios e foram tiradas gloriosas conclusões para a futura quinta arma.

A seguir, houve simulações de combate entre a bateria do *fairground* e os aviões. As peças cuspiram nuvens de fumaça com grande barulho contra nossos agressivos voos rasantes. Em dez minutos, tínhamos aniquilado a artilharia – o que não a impediu de desfilar em formação rumo à saída...

Essa inocente encenação obviamente não oferecia grande interesse técnico, mas o espetáculo foi divertido e colocou na ordem do dia a questão da aviação militar.

O RAGTIME

Os negros do Texas muitas vezes são tratados como nos tempos da escravidão. Um dia vimos C. K. ameaçar com seu enorme revólver um mensageiro que tinha se recusado a executar uma ordem.

Esses bravos negros são mais preguiçosos que lagartos: eles aproveitavam o anonimato do telefone para "esquecer" os pedidos.

É curioso observar a influência do ragtime nos negros. O ragtime tem uma cadência particular, comum a um vasto repertório de danças. Esse ritmo tem para os negros uma força irresistível.

Em um salão de restaurante, vemos os garçons circularem com uma lentidão exasperante – a orquestra começa a tocar um ragtime e imediatamente os passos se aceleram, ficam mais leves; o balanço dos passos, por reflexo, segue a música, e os bifes chegam no compasso...

Não há noite de music-hall sem um ou dois números de ragtime. São feitos torneios públicos em que amadores e profissionais competem em virtuosismo.

Entre os mestres dessa arte original, conhecemos um homem com uma perna só...

OS ESCÂNDALOS DE AUDEMARS

Nosso camarada Audemars tinha uma incorrigível inclinação para pequenos escândalos. Os que mais se repetiam eram o escândalo do telefone e o escândalo dos ovos...

ESCÂNDALO DO TELEFONE

Audemars fala alemão como Goethe, mas não diz uma palavra em inglês. Ou melhor, ele demonstra uma incapacidade de pronunciar qualquer palavra nesse idioma. Os vocábulos mais simples – *cat*, *dog* – adquirem em sua boca sonoridades estranhas, que as interferências do telefone tornam ainda mais incompreensíveis...

Além disso, Audemars nunca fez o menor esforço para aprender inglês – mas sempre que tinha a oportunidade, usava o telefone...

Aqui está o roteiro do inevitável drama:

Audemars (muito calmo, muito natural, como se estivesse acostumado a ser compreendido):

– Alô... alô... sandop balboa...

O porteiro negro (que não ouvimos):

– *What sir?*

Audemars (sempre natural, pensando consigo mesmo: ele não ouviu...):

– Sandop balboa...

O negro:

– ?... ?...

Audemars (com uma expressão surpresa, se esforçando):

– Sans-hop, balboa, belbaé...

O negro:

– *What you mean sir???*

Audemars (para quem quiser ouvir):

– Malandro... Ele está me sacaneando...

(Ao telefone, gritando):

Balvoć... Baĕlboi... Bilbao...

O negro, aterrorizado, desliga.

Audemars tinha uma explosão de raiva... Pegávamos o telefone, Barrier ou eu, e pronunciávamos de forma inteligível: "*Send up a bell-boy, please*", envie um garoto de recados, por favor...

– Foi exatamente o que eu disse... – afirmava o Minúsculo.

E no dia seguinte a mesma cena recomeçava, idêntica...

ESCÂNDALO DOS OVOS

No restaurante, Audemars parece consultar o cardápio, como todos – mas não o faz, porque seu cardápio é invariável: ovos fritos, sem clara; um filé pequeno bem passado, mas não muito... com batatas "salteadas cruas".

Naturalmente, nada disso chega do jeito certo: o filé está malpassado ou seco demais; as batatas foram cozidas, e ele não se deixa enganar...

Mas a cereja do bolo são os ovos... Não há exemplo em que um maître tenha entendido o pedido neste ponto – ainda mais porque Audemars fala como se fosse um prato comum, conhecido:

– Quero ovos fritos... – e ele acrescenta – sem claras... – como se lembrasse no último momento desse detalhe...

Se o maître, desconfiado ou consciencioso, pede explicações, ele esclarece com uma palavra breve:

– Separe a clara e passe na manteiga...

Mas nove em cada dez vezes o maître não pergunta nada, acha que se trata de alguma brincadeira obscura, e sorri complacentemente...

Assistimos silenciosos ao nascimento do mal-entendido. No começo, até tentávamos intervir – mas não queríamos complicação quando estávamos com fome...

E o escândalo começava, terrível, quando os ovos apareciam: obviamente, bons ovos fritos, como para todo mundo, às vezes com a gema estourada...

– Pelo amor de Deus... Vocês estão brincando comigo, então... Eu disse várias vezes: sem clara... *sem clara*... Entenderam?

– Desculpe, senhor... Vou logo pedir outros...

– Não... Não quero mais dos seus malditos ovos... O resto... E rápido... Vocês verão que o filé estará sangrando...

Não: o filé chegava um pouco mais tarde, carbonizado; e nossa mesa continuava sendo o centro das atenções de todo o salão...

Essa é a história, vivida cem vezes, do escândalo dos ovos...

Mas o dia mais bonito, o dia inesquecível, foi quando o garçom trouxe um prato de claras – sem gema...

EL PASO

Depois de uma longa viagem, através de uma estepe monótona e deserta, chegamos a El Paso. Ao nos dirigirmos ao hotel, notamos grandes aglomerações nos telhados mais altos – pareciam estar observando o mesmo ponto no horizonte. Eram curiosos acompanhando um combate entre revolucionários mexicanos e tropas federais.

O Rio Grande, que forma a fronteira entre os EUA e o México, passa logo atrás da cidade de El Paso.

Escaramuças ocorriam todos os dias nas colinas da margem mexicana, e do telhado de algumas casas era possível acompanhar com binóculos as peripécias da batalha. Ouviam-se tiroteios ao longe...

Depois de rapidamente nos instalarmos em nossos quartos, corremos para achar um lugar para observar o combate. Optamos por um *building* de cerca de quinze andares, onde entramos sem cerimônia. O elevador nos deixou no *top floor*, de onde uma pequena escadaria nos levou ao terraço, que já estava lotado com os moradores do prédio.

No horizonte, podíamos distinguir movimentos vagos... Ainda ouvíamos alguns tiros isolados... Mas, com o crepúsculo, tudo voltou à calma.

Um aborrecimento veio perturbar nossa tranquilidade: a chegada inesperada do velho Moisant...

O sucesso em Dallas havia repentinamente restaurado sua orgulhosa confiança. Desde então, a companhia havia coberto seus custos, graças à atividade intensiva organizada por Young. Mas A. J. não lhe era grato: até o culpava por não ter conseguido um resultado ainda maior... Ele, Moisant, faria tudo funcionar. E ele chegou cheio do mais perigoso espírito de transformação e iniciativa...

Ele não estava sozinho: o engenheiro salvadorenho Lopez, agora diretor da Usina, veio inspecionar nosso equipamento e anunciar, para um futuro próximo, novas aeronaves construídas de acordo com suas ideias pessoais...

Esse Lopez, tanto quanto pude saber, era um antigo mestre de cabotagem, uma espécie de corsário centro-americano, que John conheceu durante suas misteriosas aventuras e posteriormente reencontrou em Nova York...

Esse personagem surpreendente se outorgara friamente o título de engenheiro; John o havia colocado na direção das oficinas. Ele não tinha a menor ideia do que era uma máquina voadora – mas, com sua insolência infernal, resolvia à sua maneira as questões mais delicadas da aeronáutica...

Já estávamos exasperados com o retorno do velho A. J., com suas extravagâncias... Foi o fim de nossa tranquilidade, o recomeço de todos os distúrbios – tomamos uma atitude francamente hostil contra Lopez. Primeiro, recusamos veementemente voar em suas aeronaves. Estávamos contratados para voar em *Blériots* em bom estado. Nada mais...

Fizemos críticas específicas às peças sobressalentes construídas na usina. Por fim, em uma fala virulenta, eu disse claramente ao sr. Lopez – na presença de um perplexo velho Moisant – que era uma audácia criminosa da parte dele se autoproclamar construtor...

Moisant ficou abalado com minha segurança. Lopez sentiu a fragilidade de sua situação, a solidez da nossa. Éramos indispensáveis...

Ele deixou a tempestade passar e discretamente voltou para Nova York...

Como prevíamos, Moisant reintroduziu a desorganização por toda parte e fez renascer a antiga atmosfera de descontentamento geral...

El Paso foi um completo fracasso. O público entrou em greve. Realizamos o programa habitual diante de arquibancadas vazias...

Simon fez um belo passeio na margem mexicana do Rio Grande, onde os combates ocorriam diariamente. Esse voo não teve nenhum impacto. Enquanto uma pequena saída de Hamilton, sobre o leito do rio fronteiriço, a cem metros de altura, provocou gritos de admiração de toda a imprensa americana. "Pela primeira vez, o homem sobrevoou verdadeiras batalhas..."

Fizemos alguns passeios de carro pela estrada que segue a margem americana do Rio Grande. Esse rio, em El Paso, ainda é apenas um córrego. Na margem mexicana, insurgentes levavam seus cavalos para beber em suas águas. Nós os víamos de perto. A pobre gente se vestia com trapos, estava suja e faminta... As pessoas se empurravam para pegar as laranjas que lhes atirávamos.

Um dia, uma excursão ao território mexicano foi organizada. Não tive curiosidade de participar. Os turistas voltaram com um tesouro de fotografias raras e encantados com a amável recepção do líder revolucionário Prozco.

O toureiro francês Robert, que conhecemos no hotel de El Paso, nos contou sobre seus primeiros passos, que ele deu, assim como eu, sob o *management* de Albert Baré.

Antes de deixar El Paso, fiz, em parceria com Barrier, um negócio que nos traria muitos problemas. Compramos de Hamilton, pelo preço de quinze mil francos, um *Blériot* ligeiramente danificado, que deveria estar em um dos vagões de nosso trem.

Entre dois coquetéis, desembolsamos nossos três mil dólares em troca de um recibo e C. K. prometeu a entrega na próxima etapa.

Nos congratulamos com esse bom negócio: nossos mecânicos fariam o conserto nas horas vagas. Encontraríamos um comprador ao longo do caminho. Esperávamos, no mínimo, um lucro de mil francos.

Moisant decidiu tentar a sorte no México. A rota direta para o México estava bloqueada pela revolução. Tivemos que seguir pela fronteira, para o leste, até Eagle Pass. Era um desvio enorme.

Acredito que passamos três dias e três noites em nosso Pullman antes de chegar à etapa de Monterrey.

Simon, momentaneamente solteiro, tocava todos os seus instrumentos... Assim que tirava uma melodia em sua pequena flauta, a reproduzia na ocarina, na harmônica, no acordeão... Tínhamos dificuldade de conseguir um momento de descanso...

Jogos de pôquer foram organizados – mas as cartas não me interessavam. As vibrações do trem tornavam a leitura difícil... Tínhamos esgotado os temas de conversa... Eu passava horas sonhando acordado, olhando para a vasta planície selvagem que desfilava sob meus olhos... Quase fui tomado de *spleen*...

Essas pequenas batalhas diárias me irritavam. Eu estava impaciente. Eu queria lutar, arriscar, mas com a condição de *viver*...

Mas depois de termos arduamente merecido a vida, nós não a aproveitávamos. Sobre nós sempre pairava a ameaça... de cair cedo demais...

Do ponto de vista profissional, essa existência era uma escola maravilhosa. Nenhuma outra combinação me teria obrigado – por meses – a fazer três ou quatro aterrissagens difíceis por dia; a nunca voar sem um propósito definido.

Esse doloroso exílio, longe de Paris e do nosso ambiente, havia sido uma condição necessária para o progresso. Eu me dediquei totalmente ao treinamento; tive modelos valiosos e respirei a febre contagiosa do *struggle for life*. Mas já estava cansado... Cansado de cozinha e *business*... Do esporte e da vida...

Por sua vez, o velho Moisant voltava para tornar nossa existência odiosa, com seu gosto pelo conflito e pela desordem...

Logo seria primavera; e enquanto a temporada na França estaria no auge, tínhamos que continuar a vida de saltimbancos...

Mas não... Isso eu evitaria a todo custo... Eu romperia o contrato, aproveitando um pagamento em atraso, ou pagando uma multa... Mas, na época certa, estaria em Paris... Audemars, a meu lado, compartilhava esses sentimentos talvez com mais moderação...

De tempos em tempos, trocávamos uma palavra, um olhar que revelava a comunhão de nossos pensamentos...

Barrier era mais sensato: ele também sentia saudades da França – mas apreciava com razão as vantagens de nossos contratos.

Simon tocava ocarina.

Tínhamos muita dificuldade de encontrar comida adequada. Audemars vivia de amêndoas.

Nossa primeira parada foi em um pequeno vilarejo desolado onde não havia, na verdade, restaurantes decentes.

Barrier e eu tentávamos engolir alimentos nutritivos, como se abastecêssemos um tanque de gasolina. Simon não era menos difícil.

Audemars perguntava a todos, com admirável candor:

– Ovos bem frescos... do dia... Não tem? Então, frango assado... mas só a asa... ou leite fresco...

E tínhamos que traduzir isso antes de ver nosso Tiny tirar do bolso sua triste ração de nozes...

Na tristeza lamentável desse pobre vilarejo, entre rostos rudes e selvagens, iluminados por uma curiosidade bestial, apareceu de repente uma linda garota morena, com a pele dourada pelo sol e admiráveis olhos azuis... Seu traje esportivo, de uma elegância simples, contrastava estranhamente com o cenário. Sozinha entre aqueles selvagens, ela parecia tão feliz em ver civilizados quanto nós em admirá-la.

Ela sorriu para nós com franco desembaraço e engatamos uma conversa "como bons camaradas", que infelizmente durou menos de uma hora.

O trem partia...

Ela nos disse seu estranho nome – que não esqueci – e nos deu como lembrança pequenos retratos seus, que levamos, com um pouco de melancolia no coração.

XI

Na fronteira de Eagle Pass, nosso trem parou por algumas horas para os trâmites aduaneiros.

Foi uma nova caçada por comida: estávamos com fome...

Tínhamos apenas a escolha entre o buffet da estação e o restaurante chinês. A curiosidade nos levou ao último. Chineses... em Eagle Pass...

Em uma sala suja e malcheirosa, fizemos uma tentativa de refeição. Tudo estava sujo: a mesa, os talheres, os garçons chineses, os pratos...

Do teto pendiam pedaços de carne desbotada, devorados por nuvens de moscas... Quando pedimos um bife – não havia mais nada – víamos o cozinheiro se aproximar e cortar pedaços ali mesmo, enquanto as moscas se afastavam por um instante...

Lutando contra a náusea, engolimos algumas mordidas... depois tentamos almoçar no buffet. Talvez estivesse um pouco mais limpo, mas tão ruim quanto...

Audemars perguntava em todos os lugares:

– Ovos do dia? Peito de frango?...

Depois ele mordia uma amêndoa, resmungando:

– Que vida... Que país... Só estando quebrado...

No México, a viagem foi menos monótona. A estepe selvagem deu lugar a uma região mais acidentada. O trem às vezes tinha que subir encostas tão íngremes que poderíamos segui-lo a pé...

Estávamos indo para o sul, em direção ao sol. Parávamos de vez em quando nos pequenos postos de abastecimento ao longo da linha.

Já não víamos os banais rostos dos negros, mas tipos mestiços de espanhóis e peles-vermelhas.

Uma velha magra, de nariz adunco e olhos de águia – mãe ou esposa da Águia-Negra ou do Olho-de-Falcão – nos vendeu uma coleção de pequenos chapéus mexicanos multicoloridos, feitos de fibras de palha trançadas.

Uma multidão de crianças maltrapilhas, descalças, nos observava com curiosidade, mostrando através das roupas rasgadas uma pele suja marrom-escura... Tinham traços regulares e acentuados, olhos pretos muito vivos.

A meninada tagarelava em uma língua estranha ou arranhava algumas palavras de inglês, para nos vender pistaches ou simplesmente mendigar dinheiro...

Nossa principal distração era ver a paisagem passar.

Via-se mal pela janela e era cansativo. Alguém teve a ideia de subir no telhado do vagão... Logo se tornou moda...

Nos instalávamos em grupos de três ou quatro, agarrados a um cano ou a uma saliência qualquer... Meio deitados no telhado arredondado, tínhamos a sensação de fazer turismo automotivo...

Assim percorremos centenas de quilômetros, às vezes a velocidades impressionantes... Mas a fumaça nos desanimou desse novo esporte: durante o trajeto ela era suportável, mas descíamos de lá cobertos de fuligem, negros como carvoeiros...

MONTERREY

Monterrey não tinha nada em comum com as cidades do Texas: havia apenas casas antigas e baixas, geralmente brancas, entre a vegetação de aparência exótica.

Na esquina de um *square* bastante amplo, em cujo centro havia um coreto, ficava nosso hotel.

Faltava-lhe um pouco de conforto – tinha apenas um banheiro, bastante desconfortável; mas sua forma de velha mansão espanhola tinha um ar acolhedor...

O edifício, de um só andar, cercava um pequeno pátio quadrado, que era refrescado por um gramado e um chafariz com peixes dourados. Uma ampla varanda com arcadas simétricas rodeava este jardinzinho interno. Todos os quartos abriam para a varanda. O andar de cima e o térreo foram construídos em um plano idêntico.

As dimensões dos cômodos, a altura dos tetos, testemunhavam uma época em que a economia de espaço ainda não havia se tornado uma tirania...

Um mobiliário antigo e ultrapassado completava a residência.

Tudo isso trazia um alívio em comparação com os palácios insípidos e a exiguidade do vagão Pullman.

Mas estávamos de mau humor, decididos a nos queixar. O descontentamento explodiu quando nos mostraram o campo de aviação.

Era uma faixa estreita de terreno baldio, mal nivelado, cercado por chaminés de fábrica, casas e árvores.

Apesar do treinamento que tínhamos nesse tipo de dificuldade, a princípio pareceu impossível voar ali. Membros do comitê local, presentes em nossa primeira visita, nos perguntaram o que achávamos do terreno. A resposta foi seca:

– Não voaremos aqui...

– No entanto, o sr. Moisant...

– Ele que se vire...

A consternação foi geral.

Na verdade, não estávamos com nenhuma boa vontade. Estávamos cansados das exibições acima dos telhados, das aeronaves em ruínas, das dificuldades financeiras e da desordem geral...

Foi dado um ultimato ao velho Moisant: precisávamos de *Blériots* novos, de aeródromos adequados, de pagamentos regulares – caso contrário, romperíamos o contrato...

A. J. nos ouviu sem se irritar: ele prometeu tudo. Na Cidade do México teríamos campos imensos, asas novas; um pouco mais tarde, a renovação completa do equipamento. Nossos contratos seriam rigorosamente cumpridos. Depois do México, visitaríamos Cuba, um país maravilhoso, onde o sucesso estava garantido em qualquer lugar que fôssemos. Hamilton, que custava uma fortuna e não voava, seria dispensado.

Ele tinha grandes planos para nós... Ele queria a Copa Gordon-Bennett... Logo depois de Cuba voltaríamos para Nova York, para preparar aeronaves especiais. Ele colocaria à nossa disposição tudo o que fosse necessário. Seríamos uma equipe invencível...

Enquanto isso, ele nos pedia para não trair sua grande confiança; para ajudá-lo ainda em Monterrey...

Não esperávamos essa atitude e, especialmente, esses planos para o futuro... Ele falou com sinceridade. Nossos progressos o surpreenderam, exaltaram.

O futuro se iluminava. Sabíamos melhor para onde estávamos indo. Adeus, Texas... A nós, os países ensolarados, depois Nova York, a vida e o esporte desejados. Recuperamos a coragem... Afinal, nos sairíamos bem mais uma vez, naquele maldito campo...

No dia combinado, fizemos uma de nossas mais belas exibições; ela teve como clímax um voo combinado entre mim e Simon. Com um tempo ideal, este exercício, que ali estreamos, era um sucesso.

Por dez minutos, executávamos no céu, com perfeita sincronia, desenhos simétricos, concebidos antecipadamente. Os pousos seguiam-se tão próximos e eram tão semelhantes que pareciam as manobras de dois autômatos...

Frisbie, sempre heroico, quis voar e ficou preso em uma árvore, como um pássaro... Fomos buscá-lo com uma escada. Piloto ileso. Aeronave a ser reparada.

Fizemos, acredito, três sessões, com muitos voos interessantes. Fiz alguns *cross-countries*, sem itinerário determinado. Os arredores de Monterey são montanhosos e muito bonitos. É uma das paisagens que ficaram gravadas em minha memória.

PONTO DE VIRADA

Nas discussões de negócios, Audemars era de longe o mais paciente. Ele se encarregava de fazer A. J. manter suas boas intenções, através de conversas diárias. Uma dessas conversas ocorreu à noite, depois do jantar.

Barrier e eu já estávamos deitados quando o Minúsculo entrou em meu quarto. Ele ria silenciosamente, com seus olhinhos brilhantes cheios de alegria. Ele queria me contar algo, mas a emoção o impedia e ele se contorcia sem fazer barulho, segurando a barriga, depois agitando os braços no ar... Me perguntei se estaria louco...

Finalmente ele sussurrou:

– Fantástico... é fantástico... Você nunca vai adivinhar...

– Mas o quê?

– Não... Preciso tomar cuidado... Não é hora de ter um ataque... Segure-se...

– Fale logo... vamos...

– Então... Moisant... vai nos mandar... para Paris...

Obviamente, algo extraordinário estava acontecendo... Decidi esperar por esclarecimentos. Tiny estava se divertindo com meu espanto, mas estava ansioso para que eu compartilhasse de sua felicidade.

Ele se sentou na minha cama e murmurou sem pressa:

– Escute... Não estou brincando... Falei com Moisant. Conversando sobre a Copa, sugeri que um *Demoiselle* bem construído, ao lado de um Gnome, seria uma aeronave imbatível, sensacional... É verdade, aliás... Ele me ofereceu a Usina: eu disse que em nenhum lugar do mundo estaríamos tão bem equipados como em Paris, onde além disso teríamos os conselhos de Santos. Argumentei tão bem que tudo ficou decidido: depois do México e Havana, partiremos, às custas da M.I.A. e sem quebra de contrato... Pelo contrário, metade dos eventuais prêmios será nossa...

Fiquei com lágrimas nos olhos, nós dois ficamos loucos de alegria pueril, terna. Era bom demais...

Fiz ele repetir que tudo estava acertado, que Moisant havia dado sua palavra e que, aliás, ele estava tão comprometido com esse projeto quanto nós...

Depois de ficar a par da situação, decidimos não dizer nada a Simon e Barrier. Era inútil despertar-lhes o desejo de um destino que não podíamos compartilhar com eles.

A noite terminou com uma sessão de brincadeiras malucas e danças silenciosas, e o cansaço nos ajudou a conciliar o sono um pouco mais tarde – um sono entrecortado por sonhos maravilhosos em que prazeres intermináveis recompensavam proezas brilhantes...

A partir desse momento, a vida não teve mais o mesmo sabor. O futuro estava cheio de promessas: bastava sermos razoáveis por mais um mês...

Para passar o tempo e manter o velho Moisant interessado, comecei a voar freneticamente... Simon e Barrier não entendiam nada desse zelo repentino.

Por outro lado, eu encontrava uma intensa satisfação em meus progressos. Eu me observava constantemente, observava os outros, refletia. Tomava cuidado com o excesso de confiança, me impunha um progresso metódico.

E eu nunca esquecia o desgaste de nosso equipamento, e me acostumava a *sofrer*, junto com minha aeronave.

CIDADE DO MÉXICO

A Cidade do México permanece como a melhor lembrança de nossa viagem.

Desde a chegada, foi um encantamento. Nesse cenário de elegância latina, perfumado de exotismo, nos sentimos reviver.

Moisant queria dar à festa todo o brilho possível. Tivemos alguns dias de descanso para revisar o equipamento. Aproveitamos para organizar uma rotina agradável. Nosso primeiro cuidado foi alugar um confortável automóvel. Ele nos buscava pela manhã por volta das dez horas para um passeio ao admirável Parque de Chapultepec – que corresponde ao nosso Bois de Boulogne. Descíamos na Armenonville do local, tomávamos um aperitivo e voltávamos tranquilamente, por volta do meio-dia, para dar uma caminhada na rua central.

Depois, era hora do almoço no Sylvain – o restaurante da moda.

O sr. Sylvain nos recebeu como seus filhos – ele se tornou nosso mentor, nosso grande amigo, nosso anjo da guarda... Devemos a ele a maioria dos bons momentos passados na Cidade do México, além de inesquecíveis prazeres gastronômicos.

Após o almoço, fazíamos o inevitável tour do campo – e depois qualquer passeio; o dia muitas vezes terminava no Sylvain; frequentemente se prolongava com uma hora de espetáculo e um jantar.

Nosso campo de aviação era esplêndido, perfeito...

Mas uma lenda funesta dizia que era impossível voar na Cidade do México, por causa da altitude (2.200 metros). Essa lenda nasceu dos consecutivos fracassos de dois aviadores – o último, Belot, ainda estava na Cidade do México. Ele afirmava que não voaríamos. Argumentávamos que o recorde estabelecido em aeronaves semelhantes às nossas era de 3.200 metros. Mas ele respondia que, tendo experimentado a impossibilidade de voar, nenhuma explicação o faria acreditar nessa possibilidade. Apesar de nossa confiança, a convicção de Bellot nos causava uma impressão desagradável. No entanto, afetávamos grande tranquilidade...

A comunidade francesa, bastante numerosa, dividia-se em dois grupos: uns acreditavam, outros duvidavam... No fundo, todos esperavam ver as asas francesas como as primeiras a escalar os céus mexicanos.

Na véspera do primeiro voo, decidimos fazer um teste. A sorte coube a Simon. A experiência ocorreu em pequeno grupo: alguns fanáticos, o piloto de mau agouro Bellot e o amigo Sylvain, que apesar de sua preocupação apostou a favor com entusiasmo...

Simon partiu sem a menor hesitação, fez uma decolagem com grande estilo e voou com seu brilho habitual.

Nós olhávamos para o piloto Bellot com sorrisos sutis e dando de ombros... Sylvain estava radiante:

– Bravo... Bravo, Simon... Eu sabia... Ainda assim, é incrível... Mexe com a gente...

Ele tinha os olhos marejados...

O pouso foi ruim: a aeronave quicou, mas parou sem problemas. Sylvain saiu correndo, agitando a bengala e o chapéu. Ele pulou no pescoço de Simon, que não esperava por isso, e o beijou...

O *fool-flyer*, ao ser questionado, declarou:

– Claro que é um pouco estranho, o ar não sustenta, escorregamos, planamos com dificuldade... No fundo, nada terrível...

Na cidade, a notícia se espalhou rapidamente e causou sensação.

A semana na Cidade do México se prolongou para quinze dias e foi um grande sucesso. Havia multidões consideráveis e, sem o desvio de receitas, Moisant teria feito um ótimo negócio.

O velho estava enlevado com nosso sucesso: atribuía-o a *seus* méritos, a *sua* atividade... Ele queria fazer tudo sozinho: posicionar os funcionários, organizar a segurança, ajudar os mecânicos... Víamos o milionário, chefe do "maior show de aviação do mundo", sujo, coberto de graxa, correndo pelo campo, com um galão de gasolina numa mão, uma seringa de abastecimento na outra...

Um dia, com a multidão entusiasmada invadindo o campo depois do primeiro voo, vimos Moisant se esforçar como um diabo para liberar a partida. Não conseguindo, ele gritou:

– Se é assim, não vamos mais voar... Pronto...

E ele se deitou completamente, no chão, entre o galão e a seringa...

Os curiosos formaram um círculo a seu redor... Enquanto isso, nos guichês, o saque continuava a todo vapor...

Nossos primeiros voos foram de fato um pouco prejudicados pela rarefação do ar. Voamos várias vezes em torno de dois mil metros – mas a proximidade do solo enfatizava, com constante preocupação, a sensação de pouca sustentação. Tivemos que nos acostumar, adquirir uma habilidade para decolagens e pousos, o que fizemos rapidamente.

A equipe francesa representava sozinha a M.I.A. – C. K. havia sido dispensado, Frisbie passava por um grande reparo. Não havia pista para o carro de Seymour.

Audemars conseguiu, com vento forte contra, alguns saltos, um tanto bruscos... a altitude não ajudava nada seu anêmico *Demoiselle*...

Simon, Barrier e eu bancamos todos os custos da festa.

Eu, particularmente, estava extremamente empenhado. O velho Moisant só falava de mim...

Entre inúmeros voos, destaco a tentativa que fiz em um dia de alcançar o teto. Em quarenta minutos, havia ultrapassado 1.200 metros: tentei em vão subir mais alto. Era natural que um *Blériot* muito velho, com cinquenta cavalos de potência, se recusasse a ultrapassar 3.400 metros de altitude, já que o recorde mundial de altura na época era de 3.200 metros. Eu havia superado dificuldades semelhantes às do recorde.

Tivemos a honra de voar uma vez na presença do presidente Porfirio Díaz e do governador do México.

Em outro dia, recebemos a visita do almirante De la Jarte, comandante de uma esquadra de passagem por Veracruz, e do ministro da França, sr. Lefèvre.

Naquele dia, houve um vento mais violento do que qualquer um que tivéssemos enfrentado. Ninguém esperava voar. Eu me sentia em tão boa forma que fiz um pouco de charme, para não hesitar. Tirei meu velho *Blériot* e parti, sorrindo.

Esse voo bem-sucedido me trouxe grande satisfação interior e impressionou meu círculo.

A. J., cada vez mais exaltado, declarou, em uma formulação bem americana, "que além do seu pobre John, não tinha conhecido nenhum homem no mundo capaz de fazer o que eu tinha acabado de fazer...".

O amigo Sylvain não se contentava em cantar nossos louvores aos berros... Ele provocou a criação de um prêmio. Tratava-se de ultrapassar, no centro da cidade, a cúpula de uma casa francesa.

Era a vez de Barrier. Ele foi sozinho ao campo, uma manhã, por volta das onze horas, e fez o percurso exigido. Depois veio nos contar o quão difícil havia sido.

Barrier pesava 85 quilos. Nossas aeronaves estavam desgastadas. Seu motor talvez estivesse com uma fraqueza passageira. Ele acabou dando várias voltas na pista sem conseguir subir cem metros de altura, e entre terríveis turbulências de calor, teve a sensação de tocar os telhados durante todo o trajeto...

Ele ainda estava pálido... Saudamos esse relato com todos os sarcasmos que ele merecia... Imaginávamos tão bem o bravo amigo – com seu horror natural às emoções fortes –, o olhar fixo, as mãos crispadas, endireitando as oscilações do avião com grandes manobras dos pés, sob a ameaça pontiaguda dos para-raios...

Mas foi outra coisa quando o patrocinador argumentou que Barrier não havia exatamente ultrapassado sua cúpula...

Sylvain soltou gritos tão indignados que o exigente mecenas não insistiu e o prêmio foi entregue ao fim de um alegre banquete.

Vimos um rico piloto amador mexicano voar na Cidade do México.

Tivemos poucas relações com esse colega casual. No entanto, sua bravura o tornava simpático.

O amador tinha seu próprio hangar em nosso campo. Ele tinha acabado de receber um *Maurice Farman* novo.

Soubemos que ele tinha a ambição de ser o primeiro a voar em sua pátria. O avião ficou pronto tarde demais.

Ele participou de nossas exibições, voando pouco, mas em condições que fariam muitos pilotos experientes hesitarem...

Nessas ocasiões, ele demonstrava uma inexperiência que nos fazia tremer. Lembro-me especialmente de uma decolagem e um pouso com vento lateral – com o excesso de potência de um *M.F. 1920* na Cidade do México...

A decolagem foi um espetáculo especialmente horripilante a nossos olhos experientes... A grande gaiola, arrastando a cauda, deslizou sobre o público – roçou as cabeças... Todos aplaudiram... E tudo acabou bem...

O clube francês do México é composto exclusivamente de pessoas encantadoras. Sylvain nos levava lá de vez em quando para tomar um coquetel.

Não sei por que guardei uma lembrança especial de um rapaz alto e magro, com um bigode castanho, não lembro seu nome, que ficou entusiasmado com nossos voos. Ele sempre vinha brindar conosco e dizia, sorrindo gentilmente:

– Se quiserem... posso assobiar algo para vocês.

Era preciso fazer silêncio e ouvir uma música do *Trovatore* ou da *Traviata*, que o artista interpretava com toda a sua alma, destacando com gestos as sutilezas da melodia.

Às vezes, nossa atitude denunciava uma falta de atenção, talvez a sede levasse o copo a nossos lábios. O assobiador se dirigia então ao ouvinte distraído e caprichava, com um aumento de sentimento, a frase interessante.

Era encantador, e o artista não se fazia de rogado. Ele recebia os elogios habituais com modéstia.

– Não... Vocês são muito gentis... Perdi a prática... Há dez anos, eu assobiava bem, mas agora... E essa aqui? Vocês conhecem essa aqui?

– Sim, mas não queremos abusar...

– De jeito nenhum!

– Você deve estar cansado...

– De jeito nenhum, eu garanto. Vou assobiar para vocês... aqui está...

Não havia como escapar!

Entre as lembranças da Cidade do México, menciono um ginásio de pelota basca, onde passei momentos deliciosos.

Hamilton havia sido dispensado, mas Moisant havia ficado com o grande biplano preto, talvez tivesse pagado por ele. Seja como for, C. K. estava exigindo a aeronave; Moisant se recusava a devolvê-la; o conflito estava acirrado...

A. J. tinha a vantagem da posse, mas o aviador nacional não era homem de se deixar intimidar. Ele simplesmente coordenou um roubo noturno dos vagões da companhia...

Felizmente, um policial que ele esqueceu de subornar deu o alarme... Os dois mecânicos de Hamilton foram presos em flagrante.

Mas logo foram libertados, graças aos dólares de seu mestre e à intervenção do todo-poderoso embaixador dos Estados Unidos...

Nós também fomos alvo da má-fé de Hamilton.

Desde Monterrey vínhamos pedindo pelo famoso *Blériot*.

– Peçam a Moisant – respondia C. K., evasivo –, ele o dará a vocês.

Moisant, sondado, declarou que o *Blériot* em questão não existia mais, que tinha sido desmanchado e as peças utilizadas, e que, além disso, essa aeronave, assim como o biplano, era propriedade da companhia...

Diante de nosso ultimato, Hamilton tomou uma atitude cínica e afirmou que *tinha nos entregado a máquina*...

Tínhamos sido enganados...

Entreguei o caso a um advogado, que obteve um resultado inicial brilhante: a prisão de Hamilton.

Presenciei essa cena. Dois policiais à paisana avisaram o acusado de que alguém o estava chamando na rua. Sem suspeitas, o cauteloso C. K. se posicionou entre eles voluntariamente, que o levaram na hora...

Segui-o de carro até a prisão para realizar certas formalidades.

Não tive a presença de espírito de lhe pedir naquele momento nossos três mil dólares – acho que ele os teria devolvido. Eu estava com pressa, era esperado para a exibição.

Vi nosso ex-colega ser levado para a cela, pálido de raiva.

O carro me levou a toda a velocidade de volta ao campo.

Infelizmente... Naquela mesma noite, C. K. saiu da prisão – nunca soubemos como... Desapareceu... Todos os nossos esforços para encontrá-lo foram em vão. Parecia estar protegido por influências misteriosas e poderosas...

Isso aconteceu dois dias antes da data marcada para nossa partida. Eu havia prestado queixa, iniciado um processo. Hamilton havia deixado o México? Estava escondido lá? Eu queria levar o assunto adiante, obter o apoio das autoridades.

O ministro da França, sr. Lefèvre, me fez algumas recomendações, prometeu gentilmente me ajudar. Foi decidido que eu ficaria sozinho na Cidade do México e me juntaria à M.I.A. dois ou três dias depois, em Veracruz.

Moisant estava encantado com essa guerra contra seu inimigo...

Por dois dias, dediquei uma energia incrível a todos os tipos de trâmites em escritórios e ministérios... Na primeira noite, fui levado a um baile oficial onde deveria encontrar o general Díaz, sobrinho do presidente... O general me recebeu com simpatia, prometeu seu apoio.

Tudo em vão...

No segundo dia, exausto, tive a clara impressão de que Hamilton continuaria desaparecido e intocável.

Desisti.

Antes de sair do México, fiz mais um voo...

O sr. Pugibet, diretor da El Buen Tono, ainda tinha o *Blériot* com que Bellot o decepcionara. Ele estava ansioso para ver a aeronave voar.

A perspectiva de confiar naquela máquina – danificada e reparada – não me agradava muito... Mas como recusar algo ao sr. Pugibet?

Prometi ir a Chapultepec tomar chá, de avião.

Sylvain marcou encontro com um pequeno grupo de amigos lá, incluindo um casal de parisienses de passagem, que tivemos o prazer de conhecer.

Parti na hora marcada. O avião estava mal regulado o motor engasgava... Sobrevoei os subúrbios da cidade a baixa altitude, em flagrante delito de excesso de confiança...

Mas eu estava com pressa: seria pouco cavalheiresco fazê-los esperar em Chapultepec. Consegui um pouso difícil.

O chá foi excelente.

Depois foi hora de partir. O campo estava rodeado de grandes árvores. Calculei uma partida astuta, para ganhar um pouco de espaço...

No momento que, com muito malabarismo, eu estava prestes a passar por uma linha de árvores, o motor falhou... parou... e então voltou a funcionar...

Consegui passar entre duas copas e me livrar dessa situação crítica...

O motor Gnome defeituoso girou até o hangar...

Escapei de um acidente do início ao fim.

O sr. Pugibet me ofereceu, em lembrança desse voo, um lindo relógio de pulso de platina.

Na mesma noite, deixei a Cidade do México e fui para Veracruz, acompanhado do amigo Sylvain, que não conseguia nos deixar...

Passamos uma noite no *sleeping-car*. Ao amanhecer, Sylvain me acordou para mostrar pela janela um dos famosos cenários da América. Não obteve mais sucesso do que se estivesse falando com uma pedra... Meus sonhos eram mais bonitos que sua paisagem?

Encontramos nossos camaradas hospedados no Hotel Diligencia. Informei a Barrier o resultado negativo de meus esforços. Nossos três mil dólares pareciam estar perdidos... Depois de tantas provas de prudência em outros lugares, tínhamos feito aquele negócio como crianças. Pagamos caro por essa lição, mas ela foi merecida...

VERACRUZ

Passamos uma semana pouco animada em Veracruz.

A exibição foi organizada de maneira original e engenhosa: ocorreu em campo aberto, sem cercas, sem guichês... A bilheteria era coletada na estação de Veracruz – trens especiais deixavam os espectadores no terreno que tínhamos escolhido ao longo de uma linha férrea, a quinze quilômetros da cidade. Não era possível chegar lá por nenhum outro meio de transporte.

Nossa exibição foi boa. Audemars se destacou em seu *Demoiselle.*

Fiz dois voos sobre o porto, onde nossos navios de guerra ainda estavam ancorados: saudei-os com algumas espirais.

Simon e Barrier ainda não entendiam meu zelo obstinado...

Apesar dos últimos retoques, nossas aeronaves estavam em mau estado... Um certo par de asas, especialmente, estava além dos limites da decência... Tínhamos em vão solicitado que fosse substituído: tivemos que recorrer a medidas extremas...

Depois do último voo, assim que os mecânicos removeram as famosas asas, nós a aspergimos com um galão de gasolina e fizemos uma fogueira, sob os olhares escandalizados de Young...

– Essas duas não vão nos matar... – observou o Minúsculo.

XII

Depois de abraçarmos Sylvain, um por um, embarcamos para Havana no navio a vapor *Espagne*.

Audemars e eu estávamos satisfeitos: Moisant se mostrava cada vez mais firme em suas promessas. Só veríamos a montagem e desmontagem de nossa velha tenda de circo uma última vez... Um último esforço antes da liberdade... Aquilo se tornara uma obsessão para nós...

As conversas, em monossílabos, sempre voltavam para o que faríamos ao chegar em Paris...

Às vezes, a preocupação e a dúvida nos apertavam o coração: algum acontecimento inesperado mudaria tudo, nos impediria de partir?

Mas todas as nossas esperanças se insurgiam contra esse pensamento, e um tranquilizava o outro, logo recuperávamos a confiança...

O *Espagne* era um velho transatlântico pouco confortável. Não gostávamos muito do mar... Felizmente, a travessia foi bastante calma. Tivemos os habituais pequenos prazeres das viagens de longa distância, ou seja, o espetáculo de mil pequenas intrigas mais ou menos divertidas...

Houve, especialmente, um grande flerte entre um belo jovem que conhecíamos e uma espanhola cheia de vida... A moça vistosa navegava para a Espanha – o jovem galã descia em Cuba.

Essa circunstância inconveniente acelerou um pouco o curso da história... O último dia de nossa travessia foi o dia das confissões... Infelizmente... O mar, até então amigável, tornou-se hostil – mera coincidência... Vimos coisas terríveis... A dama jazia em uma espreguiçadeira no convés, o rosto pálido, inerte, inclinado sobre o ombro; o olhar sem brilho... O conquistador, um pouco mais animado, permanecia deitado a seu lado, bem perto...

A angústia do momento e a iminência da separação haviam afugentado qualquer pudor desnecessário: viam-se os dedos brancos de Don Juan misturados aos da señorita...

Mas o balanço do navio não cessava... A pérfida náusea se insinuava, subia até os lábios com as palavras doces...

Sentimos como se uma catástrofe estivesse prestes a acontecer e, maliciosamente – talvez por ciúmes – nós, Audemars e eu, escolhemos um bom posto de observação...

O desfecho não demorou... A dama repentinamente se endireitou, o olhar fixo, e apoiada no galanteador, dirigiu-se à amurada com passos vacilantes mas rápidos... Ele segurou a cabeça dela...

Perto de mim, Tiny se contorcia de rir, sarcástico. Ah... O flerte tem suas durezas...

O casal voltou às espreguiçadeiras. Retomamos nosso passeio e, passando por eles, nossos ouvidos captaram um sussurro, entremeado por soluços:

Jo vous saime... Jo vous saime...

Quando chegamos a Havana era noite fechada. O enorme crescente da baía se delineava, feérico, em pontos luminosos refletidos pela água. Atrás dessa linha, toda a cidade cintilava.

O *Espagne* não entrou no porto – uma lancha veio nos buscar e nos deixou com nossas bagagens no cais.

Algumas formalidades alfandegárias; depois, os empresários nos levaram ao novo hotel estilo americano.

Ao entrar no saguão, fui tomado por uma cólera dolorosa e violenta. Eu tinha encomendado da França um *Blériot* de dois lugares do tipo Paris–Londres – uma escolha infeliz, sem dúvida... Essa aeronave, entregue com considerável atraso, tinha acabado de chegar a Havana.

Os promotores não acharam nada melhor para fazer do que desembalar a máquina na minha ausência e expô-la, parcialmente montada pelo primeiro pseudomecânico que apareceu, no fundo do saguão do hotel...

Uma taxa de entrada era inclusive cobrada para visitar *meu* aeroplano...

Essa indelicadeza não era surpreendente. Mas nossa vida era uma revolta contínua contra a negligência com que se manipulava o equipamento... Sempre tive um verdadeiro culto por meus aviões. Prefiro levar uma cacetada do que ver uma asa ou uma empenagem sendo danificada...

Imaginei a brutalidade dos vândalos arrancando meu belo pássaro de sua caixa, pisoteando as asas, forçando os parafusos...

Com esse pensamento, ondas de raiva silenciosa subiram dolorosamente ao meu cérebro... Eu teria estrangulado o responsável por aquilo...

Moisant, apavorado com a fúria que alterava meus traços, afirmou que não tinha culpa alguma... Um dos promotores provavelmente julgara estar fazendo a coisa certa... Ele não podia adivinhar os inconvenientes etc.

Por fim, a ideia de não comprometer por nada no mundo nossa próxima fuga para a liberdade me deu coragem para não causar muito escândalo...

Ainda assim, passei uma noite em claro antes de recuperar um pouco de sangue-frio...

Estávamos insatisfeitos com nossas instalações. Uma primeira exploração da cidade nos levou ao Hotel Miramar: logo nos mudamos para lá, para um esplêndido apartamento com todas as janelas voltadas para a baía. De nossa varanda, víamos à direita, a algumas centenas de metros, a entrada do porto, com o antigo forte de Morro-Castle; à esquerda, a bela avenida curva que segue ao longo da costa.

Todas as noites, na hora do *footing*, as elegantes da cidade desfilavam sob nossas janelas, e à noite dormíamos embalados pelo barulho das ondas.

O clima de Havana no final do inverno é delicioso. Encontramos o calor perfumado dos trópicos, suavizado pelas brisas do mar.

Nosso sibaritismo descobriu na cidade novos refinamentos.

Vivíamos em pijamas de seda, no frescor de nossos grandes quartos arejados. Sobre as mesas, havia sempre *cups* gelados de champanhe com frutas ou piña colada – uma bebida saborosa feita com suco de abacaxi.

Fumávamos os melhores charutos do mundo, da maneira como eles devem ser fumados, ou seja, frescos. Pois a prática europeia de fumar charutos secos se deve à impossibilidade de encontrar charutos frescos – é verdade que a secura natural é melhor do que a umidade retirada da atmosfera. Mas um bom charuto só revela todo o seu aroma quando ainda está úmido da seiva das folhas e não racha sob a pressão dos dedos.

À tardinha, por volta das cinco horas, depois de uma longa toalete, íamos passear à beira-mar ou no terraço do Café Miramar.

Foi lá, num dos primeiros dias depois de nossa chegada, que vimos C. K. Hamilton em pessoa... Ele nos dirigiu um cumprimento zombeteiro, cheio de insolência, e até falou com Barrier ou Simon...

Ficamos pasmos com tamanha impudência: aliás, não tínhamos os meios nem a vontade de iniciar um processo com resultados duvidosos... Mais tarde, em Nova York, o momento talvez fosse mais oportuno. C. K. desapareceu novamente...

Esse Hotel Miramar era realmente um estabelecimento perfeito. À noite, jantávamos ao ar livre, em um jardim iluminado, ao som de música agradável.

Uma prima-dona americana, loira, cantava baladas sentimentais com uma voz quente de contralto.

Eram noites tranquilas, animadas por luzes, natureza, animação – e encontrávamos, depois de um bom jantar, na fumaça azul de um charuto, às vezes um pouco de paciência e serenidade.

PESCA AOS TUBARÕES

A entrada do porto de Havana é considerada um dos lugares do mundo com mais tubarões. Contaram-nos que bastava deixar cair na água uma presa qualquer para vê-la imediatamente ser apanhada por um tubarão.

Esses relatos excitaram nossa curiosidade. Entramos em contato com um velho pescador e marcamos um encontro para uma noite, em hora favorável.

O pescador nos fez dar um passeio qualquer, arrastando na água uma linha, e nos trouxe de volta de mãos vazias, alegando que "às vezes não se tem sorte"...

Mas tínhamos decidido pegar um tubarão... Fizemos ao pescador a seguinte proposta: voltaríamos no dia seguinte e pagaríamos o dobro do preço se tivéssemos sucesso. Negócio fechado.

No dia seguinte, chegamos pontualmente, embarcamos sem perder tempo e o barco partiu. Um cheiro nauseabundo nos envolvia. O pescador nos disse que eram as iscas, e então entendemos o fracasso do dia anterior: certo de seu pagamento, ele havia negligenciado os preparativos... Mas daquela vez pegaríamos o tubarão...

Chegando ao local certo, lançamos as linhas. Então vimos que as iscas consistiam em enormes peixes, do tamanho de um braço, completamente apodrecidos...

Havia três ou quatro na reserva, pendurados do lado de fora das paredes do barco: o balanço das ondas agitava a imunda carniça... Certamente nenhum tubarão, a um quilômetro de distância, poderia ignorar a presença dessa presa...

A paciência é a primeira virtude do pescador: a nossa foi heroica. Esperamos durante horas pela mordida reveladora. Seguramos o ar, para respirar o mínimo possível... Nossa constância não foi recompensada... Derrotados pela náusea, pelo cansaço, pelo sono, voltamos... de novo de mãos vazias...

OBRIGADO, CAMARADA

Nosso amigo Simon havia perdido um pouco de sua bela exuberância, provavelmente acalmado pelas alegrias da vida doméstica...

Às vezes nos divertíamos provocando a graciosa Mabel, que participava de nossas festas do pijama como um verdadeiro camarada...

"René" observava tudo com olhar terno, sem tirar da boca a piteira de marfim talhado. Do fundo de sua poltrona, ele murmurava com voz emocionada: "Obrigado... Obrigado, camaradas...".

Entre as curiosidades do país, nos falaram de um parque, localizado a meio dia de viagem de trem, onde havia um grande criadouro de crocodilos para o comércio de peles. Fomos informados sobre essa indústria com detalhes curiosos: o crocodilo só se torna adulto por volta dos dois séculos... Ele só atinge um tamanho utilizável por volta dos quarenta anos.

Foi preciso muita eloquência para dissuadir o *fool-flyer* de comprar "um pequeno, vivo"... Esse perigo e nosso pouco gosto por excursões nos fizeram desistir da visita ao parque de crocodilos...

Guias muito simpáticos se ofereceram para nos mostrar as grandes fábricas de charutos. Meus companheiros aproveitaram essa oportunidade, que minha preguiça me fez perder.

Mesmo assim, alguns dias depois, recebi uma bonita caixa de charutos de um tipo inédito, cada um com um nome diferente.

Enquanto nos deliciávamos com champanhe, boa comida e grandes charutos, nosso velho milionário empresário se consumia em preocupações e contratempos devido à sua própria inabilidade.

Um dia, depois do almoço, fomos apresentar alguma reivindicação a ele e o encontramos terminando, triste e solitário, uma refeição composta por uma folha de alface, meio pepino, uma fatia de pão e um copo d'água...

Ele nos explicou:

– Nunca tenho fome...

O MOTORISTA

O temível "motorista" que se acha Boillot ou Nazzaro* é uma praga que os automóveis espalharam pelo mundo todo e especialmente pela América Latina...

Havia em Havana, ao lado de uma plêiade de verdadeiros *sportsmen*, alguns cabeças-ocas cuja grande alegria era percorrer a Avenida Miramar em velocidades estúpidas, com o máximo de barulho e poeira...

O acaso nos fez testemunhar, de nossa sacada, o acidente mais bizarro que se possa imaginar.

Sob nossas janelas, passava um fiacre aberto que se mantinha bem à direita. Por trás, vindo na mesma direção, vinha um carro de quatro lugares, dos quais apenas dois estavam ocupados – um por Boillot-Nazzaro, o outro pela jovem-mulher-nervosa-que-adora-velocidade...

O carro vai para o meio da rua, para ultrapassar a carruagem...

Nesse momento, o velho cocheiro surdo decide fazer meia-volta, sem sequer olhar para trás, e de repente bloqueia a passagem, com seu fiacre e seu cavalo velho...

O carro nem sequer desvia... Ele passa direto pelo meio do obstáculo, com um barulho seco. O fiacre permanece à direita da estrada, com as rodas intactas, à esquerda, o velho cavalo manco

---

* Georges Boillot (1884-1916) e Felice Nazzaro (1881-1940), premiados automobilistas francês e italiano. (N.T.)

espera tranquilo, todo arreado, entre as hastes cortadas rente à cauda.

O cocheiro desaparece: só encontram seu chapéu.

O carro, impulsionado pelo impacto, para a cem metros dali. Ele retorna em marcha à ré. Tem dois faróis danificados – e só... A direção está intacta, o radiador imaculado...

Por fim, no macio banco traseiro do carro, encontram – um passe de mágica... – o velho cocheiro surdo, atordoado, ainda segurando o chicote... Ele também está intacto... O cinema nunca fez nada igual...

A EXIBIÇÃO

Desde os primeiros dias, Moisant conseguiu se indispor, dada sua atitude ríspida, com todas as pessoas que poderiam lhe ter sido úteis.

Havia um excelente terreno bem localizado – ele não conseguiu obter nem as autorizações necessárias nem o apoio indispensável da companhia de bondes.

Ele decidiu "mostrar a eles que, afinal de contas, não precisava de ninguém" e alugou de um particular um pequeno prado cortado por valas invisíveis e cercado de palmeiras... Só se podia chegar lá a pé ou de carro, por um caminho cheio de poças...

De modo que, apesar do entusiasmo da população, nunca vimos mais do que um escasso público.

Recebemos da Usina um suprimento de asas novas, garantidas como sendo do modelo *Blériot*. Na verdade, eram um pouco menores, um pouco mais planas... "melhorias" do sr. Lopez...

Mas nossas antigas asas estavam tão lastimáveis que tivemos que nos resignar...

Os tímidos retoques do pseudoengenheiro foram suficientes para tirar de nossas máquinas a docilidade e a flexibilidade.

Sentíamo-nos instáveis e desorientados no ar... Enfim, tratava-se – pela última vez – de salvar a situação. Eu me empenhei nisso com fervor, estimulado pela proximidade da partida.

A M.I.A. prometeu aos *sportsmen* cubanos não apenas uma exibição, mas um verdadeiro meeting. Tivemos que correr uma série de prêmios imaginários: velocidade, altitude (Moisant dizia: "altura"...), duração ("tempo"...) etc.

Depois de minha experiência no México, falávamos muito sobre o recorde de altitude. Moisant afirmava que eu só precisava colhê-lo... Ele insistiu para que essa performance destacasse o brilho do meeting de Havana – e ingenuamente, sem refletir sobre o que se poderia esperar das asas de Lopez, prometi tentar...

Uma hora de esforços laboriosos me levou a 2.200 metros. Por um momento, fiquei perdido nas nuvens, sobre a baía, cujo azul eu vislumbrava através de aberturas nas nuvens...

Esses 2.200 metros foram uma proeza: tenho certeza de que em nenhum de meus recordes posteriores empurrei um teto com tanta obstinação...

Para Moisant, foi uma decepção: ele falava do recorde como se fosse um fato consumado. Felizmente, minha confiança em mim mesmo se tornara inabalável: ele admitiu a responsabilidade de Lopez, sem entender muito bem como ou por quê...

Eu era oficialmente acompanhado pelo aeroclube cubano, com barógrafos lacrados. Meu voo foi homologado como recorde local. Mantive-o por dois ou três anos.

UM PRIMEIRO PASSAGEIRO

Meu novo avião de dois lugares foi remontado e ajustado por meus mecânicos. Fiz três tentativas malsucedidas. A primeira, sem passageiro, durante uma exibição. Depois de um bom começo, um voo de alguns minutos, decidi aterrissar. Desliguei o motor um pouco cedo demais: ele se recusou a ligar novamente. Tive grande dificuldade para prolongar o voo planado até o chão. O equilíbrio desse tipo de aeronave de dois lugares era falho. Eu não tinha experiência nenhuma: aterrissei mal e quebrei o chassi.

Depois de alguns dias de reparo, fiz uma segunda tentativa, desta vez com um passageiro. Meu primeiro passageiro foi o sr. O. Ferrera, presidente da Câmara Cubana.

Meu grande avião, com seu pequeno motor, não suportava bem a carga. O terreno pequeno tornava a partida arriscada. Logo na decolagem, a pesada máquina se inclinou para um lado e voltou a tocar o solo com força. O trem de pouso foi esmagado de novo. No choque, o sr. Ferrara torceu o pulso... Ele teve a gentileza de se declarar encantado...

Este foi o destino de meu primeiro passageiro... A terceira tentativa, na companhia de um mecânico, não foi menos desanimadora...

Senti um profundo desgosto pelo novo avião. Ele foi colocado em uma caixa e nunca mais tive a oportunidade de usá-lo.

O *Demoiselle*, de muito bom humor, permitiu a Audemars, como despedida, uma série de proezas...

O ÚLTIMO VOO

Finalmente, chegou o último dia do meeting, e com ele o último voo antes de rever a França...

Essa ideia continha tanta alegria, eu estava tão emocionado, que um medo terrível me perseguiu durante toda a tarde... Parecia-me completamente incrível ter chegado ileso até aquele momento... Tive a premonição de que o destino me reservava algum infortúnio. Que ironia se meu último pouso fosse o acidente... Toda minha força de vontade se voltou para uma extrema precaução. Vou me lembrar para sempre da felicidade que me invadiu quando minhas rodas pararam pela última vez, no meio do pequeno campo cercado de palmeiras...

PRÊMIO DE MORRO CASTLE

Terminado o meeting, Barrier cobriu-se novamente de glória ao ganhar para a comunidade o prêmio – autêntico, este... – de Morro Castle.

Para isso, fez um belo voo, atravessou a cidade duas vezes e ultrapassou o farol do cais, sendo aplaudido na Avenida Miramar por uma numerosa multidão.

O generoso mecenas que havia patrocinado esse evento lhe entregou, em vez do banal cheque, um saco cheio de grandes moedas de ouro.

E Simon executou um brilhante voo de despedida e agradecimento, dedicado aos *sportsmen* cubanos e à imprensa.

Durante nossa estadia, ficou claro para nós, em muitas demonstrações de simpatia, que não éramos confundidos com a administração da M.I.A.

O *fool-flyer* passou então sobre a cidade, na hora do *footing*, e ofereceu ao público de Havana uma fantasia memorável...

Os últimos dias se passaram na febre dos preparativos.

Simon e Barrier receberam com estupefação a notícia de que os deixaríamos. Eles invejaram nosso destino – especialmente Barrier, porque Simon sempre mostrara ser o mais filósofo, sem falar nas boas razões que ele tinha para se aborrecer menos do que nós...

Nossos ajustes de contas com Moisant foram dolorosos: eu só queria partir com todo o meu equipamento – meu dois lugares e os pedaços do *Demoiselle* original de Santos Dumont, aos quais era muito apegado.

Audemars nos deixou primeiro em direção a Nova York, para resolver alguns assuntos – especialmente a compra de uma seda emborrachada preta, notada no biplano de C. K. e que escolhemos para a cobertura dos futuros *baby Moisant*...

A partida de Audemars foi um momento de tristeza, até para mim, que o veria novamente alguns dias depois...

Foi o primeiro ato da grande separação... Durante seis meses, vivemos em completa intimidade, na qual nem a menor nuvem lançou uma sombra de desentendimento...

Permanecemos estreitamente unidos diante de todas as dificuldades e compartilhamos como irmãos os perigos diários... Dessa convivência havia nascido um grande afeto.

Por oito dias, Audemars e eu trocamos longos telegramas à noite, nos quais um informava o outro sobre seus menores movimentos.

Depois, embarquei com minhas caixas em um navio direto para Nova York.

A. J. deveria nos encontrar lá de trem – via Key West.

Cheguei a Nova York depois de uma travessia melancólica e entediante.

Encontrei Audemars hospedado no antigo Hotel Astor. Moisant havia chegado algumas horas antes, de trem.

Arrancamos dele linha por linha um contrato que garantia o cumprimento de suas promessas. Ainda o vejo nos dizendo "Adeus e boa sorte", e acrescentando estas palavras: "Assinei... porque prometi... Mas agora, acho que fiz mal...".

Enquanto isso, estávamos *livres* e nossa cabine estava reservada no *Provence*, o melhor transatlântico francês. O *Provence* partiria dois ou três dias depois.

A M.I.A. havia cuidado de todas as formalidades alfandegárias e de transporte. Tive tempo de ver um advogado, entregar-lhe o dossiê Hamilton e iniciar um processo que prosseguiria em nossa ausência.

ÚLTIMA DESVENTURA

O *Provence* deixou Nova York pela manhã, por volta das dez horas. Tivemos a sorte de encontrar a bordo amigáveis conhecidos do México.

Após despachar as bagagens, partimos alegres e leves para chegar ao cais alguns minutos adiantados. Um táxi nos deixou no píer da Transatlântica às dez para as dez...

O *Provence* embarcava as últimas bagagens e os últimos passageiros. Admirávamos as belas linhas afiladas desse magnífico navio e antecipávamos a bela viagem... o belo retorno...

Dois cavalheiros se aproximaram:

– Com licença... Vocês são o sr. Garros e o sr. Audemars?

Repórteres, evidentemente...

– Sim...

– Então, por favor, nos sigam... Aqui estão dois mandados de prisão que os concernem...

Eles nos estendiam dois belos cartões brancos impressos que continham nossos nomes escritos à mão. Sem os carimbos oficiais, poderiam ser tomados por convites para um baile...

Nos entreolhamos, chocados...

Os pequenos olhos de Tiny piscavam rapidamente...

Tentei argumentar... o navio estava prestes a partir... Um dos cavalheiros me interrompeu:

– Senhores, é absolutamente necessário que nos sigam imediatamente. A força policial está pronta para intervir a qualquer sinal. Evitem o escândalo...

Pensei estar sonhando...

– Minhas malas...

– Suas bagagens foram retidas...

Audemars me cutucou e disse, imóvel:

– Olhe lá, no fundo, à direita...

– Quem?

– Ora... Hamilton... Ele está se contorcendo...

Não, eu não via – sou um pouco míope –, mas entendi...

Não havia nada a fazer... Um carro nos levou à sede central da Alfândega. Éramos acusados de fraude; não teríamos devolvido o equipamento que nos fora concedido temporariamente...

Fomos submetidos a um primeiro interrogatório e depois aguardamos um tempo infinito em uma antessala. Estávamos sob custódia.

Funcionários subalternos vieram nos espiar de perto, curiosos...

Um velho rabugento nos deu o pontapé final...

– Aprendam a trapacear, seus malandros... Vejam só essas caras inocentes... Não parecem dois garotos honestos?

Horas se passaram...

Segundo interrogatório: dessa vez em um tom mais educado – tinham feito uma investigação...

Respondi a todas as perguntas sem a menor hesitação, com precisão.

Logo fomos libertados, com um vago pedido de desculpas.

Infelizmente, o *Provence* já estava longe...

Atordoados por essa última desventura, fomos buscar consolo no Astor, enquanto conversávamos.

O mais sensato era não fazer nada: partir o mais rápido possível... Partir a qualquer preço...

Sentíamos que tudo conspirava contra essa partida: Hamilton de um lado; o círculo de Moisant do outro... Tínhamos medo do imprevisto, da ideia de ficar mais tempo...

Corremos para nos informar junto à companhia Transatlântica. Havia uma partida três dias depois: era um velho navio, reservado para passageiros de segunda e terceira classes, que fazia a travessia em dez dias em vez de seis...

Ofereceram-nos esperar pelo próximo: chegaríamos no mesmo prazo...

Não hesitamos: antes de tudo, *partir*...

Reservaram-nos a melhor cabine do velho navio.

Os três dias seguintes foram três dias de angústia... Vivemos escondidos em um pequeno hotel suíço dos bairros excêntricos, saindo apenas à noite, para tomar um pouco de ar... Para despistar, mantínhamos nossos quartos no Astor, mas não aparecíamos por lá...

O embarque no *Bretagne* foi feito às escondidas, muito antes da hora de partida: até que o navio se afastasse do cais, ficamos trancados na cabine de um oficial a bordo...

Tal era nosso medo infantil de nos atrasarem ainda mais...

A viagem foi terrível... O *Bretagne* era um velho navio rebaixado, designado para o serviço de emigração. Tudo estava voltado para a economia. Recebemos uma cabine grande o suficiente, mas malcuidada, como o resto do navio.

A comida era lamentável...

Para piorar, o mar estava continuamente agitado e um terrível mal-estar nos prendeu às nossas tristes camas.

Entre outras más lembranças, recordo nosso conflito com o comissário de bordo a respeito de um pedaço de presunto...

Doentes demais para comer os molhos enjoativos da cozinha, pedimos ao garçom que nos trouxesse, como refeição, uma fatia de presunto e alguns pepinos em conserva.

– Não está no cardápio do dia... – respondeu esse amável servidor.

– Peça mesmo assim na cozinha... Estamos doentes...

Mas a cozinha recusou: o regulamento era claro... O comissário consultado se refugiou atrás de suas responsabilidades... "Se todos os passageiros pedissem o mesmo..."

O garçom comovido nos aconselhou obter do médico uma receita prescrevendo presunto... Era a única maneira... Desistimos...

A viagem era nossa última provação. Mais uma semana e Paris nos faria esquecer tudo isso...

Em meio à fome, às cólicas estomacais, ao enjoo, aos odores azedos e mofados, sonhávamos com banquetes...

Uma voz fraca se elevava entre os rangidos da madeira e os mil pequenos ruídos ritmados do balanço:

– Uma asa de frango trufada...

– Uma dúzia de ostras, uma garrafa de Pouilly-Fuissé...

– Um filé com molho bearnês e batatas douradas...

– Um patê em crosta...

Nos dois últimos dias, o mar se acalmou completamente; nos acomodamos no convés.

O navio diminuiu a velocidade: já não se sentia mais o vibrar das máquinas.

A proa, em vez de cortar as ondas, deslizava preguiçosamente... O *Bretagne* não tinha pressa... Era de seu interesse não chegar cedo demais. Explicaram-nos que o governo francês pagava um bônus aos navios que partiam de Le Havre em um curto período de tempo. Como o horário da partida seguinte estava marcado, não era conveniente chegar ao porto antes de uma certa data... A economia de carvão se somava ao benefício do bônus... Em resumo, o bônus à navegação era apenas um bônus à lentidão.

O suplício chegou ao fim...

Uma manhã, vimos a bela terra da França surgir no horizonte, se desenhar e se aproximar...

Aportamos... Nossa emoção foi indescritível...

Um trem especial esperava os passageiros para Paris. Tomamos nosso lugar; ele partiu sem demora.

Já não estávamos impacientes, aliás; respirávamos alegria a plenos pulmões. A paisagem da Normandia passava sob nossos olhos, cheia de primavera...

Eu disse a Audemars:

– Veja, amigo... As árvores, os campos, os bois, as casinhas, as fazendas, os riachos: tudo isso é um pouco nosso... É nossa casa... Chegamos... Como é bonito...

Chegamos à Gare Saint-Lazare por volta do meio-dia e meia.

Sem nos preocupar com as bagagens, corremos para o Mollard, com mil brincadeiras infantis – pequenas danças, como na famosa noite de Monterrey...

Ostras, Pouilly-Fuissé, asas de frango, maionese, filés, batatas douradas... O cardápio completo...

Então ocorreu um fenômeno inesperado:

Diante dessas guloseimas tão desejadas, permanecemos inertes, sem apetite, embora não comêssemos havia dez dias...

A alegria nos apertava a garganta...

Moisant nos dera como pagamento uma letra de câmbio à vista de seu correspondente em Paris.

Estávamos cobertos por outras garantias, mas essa letra de câmbio nos preocupava um pouco.

Nosso primeiro cuidado, antes mesmo de irmos para casa, foi cobrar nosso crédito.

O sr. Matheu nos recebeu de maneira encantadora e nos pagou imediatamente a quantia estipulada.

Todos os negócios foram liquidados; a última pequena sombra desapareceu do horizonte onde tínhamos visto tantas tempestades...

Sair da casa do sr. Matheu foi mais uma oportunidade para algumas "pequenas danças" furtivas.

Voltamos à estação para pegar nossas malas. Alguns minutos depois, nossos táxis nos deixavam em casa, na Rue Lalo.

E, por alguns dias, a vida foi bela...

CAMPANHAS ESPORTIVAS NA FRANÇA

XIII

Estávamos em Paris, portanto, no final de maio de 1911. Uma adorável Paris na primavera, que nos recompensava pelo inverno no Texas...

A temporada esportiva se anunciava brilhante: estavam sendo preparadas as três primeiras grandes corridas de aeroplanos: Paris–Roma, Paris–Madri e o Circuito Europeu.

Mas antes de pensar nisso tínhamos que cumprir nossos compromissos com Moisant. Estávamos em Paris, Audemars e eu, para construir *Demoiselles* com motores Gnome. Esse projeto, aliás, nos interessava muito.

Depois de algumas pesquisas bastante laboriosas, alugamos uma agradável oficina em Puteaux. O fiel Romain e o antigo mecânico de Audemars, Rigal, foram recontratados, ao lado de três "companheiros".

As ferramentas necessárias foram alugadas e compradas, e nossa pequena fábrica se pôs bravamente em ação.

Meu velho *Demoiselle*, trazido da América, servia de modelo, e, vagamente aconselhados por Santos Dumont, decidíamos as modificações necessárias sem cálculos, ao acaso... Ignorávamos os princípios mais básicos...

Logo tivemos certeza de que nossos aviões não ficariam prontos para as corridas. Por outro lado, a gestão da fábrica era uma verdadeira sinecura, graças à colaboração especializada e consciente de nossos velhos mecânicos.

Tomei providências, então, para não ficar inativo, enquanto Audemars ainda se obstinou por algum tempo a pilotar apenas o *Demoiselle*, renunciando assim a qualquer participação em eventos esportivos.

Meu primeiro cuidado foi trocar – não sem custo – meu dois lugares de Havana por um monoposto *Blériot*. Eu já estava em Paris havia várias semanas quando essa máquina me foi entregue em Issy-les-Moulineaux.

Senti uma alegria indescritível ao sobrevoar, como um piloto experiente, a pista onde minhas asas haviam nascido, e rever, do alto, o Sena, a velha Torre Eiffel e todos os pontos familiares de Paris.

Meu nome era menos conhecido na França do que entre os mexicanos. O espanto dos espectadores com meus primeiros voos provou que o público francês não estava acostumado ao estilo americano.

Entre esses voos recreativos, lembro-me de uma longa espiral que fiz acima do pavilhão de Armenonville, numa noite ao crepúsculo.

Parecia impossível participar das grandes provas de 1911 sem a ajuda de uma organização que apenas uma empresa poderia garantir.

Dirigi-me à Blériot, cuja aeronave, em minha opinião, estava no auge à época.

O acordo foi fácil, pois fui pouco exigente.

Paris–Madri e Paris–Roma estavam marcados para datas tão próximas que inicialmente desisti da primeira prova para concentrar meus esforços na segunda, cujo percurso e regulamento achei mais interessantes.

Foi por acaso, na véspera da partida, que modifiquei esse plano e decidi participar de Paris–Madri.

Naquele dia, encontrei, na casa de amigos, um redator do *Petit Parisien*, o sr. Douvier:

– Mas como! – ele exclamou – Vai desertar de nossa corrida? Isso é muito ruim... Por que não participa das duas, como a maioria de seus colegas? Vai ficar terrivelmente entediado...

Ele foi persuasivo e acabei me deixando convencer.

Meu *Blériot* foi entregue em Issy na véspera da partida. Mal tive tempo de experimentá-lo e, como estava chovendo, não segui o conselho de Leblanc, que me recomendara fazer um reconhecimento da saída de Paris até a torre de Montlhéry.

Em relação às possíveis dificuldades de voo, eu me sentia cheio de confiança. A orientação é que me preocupava. Eu nunca havia feito uma viagem – nunca havia usado um mapa.

Considerei essa primeira corrida um teste improvisado; não esperava obter mais do que um pouco de experiência.

A equipe da Blériot para o trecho Paris–Madri era composta por Conneau* (na aviação: Beaumont), Gibert** e eu.

Alfred Leblanc, o herói do Circuito do Leste, se tornara diretor esportivo da Blériot e era a alma de nossa organização material. Ele acompanhou de carro ou trem as três corridas da temporada, desempenhando amigavelmente o papel de gerente-conselheiro em relação a mim, e eu tinha grande confiança nele.

Na noite que antecedeu a partida jantei com um grupo de bons amigos em um pequeno estabelecimento muito animado que frequentávamos à época. Saí cedo o suficiente para descansar. Eles ficaram acordados a noite toda e vieram me buscar na Rue Lalo por volta das três e meia para me levar à partida, em Issy-les-Moulineaux.

Nos arredores do campo, desde as quatro horas os carros só conseguiam avançar lentamente, de tão densa que estava a multidão. Longas filas de carros e carruagens serpenteavam lentamente entre um grande fluxo de pedestres em movimento.

---

* Jean-Louis Conneau (1880-1937), mais conhecido sob o pseudônimo André de Beaumont. (N.T.)

** Louis Gibert (1885-1956). (N.T.)

É impossível avaliar com precisão tal afluência, mas afirmar que havia duzentos mil espectadores em Issy naquele dia, acredito, está aquém da verdade.

PARIS–MADRI

Um tempo cinzento, úmido, agitado por pequenas e perniciosas rajadas de vento.

A equipe Blériot, designada por sorteio, seria a primeira a partir. Nossos três aviões foram alinhados; os mecânicos se moviam freneticamente – Leblanc, até o último momento, ia de um para outro, sem poupar os bons conselhos.

Os motores foram ligados, sucessivamente. Ao primeiro sinal, Gibert decolou... Ao segundo sinal, era minha vez...

Elevei-me com cuidado, nunca havia voado com uma carga tão pesada, a sensação não era agradável.

Afundei na névoa, seguindo a bússola. Atrás de mim, a Torre Eiffel e a pista rapidamente desaparecem. Eu voava baixo sobre os telhados, que passavam em um emaranhado do qual eu não entendia muita coisa. A orientação já me preocupava. As casas finalmente se dispersaram. De repente, percebi uma estrada reta ladeada por grandes árvores e que se dirigia mais ou menos para o sul. Tive a intuição de que deveria ser a estrada para Étampes – segui-a e, de fato, cinco minutos depois, avistei a famosa torre de Montlhéry descrita por Leblanc. Reconheci-a e experimentei, pela primeira vez, a pequena alegria peculiar de perceber que estava no caminho certo.

Toda preocupação havia desaparecido: a viagem continuou fácil e agradável. Eu voava entre duzentos e trezentos metros. Por precaução, só abandonei a ferrovia a alguns quilômetros de Orléans, quando consegui vislumbrar o Loire. Então, deixando a cidade à esquerda, que mal consegui ver, segui rio abaixo, que me guiou para Blois e depois para Tours.

Havia turbulências significativas no vale. Mas minha grande carga, desagradável perto do solo, tinha a vantagem, lá em cima, de opor sua inércia a todos os solavancos. De resto, em termos de mau tempo, eu já tinha visto muito pior...

Em Tours, foi necessário virar para o sul. Uma pequena preocupação: a ferrovia que eu procurava se mantinha invisível. Finalmente a avistei na saída de um túnel onde estava escondida...

Dessa vez, acontecesse o que fosse, eu não a deixaria mais, até Angoulême. Era muito desagradável não ter certeza do caminho...

Ah, não... Um engasgue... Tudo estava indo tão bem... Um cilindro estava falhando... Ele agonizou... e se calou...

Tentei continuar com seis cilindros. Mas havia perdido altitude em Tours para procurar os trilhos. Eu ainda estava pesado; o vento de trás, irregular, não ajudava. Depois de um quarto de hora de perseverança, eu me arrastava sobre as árvores. Era urgente aterrissar. Aproveitei a oportunidade medíocre que um pequeno campo fechado por cercas oferecia. Consegui pousar por pouco.

Uma de minhas fraquezas era a inexperiência com motores. Em exibições, eu sempre tinha um mecânico à mão. Nunca havia cuidado de um motor para além de ouvir seu som e identificar a nota falsa que apontava uma pane.

Era obviamente uma simples vela suja: mas qual? Para maior segurança, desmontei e limpei cuidadosamente todas as sete... Perdi um tempo precioso...

“Não tenho mais chances na classificação na etapa”, pensei ingenuamente, “o importante é chegar a Angoulême, para continuar na corrida.” Portanto, eu precisava agir com cautela.

Consegui – não sem dificuldade – decolar novamente, com a ajuda de alguns camponeses. A fiel ferrovia me guiou de novo, e dessa vez até Angoulême. Eu estava começando a ler melhor meu mapa: meu olhar já vasculhava o horizonte onde a cidade deveria estar quando a avistei, primeiro indistinta, depois cada vez maior...

Vi de longe o campo de aviação cercado de flâmulas que tremulavam ao vento, e uma multidão numerosa. Eu estava chegando ao destino, como um velho motorista... Cruzando a linha... Uma pequena espiral para saudar a todos e o pouso.

As pessoas se aglomeram: "Bravo... Bravo...". Mãos se estendem em minha direção. Pergunto:

– Quem chegou antes de mim?

– Ninguém... Você é o primeiro, de longe... Conneau em pane, quebrado e eliminado. Gibert perdido, parou perto de Orléans, aguarda um tempo bom. Védrines* capotou na largada, foi eliminado... E... você sabe... a tragédia!

– Qual...?

– Terrível... O ministro da Guerra morreu... o presidente Monis está gravemente ferido... Train** caiu sobre eles na largada...

Essas notícias foram atiradas sobre mim de forma desordenada por várias vozes consternadas, enquanto me levavam de carro para o escritório oficial. Toda essa tragédia me parecia incoerente. A única coisa clara era que eu havia vencido minha primeira etapa.

Eu havia partido mal de Paris, cansado de uma noite incompleta. Me livrei dos repórteres e dos curiosos que me assediavam e fui descansar sozinho em meu quarto de hotel.

No dia seguinte, houve uma reviravolta; os organizadores decidiram permitir as partidas suspensas da véspera. Védrines partiu novamente.

Essa notícia me causou certo despeito. Eu havia viajado sob um tempo terrível. Mas havia encontrado – regularmente – maneiras de utilizar meus próprios recursos, e agora um concorrente, graças a um acidente, se beneficiava de um dia esplêndido.

Fui informado um pouco mais tarde – eu não havia saído do quarto – da chegada de Védrines. Como não teve nenhum

* Jules Védrines (1881-1919). (N.T.)

** Émile Train (1877-1939). (N.T.)

problema mecânico, ele chegou um pouco mais rápido do que eu. Eu já não era o primeiro...

À tarde, finalmente chegou o valente Gibert. Ele não tinha tido, no dia anterior, a habilidade de capotar na partida e se perder no mau tempo. Como resultado, calculou-se – e com razão – que levou cerca de trinta horas para cobrir o percurso.

Uma multidão se mantinha o tempo todo ao redor do campo. Os pobres espectadores tinham pagado para ver os aviadores chegarem e eles não chegavam... ou quase não chegavam...

O comitê me pediu para fazer um voo: não havia nenhuma atração esportiva nisso. Estabeleci minhas condições com uma exigência à americana. Elas foram rejeitadas de forma mais resoluta depois que o comitê conseguiu a colaboração de Védrines.

O voo foi anunciado e o monoplano *Borel* saiu do hangar. Mas Védrines hesitou, temporizou, não voou.

Depois de uma hora, o público nervoso começou a se manifestar e a ultrapassar os seguranças. A situação ficou crítica. O comitê fez então uma nova abordagem junto a mim mas rejeitei qualquer negociação.

O público tinha rompido as barreiras, as pessoas invadiram o campo, falavam em atear fogo em tudo – como no Texas... – e até começaram, acho, quando a polícia, ajudada pela noite, conseguiu evacuar o local...

No dia seguinte, ao amanhecer, foi dada a partida para a segunda etapa, Angoulême–San Sebastián. Védrines declarou que havia neblina demais para se orientar – ele partiria mais tarde. Essa atitude de um piloto experiente em viagens me fez hesitar a princípio... Mas, depois de meia hora, irritado por perder tempo assim, decidi decolar.

Orientar-se era de fato bastante difícil. Não havia neblina no chão, mas uma névoa matinal muito densa, que parecia uma espessa camada de algodão branco. Eu só conseguia ver a terra em manchas verdes dispersas. Tive que confiar inteiramente na bússola.

O ambiente estava idealmente calmo: os flocos brancos e as manchas verdes deslizavam e desapareciam sob minhas asas. Mas à medida que avançava, o verde se tornava mais raro e a névoa que o sol levantava em nuvens me obrigava a subir constantemente. Uma hora depois da partida, meu altímetro marcava mil metros, mas eu ainda roçava o algodão.

Uma última fenda me permitiu reconhecer a confluência dos rios Garona e Dordonha, depois a terra sumiu definitivamente.

A ideia de passar sob as nuvens não me ocorreu. Foi um grande erro. Continuei seguindo a bússola, na esperança de alcançar uma zona sem nuvens.

Contemplei pela primeira vez o espetáculo deslumbrante do mar de nuvens. Acima de mim, um céu azul de pureza ideal. À minha esquerda, um sol como não se pode ver da terra, pois ela está sempre envolta em vapores imperceptíveis que filtram os raios de luz, que se decompõem ou obscurecem. Lá em cima era a luz virgem no ar virgem. Era uma volúpia de ver e respirar.

Eu deslizava sobre as ondas fixas de um oceano de prata. Descendo mais perto, esse mar ganhava relevo e se transformava em paisagens estranhas, caos de rochas, grutas, vales, precipícios... Minhas asas cortavam picos vertiginosos, sobrevoavam abismos inundados de brancura...

Em minha cabeça, era um sonho que se desenrolava. A lembrança da vida cotidiana flutuava distante e vaga. E ainda assim, os violinos de Armenonville me cantavam suavemente ao ouvido:

"Fico tão bem perto de ti..."

Duas preocupações cresciam em mim: o mar e os Pirineus. Por precaução contra o perigo do mar, eu virava sistematicamente para o sul. E para não me encontrar inadvertidamente sobre as montanhas, estabeleci um prazo depois do qual deveria descer sob as nuvens a todo custo... Essa manobra me causava uma viva apreensão: eu temia encontrar o solo antes de vê-lo, pois não tinha certeza nem da espessura da camada de nuvens, nem do relevo do terreno.

Eu voava agora a cerca de 1.800 metros. Até o último momento, eu tinha a esperança de encontrar a abertura que me permitisse ver a terra e descer em segurança. Mas não pude encontrar essa oportunidade, e chegou a hora de agir. Limpei com cuidado o mostrador do altímetro, para seguir bem o ponteiro. Então desliguei meu motor com cautela, para que estivesse pronto para ligar novamente em caso de alerta.

Entrei de repente na umidade fofa da nuvem. A bela luz clara havia desaparecido... A sensação de escafandrista persistiu desagradavelmente. A atmosfera ficou escura, viscosa. Eu já não tinha noção da horizontalidade. Meus óculos e o mostrador do altímetro ficaram cobertos de água. A angústia de encontrar o solo aumentava...

Finalmente, um vago cenário apareceu... Eu me vi a uma altura baixa, sobre uma grande planície pantanosa. Onde eu estava? Não sabia ao certo, mas tinha certeza de encontrar o mar a oeste. Segui nessa direção por quase uma hora – tanto eu tinha me desviado da rota correta – antes de chegar a Biarritz, fácil de identificar.

Eu havia perdido tempo – a questão do combustível surgiu. Teria combustível suficiente para chegar a San Sebastián? Fiquei tentado a descer em Biarritz – mas o aborrecimento de perder tempo e a esperança de chegar sem precisar fazer isso me levaram a continuar. E foi mais um erro...

Os minutos seguintes foram um suplício. Eu viajava a uma altura muito baixa – uma centena de metros – ao longo de uma costa íngreme, pontilhada de rochas, sem oferecer a menor possibilidade de pouso, e diante dos meus olhos o nível de combustível caía rapidamente...

Os quilômetros pareciam intermináveis... Desde Biarritz eu vinha encontrando um céu azul, um tempo magnífico. Mas eu não estava com ânimo para apreciar a beleza da costa.

Apesar dos esforços para reduzir o consumo, logo só me restavam alguns minutos de combustível...

San Sebastián estava a apenas vinte quilômetros de distância. Mas qualquer falha súbita, em um terreno como esse, resultaria na eliminação da corrida (pois o regulamento proibia a substituição de aeronaves durante a rota).

Nesse momento, avistei um pequeno promontório, onde era possível, na pior das hipóteses, pousar. Resignadamente, decidi descer ali. Tive que realizar uma verdadeira acrobacia... Finalmente, me encontrei empoleirado em um canto do penhasco, em uma solidão desoladora.

Não tive nem mesmo a ideia de verificar exatamente o combustível, tão convencido estava de que não me restava mais nada.

Meus olhos exploravam em vão os arredores em busca de socorro. Nenhuma casa, nenhuma estrada, nenhuma alma. No mar, vi um torpedeiro, provavelmente encarregado de escoltar os aeroplanos; mais tarde, uma lancha motorizada veio de San Sebastián. Abandonando o avião, desci até a beira da água e fiz sinais de socorro que não tiveram efeito; a lancha parou por alguns instantes a algumas braças de distância e depois se afastou calmamente. Eu teria chorado de desgosto... Ah... Se ao menos tivesse descido em Biarritz...

Enquanto voltava para junto do meu *Blériot*, vi uma fila de monges vestidos com seus hábitos castanhos correndo em minha direção. Eles cercaram minha aeronave e me dirigiram mil cumprimentos incompreensíveis. A alegria de "ver um" iluminava seus rostos. Tentei fazê-los entender que precisava de combustível – *benzina*. Eles entenderam apenas que eu estava em apuros e começaram a rezar por mim...

Alguns civis finalmente chegaram. Um jovem saiu correndo para buscar combustível. Mas fui avisado que iria longe.

Restava-me apenas esperar. Uma hora passou... Eu andava em volta da aeronave como uma fera enjaulada. Meus olhos pousaram no marcador, ele havia subido dez centímetros... Então eu estava enganado... Eu precisava partir imediatamente, sem demora. Não, eu tinha certeza de que tinha visto certo. Aqui, era a inclinação do terreno que distorcia o marcador... Mas eu não conseguia afastar essa dúvida da minha mente... Teria que verificar... Eu não sabia mais... Estava cansado, desanimado pela má sorte...

Esperei assim duas horas... E para coroar esse suplício, no momento que me trouxeram combustível, vi Védrines passar sessenta metros acima da minha cabeça...

Eu tinha acabado de lhe dar mais de duas horas de vantagem. Aterrissei em San Sebastián um quarto de hora depois dele...

Esse incidente ocorreu perto de Fuenterrabía. Entre os curiosos que se reuniram no final, estava, por acaso, o sr. Marcel Violette, diretor da revista *La Vie au grand air*. Este simpático amante do esporte compreendeu meu estado de espírito e, com rara discrição, se manteve à distância, abstendo-se de condolências, encorajamentos ou perguntas.

Mais tarde, ele me contou sua surpresa de me ver sair ileso do lugar onde eu estava e, em seguida, de me ver partir. Mas foram justamente as dificuldades enfrentadas durante o treinamento americano que me prepararam para isso.

Gibert só chegou à noite. Acredito que também tenha se perdido no caminho. Leblanc nos encontrou de carro. Eu lhe falei de minhas desventuras.

– Como pôde ficar sem combustível? – ele perguntou. – Não encheram seus tanques?

Eu não fazia ideia. Ele verificou o nível de combustível.

– Quantos litros você adicionou em Fuenterrabía?

– Dez...

– Infeliz... Ainda tem muito mais do que dez litros... Você tinha o suficiente...

Infelizmente... Eu tinha certeza de ter visto o marcador chegar a zero. Isso se deveu a uma falha de comunicação entre meu tanque principal e o de reserva. Tive que pousar; mas poderia ter decolado de novo alguns minutos depois se tivesse verificado meu suprimento corretamente.

Fiquei de péssimo humor. No primeiro dia, a corrida parecia fácil demais. Depois, percebi o quanto a inexperiência em viagens reduzia minhas chances. (Além disso, eu não estava bem de saúde...)

Leblanc me consolou, me garantiu que eu estava muito bem posicionado, que a corrida estava longe de ter sido ganha...

Reclamei do motor cansado. Os mecânicos, que não conheciam o motor Gnome, o examinaram e não encontraram nada de errado. Fizemos testes em terra. A velocidade era baixa – na minha opinião, muito baixa – mas um dos velhos axiomas tolos da época dizia que um motor Gnome estava em boas condições quando girava sua hélice normal a mais de novecentas rotações...

Havia uma aeronave de reposição nova na estação de San Sebastián. O regulamento permitia essa troca até a partida da etapa. Mas Leblanc aconselhou:

– Melhor continuar com o avião que o trouxe até aqui. Ele foi testado... Você não tem motivo algum para achar que seu motor está ruim, é apenas uma impressão...

Sim, mas essas impressões certamente valiam mais do que a regra das novecentas rotações...

No entanto, dei ouvidos a Leblanc: eu estava cansado e feliz de poder confiar em outra pessoa – especialmente nele, que *devia* saber.

Depois de um dia de descanso, recebemos o sinal para a partida da última etapa ao amanhecer. Gibert cruzou a linha primeiro e desapareceu nas montanhas. Perdi alguns minutos em uma última inspeção do motor. Ele estava realmente tão ruim que tive vontade de perder algumas horas trocando de máquina.

Curiosamente, Védrines, que estava totalmente pronto, não partiu. Ele estava esperando por mim – por quê? Para acabar com aquilo, decidi decolar, com muita dificuldade, e perdi, ao cruzar a linha de partida, meu direito de trocar de avião.

Tentei em vão ganhar um pouco de altitude. Meu Gnome, malcuidado, estava sem fôlego. Ao entrar em um vale, tive que seguir por ele, incapaz de subir. Acabei me perdendo perto de Bilbao... Tive que retroceder. O voo logo se tornou *impossível* – as asas não me sustentavam mais. Precisei pousar. Vislumbrei, ao acaso, um minúsculo terreno e me deixei cair ali. Minha asa esquerda bateu em um poste e sofreu uma leve avaria.

Apesar do desânimo e do cansaço, eu não podia admitir a ideia de desistir. Precisava de ajuda. Dirigi-me ao vilarejo vizinho a passos rápidos. Lá, peguei uma bicicleta e pedalei em direção a San Sebastián. Leblanc, avisado por telefone, já estava a caminho. Encontrei-o no meio do trajeto e o levei até a aeronave avariada com a equipe de mecânicos.

Eles fizeram um reparo improvisado na asa: o motor passou por uma simples limpeza de velas e válvulas – era tudo o que sabiam fazer...

Enquanto isso, deitado na grama, afastado, eu refletia amargamente. Os nativos se juntavam a meu redor e me olhavam como se eu fosse uma criatura estranha.

Depois de uma hora, me informaram que estava tudo pronto.

– Você nunca vai conseguir decolar daqui... – disse Leblanc.

Mas, neste ponto, eu não precisava dos seus conselhos. Aquele campo era pequeno, de fato, e se prolongava em um segundo campo. Infelizmente, eles não se somavam em linha reta. Os dois eixos formavam um ângulo obtuso; além disso, eram separados por um pequeno fosso de cerca de um metro e, acima do solo, por um fio elétrico de cinco mil volts. Um poste ainda dividia a passagem sob o fio em dois corredores desiguais. Depois de calcular bem minha manobra, consegui passar à direita do poste, embaixo do fio, acima do fosso, enquanto fazia uma curva...

Infelizmente, o motor estava pior do que nunca. Tive todas as dificuldades do mundo para ganhar cem metros de altura. Sabia bem que não iria longe... O que fazer? Voltar para San Sebastián, desmontar e revisar o motor para partir novamente no dia seguinte? Não seria desistir de qualquer chance de classificação? E eles conseguiriam consertar o avião? Eu convenceria Leblanc? Eles diziam que tudo estava funcionando bem; desconfiariam que eu estava com medo das montanhas... Por impulso, continuei... Entrei em um vale estreito... Eu havia sido avisado de que a estrada era cortada cem vezes por cabos de alta-tensão. Eu não parava de pensar nisso, ao mesmo tempo que aguardava a pane. Logo, apesar de todos os meus esforços para subir, vi o fundo do vale, onde corria um pequeno riacho... Dessa vez, era o fim... minha aeronave estava perdida: só me restava sair ileso. Passei ainda por uma usina elétrica e seus cabos. Escolhi um local favorável e suavemente aterrissei meu trem de pouso em uma água rasa. Pronto... Eu havia feito o possível. Naquelas condições, a corrida havia se tornado uma tarefa odiosa. Eu estava quase aliviado por ter me livrado dela...

Eu tinha encalhado tão perto da margem que, ao caminhar sobre a longarina da asa, cheguei à costa sem molhar os pés.

Sem me demorar no espetáculo lamentável oferecido pelo *Blériot*, peguei o caminho que seguia o rio e me dirigi para San Sebastián em ritmo de caminhada.

Fiquei contente de ficar um momento sozinho – estava triste e cansado –, mas resignado.

"Em suma", pensei comigo mesmo, "vim fazer uma experiência: ela está feita... Vamos pensar em Paris–Roma..."

Encontrei algumas boas pessoas que me levaram até a usina elétrica vizinha. Fui recebido lá da maneira mais cordial. Depois de uma breve parada, retomei meu caminho. Em uma curva da estrada, dei de cara com Leblanc. Ele vinha correndo a pé – o carro havia ficado na autoestrada.

Minha aparição pareceu lhe causar uma emoção extraordinária.

– Ah, malditos... – ele repetia.

– Mas o que aconteceu? – perguntei.

Ora, vim buscá-lo. Não faz nem cinco minutos que dois camponeses me asseguraram ter visto você, com os próprios olhos, com a cabeça quebrada... Malditos...

Em poucas palavras, contei o que havia acontecido. Meu avião estava parcialmente destruído. Eu já não tinha o direito de pegar outro. Avaliei que a corrida tinha acabado para mim. Leblanc concordou plenamente. Voltamos para San Sebastián.

À noite, soubemos que Védrines e Gibert estavam em pane nas montanhas. Estavam sendo consertados; tinham a intenção de continuar. Meus arrependimentos se tornaram mais amargos.

Uma segunda pane eliminou Gibert. Védrines chegou sozinho a Madri.

Contavam-se histórias assombrosas sobre a viagem de Védrines entre Angoulême e San Sebastián. Ele atingira altitudes que pulverizavam os recordes; encontrara turbulências vertiginosas; nas nuvens, sua asa havia tocado uma rocha, que a falseara... (*sic*) etc.

Gibert, filho do Sul, mestre em zombarias, anunciou-nos uma bravata. Ele iria ainda mais longe. A coisa prometia.

No pouso seguinte, de fato, ele contou que tinha sido atacado por águias nas montanhas... Dava detalhes convincentes, que os repórteres anotavam avidamente. Ele se defendera com tiros de revólver... A águia lhe deu uma bicada atordoante na cabeça...

E ele mostrava como prova um velho revólver do qual havia disparado dois cartuchos e, no capacete, um rasgo que tínhamos visto ele fazer com um simples gancho de sapato...

A história adquiriu uma proporção inesperada quando Védrines, ouvindo isso, exclamou que *ele também* havia lutado contra uma águia...

E ele fez tanto barulho que a lenda das águias grudou a seu nome. Quem não viu o suplemento em cores do *Le Petit Parisien* representando o fabuloso combate?

XIV

Paris–Roma deveria ser a corrida mais difícil, mas também a mais interessante da temporada. O regulamento não exigia pernoite nas etapas. Podia-se trocar de aeronave e voar à vontade, desde que assinássemos os controles estabelecidos, que funcionavam das três da manhã às oito da noite. Os prêmios eram obtidos de acordo com a ordem de chegada em Nice, Roma e Turim.

Leblanc havia reformado e preparado para mim seu próprio avião de Pau, um leve dois lugares em linha, cujo motor era um dos melhores já produzidos pela Gnome. O avião havia demonstrado uma potência excepcional nos testes e, desde então, vinha prestando um longo serviço sem falhas.

Naquela época, a última série de motores tinha má reputação, e todos os pilotos buscavam os modelos antigos, chamados "de haste pequena".

Mais uma vez, minha aeronave só ficou pronta na véspera da corrida. Recebi-a em Buc, no aeródromo Farman, onde a largada aconteceria.

Naquela noite, fiz dois pequenos voos de teste, na presença de Leblanc e Blériot. O dois lugares, sem passageiro, tinha um equilíbrio especial. Leblanc me alertou sobre isso e recomendou prudência. Me acostumei facilmente às novas asas e voltei de Buc encantado com o belo ronco do velho Gnome.

Como da primeira vez, um grupo alegre de notívagos veio me tirar da cama por volta das três da manhã. Vesti-me rapidamente e nossa caravana partiu para Buc. O tempo estava claro.

Foi depois da catástrofe de Issy que Buc foi escolhida, menos acessível ao público. Foram tomadas medidas severas para reduzir a assistência ao mínimo.

Apesar disso, a estrada a partir de Versalhes estava tão congestionada de veículos que mal conseguíamos avançar; a ideia de chegar atrasado me preocupava... Eu imaginava todos os possíveis acidentes de trânsito...

Mesmo assim, chegamos a tempo.

Tomei meu habitual desjejum de ovos crus, café com leite, sanduíche. Em seguida, fui instruído pelos oficiais sobre a maneira correta de partir.

Era hora... Vários aviões decolaram... Eu esperava, já instalado no meu. Conneau partiu, logo antes de mim... Era minha vez. “Ligar o motor...” A hélice foi girada. Eu aguardava o sinal do meu comissário... “Pode partir...” Arranquei...

Meu primeiro ponto de referência era o lago de Saclay. De lá, continuei seguindo a bússola até o rio Sena.

O ar estava claro e fresco. À minha frente, eu podia distinguir o avião de Conneau. Ele me precedia por dois ou três minutos. Um pouco mais tarde, perdi-o de vista.

Depois do período de calmaria da manhã, a brisa sul se tornou um vento bastante forte, que diminuía minha velocidade. Minha média não ultrapassava os sessenta ou setenta quilômetros por hora. Eu teria combustível suficiente para chegar a Dijon? Era o eterno problema do abastecimento. Eu tinha em mente a triste experiência de San Sebastián. Prometi a mim mesmo não esperar até o último momento e parar perto de uma cidade na primeira oportunidade.

Tonnerre me ofereceu essa oportunidade. Um pasto magnífico, a poucas centenas de metros das casas, parecia favorável.

Aterrissei. Os habitantes correram até mim. Enviei dois jovens voluntários para buscar gasolina e óleo. Enquanto esperava, eu tentava conter a multidão. Batiam em minhas asas – esmagavam minha cauda. Eu tentava explicar a esses bons cidadãos que não deviam tocar em nada. Sem maldade, eles continuavam a mexer nas lonas, a puxar os cabos. Na verdade, não causavam muito dano, mas todos os pequenos choques que minha aeronave sofria reverberavam em meus nervos. Perdi a paciência e gritei coisas bastante desagradáveis para os habitantes de Tonnerre, o que não ajudou em nada... A gasolina demorou terrivelmente para chegar.

Nas corridas em geral, a impaciência e o nervosismo sempre me cansaram mais do que o resto.

Nesse meio-tempo, vi descer atrás da linha de árvores de uma estrada próxima um grande biplano *Farman* fortemente sacudido por turbulências. (Fui informado um pouco mais tarde de que era um aviador militar, o tenente Lucca.) Ele seguiu a corrida até a costa mediterrânea, onde sofreu um grave acidente.

Minha gasolina finalmente chegou, e pude partir. Eu tinha perdido uma hora. Meu motor girava com a regularidade de um cronômetro. Achei a viagem agradável, apesar dos solavancos e do vento contrário. Cheguei a Dijon sem nenhum outro incidente. Apenas Conneau já estava lá, descansando. Os outros estavam espalhados pelo caminho.

Depois de assinar o controle e completar o abastecimento, parti sem perder tempo, na frente de Conneau.

Foi nesse ponto que meus erros começaram. Convencido de que ninguém se perderia de Dijon a Lyon, parti seguindo a bússola. Devo dizer que as bússolas que usávamos naquela época eram verdadeiros artigos de bazar: era totalmente imprudente confiar nelas. Acabei me deparando com vastos pântanos que atravessei às cegas... O sol me ofuscava; eu não reconhecia mais nada... Onde diabos estava o rio Saône? Segui uma linha férrea em direção ao sul por cerca de quinze minutos... Eu tinha saído do mapa e estava cometendo erros... Era melhor sacrificar um momento para voltar ao caminho certo. Aterrissei em um campo onde havia visto dois camponeses. Eles me deram informações. Eu estava a leste de Chalon-sur-Saône. A linha férrea seguia para Lyon, mas passava por Bourg. Eu tinha confundido o vale inundado do Saône com pântanos... Me senti envergonhado... Bastava de fantasias... Segui diretamente para Chalon e, com o rio, recuperei minha paz de espírito... Eu tinha perdido mais meia hora – o que permitiu a Conneau chegar a Lyon alguns minutos antes de mim. Ambos tínhamos uma boa vantagem sobre os outros.

Comi um pouco e fiz um breve descanso. O vento ficou ainda mais forte. Conneau não estava com pressa de partir; ele esperaria de bom grado se eu quisesse fazer o mesmo. Mas preferi aumentar nossa vantagem. Parti novamente... Pela segunda vez, fui à frente de meu rival. Incorrigível, me orientei mal novamente na partida e perdi minutos para encontrar o rio Rhône. Jurei a mim mesmo que, dessa vez, não o perderia de vista.

Segui o vale até Avignon, sempre atrasado pelo vento contrário. Avistei a cidade ao entardecer. Não vi o aeródromo no lugar onde indicava o mapa. Onde diabos estava esse campo? Procurei por cerca de quinze minutos... A noite caiu... Então avistei um sinal de fogo ao longe... Me aproximei... Era ali mesmo...

Aterrissei na escuridão... Vinte minutos depois de Conneau...

Naquele dia, voamos cerca de doze horas.

Audemars estava em Avignon. Ele estava lá – sempre com seu *Demoiselle* – fazendo uma exibição organizada por A. Baré. A presença de meu velho amigo foi reconfortante. Eu estava cansado e doente. Deveria ter jantado e dormido, mas me sentia muito agitado para dormir. Ficamos em bares até a meia-noite.

Tive três horas de sono ruim e às três e meia estávamos na linha de partida.

Assim que decolei, percebi claramente meu motor enfraquecer. Dei meia-volta e voltei ao aeródromo. Enquanto isso, Conneau decolava e desaparecia. Os problemas começavam. Tudo vinha da ignorância dos mecânicos. Eles não haviam progredido desde San Sebastián. Assim que algo dava errado, trocavam as velas e limpavam as válvulas. Se isso não resolvesse, repetiam o processo... Era lamentável, desanimador...

Perdi quase uma hora para Conneau. Por fim, parti de novo. Triste repetição de um drama conhecido: por vinte minutos, arrastei-me penosamente sobre o rio Durance. Meu motor exausto foi enfraquecendo progressivamente até a parada completa. Isso aconteceu perto de um vilarejo cujo nome li no mapa: Mallemort. Lúgubre presságio, pensei enquanto procurava um terreno. E só encontrei um pequeno campo de trigo, onde pousei, bem empinado, para evitar a capotagem clássica. Senti apenas um pequeno impacto... O trem de pouso permaneceu intacto: foi uma surpresa ver minhas duas asas se dobrarem, estalando... quebradas...

Senti que acabava de perder minha segunda corrida.

No solo, o trigo batia acima da minha cintura. Meu motor estava frito o superaquecimento havia azulado os cilindros até a base...

Os camponeses me mostraram o caminho para Mallemort. Caminhei um ou dois quilômetros. Acordei o funcionário da mala postal: ele ficou de mau humor, mas se tornou muito amigável quando soube do que se tratava. Ligamos para Avignon. A resposta se fez esperar bastante. Finalmente, fui informado de que Audemars viria me buscar de carro. Ele chegou meia hora depois. O motorista do carro era um dos melhores pilotos da região: impôs a meu sistema nervoso um novo e doloroso teste. Mesmo assim, chegamos ao aeródromo.

Leblanc já havia pegado o trem para Nice. Mandaram um telegrama para ele na estação de Marseille, para que voltasse.

As aeronaves sobressalentes estavam em algum lugar, em vagões, não se sabia onde... Mas havia dois *Blériots* usados no aeródromo, pertencentes a Roger Morin e a Kuhling:* esses dois pilotos estavam envolvidos, como Audemars, em exibições. Ambos concordaram em ceder sua aeronave. Escolhi a de Kuhling, mais antiga (datava do Circuito do Leste...), porque seu motor era da série correta. Infelizmente, Kuhling só concordaria em me entregar a máquina mediante pagamento à vista ou garantia da casa Blériot. Eu não tinha 25 mil francos comigo, e a assinatura de um cavalheiro que ia a Roma de avião não valia muito naquela época (um acidente acontecia tão rapidamente)...

Seria preciso esperar Leblanc voltar. Eu estava cansado demais para insistir ou buscar alternativas. Fui dormir.

Fui acordado por volta das duas horas. Leblanc havia chegado – tudo estava pronto – Conneau estava quebrado e em reparação, antes de Fréjus... (Assim, a intransigência de Kuhling me custaria o primeiro lugar em Nice e cinquenta mil francos).

Parti, cheio de entusiasmo...

O velho motor fazia um barulho de sucata. Sentia-se o desgaste de todas as peças. A aeronave estava ainda mais cansada – as superfícies estavam flácidas e deformadas; os controles respondiam com folga – pelo capô solto, o óleo jorrava preto, eu tinha que limpar meus óculos a cada cinco minutos.

Por fim, o tempo piorou completamente. O céu nublado me condenava a voar baixo sobre essa região acidentada. O vento soprava em rajadas carregadas de gotas de chuva; as turbulências eram violentas. Em certos solavancos, eu sentia minhas velhas asas vermelhas rangerem: isso trazia as piores lembranças da América...

* Roger Morin (1879-1942) e Louis Kuhling (1870-1947). (N.T.)

Doente, atordoado, eu lutava maquinalmente. Ficava furioso com o óleo que me cegava e tinha que ser continuamente enxugado com um gesto crispado... Às vezes, eu atravessava nuvens de chuva às cegas... Foi assim por mais de uma hora, entre Peyrolles e o sul de Draguignan.

De repente, atrás de uma colina íngreme, encontrei a planície de Fréjus. O ambiente estava relativamente calmo, meus músculos tiveram alguns minutos de descanso. Mas ao chegar perto de Fréjus, entrei em uma tempestade... Fiquei completamente cego... Meu lenço encharcado de óleo não limpava mais nada. Esfregando nervosamente, soltei uma das lentes dos meus óculos e meu olho teve que ficar aberto sob as picadas dolorosas das gotas de chuva... o outro permanecia cego atrás de uma lente opaca... Para enxergar um pouco, eu tinha que virar a cabeça e olhar por trás das asas... Foi uma pequena tortura...

Cheguei a Fréjus, onde tínhamos um campo de reabastecimento. Procurei em vão o terreno entre o leste e o sul, de acordo com a indicação do mapa. Nada... Meus olhos já não viam mais nada...

Avistei uma faixa de terra ao longo de uma estrada. Desci. O solo era pantanoso e coberto de ervas altas (evitei, no entanto, a capotagem).

Eu estava exausto mas precisava chegar a Nice. Eu tinha a esperança de chegar lá primeiro... Corri até o vilarejo, tão rápido quanto meu estado físico permitia.

No caminho, vi uma bicicleta encostada na porta de uma casa. Montei nela, gritando para o proprietário atônito que eu a traria de volta, e lá fui eu pedalando para o centro de Fréjus. Me disseram: "O aeródromo? Por ali... Já chegou um...". De novo. Ele de novo...

Cheguei ao campo sem fôlego... Sallenave, os mecânicos e um carro estavam lá. Abandonei a bicicleta a um destino incerto e partimos com os suprimentos necessários...

No caminho, Sallenave me contou que eu tinha passado por cima deles sem ver...

Conneau havia guardado sua aeronave e disse que passaria a noite em Fréjus. Já estava a caminho da cidade quando apareci. Meia-volta na mesma hora, grande confusão e partida para Nice... Enquanto isso, eu pedalava...

Chegamos a meu avião. Os mecânicos encheram os tanques com negligente lentidão enquanto eu tentava preparar uma pequena pista de decolagem, pisoteando as ervas altas que poderiam me fazer capotar.

No momento de partir, percebemos que havíamos esquecido uma seringa de ignição. Levamos vinte minutos para ligar o motor. A noite estava chegando... Eu não desanimava...

Quando finalmente decolei, estava quase escuro. A chuva havia parado. Eu tinha encontrado um antigo par de óculos nos bolsos e alguém me dera um lenço novo.

Apesar da escuridão, reconheci os contornos familiares da costa. Eu voava muito baixo – a cerca de cinquenta metros – e, para encurtar caminho (porque precisava chegar a Nice antes do fechamento do controle), fiquei por um momento a vários quilômetros da costa (no golfo de La Napoule).

"Se eu tiver uma pane aqui," pensei, "estarei completamente perdido..."

Reconheci o farol do cabo de Antibes varrendo o horizonte. Ele foi meu ponto de referência... Eu pensava o tempo todo no Pequeno Polegar e me surpreendia com essa reminiscência infantil em um momento em que sentia minha vida por um fio.

Passei em revista tudo o que poderia de fato acontecer comigo em dez minutos. Eu chegaria a Nice? Seria o primeiro? Pousaria sem acidentes, naquela escuridão?

Por que guardo uma memória tão clara e precisa desses minutos de lucidez? Todas essas reflexões eram bastante banais... Mas uma impressão profunda e indefinível emanava das coisas a meu redor.

Na escuridão, à minha esquerda, eu via o cenário de minha infância se desenrolar lentamente, pontilhado de luzes, enquanto à minha frente a grande massa escura, ondulante e atraente do mar fugia sob minhas asas, deslizando de forma suave e constante.

Passei entre Sainte-Marguerite e Cannes, segui o fundo do golfo Juan, cortei a base do cabo de Antibes e segui até Cannes ao longo da costa horizontal daquela planície que tantas vezes percorri de bicicleta quando tinha catorze anos. Um minuto depois, cheguei à foz do rio Var, que divisei na escuridão. Nesse momento, um fogo localizador se acendeu, como eu esperava... tinham ouvido meu motor. Mirei na luz. Minhas rodas roçaram o fogo e a aeronave parou normalmente, um pouco mais adiante.

Conneau havia chegado vinte minutos antes...

Nice... Todas as minhas velhas lembranças me deram as boas-vindas: lembranças de infância, lembranças já distantes do ano anterior – quando eu ainda não voava... Quanta coisa havia mudado desde então... Quanta aventura, quanta vida...

Eu estava feliz por estar de volta a Nice. A cidade tinha sua fisionomia íntima de verão, quando as festas acabam e só ficam os membros da família: eu era um deles...

Os hotéis da Promenade des Anglais estavam fechados. Peguei um quarto no Terminus. Tomei um longo banho quente e, por volta das dez horas, saí sozinho a pé. Desci a Avenue de la Gare com as mãos nos bolsos, como antigamente, sem pressa. Meus ouvidos zumbiam, meus olhos ardiam, eu me sentia fraco e febril – mas experimentava um conforto em caminhar livre, independente e ainda um pouco orgulhoso... – nessas ruas onde passei tantas vezes triste e preocupado.

Eu precisava jantar em algum lugar. Acabei no Café de la Régence. O salão do restaurante estava vazio àquela hora. Me sentei em um canto e pedi ovos fritos e um grelhado, servidos por garçons pouco apressados.

Eu tinha que estar no campo às três da manhã. Mas não tinha pressa. Eu não teria descansado melhor em um quarto. Terminado o jantar, ainda vaguei um pouco pelas ruas e já era meia-noite quando me deitei. Eu tinha três horas para tentar dormir.

Às três e meia encontrei Conneau no campo de partida. Leblanc nos assistia. Tiramos nossos aviões do hangar. O chefe da equipe da Gnome estava completamente bêbado. Foi reconfortante... Pode-se imaginar os cuidados que os motores haviam recebido. Fizemos um teste: o de Conneau se recusava a funcionar a uma velocidade que permitisse voar... O meu produzia um som tão terrível de sucata que pedi uma verificação. Mexeram um pouco nas válvulas... Por fim, seguindo o conselho de Leblanc, parti resignado a antecipar todos os desastres...

Conneau estava mesmo em pane. Ele ficou em Nice.

Minha viagem começou bem. Meus ouvidos se acostumaram ao barulho de sucata. E ele não diminuía...

Eu saudava de passagem o monte Boron, a baía de Villefranche, o cabo Ferrat, a baía de Beaulieu, o Rochedo de Mônaco, o Cap Martin. Apesar da preocupação, era uma alegria rever *assim*, pela primeira vez, todas aquelas paisagens familiares. Infelizmente o céu estava cinzento e eu via a pobre Côte d'Azur sem sol... Perto da fronteira, encontrei um torpedeiro que navegava ao longo da costa. Fiz um pequeno voo planado em sua homenagem e vi a tripulação acenar para mim com boinas e lenços. Eu estava voando muito baixo... Depois de San Remo, o tempo piorou. Entrei em uma região de turbulência violenta. O vento do norte saía com ímpeto das gargantas tortuosas dos Alpes Marítimos.

O cansaço tornava a luta penosa; algumas sacudidas me davam a impressão de que minhas velhas asas iriam quebrar.

Tentei, para encontrar um pouco de calma, voar para longe da costa. O único resultado dessa manobra foi adicionar o risco de afogamento aos demais. Voltei para a costa menos facilmente do que me afastara, e a terrível dança continuou. Eu estava realmente esgotado.

A proximidade de Gênova me deu um pouco de coragem: mais quinze minutos... Eu não pensava mais na falha ou em qualquer perigo, de tão cansado que estava. E lutei assim até o último segundo...

Dessa vez, finalmente fui o primeiro a aterrissar.

Como de costume, os maqueiros acorreram, mais impetuosos e barulhentos porque estávamos na Itália. Eles gritavam: "Você está em primeiro, Conneau ficou em Nice...".

Toda essa gente amável e entusiasmada só pensava em me receber bem. Eu era empurrado, puxado, esbarrado... Essa agitação me irritava profundamente. Eu tinha pouquíssima vontade de bancar o aviador que pousa. Tornei-me rabugento e quase grosseiro... Fiquei com vergonha, mas não pude evitar. Mesmo assim, tive que fazer algumas concessões ao protocolo. Depois, consegui que me deixassem sozinho, em um canto, com os mecânicos.

Meu avião estava em péssimo estado. A lona das asas estava podre, em alguns lugares arrancada da estrutura de madeira. Como reparo provisório, os mecânicos cravaram na massa uma infinidade de pequenos pregos. O motor foi levemente limpo, os tanques foram enchidos. Enquanto isso, tomei um pouco de café com leite e ovos crus.

Quando cheguei, pensava estar exausto: essa breve parada foi suficiente para me devolver as forças e o entusiasmo.

A decolagem foi difícil. Contra o vento, corria o risco de bater em um morro íngreme que margeava o campo. Na outra direção, havia campo livre assim que se decolava – mas, respeitando os princípios, parti de frente para o paredão em vez de ir com o vento a favor. Consegui, por pouco, virar antes do obstáculo; passei sobre o porto de Gênova e retomei meu curso, de norte a sul, ao longo da costa italiana.

Eu seguia em direção a Pisa. Meu velho motor aguentava firme... Longe das montanhas do norte, o ar ficava mais calmo. Minha esperança crescia: eu estava a três horas de Roma. Esqueci meu cansaço; esqueci a bela vista da costa italiana que passava.

O caminho estava tranquilo: toda a minha atenção estava voltada para o som do Gnome. Ao chegar a Pisa, o giro caiu um pouco. Depois, ouvi falhas, paradas intermitentes... as válvulas não estavam mais funcionando.

Fiquei preocupado, quase desencorajado... Eu ainda estava sob a dolorosa impressão de San Sebastián e de Avignon. Eu sabia o que significava aquele esgotamento do motor...

Um balão cativo marcava o campo. Pousei, praticamente em pane... Era quase uma hora.

O campo de Pisa não tinha a aparência habitual. Fui recebido por um pequeno grupo de aviadores cercados por amigos (Cheuret, Éros). Eles estavam realizando uma exibição organizada por ocasião da corrida.

A recepção foi calorosa e reconfortante. Enquanto os mecânicos examinavam o motor, ofereceram-me um verdadeiro almoço em um hangar.

As notícias eram excelentes para mim. Conneau não partiria de Nice até o dia seguinte. Se meu motor aguentasse mais duas horas, Paris–Roma estaria ganha...

Depois do almoço, eu quis partir. Mas... Todos insistiram em me fazer ficar. Éros encontrou argumentos persuasivos.

– Você não vai longe com esse motor... Deixe meus homens consertá-lo. É a melhor maneira de aproveitar sua vantagem. Um pouco de sangue-frio e a corrida é sua, não perca a paciência...

Nesse ponto, um telegrama meteorológico assinalava uma tempestade em Roma.

O que fazer? Eu estava fraco, incapaz de raciocinar claramente. Deixei-me influenciar por aqueles conselhos. Esse grande diabo de Éros, com sua fisionomia franca e simpática, inspirava confiança. E nele se sentia a astúcia do ciclista.

Cheuret e sua encantadora esposa também me pressionavam.

Infelizmente... Cedi e fiquei...

Assim que a decisão foi tomada, meus nervos se acalmaram, desfrutei do descanso. Não me demorei a examinar o motor. Eu não entendia nada do assunto. Além disso, Éros garantia tudo, com seus homens.

No hotel, me honraram com o quarto de Garibaldi. Deitei-me na cama onde o grande homem havia descansado. Procurei o sono e só encontrei um torpor febril. Em minha mente desfilava um cortejo de impressões recentes. Eu revia o entusiasmo de Gênova, as mãos que seguravam as minhas, os gritos, os olhares brilhantes.

Ali, Cheuret me abraçara com lágrimas nos olhos... Em todos os lugares, eu respondia a essa emoção com um atordoamento estupefato... Estava com um cansaço imenso, dominado pelo desejo de avançar. Sobre esse fundo desfilava um filme de impressões fugazes de paisagens, visões, alguns detalhes insignificantes, como a pueril reminiscência do Pequeno Polegar na escuridão, que tinham ficado gravados em minha memória sabe-se lá por quê. E agora, pela primeira vez, eu me sentia impregnado pela emoção circundante. Estava a duas horas de Roma...

À noite, ofereceram-me um pequeno banquete. A refeição foi servida em um salão particular do hotel, no primeiro andar. A corrida foi o assunto da conversa durante toda a noite, não por cortesia, mas porque ninguém, realmente, pensava em outra coisa. Fiquei surpreso com o que diziam sobre minha viagem. Imaginavam sensações heroicas que eu não havia sentido; não suspeitavam das que eu havia experimentado.

Durante a refeição, o rumor de uma multidão começou a crescer sob nossas janelas. Gritos chamavam por mim. Tive vergonha de me mostrar: fui puxado, empurrado para a sacada. Então, todo o fervor do temperamento italiano explodiu:

– *Bravo... Bravo... Viva la Francia...*

A fadiga confere aos nervos uma estranha sensibilidade. Senti uma espécie de vertigem e, com um gesto incoerente e mecânico, segurei um pedaço da bandeira tricolor que flutuava perto de mim e a levei aos lábios.

Ao amanhecer, foi dada a largada para a etapa final. Eu mal podia vislumbrar a felicidade de chegar a Roma duas horas depois, vencedor da mais bonita corrida do mundo... O som sinistro de sucata me assombrava. No entanto, os mecânicos diziam que meu motor estava em boas condições. Enfim...

Me despedi de meus amáveis camaradas e parti... O tempo estava esplêndido. O motor realmente recuperara um pouco de força, mas eu percebia um pequeno "bate-bate" desagradável que não existia antes.

Passei por Livorno em baixa altitude e deslizei para o sul, ao longo da costa... Minha angústia era indescritível. Eu ouvia o barulho como o réu deve ouvir a sentença... Meus olhos iam do mapa para o relógio, eu contava os minutos e só olhava a paisagem para confirmar pontos de referência e acompanhar meu progresso.

Eu tinha percorrido cerca de trinta quilômetros quando um ruído horrível ecoou. O motor teve mais algumas explosões espaçadas e rangidos sinistros de peças quebradas contra as paredes de chapa do capô... Dentro de mim, senti um golpe no coração, um grande colapso, uma grande tristeza desanimada. Inerte, vi-me descendo em uma grande planície verde cortada por valetas, não pensei em escolher o campo, nem em cortar a ignição... O motor continuava a funcionar com um barulho de chocalho horrível, sob a ação de um único cilindro, que tossia a cada duas rotações... No último momento, vi um sulco bloquear meu pouso. Tentei evitá-lo com um movimento tão desajeitado que a aeronave se inclinou, tocou o chão derrapando, uma roda foi esmagada, a asa esquerda tocou o solo em seguida e, com esse ponto de apoio, toda a máquina virou de repente, rangendo...

Senti um choque no ombro e me vi enterrado sob os destroços. A ideia de um incêndio me passou pela mente. O instinto de sobrevivência me fez fazer o esforço necessário para abrir caminho na terra macia e me libertar rastejando...

Adeus, Paris–Roma...

Olhei por um momento para os destroços do *Blériot*. Um pino de válvula, ao quebrar, havia causado a ruptura dos outros. Lembrei-me de que, em Pisa, Éros havia substituído todas as molas de retorno por molas mais fortes.

Mas como eu poderia ter sido tão desajeitado nesse último pouso?

A algumas centenas de metros havia uma estreita linha férrea. Dirigi-me naquela direção através dos campos. Eu estava lastimável em minhas roupas rasgadas, cobertas de terra. Minha clavícula doía... Devia estar fraturada.

Um trem chegava de Pisa. De pé sobre os trilhos, fiz sinais de socorro. Ele parou, me recolheu e partiu para o sul. Cinco minutos depois, desci em Cecina. Lá começou o suplício das perguntas. Estavam tão felizes de me ver de perto... Rostos sorridentes me perguntavam:

– Não sente frio lá em cima?

Ou:

– Não sente medo?

Eu não respondia a ninguém. Eu tinha dificuldade para não chorar de irritação. Ao meio-dia, estava de volta a Pisa.

Leblanc, avisado, providenciou o necessário. Eu teria outro avião na manhã seguinte. Enquanto isso, me tranquei em um quarto, não era mais o quarto de honra...

Às duas horas, fui informado da passagem de Conneau e, à noite, de sua chegada a Roma.

Leblanc me alcançara. O avião sobressalente chegou e foi montado durante a noite. No dia seguinte, ao amanhecer, depois de um pequeno voo de teste e ajuste, retomei o caminho para Roma.

Por uma negligência lamentável, Blériot não aumentara a capacidade dos tanques para a corrida. Por precaução, foi necessário preparar um reabastecimento perto de Ortobello, mas ninguém sabia me dizer exatamente onde. Isso ainda era motivo de preocupação, mas enfim... Eu já não tinha muito a perder.

Minha clavícula estava incomodando bastante, mas o tempo ainda estava muito bom. Eu só precisava deixar as coisas acontecerem.

Passei os primeiros setenta quilômetros sem incidentes: então uma série de falhas... um cilindro parou, outro enfraqueceu. Tive que pousar. Aterrissei em um belo campo, ao sul do penhasco onde ficava o pequeno vilarejo de Castiglione (della Pescaia). Limpei as velas.

Enquanto isso, os habitantes do vilarejo corriam em minha direção. Eu quis aproveitar a oportunidade para completar o tanque, evitando assim descer em Ortobello; seria mais tranquilo até Roma, uma economia de tempo e riscos.

Explicaram-me que precisaria ir até Grosseto para conseguir gasolina: eu teria que esperar mais de uma hora... Azar: eu já não estava preocupado com uma hora a mais. Alguém se encarregou da tarefa e partiu em uma pequena carruagem.

Na verdade, perdi mais de duas horas em Castiglione. Mas elas passaram agradavelmente... A população de Castiglione foi de uma sensatez exemplar, que contrastava com a atitude habitual das pessoas em situações semelhantes. Só precisei dizer uma vez que era preciso manter distância do avião e não mexer em nada.

Esta ordem foi religiosamente respeitada, até pelas crianças. Tendo feito todo o possível para me fornecer o que eu precisava – ou seja, gasolina e óleo – tiveram a rara discrição de não me incomodar nem durante o meu trabalho, nem depois. Não foi por falta de entusiasmo: todo o vilarejo estava reunido a meu redor.

Na hora do almoço, fui convidado a aceitar um lanche pronto: frango frio, ovos frescos e um delicioso vinho local... Durante essa refeição campestre, a banda do vilarejo me ofereceu uma serenata...

Tudo isso com uma simplicidade e uma delicadeza tocantes...

Finalmente decolei, quase a contragosto, levando de Castiglione a lembrança mais encantadora...

Minhas tribulações não tinham terminado... A quinze minutos de Roma, outro cilindro falhou... Hesitei em parar, mas era prudente. Aterrissei em um pasto, perto de um rebanho que fugiu em pânico. Dessa vez, o conserto foi rápido: limpei apenas uma vela, e a certa. Parti ajudado por motoristas que passavam... Um instante depois, avistei Roma, dominada pela imponente silhueta da cúpula de São Pedro. Que tristeza. Por que não a vi na véspera...

No campo de Parioli, eu era esperado havia três dias... Restavam apenas algumas centenas de pessoas. Mas a recepção não foi menos calorosa. Fui empurrado, levado para as arquibancadas. O tumulto não poupou meu ombro machucado. Meus nervos, exasperados por tantos contratempos, não suportavam essas demonstrações. Mostrei-me tão pouco amável quanto de costume.

O protocolo habitual se desenrolou: bufê, taças de champanhe, brindes, cumprimentos oficiais... Eu daria qualquer coisa para que isso acabasse e me deixassem sozinho em um quarto. Tomar um banho e dormir...

Enquanto isso, eu me sentia rude, insolente – e isso me incomodava...

Três pessoas em dez minutos vieram me dizer sucessivamente que o sr. prefeito de Roma lamentava não poder me dar as boas-vindas pessoalmente... O terceiro mensageiro foi recebido com pouca simpatia: não escondi que "já me disseram isso duas vezes"...

Eu soube, um pouco mais tarde, que havia dirigido essa frase estúpida ao príncipe Potenziani, presidente do aeroclube da Itália.

Ele entendeu minha irritação e não deu importância a meu mau humor.

Conneau, feliz rival, foi um dos primeiros a apertar minha mão na chegada.

No bufê, brindamos, e ao tocar nossos copos, senti a extensão de sua alegria e a profundidade de minha tristeza.

Paris–Roma originalmente se chamava Paris–Roma–Turim. Na verdade, a segunda parte, Roma–Turim, era uma corrida independente, cuja largada seria uma semana depois.

Hesitamos muito em participar dessa outra prova. Conneau só queria aproveitar seu sucesso. Mas ele estava disposto a me seguir.

Para mim, talvez fosse a oportunidade de uma revanche: mas eu estava doente, sofria com meu ombro; acima de tudo, havia perdido toda a confiança na organização que me apoiava: estava cansado dos aviões a serem ajustados, dos tanques pequenos demais, dos motores quebrados, dos mecânicos bêbados e ignorantes...

Dois pilotos chegaram depois de nós em Roma: Frey e René Vidart.*

Frey partiu sozinho para Turim: ele foi detido nos Apeninos por uma queda terrível.

Ficamos cerca de uma semana em Roma. Guardei dessa breve estadia uma cara lembrança, apesar de minha tristeza à época.

---

* André Frey (1886-1912) e René Vidart (1890-1928). (N.T.)

Sempre odiei *visitar* uma cidade, embora às vezes seja indispensável. Mas sinto em cada uma, só de permanecer alguns dias, uma atmosfera própria, uma espécie de alma à qual se misturam o passado e o presente, o temperamento dos homens e a natureza.

Eu amava Roma com uma espécie de respeito filial, calmante e reconfortante.

Nossa estadia foi animada por uma série de banquetes mais ou menos oficiais. Conneau se revelou um orador tão intrépido quanto um valente piloto. Nesses momentos, eu deixava de invejar sua glória.

Por que – mais uma vez – certos detalhes insignificantes se agarram assim à memória? Ainda o vejo e o ouço pronunciar aquela frase em que a vontade, sempre direcionada para o autocontrole, não conseguia eliminar uma leve hesitação; foi ao final de um jantar de agradecimento que ele, Conneau, oferecia a nossos anfitriões em Roma: "Eu gostaria de ter reunido esta noite todos aqueles a quem devo agradecimentos... Eles são muitos... Eu não encontraria uma sala grande o suficiente... Então pensei em reuni-los em um sentimento... um sentimento de caridade... e fiz uma doação aos pobres...".

Mas os louros da eloquência sem dúvida caberiam ao valente Schneider, que havia assumido de maneira dramática suas funções de delegado do aeroclube da França e não nos poupava de nenhum dos votos que os aeroclubes faziam, uns para a prosperidade dos outros – e Deus sabe que eles os faziam...

De resto, era um companheiro muito amável.

Guardei uma lembrança particularmente agradável de um passeio à propriedade do príncipe Potenziani, em Rimini. Acho que se tratava de uma corrida Roma–Rimini e o príncipe nos ofereceu muito gentilmente, a um aviador de nome Manissero e a mim, a oportunidade de reconhecer o percurso. Ele nos conduziu pessoalmente, com notável habilidade, em um carro Italia de 120

HP. Eu nunca tinha andado de carro em uma velocidade tão alta e esse foi um dos atrativos do passeio. Mas os melhores momentos foram os que passamos em Rimini. A princesa nos recebeu com requintada gentileza e sua presença deu a esses momentos tão curtos um charme inesquecível.

Ao anoitecer, voltamos a Roma.

Em Roma, conheci o exuberante Déperdussin.* Ele havia seguido seu piloto Vidart, que chegou em quarto lugar. Acompanhado da sra. Déperdussin, uma elegante parisiense, ele celebrava com pompa uma performance considerada meia vitória para sua jovem marca. E o champanhe fluía abundantemente, entre flores. Grandeza e decadência... Depois de ter deslumbrado o mundo por quatro anos com seu luxo, sua generosidade, sua audácia; depois de ter recebido a cruz da Legião de Honra e outras honrarias, o grande construtor tornou-se o trapaceiro e apodrece nos calabouços há três anos.**

Na França, perdoa-se mais facilmente o assassinato do que o roubo...

Eu não posso esquecer os serviços prestados à aviação, o brilho das vitórias internacionais, a glória alcançada pela indústria francesa.

Penso no devotamento unânime, no afeto de um grande número de funcionários pelo patrão. Penso na generosidade da qual tantos se beneficiaram... e me sinto muito indulgente... Estou convencido de que Déperdussin teve uma fé tocante no futuro da aviação. Ele esperava que ela o salvasse... Com mais sorte e melhores conselhos, talvez o tivesse.

---

* Armand Déperdussin (1864-1924), um dos mais conhecidos construtores de aviões antes da Primeira Guerra Mundial. (N.T.)

** Escrito em 1916. (N.A.)

Ao final de um dos banquetes oficiais, depois da série de brindes, no momento que as conversas se animam, alguém se lembra da inevitável formalidade dos cardápios a serem assinados, e estes começam a circular pela mesa, seguindo a corrente...

Cada folha traz o nome de seu proprietário, marcando seu lugar.

Eu leio: Jean Ajalbert.* Esse nome desperta em mim queridas lembranças... Recordo o semblante amável desse senhor que ocupa uma posição de destaque entre os representantes da imprensa...

Escritor talentoso e publicitário, Jean Ajalbert é também uma personalidade do mundo colonial... Conheci-o em 1906, na exposição colonial de Marselha, na qual ele era, como meu pai, delegado da Indochina.

Em meu estado de espírito atual, essa lembrança de Marselha me é muito doce. Volto a me ver recém-saído do *baccalauréat*,** passando as últimas férias escolares ao lado de meu pai depois de uma longa separação... Eu deixava de ser criança e meu pai me tratava como um jovem amigo. Na pequena *garçonnière* que ele alugara para fugir do hotel, vivíamos em deliciosa intimidade... Quando ele adoeceu, fiquei sozinho a seu lado. Costumávamos passar belas tardes de verão, quentes, cheias de cor e animação, entre essas coisas exóticas que eu adorava...

Mas como é que o sr. Ajalbert, que está familiarizado com meu nome, não me dirigiu a palavra, naquela sala onde não se podia ignorar minha presença? Talvez esse senhor seja apenas um parente daquele que conheço?

Eu me aproximo:

– Desculpe, senhor, seria parente do sr. Ajalbert, o homem de letras?

---

* Jean Ajalbert (1863-1947). (N.T.)

** Prova ao fim do ensino médio francês para ingresso no ensino superior. (N.T.)

– Sou eu mesmo...

– Então vejo que não se lembra de mim. Mas deve conhecer meu pai. O sr. Garros, advogado em Saigon?

– Como, o senhor...? Filho de meu amigo? Mas é claro... Garros... Eu deveria saber... Nem mesmo pensei nisso!

E conversamos a noite toda.

O castelo dos Césares era um lugar de que eu particularmente gostava. Não conheço a história dessa velha ruína. Mas o taberneiro que se instalou lá soube preservar sua aparência de ninho de águia empoleirado numa rocha que domina Roma.

Jantávamos em um terraço ao ar livre. A Cidade Eterna se estendia a nossos pés sob seu manto de luzes e, em primeiro plano, erguia-se a sombra majestosa do Coliseu.

Ouvia-se, com a nitidez distante do som que sobe, os ruídos da vida e a voz clara e calma dos sinos que repetiam as horas.

XV

Dessa vez, Blériot entregou meu avião com dois ou três dias de antecedência, mas com um motor que em vão tentamos fazer funcionar.

Foi preciso resignar-se no último dia a substituí-lo, e a máquina ficou pronta exatamente a tempo para que eu a conduzisse de Issy a Vincennes, no sábado à noite.

Tudo parecia correr bem. Eu estava estreando um novo modelo de velas de mica, recomendado pela Gnome.

No campo de Vincennes, havia uma grande agitação quando cheguei. A maioria dos concorrentes estava lá, cercada pelo público dos bastidores. Para me familiarizar com o novo avião, permiti-me alguns minutos de *fool-flying* moderado.

Meus amigos vieram me acordar às duas horas da manhã.

A cada largada de corrida, eu tinha o mesmo temor de chegar ao campo atrasado, por algum acidente estúpido de carro – ao longo de todo o percurso, esse medo me deixava nervoso. E naquele dia ele era bem justificado. Quanto mais avançávamos, mais a estrada ficava congestionada; na barreira de Paris, milhares de pedestres se aglomeravam em torno de uma fila tripla de carros. Essa multidão progredia lentamente por etapas. Impossível ultrapassar. De vez em quando, alguém enguiça seu motor e imobiliza toda uma fila de carros: ele atrai uma chuva de insultos. Em outro momento, seria engraçado. Meu amigo Jacques Quellennec, com prodigiosa habilidade, ganha algumas posições passando pela calçada, no meio dos pedestres. Essa manobra desencadeia tempestades de protestos... Explicamos que o carro transporta um aviador... Pouco importam os palavrões e alguns dedos do pé esmagados: o importante é chegar.

Chegamos de fato, mas quase atrasados e não sem dificuldade...

Na história da aviação, a largada do Circuito Europeu foi provavelmente o evento que mais atraiu público a um campo.

No início do dia, o tempo não estava ruim: uma brisa favorável soprava do sudoeste.

O campo tinha um aspecto pitoresco: cerca de trinta aparelhos de todos os modelos estavam alinhados em duas filas. Os organizadores acharam conveniente determinar previamente a direção das largadas. O vento não importava. E, na verdade, partíamos com vento lateral... Não acredito que Lemartin* tivesse morrido naquele dia, se tivesse partido contra o vento.

A primeira largada é dada, e todas as outras se sucedem com intervalos de um minuto. É difícil hoje em dia imaginar a emoção que se sentia então diante de tal espetáculo. Entre os gritos da multidão e os estampidos dos motores, não se ouvia mais nada. Um minuto antes da minha vez, ligam o meu motor. Imediatamente, há uma sequência ininterrupta de falhas de ignição... No sinal, arranco mesmo assim, mas depois de uma volta na pista, sinto que seria imprudente continuar: pouso e volto rolando até a linha de partida.

(Assim, já no primeiro minuto enfrento a má sorte que me persegue...)

Leblanc manda verificar minhas velas... Parece que Conneau sofreu o mesmo problema, mas teve a sabedoria de não decolar.

Comissários esportivos vêm me avisar que é proibido voltar à pista, como fiz.

Enquanto os mecânicos trabalham, as partidas continuam. Conneau decola. Lemartin tem uma queda fatal diante dos meus olhos.

---

* Théodore Lemartin (1883-1911). (N.T.)

Sou informado de que meu avião está pronto. Arranco pela segunda vez. Mais falhas... Ah, essa sensação de impaciência impotente; é como uma dor no cérebro e em todo o sistema nervoso... O que fazer? Viro em direção a Reims e mantenho essa rota por alguns minutos. As falhas continuam... Então, exasperado, decido abruptamente voltar. Por pouco não desisto dessa corrida e de todas as corridas do mundo. Estou cansado dessa luta contra minhas próprias armas... Que me deem um avião que funcione, maldição... Que os mecânicos façam seu trabalho e eu farei o meu...

Mas o vento aumenta, me empurra rapidamente para longe de Vincennes e agora atrasa meu retorno. Longos minutos se passam: curiosamente, o motor parece estar indo melhor; no último momento, as falhas quase desaparecem. Mas estou tão furioso que mesmo assim desço. Já que é proibido voltar à pista, pouso atrás da linha de partida. Há espaço mais do que suficiente entre essa linha e o público...

Mais uma vez, os mecânicos tomam conta do motor rebelde...

Todos esses problemas vinham das novas velas de mica – Conneau havia substituído as suas por velas antigas e teve paz...

Começamos com pressa a mesma operação para mim.

Foi nesse momento que uma delegaçao oficial chegou, liderada por Georges Prade,* que, com gritos e gestos, me informou que: 1) por ter violado o regulamento duas vezes, retornando ao campo, o aeroclube me multava em quinhentos francos e 2) o prefeito de Polícia me proibia de partir novamente...

Eles estavam loucos... O campo de manobras era o único lugar onde se podia pousar em caso de pane. Não tínhamos escolha, se Lemartin não tivesse morrido, ele teria sido penalizado por violar o regulamento? Isso era ridículo...

---

* Georges Prade (1875-1920), jornalista esportivo e organizador de inúmeras competições esportivas. (N.T.)

Em Issy-les-Moulineaux, ministros passeavam pelo aeródromo; em Vincennes, isso era proibido aos aviadores.

Enquanto as velas eram trocadas, uma discussão acalorada começou entre mim, Blériot e Leblanc, de um lado; os oficiais, do outro.

Esses incidentes me fizeram perder mais de uma hora. Finalmente me deixaram partir, sob o peso dessa desvantagem.

Dessa vez, tudo corria bem – o vento havia aumentado e me empurrava com muita força. Eu viajava a cerca de mil metros de altura, acima das turbulências. Segui o vale do rio Marne até Dormans – onde virei à esquerda, na direção de Reims, que eu conhecia bem. Terminei a etapa sem incidentes, um pouco sacudido na aterrissagem.

Eu havia realizado um dos melhores tempos reais, provavelmente por ter voado alto. No entanto, eu me sentia deprimido, doente, os incidentes e contratempos da partida tinham me deixado cansado dos nervos.

Audemars, o querido e velho amigo, queria me seguir pela estrada para cuidar de mim. Já em Reims, ele me cercava com inteligente cuidado. Ao pousar, eu tinha encontrado turbulências que me lembraram de todos os recentes exemplos de quebras de asas... Uma espécie de pressentimento me levou a reforçar minhas hastes com cordas de piano, mesmo que isso me fizesse exceder alguns minutos da meia hora de neutralização regulamentar. Enquanto esse trabalho era feito, comi ovos e bebi leite, preparados por essa mãe que era Audemars, e conversamos um pouco.

Contei a ele sobre os incidentes de Vincennes, a morte do pobre Lemartin. Também haviam anunciado a morte do tenente Princeteau,* em Issy-les-Moulineaux, e a de Landron** no caminho, entre Paris e Reims.

* Pierre Princetau (1874-1911). (N.T.)

** Pierre Landron (1888-1911). (N.T.)

As notícias de Reims eram menos trágicas. Tratava-se apenas de um incidente com Védrines. O vencedor de Paris–Madri e das águias errara de aeródromo. Ele tinha pousado no campo militar. Chegou a Bétheny depois desse contratempo. Em seu estilo habitual, culpava céu e terra por seu erro. Enfim, barulho... Muito barulho...

Meu avião estava pronto. Me preparei para partir sem pressa – para grande surpresa de meu querido cuidador (porque eu já estava atrasado). O pobre amigo não sabia que eu já não aguentava mais...

Felizmente, esse circuito era uma corrida de crianças quando comparado com um Paris–Roma.

Nenhuma etapa ultrapassava os trezentos quilômetros – cada uma era seguida por um ou dois dias de descanso; e podia-se trocar de avião à vontade. Era turismo, um passeio. O autor do regulamento era obviamente partidário de uma bela chegada em Paris. Ele a teve.

Saí de Bétheny em direção a Liège – sempre com vento a favor, com turbulências um tanto secas. A linha férrea me guiava. Eu subia gradualmente. Em pouco tempo, passei sobre Mézières a uma altitude de mil metros. Depois, passando por uma camada de nuvens em flocos dispersos, alcancei, a 1.800 metros, uma região de calmaria absoluta. As nuvens tornavam o reconhecimento do solo impossível. Mas eu mirava a bússola para o rio Meuse, entre Namur e Liège. Eu não poderia cruzar o rio sem vê-lo.

Assim, sobrevoei sem perceber as temíveis Ardenas e avistei o Meuse poucos quilômetros a montante de Liège.

Voltei para baixo das nuvens e, ao me aproximar do destino, fui descendo aos poucos, percorrendo em sentido inverso toda a gama de turbulências, até as mais brutais...

Vi de longe no planalto, ao norte da cidade, o aeródromo decorado com bandeiras. Eu não estava em boa forma. A aterrissagem foi bastante difícil.

Havia poucas chegadas. Vidart estava em primeiro no ranking provisório – eu em sétimo. Ainda não havia prejudicado demais minhas chances.

Minha saúde estava muito ruim. Eu sentia muita dor nas costas. Mal conseguia caminhar. Precisava de cama e descanso.

Audemars foi me ver bastante tarde da noite. Ele me escoltava no seis cilindros *Grégoire* que o dr. Lüling gentilmente havia colocado a minha disposição.

Era um dos últimos carros que eu havia vendido nos tempos do meu comércio. Ele não honrava seu fornecedor... Audemars e o mecânico Turet enfrentaram todas as panes imagináveis, uma por uma, sem contar alguns pneus estourados. Em algumas subidas, tiveram que ajudar o motor empurrando o carro...

Meu pobre Tiny chegou a mim exausto, empoeirado, desfeito, manchado de graxa... Que bela coisa é a amizade...

Encarregamos Turet de levar seu carro à garagem; Audemars encontraria um lugar no carro de Leblanc, ou no trem se fosse necessário...

René Vidart, vencedor da primeira etapa, é um garotão alegre. Ele se preparara para esse belo sucesso com uma noite em claro... bem aproveitada: para que dormir quando se precisa estar de pé às duas horas da manhã? Sempre estamos descansados o suficiente para voar três horinhas...

O importante é não partir em jejum. Nada melhor que alguns sanduíches no último minuto, com uma boa garrafa de Moët seco...

Sim... Mas as turbulências às vezes são traiçoeiras no frescor da manhã, e então temos uma estranha sensação de mar agitado...

É bom perguntar a Vidart, ou àqueles que o viram chegar a Liège, se andar de avião deixa enjoado...

Passamos quatro dias em Liège, pois a segunda etapa incluía um retorno a essa cidade: era Liège–Spa–Liège.

Essa pequena viagem me deixou uma lembrança ruim. Eu havia saído da cama doente para fazê-la. Estava um tempo de cão: céu escuro, esfumaçado; pancadas de chuva, rajadas de vento... Eu não havia estudado o itinerário e, a alguns quilômetros de Spa, fui pego em uma chuva que me cegou e me fez perder a direção. Onde eu estava? Sobrevoei a menos de cem metros um grande pântano... Algumas silhuetas de moinhos de vento se destacavam no horizonte. Vaguei por alguns minutos, então aterrissei para perguntar o caminho em uma pequena fazenda isolada, entre duas macieiras e uma vaca.

Eu não estava longe do aeródromo de Spa. Dava para vê-lo do pilar do telhado da fazenda. Por segurança, me fizeram subir lá: foi uma ginástica dolorosa. Depois, me ajudaram a decolar. Em um instante, cheguei a Spa, onde não era necessário parar. O retorno a Liège foi mais fácil.

Esta má performance não alterou minha classificação.

A partir desse momento, eu só saía da cama para voar, quando necessário. Todas as noites, tinha fortes acessos de febre. O médico que me tratava aconselhou que eu abandonasse a corrida. Mas eu não conseguia me resignar a fazer isso. Então ele se empenhou muito habilmente em aliviar meu sofrimento e devo a ele ter conseguido concluir o Circuito Europeu.

Apesar da saúde ruim, Liège–Utrecht foi para mim a etapa mais feliz da corrida. O vento sudoeste ainda soprava forte o suficiente, mas a mil metros de altura já era possível escapar das turbulências e ser impulsionado pelo vento mais rápido do que na altitude de duzentos metros geralmente adotada à época. Meus hábitos de beija-nuvens me permitiram concluir essa etapa sem cansaço e por pouco não a ganhei.

Tendo partido do aeródromo com bússola, encontrei o rio Meuse um pouco abaixo de Liège. Segui o rio com muita tranquilidade... Passei por Maastricht. Era necessário pousar em Venlo e assinar o controle. Na execução dessa formalidade, minha impotência me fez perder os dois ou três minutos que me custaram o primeiro lugar.

Segui novamente o Meuse até o ponto onde ele se aproxima mais do rio Waal. Encurtei o trajeto seguindo, tanto quanto possível, o arco da linha do rio, sem perdê-lo de vista.

Atravessei o Waal diagonalmente em direção à ponte de Zaltbommel e cheguei à estrada de Den Bosch a Utrecht. Ela me levou a meu destino.

Gibert, meu companheiro de equipe na corrida Paris–Madri, havia chegado pouco antes de mim, em seu monoplano *Rep*, todo vermelho. Ele foi o vencedor do dia.

Alguns minutos depois, assisti à elegante chegada de Weymann,* em seu monoplano *Nieuport*.

Charley Weymann era um dos pilotos mais habilidosos da época.

Depois vimos passar, a vários quilômetros do aeródromo, alguém perdido. Mal dava para distinguir a forma de sua aeronave; eu mesmo nao poderia afirmar se era um *Blériot*.

Mais tarde ficamos sabendo que Conneau havia vagado por muito tempo entre Utrecht e o Zuiderzee, e que depois pousara no mato.

Mas os oficiais declararam que a linha de chegada não estava limitada ao aeródromo: ela se estendia até o infinito. Conneau a havia cruzado, sem saber. Esta chegada era válida.

---

* Charles Weymann (1889-1976). (N.T.)

Seu *Blériot* foi desmontado e levado de volta ao aeródromo em um caminhão.

A estadia em Utrecht se prolongou de forma inesperada. O tempo estava muito ruim. Os comissários adiaram a partida. Quando deram oficialmente a largada, os concorrentes se abstiveram. Formou-se uma coalizão da prudência, cuja alma era o pacífico e eloquente Tabuteau.*

Todos prometeram avisar os outros com antecedência antes de partir. Sem este acordo, seria necessário passar o tempo todo no aeródromo para vigiar os outros. No meu estado, cada dia de descanso aumentava minhas chances de vitória.

Vários dias se passaram, para mim bastante monótonos. Todas as manhãs eu tinha que me levantar ao alvorecer e ir para a reunião no aeródromo. Chegando ao hangar, eu me deitava na cama dobrável do mecânico de plantão... Audemars e Leblanc me representavam nas discussões. Por volta das oito ou dez horas, eu era levado de volta ao hotel. Apesar de algumas calmarias, o Circuito Europeu não inspirava ações ousadas, era antes um passeio... um passeio admirável, aliás, e admiravelmente organizado.

Uma manhã, Conneau declarou que voltava a se dar o direito de partir quando quisesse. No entanto, o tempo não estava melhor do que o normal e a manhã passou sem que ele demonstrasse vontade de partir. Ao meio-dia, todos voltamos à cidade para almoçar. Felizmente, tive a ideia de acelerar minha refeição e voltar ao hangar. Não fazia nem dez minutos que estava lá quando Conneau tirou sua aeronave e voou para Bruxelas. Saí atrás dele na mesma hora.

Uma testemunha de minha primeira conversa com Georges Prade, em Vincennes – quando *seu* circuito estava ameaçado de proibição por minha causa, e ele ordenou que eu consertasse mi-

* Maurice Tabuteau (1884-1976). (N.T.)

nhas panes dentro do Sena – dificilmente teria previsto que oito dias depois seríamos excelentes amigos. No entanto, isso aconteceu.

Na pitoresca caravana de carros e aviões que percorreu as estradas do céu e da terra durante três semanas, formamos um grupo fiel, Prade, sra. Prade, Leblanc, Audemars e eu, aos quais às vezes se juntavam outros companheiros de viagem.

Minha saúde melhorou a partir de Utrecht e me permitiu desfrutar melhor dos bons momentos que passei com eles.

Utrecht–Bruxelas incluía um pouso obrigatório em Breda.

Pouco depois da partida, me perdi na chuva. Por vinte minutos, segui uma linha férrea que me levou até Den Bosch. Só descobri isso, aliás, quando pousei para me informar. Parti com dificuldade de um pequeno campo encharcado e finalmente encontrei Breda. Conneau já havia passado por lá, como vários outros.

Enquanto eu estava sendo reabastecido, mais dois ou três aviões chegaram de Utrecht. Segui em direção a Bruxelas, quase ao mesmo tempo que Train. O tempo melhorou; a viagem ficou agradável. Eu estava entre quinhentos e seiscentos metros de altitude. O voo era fácil. Eu me divertia observando Train, que flutuava à minha esquerda um pouco abaixo de mim. Estávamos indo mais ou menos na mesma velocidade. Minha atenção se fixou por um momento no mapa: quando tentei procurar Train novamente, ele havia sumido. Em vão procurei os céus em todas as direções...

Fui invadido por uma preocupação estranha: Train devia estar abaixo de mim. As formas de nossas aeronaves nos escondiam um do outro... A ideia de uma colisão se impôs à minha mente. Eu não ousava fazer nenhum movimento, exceto para ganhar altitude. Isso durou apenas um instante. Me acalmei, avaliei as chances de uma colisão, ali no meio do céu, onde havia tanto espaço, e concluí que era preciso estar com o sistema nervoso muito cansado para imaginar tais perigos... Alguns zigue-zagues para a direita e para a esquerda me convenceram de que eu estava realmente sozinho – Train estava simplesmente em pane.

Avistei Antuérpia à minha direita, em um distante nevoeiro. Logo cheguei a Bruxelas. A recepção no campo de Berchem foi muito calorosa. Eu ainda precisava de descanso. Mas estava me sentindo muito melhor.

Audemars me deixou em Bruxelas. Seus compromissos o chamavam de volta a Paris.

Vidart, que em Utrecht ainda estava na liderança da classificação geral, teve uma pane antes de Bruxelas e não pôde consertá-la antes da noite. Ele só terminou a etapa no dia seguinte com um atraso de cerca de doze horas. A partir desse momento, Conneau assumiu e manteve a primeira posição e eu a segunda. Nossa posição foi ainda mais fortalecida pelo abandono de Weymann, que, devido ao atraso em Utrecht, desistiu do circuito para competir e vencer a Copa Gordon Bennett. Védrines, no avião mais rápido da corrida, costumava ganhar as etapas em que nada lhe acontecia... Nas outras, porém, ele perdia tanto tempo em reparos que nunca chegava a representar uma ameaça. Os outros estavam longe atrás de nós. A partir desse momento, apenas uma pane grave poderia modificar nossas posições.

LE LASSEUR DE RANSAY*

Esse rapaz moreno era uma das figuras simpáticas da corrida, mais alto que uma palmeira, míope como uma toupeira, o nariz pesado com óculos cujas lentes côncavas tinham a espessura de uma lupa. Ele era bastante tímido, reservado e sem afetação...

---

* Gilbert Le Lasseur de Ranzay (1885-1912), primeiro aviador a cruzar a cordilheira dos Apeninos. (N.T.)

Assim que recebeu o brevê, entrou nessa corrida por sua própria conta e risco; Blériot não assumiu nenhuma responsabilidade na aventura.

E desde o primeiro dia, foi um drama ininterrupto... A cada pane, Le Lasseur quebrava uma asa, uma roda, uma hélice. Na mesma hora, ele telegrafava; Leblanc enviava um mecânico com o necessário. Le Lasseur voltava a partir, incansável. Não me lembro mais em que ponto da jornada, se Reims–Liège ou Liège–Venlo, ele bateu em pleno voo em um campo de trigo: não o viu... Naturalmente, foi de uma bravura indescritível. Da máquina, não sobrou quase nada. O piloto se levantou dolorido e telegrafou mais uma vez: "Envie asas, hélice, rodas, motores etc.".

Ele chegou a Utrecht com uma semana de atraso. Felizmente, nós o esperamos... E o drama continuou... Era um verdadeiro fanatismo.

Depois do circuito, ainda se ouviu falar de Le Lasseur por algum tempo. Com muita perseverança, ele alcançou um sucesso considerável na Espanha. Mas logo se soube de sua morte: ironicamente, sucumbiu à febre tifoide.

TRAIN

Era outro tipo de herói... Train era seu próprio construtor, sua equipe de mecânicos, seu transportador... Nas paradas, ele cuidava do reabastecimento; durante a viagem, se enfrentasse uma pane, ele arranjava uma bicicleta, pedalava até a estação para onde havia enviado as peças sobressalentes e voltava pelo mesmo meio de transporte para consertar a aeronave. Ele decolava de novo, e assim por diante. No entanto, ele foi, com Védrines, Le Lasseur etc., vítima do novo motor Gnome de setenta cavalos – uma famosa zebra...

Podemos dizer que Train, modesto e silencioso, fez o circuito duas vezes: de avião e de bicicleta.

Saí de Bruxelas atrás de Conneau. Viajei um pouco em seu rastro, depois o ultrapassei, pois ele se obrigava, com uma paciência admirável, a poupar seu motor (que estava falhando). Um pouco mais adiante, fui ultrapassado por Védrines. Ele voava muito baixo, como de costume; me dava a ilusão de deslizar sobre o solo. Ele desapareceu a uma velocidade impressionante. Esta etapa, muito curta, terminou sem incidentes. Na chegada, uma recepção calorosa: a srta. De la Noé, de quatro anos, me ofereceu um buquê. O pai dela é o presidente do aeroclube local. Fui recomendado pelo meu velho amigo Jacques Quellennec ao srs. Motte Fils, grandes industriais e notáveis esportistas. Eles me fizeram as honras da cidade e me cercaram de gentilezas.

Eu vivia sob a constante e irritante obsessão da falha mecânica. Era uma ideia fixa descobrir no som ou na aparência do motor o menor sinal de mau funcionamento. Eu estava decidido, nesse caso, a exigir a substituição do motor ou da aeronave, porque conhecia muito bem as habilidades dos meus mecânicos em termos de reparo...

Um desastre quase aconteceu em Roubaix-Calais. Partimos com vento ruim. A viagem foi normal até Kassel (me indicaram este ponto de referência). Mas lá, um dos cilindros parou, depois de alguns engasgos. Tentei continuar, mas um segundo cilindro também se calou.

Pousei sem problemas, com meus cinco cilindros, à beira de uma estrada, em um campo arado, e tive a incrível sorte de ver parar perto de mim, dois minutos depois, uma equipe da Gnome, que estava indo para Calais de carro... É quase um prazer ter falhas mecânicas nessas condições...

Dez minutos depois, eu estava voando novamente. Desviei um pouco e avistei Dunquerque.

Na costa, a ventania era violenta. Foi exatamente nesse momento que uma nova série de falhas ocorreu. Precisei pousar de novo. Camponeses seguravam minha aeronave enquanto eu limpava as velas – e o vento ameaçava carregar o avião mesmo assim. Decolei novamente. Mas então foi um suplício: os engasgos não haviam cessado. O motor enfraquecido emitia pequenos soluços espaçados... Depois das velas, as válvulas falhavam... E eu me arrastava, um pouco mais alto que a copa das árvores, impotente contra os ataques do vento. Calais estava a apenas alguns quilômetros de distância... Foi um esforço penoso, exaustivo... Finalmente alcancei o objetivo.

Depois disso, não hesitei um segundo em mandar substituir meu motor.

Védrines chegou a Calais em primeiro lugar. Sem perder tempo, ele fez uma cena terrível: era um crime dar a largada sob uma tempestade daquelas... Ele, Védrines, tinha se saído bem, é claro... Mas e os outros?... Tinham pensado nos outros? Os coitados... Ah... Era completamente inútil esperá-los naquele aeródromo...

No entanto, esperamos por eles e o acaso quis que a etapa, apesar das dificuldades, fosse uma das mais regulares do circuito. Nenhum acidente, uma ou duas panes rapidamente consertadas. Na hora do almoço, ninguém faltou ao chamado...

O circuito foi interrompido por 48 horas para nos permitir assistir à Copa Gordon-Bennett. Uma caravana de carros se formou em Dover em direção a Eastchurch. Nosso grupo incluía o sr. e a sra. Blériot, o sr. e a sra. Prade, o sr. Hall-Thomas, do aeroclube da Inglaterra, Leblanc, Audemars e eu...

Os principais concorrentes da taça eram Leblanc (*Blériot 100 HP*) – Hamel* (*Blériot 100 HP*) – C. T. Weymann (*Nieuport 100 HP*). Como azarões, Édouard Nieuport** (*Nieuport 70 HP*)

---

* Gustav Hamel (1889-1914). (N.T.)

** Édouard Deniéport (1875-1911), chamado Édouard Nieuport. (N.T.)

– Chevalier (*Nieuport*, motor de dois cilindros Nieuport [?]). Por fim, um piloto americano em um pequeno *Wright*.

Chegamos a Eastchurch de manhã cedo. No hangar Blériot, acontecia uma cena incomum: os mecânicos, armados com serras, tesouras e alicates, estavam cortando as asas das aeronaves.

Weymann havia feito um teste em poucos segundos a menos que Leblanc. Então, na equipe Blériot, decidiram por medidas extremas – cortar as asas, remover um cabo...

Essa amputação improvisada teve um efeito estranho. Ao ver as pequenas nadadeiras planas destinadas a sustentar no ar meia tonelada de madeira e metal, não conseguíamos acreditar que aquilo voaria... Mas os cálculos estavam lá...

Fazia três dias que Leblanc estava com febre: ele não conseguia suportar a ansiedade daquela corrida. Enquanto esperava sua vez, permanecia deitado, tremendo em uma cama de mecânico.

Hamel, o jovem campeão inglês, tinha uma fisionomia de suavidade feminina... Sob seu sorriso vago, sentíamos uma agitação...

Weymann parecia cheio de confiança, embora Nieuport tivesse se recusado – dizem – a cortar sua aeronave, a exemplo de Blériot. (Embora tivesse asas três vezes maiores.)

Weymann parte primeiro, bem cedo, e voa com perfeita regularidade. Ele faz curvas com uma bela precisão. Sua média ultrapassa um pouco os 126 quilômetros por hora. E ele termina com um pequeno voo planado, que destaca claramente a superioridade de sua aeronave sobre as de Blériot.

Hamel entra na pista, cruza a linha de partida... Mas entra na primeira curva tão impetuosamente que derrapa, toca o chão e bate, fazendo um barulho terrível. Ouve-se um grito de angústia na multidão... Ao lado do pilar, nada mais se move. Um carro se dirige para lá e traz o pobre Hamel em uma maca. Ele parece inconsciente, mas dizem que não tem ferimentos.

A mãe e as duas irmãs do jovem piloto testemunharam o acidente: seus rostos estão transtornados de emoção e elas choram em silêncio atrás da maca.

É a vez de Leblanc. Ele parece um condenado indo para a execução. Fica decidido que fará um teste em linha reta e só cruzará a linha de partida se tudo correr bem... No caminho... Tudo parece bem – pelo menos tanto quanto possível – mas se compreende que o pobre Leblanc não deve estar tendo sensações de voo muito agradáveis...

As primeiras voltas são desastrosas e não oferecem esperança alguma... No entanto, as curvas melhoram, os tempos se aproximam um pouco dos de Weymann, e Leblanc termina de forma honrosa em segundo lugar.

Ele aterrissa com mil precauções, para e sai da aeronave... refeito, sorridente, transfigurado, com a feliz sensação de que *acabou*...

Édouard Nieuport, em um simples setenta cavalos e asas de passeio, se aproxima muito de Leblanc: fica em terceiro lugar.

Chevalier continua com problemas com seu dois-cilindros, e o *Wright* "não existe".

Nieuport havia conquistado a mais regular e merecida vitória. Sua aeronave voava com facilidade e segurança, mais rápido que a máquina adulterada e perigosa de Blériot. Uma intuição genial o havia levado a uma fórmula que durante anos tentou-se em vão aperfeiçoar. No entanto, ele próprio considerava sua aeronave apenas "um primeiro estudo"; um estudo que ele realizou em meio às dificuldades materiais mais desencorajadoras...

Quem sabe o que esse cérebro admirável ainda teria produzido?

Édouard Nieuport caiu no momento do triunfo; no momento que o apoio financeiro finalmente lhe permitiria um trabalho livre e fecundo...

Ele enfrentou a morte com a mesma coragem e a mesma simplicidade emocionante que acompanharam sua vida.

Todos que o conheceram choraram sua perda como amigo e veneram sua memória.

Ele permanece uma das glórias mais puras da aviação.

Retomamos nosso circuito de passeio... A travessia do Canal da Mancha em si constituiu uma etapa. Foi feita ao amanhecer de um dia magnífico.

O Canal da Mancha havia sido cruzado apenas por um número muito pequeno de aviadores até então.

Parti em segundo lugar, de acordo com a ordem do ranking geral, e cheguei a Dover entre os primeiros, depois de uma excelente travessia. Testemunhei a primeira invasão do território intangível da velha Inglaterra por uma esquadrilha voadora...

Primeiro, avistávamos pequenos pontos negros no céu um pouco nublado; depois, os pontos cresciam, ganhavam forma, as silhuetas se destacavam, e um depois do outro, os pássaros da França pousavam...

Um dos pousos mais bonitos foi o de Tabuteau, em um biplano *Bristol*. Ele desligou a hélice a trezentos ou quatrocentos metros – o que raramente se via em 1911 – e, com uma única espiral graciosa e precisa, pousou no centro do pequeno campo.

Na mesma noite – acredito – partimos para Londres, via Shoreham–Brighton. Já havia um aeródromo permanente muito bem equipado em Shoreham. Cheguei lá sem problemas, seguindo a costa, e essa jornada teria sido encantadora, com um tempo claro e bonito, não fosse pela odiosa preocupação com a falha mecânica que me perseguia.

Eu já havia sentido alguns soluços antes de Shoreham. Minhas velas foram cuidadosamente verificadas, mas isso não impediu um cilindro de parar alguns minutos depois da partida. Voltei para Shoreham para reparos e saí cada vez mais preocupado.

O solo inglês ao sul de Londres não é muito hospitaleiro para os aviadores: existem apenas pequenos campos cortados por sebes, parques arborizados e obstáculos de todos os tipos, que aumentam o desconforto de um motor suspeito.

Passei pelos subúrbios a oeste de Londres, em meio a uma crise de soluços...

Mas o motor brincalhão concordou em me levar até o aeródromo de Hendon.

A segunda travessia do Canal da Mancha foi tão bem-sucedida quanto a primeira, apesar de um pouco de nevoeiro.

Não se deve pensar que em 1911 o feito que tornou Blériot famoso se tornou brincadeira... Mesmo hoje, há água suficiente no Canal da Mancha para morrer afogado, e pensamos nisso de forma muito natural durante cerca de um quarto de hora...

Ainda mais porque o Canal da Mancha está nublado a cada nove vezes em dez: perdemos de vista a terra, não podemos nos orientar pelo sol e, se não tivermos uma bússola muito boa... será um mau quarto de hora.

Recentemente, em 1914, a morte do pobre Hamel provou que todo esse perigo ainda não havia desaparecido.

No circuito, a rota estava repleta de torpedeiros e, mesmo assim, não reencontrávamos a terra firme sem um pequeno alívio agradável.

Para a última etapa, peguei uma aeronave completamente nova e prometi a mim mesmo agir com extrema prudência. Sem acidentes, meu segundo lugar estaria garantido. Uma pane de Conneau ainda poderia me dar a vitória.

No início, a névoa atrapalhava muito a orientação. Para ter certeza de não me perder, segui a costa até o Somme e do Somme até Amiens. Sobre o vale, o solo só era visível de maneira intermitente; no entanto, eu estava voando muito baixo. Meu novo motor tinha um som reconfortante... Eu já imaginava a alegria de chegar a Paris. Uma espécie de intuição me dizia para ter muitas expectativas – o destino não me devia uma revanche?

De repente, meu coração pulou: ao me virar, vi no chão, durante um intervalo na névoa, um *Blériot* parado em um campo... foi uma impressão fugaz, que me deixou um pouco em dúvida, Conneau parecia parado...

Ardi de impaciência até Amiens, onde aterrissei às pressas. Conneau, que havia partido antes de mim, ainda não havia chegado... Então eu tinha visto certo?

Enquanto era reabastecido, testemunhei um acidente bastante curioso. Védrines decolava para Paris... No momento exato da decolagem, seu motor explodiu, literalmente. Vi um grande objeto negro – era um cilindro – se soltar através do capô e voar para o céu rodopiando, enquanto a aeronave caía inerte no chão, esmagando o chassi...

Desnecessário dizer o que o compatriota Jules fez todos ouvirem assim que se recuperou do susto...

Eu tinha passado um quarto de hora em Amiens e Conneau ainda não havia chegado. Parti para Paris com o coração batendo forte.

Primeiro, segui por uma linha ferroviária errada, mas percebi a tempo e encontrei a certa. Mais tarde, me contentei em buscar Paris com a bússola...

Foi uma alegria terminar esta corrida em Paris, entre os amigos, e ainda me restava uma esperança de terminar como vencedor...

Adivinhei a capital a contraluz, entre vapores e fumaça; a Torre Eiffel permanecia invisível. Ao chegar aos subúrbios, meu motor teve seus primeiros soluços e um cilindro parou. Felizmente, eu estava a quinhentos ou seiscentos metros de altitude; alcancei Vincennes sem muita dificuldade.

Assim que me julguei a uma distância suficiente para um voo planado até a linha de chegada, a preocupação com a corrida se apagou em mim; fiz uma descida e uma aterrissagem incoerentes, de maneira muito automática...

Um pequeno grupo veio a meu encontro, Georges Prade na frente, mais sorridente do que no dia da partida...

Minhas primeiras palavras foram para pedir notícias de Conneau: infelizmente... ele tinha partido de Amiens vinte minutos depois de mim... Ainda não me resignei: o tempo estava bom, o caminho era fácil – Conneau só poderia ter sido atrasado por problemas com o motor...

Apenas um quarto de hora se passou...

"Lá vem alguém..." Um rumor se espalhou pela multidão... Um ponto cresceu no céu... Era definitivamente a silhueta de um *Blériot*...

E minha última esperança se desvaneceu.

Jornalistas compassivos me batizaram de "o eterno segundo", e guardei uma lembrança melancólica das grandes corridas de 1911. Eu sabia que nunca mais experimentaria a estranha emoção dessas primeiras viagens, em que cada minuto continha um pequeno drama de angústia, alegria, tristeza, entusiasmo.

Minha decepção mais amarga foi a do Paris–Roma; ainda hoje, não penso nela sem um leve aperto no coração pela oportunidade perdida de ser o primeiro a traçar – como disse um de nossos anfitriões em Roma – "o belo elo entre a Cidade da Luz e a Cidade da Glória".

XVI

As corridas me distraíram por dois meses dos trabalhos para os quais tínhamos retornado à França, Audemars e eu.

Mas nossos bravos mecânicos não perderam tempo, e os *Demoiselles Gnome* começaram a tomar forma.

Nunca se construíra nada de tão fino, leve e luxuoso na escolha dos materiais e na execução. Um único ponto nos causava as mais vivas preocupações, com justa razão: nossos centros de gravidade haviam sido improvisados ao acaso, sem dados precisos – não sabíamos nada do assunto... E com uma vaga indicação de Santos Dumont, tínhamos encurtado a cauda do modelo primitivo em oitenta centímetros... Poderíamos esperar as piores surpresas quanto ao comportamento da aeronave no ar.

O primeiro teste foi feito em Étampes, onde tínhamos conseguido a hospitalidade da escola Blériot.

Audemars, meu querido amigo, insistiu em se encarregar dessa tarefa, alegando que estava mais treinado do que eu no controle especial do *Demoiselle*. Mas eu recusei escapar assim da minha parte de riscos e um sorteio me designou.

A metodologia a ser seguida foi discutida: seria melhor rolar gradualmente, ou voar de uma vez? O primeiro método parecia mais racional, mas não estava isento de inconvenientes: o nosso trem de pouso era frágil – o solo não seria mais temível que o ar? Por outro lado, estávamos atrasados e impacientes...

Por fim, parti contra o vento, a toda a velocidade... A experiência não durou muito...

A leve máquina partiu como um raio, deixou o solo em vinte metros e, perdendo imediatamente o equilíbrio, empinou em direção ao céu, na vertical... Desliguei a ignição e caí com as pernas para o ar... Saí sem um arranhão, mas nossa primeira aeronave estava destruída...

A segunda foi modificada – o motor foi movido para a frente – mas não o suficiente... Audemars conseguiu fazê-la voar em Issy-les-Moulineaux, depois de um treino gradual: o voo era instável; teríamos chegado, creio eu, à fórmula correta avançando ainda mais o motor em dez centímetros, o que seria fácil de fazer.

Mas os testes foram interrompidos por um novo acidente. Audemars chegou a mim uma noite na Rue Lalo coberto de terra, todo dolorido de contusões. Ele me mostrou a vela do motor atravessada em seu capacete, que o salvara.

Nesse meio-tempo, Moisant, impaciente, rompeu conosco, exigiu nossas aeronaves no estado em que estavam, e assim terminou a aventura dos *Demoiselles Gnome*.

Descansei alguns dias em Paris. Quando o tempo estava bom, à tarde íamos a passeio para Issy, por uma hora. Pois nenhum dia é completo sem um pequeno voo de lazer.

Em geral, eu gostava de voar sozinho. A fraqueza dos motores não permitia a construção de um agradável dois lugares – e talvez se aproveite melhor um voo livre quando se está sozinho. No entanto, há dias em que é uma privação não poder compartilhar com um amigo ou ente querido sensações requintadas e às vezes emocionantes; cheguei à conclusão de que se conseguíssemos encaixar um passageiro no meu monoplano habitual, ainda seria a maneira menos desagradável de voar a dois. A aeronave havia se mostrado capaz de carregar uma carga equivalente. A questão era saber se o acúmulo de todo o peso na parte traseira – já que o passageiro só podia ir atrás do piloto – não criaria um desequilíbrio perigoso. Eu tinha discutido isso uma ou duas vezes com Audemars e tinha prometido a mim mesmo que tentaria.

Primeiro, mandei remover de meu avião o arco de freixo que limitava a cabine em semicírculo, atrás das costas do piloto. Este arco era um reforço útil, mas não indispensável para a fuselagem. Ganhavam-se alguns centímetros. Ao se posicionar na extremidade dianteira do assento, o piloto liberava ainda um pequeno espaço: somando esses dois ganhos, obtinha-se, digamos, meio assento, onde um passageiro de baixa estatura e boa vontade conseguiria se encaixar. Restava experimentar o novo equilíbrio.

Tive naturalmente a ideia de substituir o passageiro, para o primeiro teste, por um peso de vinte quilos, que seria aumentado aos poucos. Pois qualquer inovação era feita timidamente, com muitas apreensões...

Naquele dia, estava uma dessas tardes quentes de verão em que dez minutos de brincadeiras no céu satisfazem a necessidade física daqueles que estão acostumados com ela e proporcionam uma espécie de alívio.

Cheguei ao hangar Blériot com alguns amigos. Minha aeronave estava preparada com o refinamento que sempre exigi de meus mecânicos. Conversando, vesti um suéter. Empurramos a máquina para o campo, iniciamos o motor. O que eu iria fazer? Levar vinte quilos, depois trinta etc. Triste maneira de aproveitar um céu tão bonito...

Como iríamos prender o peso? Bem... na verdade não tínhamos esse peso, precisávamos encontrá-lo... Puxa...

Eu fiz sinal para Audemars:

– Você vem?

– Vamos.

E lá estávamos nós, escalando alegremente o pequeno *Blériot* com uma impaciência de crianças irrazoáveis e uma leve emoção...

A máquina se comportou de maneira inesperada. Logo depois, melhoramos um pouco esse arranjo experimental e meu avião se tornou um aceitável dois lugares improvisado.

Com o tempo, consegui transportar passageiros de todos os pesos; levei um, no Brasil, que pesava 106 quilos...

Meu dispositivo foi adotado pela Blériot; no ano seguinte, o introduzi na Morane. Ele foi ainda mais útil quando os motores atingiram oitenta cavalos de potência.

Finalmente chegou o momento de realizar meu antigo projeto de bater o recorde de altitude. Seria uma pequena vingança das decepções da temporada.

Encomendei à Blériot uma nova aeronave de 50 HP o mais leve possível, da qual especifiquei todos os detalhes: a fuselagem era de pinho leve, não de freixo – a posição do motor foi planejada para o eventual uso de um motor de 70 HP – os tanques eram de cobre extrafino, as asas foram deixadas mais leves etc. Eu reagia resolutamente contra a tendência de reforços, que já estava em vigor.

Enquanto aguardava a entrega dessa máquina de luxo, parti para Saint-Malo-Dinard. As encantadoras lembranças do ano anterior me atraíram para lá. Além disso, era o local mais favorável que se podia desejar para um recorde. E eu sabia que encontraria meu antigo empresário Baré, que estaria de férias: ele saberia criar alguma boa combinação.

Cheguei a Saint-Malo seguido pelo fiel Romain e pelo primeiro *Blériot* que comprei quando voltei da América e que quase não tinha sido usado.

Esse retorno a Dinard me proporcionou toda a alegria que eu esperava. Esse canto da Bretanha é um dos que mais gosto no mundo. Eu considerava as férias que passaria lá como a recompensa de um ano bem preenchido. Além disso, eu praticaria belos esportes.

Fui recebido como esperava, como um filho pródigo. Estabeleci minha base em Paramé, onde, na maré baixa, a praia forma um aeródromo incomparável.

Assim que meu *Blériot* ficou pronto, eu quis fazer uma primeira gentileza a Dinard visitando-a pelo ar. O tempo estava esplêndido. Concordei em levar Baré na garupa. Partimos. Uma suave brisa do mar nos impulsionava. Experimentei uma sensação indescritível ao rever com toda liberdade de espírito coisas tão bonitas, que eu tinha visto no ano anterior através da lente de minhas primeiras esperanças e ansiedades. Naquela época, naquela atmosfera amigável, a dor da decepção já havia se dissipado. E eu encontrava em todas as coisas a meu redor a tranquilidade de que ainda precisava.

Eu me virava a todo momento para meu companheiro, para compartilhar meu entusiasmo com ele, e meu braço se estendia sucessivamente para todos os pontos do horizonte. Ele, sob o impacto dos primeiros voos, parecia não aproveitar muito o espetáculo. Mas logo chegamos em Dinard. A pequena baía florida nos estendia seus dois cabos como um gesto de boas-vindas. Distraidamente, desliguei o motor. Negligenciei o leve vento posterior que nos empurrava e percebi isso tarde demais. Tentei corrigir meu erro mergulhando mais. Mas a aceleração fez com que eu ganhasse terreno. Eu estava em um beco sem saída, cercado à frente, à esquerda e à direita por obstáculos ameaçadores... Meu passageiro percebeu o perigo: senti ele se mexer e resmungar: "Mas nunca vamos parar a tempo...". Eu disse a ele: "Não tenha medo... Não tenha medo...".

O desfecho se precipitou...

A última coisa que vi foi uma senhorita inglesa segurando um pobre bebê... Ela desapareceu atrás de uma fileira de cabines de praia, exatamente onde vim a cair... O impacto foi violento. Curvado sobre minhas pernas, senti Baré se achatando às minhas costas, com um suspiro entrecortado... Toda a frente da aeronave, achatada, formava um caos inextricável... Nenhum de nós dois estava machucado. Fiquei pálido, mas de raiva, mais do que de medo.

Assim que nos liberamos, fomos cercados pela multidão. Dinard forma um anfiteatro em torno da praia. Toda a população havia assistido, como a um espetáculo, à nossa lamentável aventura. Eu, que desejava uma entrada elegante... estava envergonhado... O presidente do comitê de festas, sr. Poussineau, apareceu a meu lado.

Ele improvisou um pequeno discurso consolador que a multidão aplaudiu. Depois, ele quis me levar para o cassino, para uma taça de champanhe. Mas eu estava realmente muito envergonhado... Saí por um desvio, deixando Baré se virar com os destroços da aeronave; me esgueirei até o cais, peguei incógnito o primeiro barco para Saint-Malo e cheguei a Paramé sozinho e muito aborrecido...

Foi nesse momento que recebi por telégrafo a oferta de um contrato de uma semana em Saint-Étienne. O negócio foi fechado. Blériot me emprestou uma aeronave enquanto esperava a entrega daquela do recorde.

Em Saint-Étienne, conheci Bielovucic;* Charles Voisin lhe prestava, como amigo, os serviços de empresário. Também conheci Raymonde de Laroche,** que o acompanhava. Estavam igualmente contratados: Aubrun, em um *Déperdussin*; Marie Marvingt,*** em um *Antoinette*; Mouthier,**** Loridan,***** Obre, meu colega de Cholet etc.

A primeira semana em Saint-Étienne foi um sucesso mediano. O empresário Carnus havia montado habilmente seu programa, mas teve que se contentar com um terreno ruim, cercado por colinas onde o público se acumulava para assistir ao espetáculo de graça. Do ponto de vista dos voos, a exibição foi apenas razoável. De minha parte, eu estava lidando com um motor fraco. No entanto,

---

* Jean Bielovucic (1889-1949). (N.T.)

** Élise Raymonde Deroche (1882-1919), ou Raymonde de Laroche, atriz e aviadora francesa, primeira mulher no mundo a obter um brevê de piloto de avião. (N.T.)

*** Marie Marvingt (1875-1963), inventora, esportista, alpinista, enfermeira e jornalista francesa, apelidada de "a noiva do perigo". Entre muitos feitos, ela se disfarçaria de homem para servir durante a Primeira Guerra Mundial. (N.T.)

**** Louis Mouthier (1884-1970). (N.T.)

***** Marcel Loridan (1883-1971). (N.T.)

consegui honrar meus compromissos, ainda que com um sucesso que eu poderia ter merecido melhor.

Obre, que felizmente progredia desde Cholet, fez algumas demonstrações tranquilas.

Bielovucic conseguiu, algumas vezes, triunfar sobre um motor tão teimoso quanto o meu.

Mouthier foi eliminado no primeiro voo por uma aterrissagem desajeitada, que lhe custou uma hélice e um trem de pouso.

Marvingt, por fim, demonstrou uma audácia intempestiva ao partir com seu amplo *Antoinette* do terreno ruim onde estávamos: ela bateu, sem danos, na vegetação, em um campo de bocha próximo.

Poucos dias depois ocorreu a segunda semana de aviação de Saint-Étienne para inaugurar o magnífico aeródromo permanente de Bouthéon.

Logo me liguei a Charles Voisin. Entramos em contato com o sr. Nentien, o criador de Bouthéon, e conseguimos dele a contratação de Weymann e de Audemars. Por outro lado, estavam envolvidos: Train, nativo de Saint-Étienne, e seu aluno Marc Bonnier.*

Charles Voisin se tornou, de certo modo, nosso representante: Biélo, Weymann, Audemars e eu. Ele cuidava de todos os nossos pagamentos, de todas as questões materiais, de transporte e supervisão dos mecânicos e das aeronaves, da organização de nossas viagens etc.

Só precisávamos nos preocupar em voar.

Recebi em Saint-Étienne minha bela aeronave do recorde – era realmente uma maravilha. Eu estava ansioso para fazer a tentativa planejada.

Enquanto isso, repassei meu *Blériot* emprestado para Audemars, que finalmente decidiu abandonar o *Demoiselle*. A festa

---

* Marc Bonnier (1887-1916). (N.T.)

de Bouthéon, favorecida por um tempo propício, foi um grande sucesso. Voamos com incrível entusiasmo. Não houve nenhum acidente, exceto o de Marvingt, que, infelizmente, destruiu seu *Antoinette* no primeiro voo. Ela quisera fazer, segundo nos disse, "uma curva de fósforo"... Esse lapso nos fez rir muito: em linguagem de aviação dizíamos "uma curva em grampo de cabelo" e "reduzir uma aeronave a fósforos" – nossa boa amiga involuntariamente usara um atalho expressivo.

Audemars saiu ileso de uma pane seca, fazendo um pouso hábil fora do campo.

Weymann obteve grande sucesso em suas curvas de precisão rentes ao solo.

Fiz alguns bons voos, cuidando bem de minha aeronave nova.

Apesar da abundância e variedade de nossas exibições, o evento de Bouthéon foi um desastre para Nentien. O primeiro meeting, muito recente, havia absorvido toda a curiosidade dos habitantes de Saint-Étienne. Além disso, Bouthéon tinha má acessibilidade em termos de transporte. A festa só era convenientemente acessível para automobilistas. O último domingo, sobre o qual contávamos, foi desastroso. Propusemos estender nossa participação por um dia para dar a ele uma chance de se recuperar um pouco.

Naquela segunda-feira, sob um céu claro, nossa exibição de despedida – com certeza a mais bonita que fizemos – aconteceu literalmente diante das arquibancadas. *Nenhum* espectador passou pelas bilheterias... E no entanto, houve um que apareceu de repente, solitário, no meio das belas arquibancadas decoradas com flâmulas... Houve grande agitação entre os controladores ociosos: dois deles correram ao mesmo tempo para pedir o bilhete ao fiel aficionado. Ele não tinha... Quiseram expulsá-lo. Então descobriram que o espectador era Charles Voisin...

Cada dia em Saint-Étienne foi um momento de prazer. Fazíamos piqueniques de almoço na floresta, a cerca de dez quilômetros. As senhoras cuidavam dos preparativos. Partíamos em caravana, por volta do meio-dia, para a montanha. Escolhíamos um local perto de um riacho claro e fresco. Abrigávamos os carros; desembalávamos as provisões e o material e começávamos deliciosas orgias de comida e alegria.

Depois do almoço, ficávamos estendidos na grama, as risadas e brincadeiras morriam aos poucos e logo só se ouvia o murmúrio do riacho e o roçar das folhas.

Adiávamos o máximo possível a hora de partir, mas era preciso voltar pelas três horas para ganhar a vida... Deus sabe que ela era bela e fácil naquela época... Colocávamos em nossas exibições entusiasmo e fantasia espontâneos: às vezes, formava-se uma verdadeira quadrilha aerea.

Voltávamos à noite inebriados de ar e espaço...

O jantar acontecia em um pequeno restaurante bastante íntimo, do qual éramos clientes muito mimados...

E a noite terminava com um último passeio pela cidade adormecida. Era um tempo feliz...

De Saint-Étienne, Charles Voisin fechou um acordo para nós em Le Mans. Nessa ocasião, o pobre Kimmerling,* um excelente colega, veio reforçar nossa equipe, e nossa caravana aumentou com um grupo de amigos de Weymann, que chegaram como turistas de Paris. A vida boêmia de Saint-Étienne recomeçou em Le Mans e permaneceu tradicional nessas turnês provincianas que não veremos mais e cuja diversão despreocupada já não seria adequada para a minha idade.

---

* Albert Kimmerling (1882-1912), morto em um acidente aéreo aos 29 anos. (N.T.)

Além do nosso grupo, estavam contratados em Le Mans: Level* (no *Savary*), que faleceu em Reims alguns dias depois, e a srta. Dutrieu** no biplano *Farman*.

Essa corajosa aviadora fez voar com ela o saudoso presidente do aeroclube de Sarthe, Léon Bollée. Ela fez uma manobra errada e colidiu em pleno voo com um mastro de flâmulas. O *Farman*, partido ao meio, caiu no chão no meio da multidão. Por milagre, ninguém foi atingido. Léon Bollée, que pesava mais de cem quilos e sofria de uma doença cardíaca, se levantou ileso. A srta. Dutrieu, por sua vez, já tinha vivido muitas outras situações...

Weymann também teve uma queda impressionante em seu último voo em Le Mans. Em uma daquelas curvas muito inclinadas que ele não tinha medo de fazer perto do solo, sua alavanca de controle, longa demais, ficou presa contra o carburador. O *Nieuport* mergulhou no chão a toda a velocidade e foi completamente destruído. O piloto saiu ileso.

O meeting de Le Mans foi um grande sucesso em todos os aspectos.

A prefeitura e o aeroclube nos ofereceram recepções calorosas.

Um *vin d'honneur* se tornou lendário devido às dificuldades que Charles Voisin enfrentou para conseguir nos reunir. Ninguém estava pronto. O bravo amigo corria de um lado para o outro, como um pastor tentando reunir seu rebanho, e, com o relógio na mão, recitava em voz lenta e solene uma cantilena invariável: "Senhores... Devo informá-los que faz exatamente 45 minutos que o prefeito de Le Mans, vestido com sua faixa e cercado por seu conselho municipal, perscruta os horizontes da praça à espera dos aviadores...".

---

* René Level (1877-1911), morto em um acidente aéreo na competição de Reims. (N.T.)

** Hélène Dutrieu, aviadora belga, vencedora da Coupe Femina em 1910. (N.T.)

E essa ideia o mantinha em um estado de bom humor contagiante.

Depois de Le Mans, eu não quis adiar por muito mais tempo minha tentativa de recorde. Nosso grupo se dispersou temporariamente e eu retornei a Paramé, acompanhado de Charles Voisin e de sua amiga Raymonde de Laroche.

Tínhamos combinado que Charles cuidaria doravante dos meus interesses pessoais, como um amigo empresário. Ele era incansável e de um empenho incrível. Habilidoso e persuasivo nos negócios, e muito experiente tecnicamente. Eu valorizava muito sua colaboração e seus conselhos. Ele se tornou um amigo muito dedicado.

Em Dinard, encontrei um contrato fechado com o comitê de festas. Mas todos os meus pensamentos estavam concentrados no recorde. Eu queria evitar uma aglomeração incômoda de curiosos. Charles providenciou a construção de um hangar em um terreno adjacente a uma fazenda isolada, perto de Cancale. Ali, eu estaria tranquilo.

O avião foi desembalado e preparado com extremo cuidado. O motor foi desmontado peça por peça, verificado, limpo, remontado. Eu o utilizei em pequenos voos, totalizando duas horas, como convém ser para amaciar e reajustar as peças recém-montadas.

Tudo estava pronto. Jacques Schneider gentilmente oferecera seus serviços como comissário do aeroclube. Eu o convoquei por telegrama e ele se apresentou.

A tentativa aconteceu em 4 de setembro, ao nascer do sol. Aproveitei a maré baixa.

Cheguei ao pequeno terreno de Cancale acompanhado de Voisin e Schneider. Enquanto eu me vestia, eles procediam, na presença de testemunhas, à preparação do barômetro. Os lacres foram colocados, o instrumento foi fixado na aeronave, em uma posição que me permitia monitorar seu funcionamento. Eu temia que minha performance fosse anulada por uma falha no barômetro.

Ficou combinado que eu não voltaria ao ponto de partida, mas pousaria na praia de Paramé. O recorde a ser batido era o do capitão Félix, 3.490 metros.*

Parti calmo e confiante, pois me sentia muito preparado.

A ascensão foi muito regular – até cerca de 2.400 metros, eu estava em condições normais. Mantive-me o tempo todo sobre o mar. Eu só podia vê-lo em uma área limitada devido à névoa matinal que borrava o horizonte. Para o leste, o sol brilhava e aquecia o lado do meu corpo que estava voltado para ele.

A partir de 2.500 metros, concentrei minha atenção em monitorar o combustível, os instrumentos de controle e minhas próprias sensações respiratórias e cardíacas; pois a cada novo recorde de altitude os fisiologistas declaravam o organismo humano incapaz de suportar sem acidentes maiores diferenças de pressão e, assim, cada nova tentativa era feita sob a ameaça constante de síncope.

Eu tinha marcado na folha quadriculada do barômetro a altura que meu gráfico deveria ultrapassar e não tirei os olhos da agulha que o traçava. A curva estava se desenhando de forma regular. Quando me aproximei dos três mil metros, minha confiança se tornou quase uma certeza de sucesso, e senti meu coração bater com força... mas apenas de emoção...

Redobrei a atenção para manter o ângulo de subida ideal. Às vezes, sentia o ar melhor: aproveitava para ganhar alguns metros mais rapidamente. Eu tateava o vento para utilizá-lo da melhor maneira possível. Tentei usar a habilidade que adquiri em um ano de treinamento intensivo. Eu me sentia bem-disposto, lúcido, e esse esforço me apaixonava... Vi a agulha tocar – ultrapassar – o recorde: foi uma de minhas satisfações esportivas mais completas.

* Recorde estabelecido pelo capitão Julien-Alexandre Félix (1869-1914) em Étampes, em agosto de 1911. (N.T.)

A curva continuava subindo: eu ainda tinha quase meia hora de combustível. Até onde eu iria? Defini como novo objetivo o quarto quilômetro.

Meus olhos voltavam constantemente para o marcador do barógrafo: cada fração de milímetro era uma pequena vitória... A subida se tornou mais lenta, mais difícil. Apesar dos cuidados, eu sofria um pouco com o frio, especialmente nas mãos e nos pés. Por outro lado, não sentia nenhum problema cardíaco ou respiratório. Sentia inclusive uma sensação de bem-estar naquele ar leve e puro.

A costa e o mar estavam distantes e embaçados, era uma visão de sonho. Acima de mim, pelo contrário, o céu era de um azul muito puro e o sol nascente lançava uma luz triunfante. Apesar da preocupação com o objetivo a alcançar, eu via tudo, vivia intensamente.

Além do barógrafo oficial, eu tinha diante de mim um altímetro de mostrador. Esse instrumento dava uma medida um pouco mais rigorosa que o outro. Me baseei nele: li 3.900 – 3.950. Foram necessários dez minutos para os últimos cem metros. A aeronave empinava sem subir, oscilava, dando sensações de equilíbrio instável. Talvez eu pudesse ter ganhado mais alguns metros, mas o voo estava se tornando muito desagradável. Eu estava satisfeito com o resultado alcançado... Desliguei o motor com cuidado e comecei uma descida cautelosa. De tempos em tempos, verificava com um toque de ignição se ainda podia contar com o motor.

No meio do caminho, tive um grande susto: ouvi uma explosão, um estalo ensurdecedor... Logo percebi que o fenômeno tinha ocorrido *nos meus ouvidos*. Senti uma pequena dor nos tímpanos e zumbidos: mas era pouca coisa.

A praia se aproximava. Visei o local onde deveria pousar, em frente a nosso hotel. O avião parou a poucos passos do terraço.

Eu havia batido o recorde mundial de altitude por oitocentos metros.*

---

* O recorde foi homologado em 3.950 metros. (N.T.)

Meu querido manager me aguardava com bastante ansiedade, cronômetro em mãos. Eu tinha desaparecido completamente de vista por meia hora. A boa notícia foi recebida com entusiasmo. A praia ainda estava deserta àquela hora da manhã. Voltei tranquilamente para o hotel e fui para a cama para me aquecer, pois estava congelado: um bom grogue e uma hora de descanso resolveram essa pequena falha de um temperamento friorento.

Hora deliciosa, na qual, com os ouvidos ainda zumbindo e atordoados, saboreei beatificamente a alegria de um sucesso há muito desejado.

Me levantei refeito e disposto, e ficou decidido que comemoraríamos a vitória com um belo almoço em Dinard.

Partimos em quatro, no pequeno Grégoire inacabado que Biélo gentilmente me emprestava desde Le Mans. Eu estava ao volante; a meu lado, Raymonde de Laroche; compartilhando o único assento traseiro: Charles Voisin e Toché, um jovem jornalista amigo nosso. Partimos em boa velocidade pela estrada de Saint-Malo. Eu dirigia com o entusiasmo de um motorista experiente que acabara de fazer um ótimo negócio. Logo nos vimos algumas centenas de metros atrás de um terrível carro velho que levantava espessas nuvens de poeira. Alcançá-lo e ultrapassá-lo seriam apenas brincadeira – mas sairíamos cobertos de pó. Por outro lado, era entediante marcar passo até Saint-Malo. A solução para esse dilema apareceu de repente na forma de uma estrada perpendicular à que estávamos seguindo. O automobilismo é, por excelência, o esporte das decisões rápidas. Com um golpe de volante preciso, abandonei a esteira do carro velho e entrei na estrada secundária... Nesse momento, tive a intuição de que algo estranho acontecia atrás de mim... Ouvi um pequeno grito de angústia abafado. Enquanto mexia nos pedais, na alavanca e no volante para que uma recuperação elegante sucedesse a uma curva tão bonita, virei a cabeça por um segundo... Ainda vejo a imagem que se gravou em minha retina... Voisin e Toché, encolhidos e em poses paralelas, estavam *no ar*. Seus perfis se destacavam sobre o fundo branco da nuvem de poeira. Um atrás do outro, continuavam na estrada principal... Não vi a aterrissagem no asfalto, mas todo o meu sistema nervoso a sentiu e se contraiu. Instantaneamente, freei com toda força. Ao custo de alguns dos seus pregos, os pneus antiderrapantes de Biélo se cravaram no chão. Corri, mudo de ansiedade, Toché se levantou cambaleando e se sacudiu automaticamente, balbuciando monossílabos ininteligíveis... Charles estava menos tranquilizador: com o rosto desfeito, segurava as costas. Ele havia tocado o chão primeiro e, de costas, recebido o peso de Toché sobre ele. No entanto, ambos estavam de pé, não tinham quebrado nada... Fiquei muito feliz por vê-los se saírem tão bem. Então percebi o lado cômico do acidente; fui tomado por uma risada incontrolável que me atraiu os olhares impacientes de Raymonde. A preocupação me devolveu a seriedade: a dor de Charles não parecia abrandar – ele estava pálido, sem forças. O que fazer? Consultamos uns aos outros muito constrangidos. Enquanto isso, uma pequena multidão se formava a nosso redor. Nos olhavam com curiosidade... Era uma situação desagradável... De repente, um menino abriu caminho e correu na minha direção, com o rosto radiante: "Olá, senhor... Não me reconhece?...". E, para ser reconhecido, acrescentou com sua vozinha clara, em meio ao silêncio que aquele incidente havia causado: "Sou o menino que o senhor atropelou no ano passado...".

Com essa descrição, nem mesmo Charles pôde deixar de sorrir. Ele teve pena de mim, fez um esforço, voltou para o carro e eu me afastei envergonhado. Nosso almoço foi menos alegre do que esperávamos. Nosso pobre amigo ainda sentia muita dor. Ele estava tonto. Tivemos que deitá-lo em um quarto do Royal. No fim, ele se recuperou com 48 horas de descanso forçado e após oito dias de dores musculares.

O recorde de altitude deu um brilho especial às minhas exibições em Dinard. Por cerca de dez dias, fui mimado de todas as maneiras possíveis, e levei desta segunda estadia uma lembrança ainda mais agradável do que a do ano anterior.

Minhas viagens pela província continuaram até novembro. Eu costumava passava o início da semana em Paris – sem outra preocupação além de viver da forma mais agradável possível. E geralmente partia na sexta ou no sábado, sozinho ou na companhia de Audemars ou outros amigos. Charles nos esperava no destino com uma organização perfeita. Eu só tinha o trabalho – ou melhor, a alegria – de voar em meu avião tratado como um cavalo premiado.

Foi assim que visitei, entre outros lugares:

Lorient – com Audemars no *Demoiselle*. Terreno ruim, tempo feio, muita gente.

Auray – sozinho – mau tempo – fiz uma observação útil para pousos com vento lateral. Uma vendedora de programas me entregou anonimamente uma encantadora pequena medalha de ouro de Nossa Senhora de Auray, que guardei.

Vannes.

Rennes – com Kimmerling – organização Baré – tempo medíocre.

La Ferté-Vidame – com meu primeiro avião – o do acidente em Dinard – que Blériot acabara de reformar – motor agonizante – exibição detestável.

Marselha. Grande semana organizada pelo sr. Coussemille, patrocinador, e pelo sr. Manselon, empresário marselhês, promotor do famoso combate de tigre *contra* touro.* "Ele tem o dinheiro, eu tenho as ideias..." Os regulamentos diários deram lugar às formalidades da "pesca", por Charles Voisin. Audemars bate seu *Demoiselle* na primeira partida e divide comigo meu avião durante todo o meeting. Conheço o amigo Niel, velho aviador honorário, companheiro alegre. Meu pai, que acabara de chegar da Cochin-

* Combate entre dois tigres e dois touros, organizado em agosto de 1908. (N.T.)

china, me viu voar pela primeira vez. Védrines realiza o feito de passar por baixo da ponte transportadora de Marselha...

Aix-en-Provence. Terreno minúsculo, parei duas vezes a quatro passos do muro limite. Outra vez, só evitei a colisão pulando do assento e segurando o avião pela cauda.

Depois de nossa partida de Havana, Barrier e Simon haviam continuado sua jornada pelos Estados Unidos. Recebemos uma ou duas cartas de Barrier. A boa estação permitiu-lhes visitar algumas cidades do Norte e eles terminaram participando do grande meeting de Chicago.

Eles chegaram a Paris em um dia bonito, com uma abundante colheita de dólares e lembranças. Foi uma doce emoção nos encontrarmos todos os quatro ilesos depois de tantos perigos. A turnê Moisant havia custado três vidas em doze meses; de um grupo de oito pilotos, era uma proporção significativa.

Agora, uma nova oportunidade americana se apresentava para nós. Barrier tinha conhecido em Chicago um rico desportista que se apaixonara pela aviação. Eles haviam concebido juntos o projeto de uma nova turnê. Barrier foi encarregado de negociar com Audemars e comigo um contrato de no mínimo seis meses.

Recebi a proposta sem muito entusiasmo: a M.I.A. me deixara uma má lembrança, e na França eu tinha uma vida fácil e agradável.

Mas Barrier me convenceu de que não deveríamos temer, com o novo patrocinador, os problemas que se deviam à exaltação do velho Moisant.

Além disso, minhas condições foram aceitas sem discussão. Assinei o contrato que nós mesmos havíamos ditado. Tínhamos poucos dias para nos preparar para a partida. Simon não participaria dessa nova expedição: cansado de aventuras, ele se recusou a deixar Paris; por minha vez, eu não queria me separar de Charles Voisin, cujos serviços não conseguimos que fossem aceitos, nem do meu avião do recorde, embora todo o equipamento devesse ser fornecido pela empresa.

Partimos no final de novembro de 1911 para o Rio de Janeiro, onde tínhamos um encontro marcado com o sr. Conibro* e o resto da Queen Aviation Company Ltda.

---

* Willis McCormick, apelidado de sr. Conibro ou sr. Corni por Roland Garros. (N.T.)

NA AMÉRICA DO SUL

XVII

As linhas da América do Sul são menos bem servidas do que as de Nova York. As conveniências de datas nos impuseram um navio inglês de segunda classe, o *Thames*, em que fizemos uma travessia pouco interessante; embarcados em Le Havre, fizemos breves escalas em Lisboa, São Vicente, Pernambuco, Bahia. A viagem terminou no cenário feérico da baía do Rio. Assim que o *Thames* cruzou o estreito canal, ladeado à esquerda pelo Pão de Açúcar, nos vimos cercados instantaneamente pela exuberância luxuriante do clima brasileiro. Éramos esperados no cais pelo secretário do sr. Conibro e outro funcionário – Barrier os reconheceu e nos apresentou a ele. Soubemos que o sr. Conibro ainda não estava no Rio, nem o equipamento. Ele chegaria alguns dias depois. Enquanto isso, o sr. Malone, o secretário, estava encarregado dos trâmites para uma exibição no Rio.

Fomos acomodados em um aposento do Hotel Avenida. Mas o deixamos quase que imediatamente e nos hospedamos no International. Este estabelecimento, situado nas encostas da montanha, a meio caminho do cume do Corcovado, domina a cidade e a baía. Infelizmente, o único meio de acesso era um pequeno bonde elétrico que subia a sinuosa trilha com terríveis rangidos. Ele saía da cidade por um viaduto alto, estreito e com aparência decadente, que eu não conseguia atravessar nos primeiros dias sem sentir uma leve vertigem e ansiedade.

A ausência de qualquer estrada transitável era de fato uma desvantagem lamentável. Apesar desse inconveniente, o hotel era bastante confortável, protegido dos calorões; acima de tudo, proporcionava uma das vistas mais deslumbrantes do mundo. Aos nossos pés, o Rio de Janeiro, imenso, espalhado pela vegetação tropical; depois, as águas calmas da baía. À direita, entre os cais e o Pão de Açúcar, uma sucessão de enseadas regulares dava à costa a forma harmoniosa de uma guirlanda, ao longo da qual se estendia uma bela avenida ladeada de palmeiras. Era o bairro elegante da cidade. No meio da enseada, pequenas ilhas cuja disposição lembrava um pouco as Borromeu, e uma frota de barcos ancorados, que pareciam brinquedos. Na margem oposta, as casas brancas de Niterói. Por fim, ao longe, no fundo da baía, uma serra recortada, selvagem, e sobre tudo isso uma orgia de luz.

Em frente às nossas janelas havia incríveis nasceres do sol. Às vezes, por acaso, um de nós acordava a tempo e chamava os outros. Nos debruçávamos os quatro à janela e, por um longo tempo, contemplávamos o amanhecer. Eram cenas grandiosas. Em um céu ao mesmo tempo mais vasto e mais vivo que o nosso, a luz se anunciava e se espalhava com força. As cores, mais ricas, mais brilhantes, passavam por violentas transformações. Por um momento, uma grande animação silenciosa reinava na natureza: era toda a vida ardente desse clima que despertava. E, de repente, o sol surgia, apagando as nuances e as sombras sob uma onda de claridade esmagadora.

À noite, a magia era outra. A nossos pés, o Rio brilhava silencioso, diante do espelho escuro de sua baía, e sobre nossas cabeças, o céu ficava tão prodigiosamente repleto de estrelas que parecia uma abóbada de diamantes.

Os primeiros dias passaram rapidamente sob o encanto exótico de tudo o que nos rodeava. Preenchemos nossa ociosidade com longos passeios de carro. No Rio, é possível alugar belos carros de turismo, com muitos de nossos modelos Renault franceses. Os itinerários, no entanto, se reduziam a dois – pelo menos não conhecíamos outros. Mas esses dois passeios eram tão bonitos que não nos cansávamos deles. O mais curto consistia em seguir suavemente ao longo da costa da baía até o Pavilhão Mourisco; continuando na mesma estrada, cortávamos um estreito e acidentado istmo e encontrávamos, desta vez no oceano, uma longa praia margeada por cidades e um ou dois estabelecimentos ecléticos, onde se podia consumir bebidas refrescantes.

O outro passeio, muito mais longo, era o belo circuito da Tijuca, nas montanhas pitorescas que se elevam a partir do Rio.

Também fizemos uma bela excursão – infelizmente de bondinho e a pé – até o íngreme topo do Corcovado, que quase se sobrepõe à cidade com seus cerca de oitocentos metros de rocha. Ao voltarmos de lá, paramos no lado oposto e almoçamos em um terraço de hotel maravilhosamente localizado: daquele lado não se viam casas.

Encostas selvagens, cobertas de vegetação intensa, desciam abruptamente até o litoral do Atlântico.

Depois de um almoço ruim, descemos a pé – embora fosse proibido – o caminho do bondinho até o terminal da linha de bonde. Este caminho era bastante pitoresco: tivemos que passar por uma ou duas pontes sem tábuas, pulando de viga em viga sobre ravinas profundas. Felizmente, nenhum de nós sofria de vertigem.

Quando começávamos a nos preocupar com sua ausência, o sr. Conibro desembarcou uma noite sem avisar, seguido por um mordomo poliglota tão elegante que, confundindo-o com um amigo ou secretário, cumprimentei-o e estendi a mão, ao que ele correspondeu sem pestanejar.

O sr. Conibro era um cavalheiro de estatura imponente, com cerca de trinta anos. Era loiro, sem barba, tinha feições suaves e um sorriso gentil. Seu andar era indolente e desajeitado. Falava pouco, com voz arrastada, às vezes com uma espécie de gagueira. Vestia-se descuidadamente com roupas do melhor alfaiate de Nova York. Sua presença inspirava simpatia. Logo descobrimos que ele era sincero, bondoso e autêntico. Por algum tempo, a presença do diretor da Q.A.C. não mudou muito nossa vida. Ele se tornou o companheiro fleumático mas amigável de nossos passeios, compartilhando nossas caminhadas, noites e distrações sem se preocupar muito com a organização do meeting. Ele parecia querer confiar essa questão a seu secretário e a nós, embora, a princípio, não tivéssemos nada a ver com isso.

Os trâmites se arrastavam sob a direção hesitante do sr. Malone. Além disso, o equipamento não estava pronto. Recebemos de Nova York três aeronaves que a Queen havia comprado usadas, com a garantia de que estavam como novas. Eram elas: 1) um velho monoposto *Blériot;* 2) um *Blériot* de dois lugares reparado depois de grave avaria; 3) um amplo *Nieuport* de dois lugares a que faltavam peças essenciais.

Quanto à minha aeronave do recorde, ela estava a caminho no navio de carga *Eburon*, do qual não tínhamos nenhuma notícia.

O velho monoposto foi o primeiro a ser preparado para voar. Desistimos de lidar com o *Nieuport*. Finalmente, decidimos que o *Blériot* de dois lugares seria encurtado e transformado em monoposto, o que envolvia trabalhos complicados. Enquanto isso, faríamos alguns voos de demonstração na única máquina pronta.

Depois de alguns ajustes, meu primeiro voo foi uma visita ao presidente da República. Atravessei a cidade e cheguei à residência indicada. O chefe de Estado, informado, estava me esperando com sua comitiva no terraço. Dediquei-lhe uma espiral à minha maneira, deixei cair meu cartão de visita e retornei ao aeródromo. Essa estreia causou uma boa impressão na opinião pública.

Meus primeiros voos também encantaram o sr. Conibro, cuja admiração se expressava com um largo sorriso extasiado e com a única interjeição: "*Fine...*".

Audemars foi menos feliz: estávamos voando em uma pista de corrida pouco acessível em seu centro. Era necessário partir e pousar entre as barreiras da pista. O Rei do *Demoiselle*, ainda pouco treinado no *Blériot*, desviou levemente na decolagem e colidiu com a cerca. Nossa única máquina foi destruída... O sr. Conibro observou a catástrofe com um olhar glacial. Audemars teve dificuldade para reconquistar sua confiança.

Estávamos novamente privados de qualquer equipamento voador. O *Eburon* estava tão atrasado que nos perguntávamos seriamente se não teria naufragado. Nossa vida foi um tanto monótona por um tempo. Quase todos os dias descíamos para almoçar na rotisseria, um restaurante mais animado que o do hotel, onde eu tinha o prazer de ouvir palavras crioulas da minha infância. Depois fazíamos a inevitável visita ao campo para inspecionar o trabalho dos mecânicos e os mesmos passeios de carro que nos aliviavam do calor escaldante. À noite, vagávamos entre o music-hall – cujo programa só mudava semanalmente – o cinema e as pensões ditas "de artistas". Ou então, recomeçávamos, à luz do luar, o eterno passeio à beira-mar. Quase deitados nos bancos do carro, deslizávamos suavemente ao longo da praia até o final do percurso tradicional. Foi nessas circunstâncias que, certa noite, o sr. Conibro nos deu pela primeira vez uma amostra de sua originalidade.

Deviam ser dez ou onze horas. O mar acariciava tranquilamente a praia, o ar era suave, com uma brisa morna ocasional, o céu salpicado de estrelas. A estrada não estava deserta; carros de passeio nos ultrapassavam ou cruzavam por nós.

O sr. Conibro, sentado à nossa frente, à esquerda do motorista, cabeça descoberta, paletó desabotoado, membros relaxados, saciava-se de ar. Mas eis que o sr. Conibro faz um gesto que significa "Pare"... O carro para. Ele desce e caminha tranquilamente em direção à praia, sem olhar para trás, sem dizer uma palavra. Ele provavelmente precisa de um momento de solidão. Esperamos, e o sr. Conibro continua avançando, com grandes passos lentos. Sua alta silhueta vestida de branco se destaca um pouco sobre o fundo escuro do mar. Ele para e, sem pressa, tira o paletó, desfaz a gravata, desabotoa o colarinho e os deixa na areia. Então ele se senta e tira os sapatos, fica descalço, levanta-se de novo, tira as calças, a cueca, a camisa. O sr. Conibro fica nu como um recém-nascido!

Então, com o mesmo ar despreocupado, como se fosse a coisa mais natural do mundo, ele se aproxima da água e, com um impulso, finalmente se atira na água com um grande estrondo... Ficamos atônitos... Mas o sr. Conibro continua: a água chega à sua cintura, ao peito... Ele começa a nadar direto para o alto-mar, afastando-se na escuridão.

Uma inquietação nos invade: será um suicídio? Em todo caso, a brincadeira, se é que é uma, não está isenta de perigo; há tubarões no Brasil... O que fazer?... Esperamos, nos aproximamos da água. O sr. Conibro ainda está nadando. É difícil segui-lo com o olhar. Até que ele se aproxima. Assim como entrou, o sr. Conibro sai do mar. Esperemos que nenhum carro esteja passando pela avenida!... Ele se sacode, se enxuga como um cachorro molhado, depois, sempre silencioso e digno, o sr. Conibro inicia, à luz das estrelas e dos postes de luz, uma série de exercícios físicos vigorosos e bem coordenados. Ele para um pouco ofegante perto de suas roupas e se veste sem pressa, dizendo apenas:

–A água está boa.

Cada um retoma seu lugar: o carro parte.

A água decididamente exercia sobre o sr. Conibro uma atração particular. Ele nos deu uma nova prova disso durante uma excursão à Tijuca. Havíamos feito a parada tradicional no parque, tomando alguns refrescos sob as belas árvores. Depois, passeando pelas alamedas, chegamos a uma pequena rotatória com um lago cercado por um gramado, no qual um riacho se despejava em cascata.

Paramos por um minuto, entre muitos passantes. Foi então que o sr. Conibro se separou de nosso grupo, com seu passo arrastado, ultrapassou a pequena cerca metálica que limitava o gramado proibido ao público e foi, tal como estava, tranquilamente se sentar debaixo da cascata... Encharcado da cabeça aos pés, ele inclinava o rosto, o peito, as mãos para a água que caía e parecia se divertir muito com aquilo. A multidão olhava, perplexa... Um guarda finalmente decidiu interpelar o infrator. Mas o sr. Conibro não tinha pressa, voltou ainda uma ou duas vezes sob o chuveiro e só retornou depois de satisfazer plenamente seu capricho.

O guarda, perplexo, tentou obter uma explicação. O sr. Conibro, impassível, ignorou esse intruso. Ele se juntou a nós: seu leve terno de seda shantung aderia a seu corpo de maneira indecente. Uma poça de água se formava a seus pés assim que ele parava, como em um vestíbulo cheio de guarda-chuvas molhados.

Todo mundo nos olhava... Levamos nosso companheiro excêntrico de volta ao carro e partimos sem mais demora...

O sr. Conibro pensou então em verificar os objetos que estavam em seus bolsos. Carteira, documentos, notas bancárias estavam encharcados; chaves, relógio e lenço estavam todos molhados. O lugar que ele ocupava no carro logo se tornou um pântano.

Mas o sr. Conibro nunca pareceu mais feliz e expressou isso à sua maneira concisa:

– *Fine*...

O navio-cargueiro *Eburon* finalmente decidiu aportar, com duas semanas de atraso. O pobre barco havia passado por uma terrível tempestade. Ele quase afundou com meu belo aparelho, eu teria ficado de luto. Mas finalmente chegou à baía, todo molhado; ele está sujo, desamparado, lamentável; mas carrega meu tesouro. Ardendo de impaciência, pulo em um bote com Charles e vamos dar uma volta no *Eburon*. Charles fotografa a popa como lembrança, de onde o mar arrancou letras da palavra *Eburon*.

Assim que as formalidades alfandegárias permitiram, a grande caixa foi descarregada, levada ao campo e aberta: "ele" não havia sofrido muito – a umidade apenas torcera um pouco o leme e deixado algumas nervuras na asa...

Demos ao secretário de nosso mecenas – um excelente homem – o apelido de Olho de Galo, justificado por uma certa semelhança física e intelectual. Depois de completar uma série de diligências mais ou menos bem-sucedidas, Olho de Galo declarou sua organização pronta. Foi fixado um prazo próximo para a nossa estreia. Teríamos naquele dia dois aparelhos em serviço, o que, com rigor, podia ser suficiente para três pilotos.

Todos nós sentimos aquele mal-estar indefinível que nos invade à aproximação de uma prova às vezes insignificante.

A intensidade desse desconforto nos dá uma ideia do quanto estamos mal preparados e reconhecemos o que no esporte é chamado de forma, pela indiferença dos nervos quando chega a hora de agir.

Barrier não voava havia vários meses quando lhe coube a ingrata tarefa de experimentar nosso transformado dois lugares. Ele deve ter pensado muito na pista estreita, nas barreiras ameaçadoras e nas terríveis correntes de ar quente daquele país escaldante. Ele tentou escapar ao menos desse último flagelo e resolveu, apesar de nossa repugnância por despertares matinais, ir à pista nas primeiras horas do dia.

Se algo pode agravar o desconforto de que falei, é o frescor inoportuno da aurora para os dorminhocos incorrigíveis. É o momento em que nos sentimos com os membros moles, o cérebro vazio de calor e energia, e há uma espécie de depressão em todo o corpo. Nos surpreendemos por termos pensado que coisas impossíveis seriam possíveis; nenhum impulso ajuda a vontade, nos sentimos fracos e sozinhos diante da decisão tomada, e a coragem é penosa.

Aquele foi um dia de provação para nosso camarada. Voisin, sempre cheio de entusiasmo, foi o único que concordou em acompanhá-lo. Ele nos fez um relato lamentável ao voltar. Barrier passou a primeira parte da manhã lutando contra um verdadeiro enjoo, cheio de tonturas e náuseas. Mesmo assim, ele realizou o teste necessário – mas muito tarde, sob um sol escaldante, entre as famosas correntes de ar...

"Foi bem inútil...", concluiu Audemars, segundo uma de suas fórmulas favoritas.

Nossa primeira apresentação foi bastante bem-sucedida. Preenchi facilmente os requisitos de alguns prêmios criados pelos jornais, especialmente para uma travessia da baía, entre Rio e Niterói. Mas esses voos não atraíram a multidão que deveriam. Os espetáculos de aviação só podem ser bem organizados por um especialista, e nosso Olho de Galo não tinha nada de empresário. Estávamos um pouco preocupados com a má impressão da estreia do sr. Conibro. Isso era desconhecer nosso mecenas esportivo. Nossos voos o deixaram vibrando de entusiasmo: ele o expressava à sua maneira, com um largo sorriso beatífico e a palavra universal: "*Fine...*".

Várias vezes tentamos lhe apontar as imperfeições de seu empreendimento – mas ele não tentou corrigi-las: seu objetivo era menos ter lucro do que se distrair. E ele estabeleceu essa tradição de comemorar cada voo bonito com um jantar regado a champanhe que ele encomendava com refinamento, e como só fazíamos voos bonitos...

Na manha seguinte a uma de nossas exibições, recebemos a visita inesperada de dois senhores de terno. Eles se apresentaram como o major Paiva Meira, chefe da comissão de aviação militar do Brasil, e o tenente Kirk. Esses senhores queriam entrar em contato conosco, obter informações úteis para seu trabalho. Eles se comprometeram a obter para nós um subsídio do governo em troca de nossa colaboraçao em uma série de experimentos e demonstrações. Foi um acordo imediato.

Eu deveria voar do Rio a Teresópolis. Me recomendaram primeiro viajar por terra para entender as dificuldades do percurso.

Foi uma bela excursão. Um vapor do serviço regular nos permitiu atravessar a baía na área de seu maior diâmetro. Chegamos em uma hora à região mais selvagem de suas margens, no ponto final do trem de cremalheira de Teresópolis.

No trem, depois de alguns quilômetros em terreno plano, a subida começou. Passamos por uma garganta profunda, cheia de arbustos densos e emaranhados; quase acima de nossas cabeças, à esquerda, picos vertiginosos, entre os quais se ergue o Dedo de Deus. Nenhuma estrada, nenhuma casa. Avançamos lentamente... A viagem só terminou à noite, sob chuva. Da estação, duas velhas carruagens nos levaram à casa habitada pela família do major. Fomos recebidos de forma encantadora pela sra. Paiva Meira, suas filhas e um grupo numeroso. Foi necessário superar uma certa timidez, devido ao fato de não falarmos português, de poucas pessoas poderem se expressar em francês e, por fim, o sr. Conibro só entender inglês.

Conseguimos, no entanto, quebrar o gelo, e a refeição terminou em total cordialidade. A noite teve seu episódio cômico. O número de jovens tornara inevitáveis os jogos de sociedade. Cada um propôs um. Depois as jovens, em nossa homenagem, recitaram alguns versos em francês, tocaram piano etc., e a festa chegava ao fim.

De repente, o sr. Conibro, até então impassível e silencioso, me pediu para anunciar que dançaria um *real cake walk*... Os rostos das mães de família imediatamente refletiram preocupação, que compartilhávamos: o que seria o *real cake walk*?

Mas a atitude do sr. Conibro tornou toda diversão impossível. Fui encarregado de tocar ao piano o *cake walk* solicitado, e vi de meu posto o sr. Conibro, com seu chapéu de palha, que ele foi buscar especialmente no vestíbulo, armado com uma pequena bengala, expor-se aos olhares perplexos da assistência em poses serenamente inconscientes do ridículo. Seu grande corpo parecia preencher o salão com gestos desajeitados e incoerentes. A respiração ofegante mantinha sua boca entreaberta em um sorriso vago. Por um momento, esperamos pelo escorregão traiçoeiro no assoalho encerado... mas o destino nos poupou dessa humilhação.

Quando se sentiu cansado, o sr. Conibro parou abruptamente e foi colocar o chapéu de palha e a bengala no vestíbulo. O *real cake walk* foi o destaque da noite.

Algumas horas depois, ao atravessar novamente a baía, fui testemunha de uma cena que permanece gravada em minha memória.

Dois grandes pássaros pescadores com longas asas pontiagudas, chamados no país de zopilotes, estavam se divertindo sobre a água. Observei seu voo gracioso. De repente, um deles mergulha, pega uma presa e retorna com um belo peixe prateado se debatendo... Ele sobe com esforço, pois a presa é pesada. Chegando a certa altura, sacode sua carga, pega um pedaço com o bico e solta o peixe mutilado que cai... Então o segundo zopilote, que estava por perto, gira sobre si mesmo e, com um único golpe de asas, dá o impulso vertical que o faz alcançar o corpo denso e liso do peixe em sua queda. Com um milagre de destreza, o pássaro pega a presa escorregadia e, com um movimento ágil das asas, retoma a direção ascendente.

Eu ainda estava perplexo quando a cena se repetiu da mesma maneira, e assim várias vezes seguidas.

O voo das grandes aves é um assunto de observação fascinante. Entendo a paciência de Mouillard.* E para um piloto experiente e reflexivo, é um estudo útil. Ao planar, as aves enfrentam os mesmos problemas que nós e os resolvem da mesma forma. Seus órgãos são um pouco mais completos que os do avião, e seus reflexos têm a perfeição do instinto. Os nossos são adquiridos por

---

* Louis Pierre-Marie Mouillard (1834-1897), pioneiro da aviação francês do século XIX, publicou estudos baseados na observação de pássaros e ensaios sobre a ornitologia aplicada à aviação. (N.T.)

uma educação rudimentar. Os aviadores só sonham com corridas e recordes, ou garantem sucesso nos aeródromos com um repertório de truques fáceis. São poucos os que amam e estudam a arte de voar.

Entre os melhores modelos fornecidos pela natureza, podemos colocar, acredito, os urubus, uma espécie de pequenos abutres que proliferam no Brasil. Eles fazem voos planados admiráveis, usando as correntes ascendentes causadas pelo relevo do solo.

Às vezes, eu me divertia perseguindo, de avião, urubus ou zopilotes. O pássaro sempre fugia em linha reta, apavorado de ser alcançado. No último momento, uma manobra desesperada, rápida como um raio, o salvava da hélice. Sem perdê-lo de vista, eu me virava o mais rápido possível e a perseguição recomeçava. Quando tinha paciência para prolongar esse jogo por dez minutos, invariavelmente acontecia que a pobre criatura, exausta, acabava subitamente no mar.

Se fosse possível eliminar o que havia de inutilmente cruel nesse jogo, eu teria apreciado mais essa estranha sensação de homem que se torna a mais temível das aves de rapina.

Durante uma semana, o programa do major Paiva Meira foi executado. Houve sessões públicas, que finalmente atraíram multidões suficientemente grandes, e algumas reuniões exclusivamente militares.

Uma das primeiras provas foi a viagem a Teresópolis.

Era um dia bonito, quente e claro. Parti diretamente para o Dedo de Deus, que se destacava no horizonte entre as montanhas.

Há uma exaltação particular em voar em um cenário selvagem onde se sabe que as asas humanas passam pela primeira vez. Infelizmente, minha alegria estava envenenada pela constante apreensão de uma falha. Ali, uma parada do motor significaria, no mínimo, a perda de meu valioso aparelho.

Atrás do Dedo de Deus, uma nuvem branca escondia o fundo do vale. Logo percebi que esse teto de nuvens se estendia sobre o planalto de Teresópolis. Eu estava a cerca de 2.500 metros e via à minha frente os picos abruptos emergindo das ondas prateadas. Eu só poderia encontrar meu destino passando por baixo das nuvens; eu tinha que descer imediatamente, antes que o solo desaparecesse abaixo de mim. Desliguei o motor: mil metros mais baixo, deslizei entre o fundo do vale e o teto de nuvens. Reconheci a pequena linha férrea de cremalheira e a segui por um momento. Cheguei assim ao lugar onde o vale, por um último levantamento abrupto, atinge o planalto onde fica Teresópolis. Foi lá que aconteceu um fenômeno inesperado.

Eu avançava contra um fraco vento de proa. De repente, no último momento, qual não foi minha surpresa ao ver toda a paisagem a meu redor subindo... No entanto, meu motor estava funcionando a toda a velocidade, meu avião avançava inclinado para cima e eu *não sentia* que estava descendo: era o vale que subia a meu redor, que me *engolia*... E esse movimento se acelerou com uma rapidez terrível: o planalto estava acima de mim, se continuasse eu bateria nas rochas... Virei-me com a rapidez de um furacão em apuros... O pesadelo desapareceu: me vi voando normalmente de volta ao vale... Que diabos havia acontecido? A verdade logo ficou clara para mim: eu estava em um verdadeiro rio de ar, canalizado entre duas cadeias de montanhas – o lugar onde o vale se levantava até o planalto formava, nesse rio, uma corredeira, uma queda, que meu avião não tinha potência para superar. (É curioso notar que, nesse caso, é o vento de cauda que favorece a subida.)

Eu precisava passar pelo obstáculo a uma grande altura. As nuvens se opunham momentaneamente. Eu não tinha combustível suficiente para me demorar, sem a certeza de poder reabastecer. Era melhor voltar e tentar outro dia com a experiência adquirida e circunstâncias mais favoráveis.

Ao mesmo tempo frustrado com meu fracasso e feliz por minha descoberta, peguei o caminho de volta, tentando economizar o combustível. Atravessei a baía novamente, sob um sol ardente.

O Dedo de Deus diminuía atrás de mim e eu avistava a pista de corridas onde a multidão me aguardava.

Mais alguns minutos, depois um longo voo planado... Abaixo de mim, reconheci uma pequena mancha branca de forma familiar se destacando no terreno oval da pista: era o segundo *Blériot* da Queen A. Company, finalmente consertado, que Barrier havia experimentado em minha ausência. Infelizmente, a pequena mancha branca estava em uma posição muito anormal: eu a via inclinada sobre a cerca interna da pista; claramente houvera um... incidente...

A Queen estava com má sorte...

Eu era esperado com uma impaciência geral, exacerbada pelo acidente de Barrier. O pobre amigo tinha sido traído já na decolagem por um velho motor enferrujado. Ele havia terminado em completa desgraça depois uma heroica volta na pista...

Contei minha viagem com escrupulosa exatidão, explicando como havia fracassado quase na chegada.

– Vou tentar de novo amanhã... – acrescentei.

– Claro que não... – disse o major P. M. – Nosso programa não é tão rígido. O que fez já é suficiente, e precisamos do senhor...

De fato, meu avião era a única esperança da Queen; era necessário preservá-lo.

A imprensa relatou minha viagem a Teresópolis, sem mencionar uma palavra de minha evasão diante do último obstáculo.

Eu estava envergonhado por essa meia verdade que certamente não havia provocado. Digo meia verdade porque realmente quase alcancei o objetivo.

Mas as coisas pioraram: um teresopolitano que me esperara em vão escreveu aos jornais uma carta irônica e mordaz. Nosso amigo major me pediu para deixar a resposta a seu encargo, e o fez de maneira muito elegante. O incidente foi dado por encerrado, e eu não voltei a Teresópolis.

***

Fui encarregado de fazer outro reconhecimento de um acampamento militar nos arredores do Rio. Esse voo coincidiu com a visita a esse acampamento do presidente da República.

Mas minha principal tarefa consistiu em uma longa série de voos com passageiros. Primeiro foi o próprio major, que levei para um passeio sobre o Rio, do qual ele voltou entusiasmado. Depois, os primeiros candidatos a pilotos do exército brasileiro – cerca de trinta oficiais – se sucederam em meu avião. Eu os levei a quinhentos ou seiscentos metros e testei sua "impressionabilidade". Depois eu lhes entregava os controles. Alguns pegavam as manobras elementares em questão de minutos. Outros eram mais ou menos compreensivos, mais ou menos agitados. Um ou dois ficaram tão desconfortáveis que desistiram imediatamente de seus planos de aviação.

Em resumo, com meu pequeno monoposto adaptado e meu fraco motor, desempenhei da melhor maneira possível o papel de instrutor. Ofereci conselhos e encorajamentos a todos e forneci ao major muitas informações para seu relatório sobre a organização da aviação brasileira.

Foi uma oportunidade para mim de ser útil à aviação em geral, à aviação francesa em particular, e tive a alegria de constatar mais tarde que meu esforço produziu resultados.

O programa estava completo, as exibições terminadas. Antes de deixar que embalassem meu *Blériot*, cedi à tentação de fazer uma visita de despedida às montanhas da baía. Em uma manhã de sol radiante, tomei a direção do Dedo de Deus. Dessa vez, porém, em vez de seguir em frente, virei à esquerda e dirigi meu passeio para Petrópolis.

Foi uma bela viagem de uma hora sobre regiões inacessíveis, cobertas por aquelas vegetações escuras que imaginamos fervilhantes de uma fauna misteriosa. Voei por um momento sobre Petrópolis e voltei com uma bela série de fotografias estereoscópicas. Foi meu último voo no Rio.

Nossa estadia se prolongou até o tempo necessário para receber o pagamento. Os gabinetes ministeriais raramente são rápidos; além disso, Olho de Galo, agitado, complicava tudo com seu zelo intempestivo. Quanto ao sr. Corni, sua única preocupação era "dar um banquete para essa gente, para mostrar que não somos uns brutos...".

Todos os militares e jornalistas com quem tínhamos nos relacionado foram convidados para esta festa. O banquete foi realizado, é claro, no restaurante mais famoso do Rio. Duas grandes salas foram reservadas para nós, uma sala de estar e uma sala de jantar.

Chegamos escandalosamente atrasados: alguns convidados já estavam nos esperando...

O início da noite foi glacial. O sr. Corni, com um smoking impensável, o colete adornado com uma pérola preciosa, congelava a atmosfera. Ele flutuava pela sala com um olhar distante, uma postura desajeitada, como se estivesse infinitamente entediado.

Apesar de nossos esforços, momentos de silêncio sinistros ocorriam a todo momento. As pessoas permaneciam de pé, com seus coquetéis na mão. Em um grupo, eu tinha acabado de iniciar um assunto de conversa. O sr. Corni se aproximou por acaso. Preparei um lugar para ele; ele não prestou atenção e passou bem na hora que deixou escapar um pequeno som incongruente: ao mesmo tempo, seu rosto se contraiu em uma careta desanimada e cômica, acompanhada de um resmungo raivoso... Meu olhar encontrou o de Barrier...

Fomos informados de que o jantar estava pronto. Esperamos um sinal do anfitrião, que não se mexeu. Foi preciso empurrar todo mundo de qualquer jeito para a sala de jantar. Os lugares não estavam marcados. Nenhum de nós tinha ideia dos graus hierárquicos brasileiros. O sr. Corni, dando um exemplo seguido por todos, mantinha-se afastado de qualquer lugar determinado. Eu o empurrei para uma cadeira. Ele finalmente percebeu a necessidade de uma palavra e me disse: "*Tell them to sit down*... (Diga-lhes para se sentarem...)".

O frio estava em seu ponto culminante. Mas aos poucos a atmosfera se aqueceu. O sr. Corni sempre se fazia perdoar por sua originalidade inofensiva com sua grande generosidade e boa natureza. Seu jantar era suntuoso e nada melhor que isso para quebrar o gelo. No final, houve alguns brindes. O sr. Corni disse: "À vossa saúde...".

E a festa terminou melhor do que começou.

UMA CAÇADA

Tivemos uma semana de inatividade. Charles Voisin nos disse que estava planejando uma caçada. Ele tinha conhecido um imigrante alsaciano, precariamente estabelecido com sua família nos subúrbios do Rio. Esse homem bondoso ofereceu-se para nos levar a um lugar onde se caçavam grous e íbis de penacho. Mas nosso culto à preguiça só admitia como esporte o passeio lento... de carro...

Então Voisin partiu sozinho numa bela manhã à aurora e voltou à noite entusiasmado, com um tesouro de penas magníficas.

Ele nos contou que aquela caçada não exigia nenhum esforço: chegava-se de carro à beira de um lago. Lá encontrava-se uma canoa e um barqueiro nativo que levava suavemente ao longo das margens até ter a caça ao alcance do fuzil. Era exatamente do que precisávamos, ou pelo menos pensávamos, pois Charles, no dia seguinte, nos disse que passara a noite toda sofrendo e nos mostrou seus dois braços inchados de queimaduras solares.

Então Barrier e Audemars perderam definitivamente o interesse na caça aos grous. Só eu decidi acompanhar Charles em uma segunda expedição.

Partimos com provisões para o dia.

Desde as primeiras horas da manhã, navegávamos pelas águas lamacentas de um lago com contornos sinuosos, atravessado pela correnteza de um rio. Seguíamos o máximo possível as irregularidades da costa. Em pé na parte de trás, o barqueiro nos impulsionava suavemente, silenciosamente, um pouco à maneira dos gondoleiros de Veneza. O objetivo era surpreender a caça que descansava nas enseadas. Nossa aproximação espantava centenas de aves com plumagens brilhantes que desapareciam entre as folhagens.

O que conseguíamos ver do chão estava repleto de uma multidão de criaturas estranhas, sobretudo imundos crustáceos chamados caranguejos terrestres, que realmente têm algo do caranguejo, mas também da aranha e do escorpião. Eles têm em média o tamanho de uma mão e sua cor, variável, costuma ser de um cinza esverdeado, manchado de vermelho e marrom. Eles não têm a vivacidade alegre dos nossos caranguejos do mar, mas uma marcha rastejante de criaturas viscosas, que dá calafrios...

A caça digna de um tiro de fuzil abundava, mas não se deixava aproximar. Vimos galinhas-d'água voando e um grande número de garças brancas. Voisin, dotado de extraordinária habilidade, tentou em vão atirar a distâncias impossíveis. Esse obcecado até tentou se aproximar de uma bela peça entrando a pé no pântano, onde afundava até as coxas... Quanto a mim, imaginei que esse lugar estava infestado de répteis ou jacarés, e tremi ao pensar nisso. Aliás, ele reconheceu rapidamente a impossibilidade de avançar e voltou, enlameado, para o barco. Passamos sete ou oito horas consecutivas sob um sol escaldante, em um brilho cegante. Tiramos nossos paletós, mas tínhamos tido o cuidado de não arregaçar as mangas das camisas. Por volta das cinco da tarde, cansados e de mãos vazias, decidimos voltar...

No último momento, vi em um galho um pequeno pássaro de um vermelho brilhante, como uma mancha de sangue... Meu instinto de caça, frustrado o dia todo, pedia por uma vítima... O destino do pobre animal se cumpriu: eu mirei, atirei, o pássaro caiu.

Abri a boca para pedir ao barqueiro que o recolhesse: mas um imundo caranguejo terrestre já havia se apoderado da presa inesperada e a levava embora... Fiquei duplamente enojado com o assassinato inútil.

No cais, o carro nos esperava. Uma hora depois, estávamos de volta ao Rio.

Naquela noite jantei sem apetite, sob o domínio de um vago mal-estar. Os camaradas não se privaram de brincar com nosso fracasso. No decorrer da noite, me senti pior. Uma dor de queimadura se intensificou em toda a superfície das minhas costas.

Quando me despi, constatei que de fato tinha sofrido uma insolação severa através do tecido fino da camisa. O forro interno, com tecido duplo, deixava uma marca branca nos meus ombros, e dali até a cintura minha pele estava literalmente cozida.

Tentei em vão dormir; a febre me pegou e aumentou até atingir uma intensidade extrema. No meio da noite, acordei Barrier, Audemars e Voisin. Minhas dores eram insuportáveis. Eu sentia minha razão se desorientar. Cheguei a dizer: "Morfina, agora mesmo, ou me atiro pela janela...".

Os pobres amigos, apavorados, felizmente encontraram um velho viciado em morfina no hotel. Agarrei a seringa e as ampolas que eles trouxeram e, sem ouvir as vozes que me suplicavam para ser cauteloso, injetei aleatoriamente a droga no abdômen. Ela funcionou à perfeição: em questão de minutos, dormi profundamente...

No dia seguinte, o médico diagnosticou uma queimadura de segundo grau em toda a superfície das minhas costas. Foi necessário seguir um tratamento. Todas as noites a febre voltava, eu só conseguia dormir com brometo e veronal.

Quando finalmente me curei, minha pele se soltou em placas tão grandes que pude usá-las, a título de curiosidade, como papel de carta...

Saciados de music-hall e passeios de carro, muitas vezes nos contentávamos, à noite, em esperar o sono em uma boa poltrona no terraço do International. O Rio adormecia cintilante a nossos pés. Conversávamos sobre lembranças do passado ou planos de futuro. Às vezes contávamos ao sr. Corni histórias francesas de aviação ou automobilismo. Era também a hora das travessuras de Audemars. Ele pegava um dos insetos apocalípticos que voavam em volta das lâmpadas. Com uma vara e um fio, ele fazia o inseto flutuar a alguns centímetros do rosto de Barrier, que se assustava com essa proximidade. Ele pulava da poltrona, pálido de medo, e fugia... Mas Audemars o perseguia até que ele repetisse um número suficiente de vezes esta frase idiota: "Ah... o grande *bug*... Ah... o grande *bug*...".

Uma noite, acabávamos de nos retirar para nossos quartos, depois de uma conversa sobre escorpiões. Cinco minutos depois, Barrier, seminu e visivelmente perturbado, veio nos buscar: havia um grande escorpião em sua cama...

A equipe do hotel foi mobilizada e toda uma expedição marchou contra a fera. Sob a direção de Barrier, levantamos suavemente as cobertas e vimos aparecer, na neve do lençol... um pequeno galho preto de madeira podre... Audemars havia passado por ali de novo...

Meu *Blériot* ainda era o único avião da Queen em condições de voar. Com Voisin e meu mecânico, formei um pequeno destacamento expedicionário que tentaria a aventura de São Paulo pelo tempo que a companhia precisaria para se reorganizar em Buenos Aires.

O sr. Corni, Barrier e Audemars nos acompanharam até São Paulo, passaram alguns dias lá e depois embarcaram em Santos. Era a primeira vez que eu me encontrava em uma cidade estrangeira onde não conhecia absolutamente ninguém e era responsável por um evento. Voisin era um colaborador valioso.

Nossas primeiras tentativas tiveram que superar a inércia indiferente das pessoas de que precisávamos. Tivemos que nos contentar, como campo de aviação, com um hipódromo malservido pelos meios de comunicação. Fiz dois voos de publicidade sobre a cidade, uma sessão dedicada aos representantes da imprensa e, por fim, minha estreia em público.

Escapei naquele dia, não sei como, de um acidente grave. Passando rente à pista a toda a velocidade, bati no fio do poste de largada, que não tinha visto. Meu avião não sofreu danos e arrastou pelo ar, enrolado em suas hastes, um cabo de metal que tinha cerca de cinco milímetros de diâmetro e uns dez metros de comprimento... Eu estava arrastando atrás de mim uma verdadeira corda guia... Não deixava de ser um perigo e senti que o leme só girava para um lado. Tive que fazer um longo desvio para ficar de frente para a pista e aterrissar. Enquanto isso, Charles e meu mecânico, apavorados, agitavam toalhas, o que significava: "Desça... as coisas estão ruins...".

Ao chegar ao solo, senti que estava sendo puxado pela cauda; era o cabo que se prendia na grama. No fim, o avião parou intacto.

Até então, nossos resultados eram bastante decepcionantes. Mas o futuro parecia promissor. Meus voos despertaram interesse e conquistei simpatias. Tudo se tornou mais fácil. Concederam-me o campo de polo da Sociedade Antártica. O Automóvel Clube me apoiou com um patrocínio eficaz. Um prêmio de quinze contos foi criado para o primeiro voo de São Paulo a Santos.

Infelizmente, perdi várias semanas por não possuir um conjunto de obturadores de reposição. Os de meu motor estavam inutilizáveis. Uma oficina muito bem equipada – fundada e dirigida por um francês – fabricou para mim obturadores magníficos, que no entanto se recusaram a funcionar. O obturador Gnome era uma peça ao mesmo tempo simples e delicada; a composição do metal sem dúvida desempenhava um papel importante. Fomos obrigados a solicitar as peças necessárias em Buenos Aires e a esperá-las em completa inatividade...

São Paulo é uma cidade muito agradável. Estávamos confortavelmente hospedados no La Rôtisserie, o melhor hotel – mais uma casa francesa dirigida pelo sr. Daniel. Fiz muitos amigos entre a juventude esportiva. A maioria possuía grandes plantações de café – fazendas. Ofereceram-me visitar algumas delas: hoje lamento ter perdido oportunidades tão interessantes. Sinto remorso por ter desperdiçado minhas duas viagens à América por preguiça e culpada indiferença por tudo o que não fosse aviação.

Por fim, um mecânico chegou expressamente de Buenos Aires com os famosos obturadores e apressei-me em preencher as condições do prêmio.

O trajeto era fácil, marcado por uma ferrovia em linha reta sobre o planalto: havia apenas um trecho perigoso perto de Santos. Mas nessas regiões exóticas onde a natureza sempre mantém um toque selvagem, cada pequeno voo aéreo proporciona pequenas emoções de explorador, de desconhecido, que são um atrativo...

Em condições climáticas favoráveis, peguei baixa altitude em direção a Santos: em cerca de meia hora cheguei à beira do planalto – lá a ferrovia faz uma curva à esquerda, transforma-se em funicular e mergulha de uma só vez até o fundo do vale que desemboca nas proximidades de Santos, em uma planície pantanosa.

Evitei essa volta desnecessária e, continuando em linha reta, encontrei-me por um instante acima de uma floresta que poderia ser considerada virgem. A curiosidade me atraiu a alguns metros acima das copas das árvores. Elas formavam um emaranhado denso, impenetrável... Eu não vislumbrava um pé quadrado de chão, mas imaginava o pavor da população de macacos, serpentes e aves com a minha passagem.

De repente, ultrapassei a crista quase em ângulo reto que termina o planalto e me vi lançado, sem transição, sobre um precipício de oitocentos metros.

Até então muito próximo do chão, eu poderia ter me sentido como se estivesse dirigindo um carro rápido, em uma estrada sem solavancos: de repente, a estrada desaparecia; o carro, impulsionado pelo ímpeto, continuava no espaço... Era uma sensação de sonho. Aterrissei na praia de Santos depois de cerca de quarenta minutos de voo.

No público estava o aviador brasileiro Edu Chaves.* Ele tinha acabado de receber da França um *Blériot* novo e planejava a alegria de chegar à sua cidade natal pelo ar. Eu não quis ofuscar o brilho dessa estreia e esperei até o dia seguinte, quando a montagem de sua aeronave estivesse concluída.

Decolamos juntos à tarde, apesar de algumas pancadas de chuva. Fizemos os primeiros quilômetros lado a lado. Chaves subia penosamente devido a seu peso e aos "reforços" na moda... Tive que esperá-lo um pouco na entrada do famoso vale que leva ao planalto. Nesse momento, atingido por uma chuva, perdi meu companheiro e não o vi mais. Teria dado meia-volta? Pousado? Continuado?

Na dúvida, segui meu caminho, que se tornou complicado. Uma massa de nuvens transbordava do planalto, sugada pela depressão em direção ao fundo do vale. Elas bloqueavam o caminho... Eu deveria passar por cima? Por baixo? A eterna questão.

Eu ziguezagueava, perplexo diante do obstáculo, quando de repente vi, através de uma fina fenda que já se fechava, toda uma paisagem ensolarada: o planalto estava ali, atrás de uma fina cortina... Mergulhei alegremente naquela fenda providencial e me vi do outro lado da cortina, sobre um terreno propício, onde os trilhos brilhavam retilíneos em direção a São Paulo.

Livre de todas as preocupações, me deixei deslizar ao longo da ferrovia, a cem metros de altura, divertindo-me em ultrapassar alguns trens e observar a curiosidade surpresa das pessoas.

---

* Eduardo Pacheco Chaves (1887-1975), conhecido como Edu Chaves, o primeiro brasileiro a voar no Brasil. (N.T.)

Aterrissei no campo da Antártica. O anúncio de nossa dupla chegada atraíra um público numeroso, pois Chaves pertence a uma das famílias mais conhecidas do país.

Contei como o havia perdido na chuva e nas nuvens. Quinze minutos depois, ainda não tínhamos notícias e a preocupação crescia.

Finalmente, Chaves apareceu e pousou em meio à alegria e ao entusiasmo geral.

Ele precisou passar por cima das nuvens com sua aeronave pesada e instável – essa foi a causa de seu atraso.

Fiz mais alguns voos de exibição na Antártica e deixei São Paulo com uma lembrança encantadora de minha estadia, associada em minha memória aos nomes de nossos compatriotas, o sr. Charles Hu e o sr. De Mallet; e aos dos irmãos e primos: Prado, Chaves e C. Prates.

Recebemos de Buenos Aires chamados impacientes. Estávamos atrasados: tivemos que embarcar, Voisin, meu mecânico, minha aeronave e eu, no primeiro barco disponível – um miserável vapor com uma carga de bananas...

A travessia foi penosamente entediante, apenas uma noite recuperamos um pouco do bom humor. Meu enjoo crônico me deu um pequeno alívio naquele momento. Para me animar um pouco, pedi ao garçom – que ficou surpreso – meia garrafa de champanhe seco.

Ele nos trouxe uma pequena garrafa suja, enferrujada, com resíduos de um selo e de um rótulo que ainda podíamos identificar como sendo um Heidsieck extra-dry, ano desconhecido.

Essa vil garrafa nos reservou uma surpresa. O que continha não era o champanhe comum que esperávamos, mas um néctar incomparável, tudo o que um champanhe de grande safra pode ser, depois de vinte anos na adega, em condições que o acaso, sem dúvida, havia tornado perfeitas.

E isso foi suficiente para injetar um pouco da antiga alegria da França em nossas veias naquela noite...

O sr. Corni, Audemars e Barrier nos receberam de braços abertos no cais e nos saudaram com grande entusiasmo: eles "estavam morrendo de saudades", como se diz no Sul. Essa era a única razão para nosso retorno, pois não havia nada pronto em Buenos Aires... Por uma série de contratempos, as peças de Santiago estavam em lugar desconhecido, o *Nieuport* que eu havia encomendado da França não havia chegado; o equipamento do Rio, mais ou menos na mesma situação; no fim, conseguimos o pior dos três terrenos possíveis, e Olho de Galo estava em completo desespero... O que nos prometia mais um belo período de inatividade...

Tivemos tempo de conhecer Buenos Aires e alguns de seus habitantes.

Dois pilotos europeus tinham se estabelecido no país. Eram antigos companheiros de meetings de Audemars e Barrier. Cattaneo* gozava da maior popularidade: devia isso tanto à sua nacionalidade italiana quanto ao seu mérito como piloto. O piloto francês Paillette** também era muito estimado.

Eles já haviam despertado o interesse do público pela aviação e iniciado alguns alunos. Um jovem argentino chamado Fels acabara de obter seu brevê de piloto e estava se preparando para estrear com um *Blériot Gnome* recém-comprado de segunda mão.

Relações cordiais foram naturalmente estabelecidas entre nós.

Fomos levados a visitar nos arredores da cidade, em Villa Lugano, uma escola embrionária dirigida pelo piloto argentino Castelbert, com aeronaves de sua própria construção.

---

* Bartolomeo Cattaneo (1883-1949), primeiro aviador a cruzar o Rio da Prata. (N.T.)

** Marcel Paillette (1884-1965), precursor da aviação na Argentina. (N.T.)

Durante essa visita, Fels me pediu para experimentar seu novo *Blériot*: apesar de minha habitual aversão por aeronaves desconhecidas, aceitei, pois a inatividade estava me pesando.

Preparamos o avião: entrei e decolamos. Não havia percorrido quinhentos metros quando o motor parou abruptamente, com uma explosão... Felizmente, havia um terreno decente abaixo de mim onde pousei sem problemas.

As pessoas correram para ajudar. O mecânico de Fels, que parecia saber pouco sobre sua profissão, recebeu minha explicação com a expressão cética de alguém acostumado a ouvir boas desculpas.

Sem examinar o motor, ele tentou ligá-lo novamente e só conseguiu provocar chamas que poderiam ter causado um incêndio.

Levamos o *Blériot* de volta ao hangar. E Fels me agradeceu por possivelmente ter evitado um acidente.

Buenos Aires oferece uma grande variedade de distrações: music-halls cosmopolitas, teatros italianos, franceses, argentinos etc., restaurantes noturnos, um cabaré *montmartrois*...

O Hotel Plazza, onde estávamos hospedados, é comparável aos melhores palácios da Europa e da América.

Com isso, voltamos à mesma vida ociosa, aborrecida, demasiadamente vazia.

Finalmente, a primeira exibição foi anunciada. Fiz uma espécie de prólogo para ela: era a véspera de nossas estreias. Em um hipódromo vizinho estavam ocorrendo corridas de cavalos, às quais toda Buenos Aires comparecia, pois as corridas e as apostas mútuas são uma febre na Argentina. Partindo de nosso aeródromo, subi a seiscentos ou setecentos metros e, como por acaso, passei por cima do hipódromo. Uma corrida estava justamente terminando...

Aproveitando o momento em que a atenção do público estava livre, iniciei, sem preâmbulos, uma dessas descidas em espiral apertada, que para olhos inexperientes proporcionam ilusões de ótica surpreendentes...

Perto do solo, na frente das arquibancadas, me endireitei, acenei com as duas mãos e desapareci...

Essa breve demonstração teve um grande efeito. A imprensa fez relatos líricos sobre ela.

No dia seguinte, tivemos uma multidão considerável para nossas estreias...

Nossa estadia em Buenos Aires durou cerca de dois meses. Fizemos muitos voos.

As exibições públicas foram divididas, como em outros lugares, em duas séries: a primeira sob a organização exclusiva e insuficiente da Queen – a segunda com apoios encontrados no local depois dos primeiros sucessos.

Audemars e Barrier finalmente puderam mostrar seu talento nos dois velhos *Blériots* reformados.

O jovem Fels se juntou a nós algumas vezes e seus compatriotas lhe garantiram o sucesso que ele merecia.

Para as últimas sessões, que aconteceram no excelente terreno da sociedade esportiva, organizamos uma pseudocompetição entre Cattaneo e mim. Esse programa atraiu um público enorme.

Em outro dia, o clube francês nos ofereceu um prêmio de dez mil francos. Ele foi disputado entre dois campanários distantes cerca de quinze quilômetros, e foi atribuído a mim.

Na época, eu estava em uma brilhante forma esportiva, voando incansavelmente mesmo nos dias de folga, muitas vezes com ventos fortes, como naquele dia de Pampero, em que levei 25 minutos para ir de nosso campo ao centro da cidade e dois minutos para voltar.

O voo se tornou mais do que uma paixão: uma necessidade. Ele me absorvia por completo e eu não conseguia me privar dele sem sentir uma espécie de desequilíbrio físico.

Desde as corridas de 1911 eu vinha sentindo a insuficiência do *Blériot* em comparação com novas aeronaves mais avançadas.

O *Nieuport* me encantara. Poucos dias antes de sua morte, eu tinha tido uma conversa muito amigável com Édouard Nieuport: ele me prometera o mais amplo apoio de sua empresa.

A catástrofe havia interrompido esses belos projetos, e eu havia partido para o Brasil pouco tempo depois.

Com a proximidade da temporada esportiva de 1912, a preocupação com o equipamento voltou a me assombrar: como no ano anterior, eu voltaria à França tarde demais para me acostumar com novas asas. Era preciso chegar preparado.

Um pouco antes de nossa partida do Rio, eu havia enviado um telegrama para a casa Nieuport, pedindo o envio de uma aeronave sem motor – a Queen me cederia um. A empresa me tratou como um cliente qualquer, mas não me deixei desanimar.

A aeronave chegou tarde demais em Buenos Aires. Tivemos que montá-la, adaptar nosso motor e ajustá-la. Eu esperava voar de primeira, apesar da diferença nos controles. Logo percebi que não seria tão fácil: eu havia assimilado tanto os movimentos do *Blériot* que era incapaz de fazer outros...

O terreno de Villa Lugano, parcialmente inundado, não oferecia o espaço necessário para rolar. Tentei decolar várias vezes e talvez tivesse conseguido, não fosse por um pequeno problema no trem de pouso, que interrompeu meus testes. Esse contratempo coincidiu com o período mais ativo de nossas exibições. Nossa estadia chegou ao fim sem que eu tivesse sido infiel ao velho *Blériot*.

Depois de Buenos Aires, o sr. Corni não opôs nenhuma dificuldade a nos devolver nossa liberdade.

Eu estava ansioso para voltar à França. Nossas passagens foram reservadas pela Queen no *Highland Warrior*, da Nelson Line, outro triste navio...

A partida foi cheia de incidentes. Quando apresentaram a conta do hotel ao sr. Corni – cerca de quinze mil francos – ele percebeu que não tinha dinheiro suficiente para pagar. Ofereceu um cheque de Nova York, mas a direção do Plazza recusou e reteve sua bagagem... Tivemos que deixar o sr. Corni à própria sorte.

Por outro lado, Paillette foi ao cais de embarque querendo comprar minhas duas aeronaves: elas haviam sido embaladas e preparadas para viagem. A oferta era vantajosa: Voisin se voluntariou e ficou para fazer a entrega. Suas bagagens, que acabavam de ser embarcadas, foram desembarcadas às pressas e o *Highland Warrior* acabou levando da Queen apenas Barrier, Audemars e eu.

Nossa travessia foi longa e entediante: 24 dias com apenas uma parada de algumas horas em Las Palmas.

Ao chegarmos a Londres, parecia que estávamos sonhando: o sr. Corni e Charles nos esperavam no cais de desembarque, descansados e alegres... Eles haviam resolvido seus negócios a tempo de pegar um navio rápido que nos alcançou e ultrapassou.

Ficamos dois dias em Londres. Depois, o sr. Corni nos acompanhou a Paris, onde ficou cerca de uma semana.

Ele fez questão de nos deixar uma boa lembrança, e conseguiu plenamente. Até o último momento, nos tratou com muita gentileza.

Nos despedimos com um suntuoso jantar no Ritz, onde cada um encontrou sobre seu guardanapo uma caixa com um relógio de pulso Cartier.

A TEMPORADA DE 1912

XVIII

Ao chegar a Paris, minha primeira providência foi encomendar um avião. Eu sentia a necessidade de voar e previa oportunidades de realizar algumas exibições no interior. Para esses fins imediatos, ainda precisava de um *Blériot*. Naquela época, a empresa enfrentava uma crise grave. Depois de uma série de catástrofes, discutia-se a supressão dos *Blériots* do exército. Os reforços haviam tornado o avião tão perigoso devido ao peso quanto poderia ter sido devido à fragilidade. Todos os pilotos militares se lamentavam, e os acidentes continuavam.

Estipulei todos os detalhes de minha encomenda de acordo com o antigo lema "o mais leve possível" e obtive uma reprodução bastante fiel do famoso avião do recorde.

O CIRCUITO DE ANJOU

A temporada de 1912 se anunciava monótona. Não se falava mais de grandes corridas como em 1911.

O único acontecimento aguardado era o Grande Prêmio do Aeroclube, no circuito de Anjou. Seu regulamento o tornava pouco atraente: escolhia-se entre uma corrida de velocidade perigosa ou uma prova de pesos pesados. Além disso, a data estava tão próxima que eu não tinha tempo de me preparar adequadamente.

Primeiro pensei em desistir, mas acabei sendo tentado pela aventura: havia uma força em enfrentar esse desafio, no qual cada um apresentaria alguma inovação, com a experiência que eu tinha com meu avião habitual.

Meu *Blériot* ficou pronto bem a tempo. Testei-o rapidamente em Issy e voei para Angers.

Audemars deveria me acompanhar com um avião de reserva. Ao sair de Issy, porém, ele sentiu que seu motor estava falhando e me deixou sozinho.

Minha viagem continuou com um tempo bastante desagradável e vento contrário. Fiz uma parada em Le Mans – no campo onde voamos em 1911 – para abastecer.

Cheguei a Angers sem incidentes. Audemars me encontrou no dia seguinte, depois de uma viagem emocionante da qual guardaria más lembranças por muito tempo.

Uma escolta de amigos íntimos, colegas e conhecidos se reuniu a meu redor: Barrier, Voisin, Raymonde de Laroche, Quellennec, Leblanc, Blériot, Thobois etc.; por fim, meu pai, que só me vira voar uma vez, no ano anterior em Marselha.

Essa corrida atraiu uma multidão de todos os pontos da França e do exterior. Os hotéis estavam lotados; até os quartos mais simples eram disputados a preços elevados; nas ruas, nas esplanadas dos cafés, as pessoas se aglomeravam. Um grande alvoroço pairava sobre essa agitação, abafado pelo barulho dos escapamentos e pela cacofonia estridente dos alarmes... Tudo isso criava uma atmosfera febril.

Todos os pilotos famosos estavam lá: Védrines, Vidart, Prévost, Legagneux, Helen, Espanet, Bielovucic, Brindejonc, Bedel, Renaux, Perreyon, Bathiat, Tabuteau, o inglês Hamel etc.

A equipe favorita era a da Déperdussin, composta por Védrines, Vidart, Prévost. Essa empresa tinha montado uma organização formidável. Aviões especialmente construídos estavam expostos em um hangar espaçoso, com um luxo de apresentação inimaginável.

Um grande número de funcionários, equipamentos de fábrica, carros de resgate... Nenhum sacrifício foi poupado.

A Déperdussin ocupava um andar do melhor hotel com seus pilotos e engenheiros...

As outras empresas, Morane-Saulnier, Nieuport etc., também fizeram esforços proporcionais a seus meios e chances.

Todos os concorrentes, sem exceção, tinham uma velocidade real ou fictícia (para a classificação, a velocidade real era multiplicada por um coeficiente calculado com base no número de passageiros transportados) superior à minha.

Mas eu sabia que em caso de mau tempo, seria o último a desistir.

Na véspera do grande dia, o dr. Jules examina meu motor, ouve um ruído suspeito e desmonta tudo. Ele descobre e me mostra duas engrenagens de distribuição mal ajustadas, que raspavam ao girar e desgastavam os dentes uma da outra: mesmo assim, era um motor entregue pela Gnome "para a corrida".

– Não acho que teria aguentado assim por muito tempo...

Dizendo isso, com sua voz arrastada, Jules separa com uma arruela astuta as duas engrenagens inimigas. Em seguida, ele lava tudo com gasolina, examina cada peça, até a mais ínfima, com o raio X de seu olhar, e procede à montagem.

Durante o trabalho, Jules só abre a boca para deixar escapar pequenos grunhidos compreensíveis apenas a seu ajudante. Mas ele não deixa de substituir esses esboços de sons por esboços de gestos. À primeira vista, seus movimentos parecem descuidados, quase desajeitados; mas observando de perto, percebemos a harmonia: Jules realiza seu trabalho mais rápido e melhor do que os mais diligentes. Ele conhece a matéria, tem uma compreensão instintiva dos esforços mecânicos e, quando examina um obturador, seus nervos parecem se estender para a peça e sentir o que ele chamaria de dor do metal.

Enquanto Jules e seu assistente preparam meu cavalo de batalha, faço um reconhecimento do circuito. O avião de reserva trazido por Audemars me ajuda nesse sentido. Em um céu cheio de turbulência, sigo em direção a Cholet. Revejo o rosto gentil de meu velho amigo Moudoux, no meio de seu comitê, me oferecendo vinho de Anjou na casa de Mamãe. Muitas boas lembranças agitam minha memória...

De Angers a Cholet, nada baliza o caminho mais curto. A estrada principal faz uma curva para o leste e é tão difícil de se ver, a baixa altura, quanto a pequena linha de trem que se afasta para o oeste.

Eu havia mirado em Cholet ao acaso: por trinta quilômetros, não desviaria o suficiente da trajetória para não reconhecer "meu" campanário...

Mas tive que atravessar às cegas uma área de chuva fina e, ao sair dela, fiquei completamente perdido. Vaguei um pouco pelo campo e, subindo para o norte, encontrei o Loire, Angers e o aeródromo... Riram um pouco de mim e com razão.

Antes de sair do campo, vi meu motor de corrida girar. Jules o fez funcionar em marcha lenta, várias vezes por um quarto de hora, para amaciar gradualmente as articulações e os atritos.

A vigília das armas foi o mais calma possível. Minhas chances eram pequenas, eu não tinha nada a perder, nada me preocupava. Partiria na hora certa e faria minha rota tranquilamente, como um passeio, e quem sabe...

– Se o tempo continuar assim – diziam Audemars e Barrier com olhares maliciosos –, vai ser bem divertido...

A confiança deles me sustentava. O céu de fato estava ficando cada vez mais escuro e agitado.

Depois de um sóbrio jantar, deixei nossa mesa de amigos para descansar.

Fui acordado bem cedo. Comi muitos ovos crus e tomei café com leite. Seguimos em caravana para a pista.

Depois da breve calmaria do amanhecer, a tempestade recomeçou.

Chegamos ao hangar por volta das sete horas e logo surgiu a questão da partida. O comitê hesitava entre responsabilidades contraditórias. Quase todos os concorrentes pediam o adiamento da prova. Alguns manifestavam a intenção mais ou menos sincera de seguir para um eventual início.

Minha jogada era clara. Blériot e Leblanc intervieram por mim, com firmeza. O comitê cedeu. A corrida foi mantida.

Assim que essa decisão foi tomada, me retirei para o hangar, longe das discussões, e esperei, cercado por meus amigos.

Às 8h45, meu avião foi levado até a linha de partida. Eu estava calmo, pois me sentia perfeitamente preparado. Mas havia uma agitação a meu redor. No momento do contato, algumas rajadas mais fortes se fizeram sentir. Leblanc se aproximou de mim, preocupado:

– Não seria melhor esperar um pouco? – ele perguntou.

Barrier interveio rapidamente:

– Não se preocupe com isso... Ele sabe o que está fazendo, vá...

Esse grito de fé de um amigo fez com que o necessário fluxo de entusiasmo circulasse por minhas veias. Senti como se estivesse prestes a fazer um passeio sob chuva leve. Jules girou a hélice e eu parti em direção a Cholet.

O vento não tinha, em média, uma velocidade muito grande, já que meu *Blériot* ainda avançava. Mas esse fato, em si, provava a irregularidade das correntes. Por momentos, vi as árvores se inclinarem, redemoinhos de poeira subirem ao céu e, de repente, grandes gotas de chuva caindo no chão. Com isso, um teto escuro a menos de trezentos metros me obrigou a voar rente ao solo.

No meio do caminho para Cholet, tive o desprazer de ser ultrapassado pelo pequeno corvo preto de Helen. Eu estava sendo seguido, portanto...

O corvo passou por mim como um raio, bem perto, para me humilhar ainda mais, sem dúvida...

Eu tinha escolhido como ponto de referência o moinho de Chemillé, que, empoleirado em um pico, pode ser visto de longe.

De lá, segui pela estrada principal, sem fazer nenhum desvio desnecessário. Vi novamente o velho campanário pontiagudo, o aeródromo ampliado e adornado com arquibancadas. Elas estavam cheias de pessoas, apesar do tempo.

Aterrissei com cuidado. A equipe da Blériot tomou conta do avião.

Eu tinha um quarto de hora de parada.

Como descrever a alegria de meus velhos amigos ao verem em plena batalha o "filho de Cholet"? Mas eles entenderam que o melhor serviço a me ser prestado era garantir minha tranquilidade, e assim foi feito.

Ao sinal, meu motor já estava funcionando. O avião entrou em movimento. Senti imediatamente uma forte sacudida na fuselagem. Desliguei o motor e me virei no assento: com gritos e gestos vigorosos, me instigavam a continuar. Liguei o motor novamente, o avião decolou e voou em direção a Saumur.

Eu tinha uma bela estrada em linha reta para seguir, e desta vez o vento favorável fazia o solo fugir sob minhas asas a uma velocidade impressionante. Num piscar de olhos, cheguei a Saumur. Passei pelo pilar de controle sem parar e segui o vale do Loire na direção de Angers.

A luta contra o vento recomeçou: ele parecia ter aumentado. A região era de grandes turbulências. Eu continuava com uma sensação de confiança e segurança, mas estava ficando cansado, apesar de meus esforços para voar suavemente. Eu sentia dores nas mãos, nos pulsos, nos antebraços...

Tive que atravessar algumas nuvens de chuva. O para-brisa ainda era desconhecido na aviação: as gotas atingiam o rosto como alfinetadas – tornavam os óculos opacos.

Este primeiro circuito não deveria ser o mais difícil. Terminou com um pouso bastante feio em Angers. Fui cercado, conduzido para os hangares. Meu acampamento estava em plena agitação. Recebi notícias inesperadas.

– Vitória... velho camarada... – exclamava Barrier, os olhos brilhando – Só restam dois... Vocês são os únicos na corrida... Os outros... estão fora... Coragem...

A parada regulamentar durava meia hora. Pude descansar, tomar um revigorante, ovos, leite, massagear as mãos.

Descobriram uma das minhas quatro longarinas quebradas, perto da empenagem. Entendi o impacto de Cholet: um mecânico desajeitado se deixara prender. Jules improvisou um reparo e comecei o segundo circuito.

Foi então que o mau tempo atingiu o ápice. Assim que cruzei o Loire, mergulhei em uma verdadeira tempestade: não eram apenas algumas nuvens, mas uma ducha homogênea percorrida a cem quilômetros por hora, com uma dança indescritível. Era preciso quase rastejar no chão para enxergar o rio...

Depois de meia hora, fui recompensado por minhas dores: saí da escuridão, o horizonte se alargou e vi os primeiros raios de sol daquele dia...

Mas onde eu estava? Aterrissei perto da primeira fazenda que vi. Em cinco minutos, descobri que estava no caminho certo, muito perto de Cholet.

– Quem quer girar minha hélice?

– Eu...

Era um rapaz de estatura colossal. Expliquei as precauções a serem tomadas e recomendei que se afastasse a tempo.

– Pode girar...

Ele girou... e como girou... Meus cabelos ficaram arrepiados... Segurando uma pá da hélice com as mãos cheias, o bravo gigante a girou como uma simples manivela, sem soltar... Imaginei o braço e a hélice voando pelos ares com a primeira explosão...

Mas os deuses estavam comigo: o Gnome estava funcionando e o Hércules se retirou a tempo, feliz com seu pequeno sucesso...

Provisoriamente livre da chuva, cheguei a Cholet sem muita dificuldade, passei pelo pilar e segui para Saumur. O sol continuava a aparecer entre as nuvens. Por outro lado, na direção de Angers, à minha esquerda, o horizonte era assustadoramente escuro. Era lá que eu teria que passar em breve...

Encontrei um destroço, mas não tive tempo de reconhecer o infeliz camarada. Um pouco mais adiante, atravessei mais uma pequena chuva, antes de chegar a Saumur e seu quarto de hora de descanso.

Foi neste circuito, entre Saumur e Angers, que se decidiu o resultado do Circuito. Avancei metro a metro em direção à barreira negra que observava havia meia hora e cheguei ao coração de uma tempestade de granizo. Era impossível contornar o obstáculo, pois meu destino, o aeródromo, estava sob a tempestade.

Sobrevoando Angers, de olhos semicerrados, segurando firmemente meu manche, eu serpenteava entre os telhados e as chaminés. Segui o rio Sarthe até a ponte onde passávamos de carro para chegar ao aeródromo. Ele estava a duzentos ou trezentos metros de distância e eu não o via... Virando em ângulo reto, porém, eu não poderia errar. Foi meu último esforço. Vi surgirem repentinamente as silhuetas dos hangares e das arquibancadas. Desliguei o motor e pousei não muito longe de meu grupo. Eles também só me viram no último segundo, saindo de uma cortina de granizo...

Dessa vez, cheguei a meu hangar exausto. Deixei-me massagear com deleite: tinha os pulsos inchados. Mas recuperei as forças rapidamente.

– Melhor do que o primeiro... – repetiam para mim. – Você é o único na corrida... Sozinho...

Era bom demais... mas tive medo dos oitenta quilômetros finais.

Chegou a hora de entrar em ação para o terceiro e último circuito do dia. O sol brilhava em um céu claro, agora, e até o vento estava diminuindo.

Meu Gnome roncou mais alegremente do que nunca: essa corrida seria a última vitória do 50 HP que fez a fortuna de nossa aviação. A pequena estrela de aço queria desaparecer com estrondo.

O terceiro circuito foi um doce relaxamento em comparação aos dois primeiros. Parecia uma daquelas voltas da vitória que os vencedores dos velódromos faziam sorrindo, com um buquê na mão... Aterrissei em Angers pela terceira vez por volta das cinco da tarde.

No público, o entusiasmo do primeiro momento se transformou em decepção. Esperava-se um espetáculo movimentado: houve apenas um rápido acontecimento. Por outro lado, a alegria de meu pai e de meus amigos multiplicava a minha. Vivi momentos inesquecíveis na intimidade de meu hangar. Jules e Pierre haviam recolhido meu pequeno *Blériot* e fechado as portas. Eu os via cuidar do fiel aparelho como se fosse um puro-sangue. Estendido em minha cama de campanha, eu descansava, saboreando a preguiça depois do esforço feliz, num calor suave de afetos e amizades...

Às seis horas em ponto, soou o fechamento do circuito. Fiquei sabendo então que Brindejonc havia saído por volta do meio-dia para me seguir em seu rápido *Morane*. Ele terminara alguns minutos em atraso. Eu permanecia sozinho na corrida.

A notícia de que uma segunda corrida estava sendo organizada pelo comitê e aconteceria no dia seguinte se espalhou. Enquanto isso, eu terminaria sozinho o Grande Prêmio.

Apoiado por Leblanc e Blériot, protestei veementemente contra essa decisão que me prejudicava, e o comitê me concedeu em compensação uma garantia de 25 mil francos.

Essas negociações nos mantiveram no aeródromo até bastante tarde. No entanto, às dez horas da noite eu estava na cama, enquanto os amigos festejavam.

O tempo continuou bom no segundo dia. Fiz uma decolagem inicial exuberante, com as duas mãos no ar – uma façanha em 1912...

Meus quatro circuitos foram realizados com regularidade exemplar. Naturalmente, o medo de uma pane me assombrou o tempo todo.

Lembrarei para sempre da alegria que senti ao ver a linha branca de chegada e o grito que dei assim que comecei o voo planado:

– Pronto!

Eu tinha ganhado o Grande Prêmio do Aeroclube da França (cinquenta mil), o grande prêmio de velocidade (vinte mil) e o quinto prêmio da prova especial (cinco mil), cujo vencedor foi o dr. Espanet, no *Nieuport*.

Depois da chegada, fomos apresentados, Espanet e eu, ao sr. Besnard, subsecretário de Estado, representante do Governo.

Este ministro nos dirigiu uma calorosa saudação à qual respondi com entusiasmo oferecendo meu *Blériot* ao exército. Minha intenção não era fazer uma doação insignificante ao governo, mas sim dar à aviação militar uma prova dos erros que estava cometendo ao definir as especificações do *Blériot*. Minha intenção permaneceu incompreendida e o sacrifício foi praticamente inútil. O avião ficou esperando bastante tempo, em um hangar de Issy, pela aprovação dos gabinetes. Na hora da entrega, o velame estava desregulado pela umidade, sendo necessário substituir as asas.

Por fim, compareci às grandes manobras militares do centro do país, onde, por dois dias, andei de vilarejo em vilarejo, sem poder determinar quem tinha autoridade para receber a aeronave. Abandonei-o em um hangar e peguei o trem para Paris. Descobri mais tarde que ele tinha sido batizado de *Tenente Byasson* e designado para o capitão De Rose.

Naquela época, era o único *Blériot* do exército que voava decentemente.

De Rose me escreveu, sem me conhecer, uma carta encantadora de agradecimento. Os pilotos militares pediram aeronaves semelhantes, mas nunca as obtiveram.

O PRIMEIRO MEETING DE VIENA

Logo depois de voltar de Angers, pegamos o trem novamente: Audemars, Barrier, Voisin, Raymonde e eu – para o primeiro meeting de Viena.

Eu tinha mandado antecipadamente dois aviões semelhantes ao do Circuito, um deles equipado com o motor Gnome de setenta cavalos.

Finalmente participaria de um verdadeiro meeting... em Nova York, tinha sido apenas espectador. Prometia a mim mesmo um sucesso fácil, pois em aeródromos me sentia em casa.

O programa tinha sido muito bem concebido: o aeroclube da Áustria, cujo jovem presidente era um aviador da primeira hora, mostrou um raro entendimento da aviação nessa tarefa. Somente as provas de altura estavam sujeitas a uma regra lamentável, a meu ver – essa regra consistia em levar em conta o peso transportado nas provas de altura –, mas que era justificada pela legítima preocupação em encorajar a aviação austríaca.

Lembro-me da boa impressão de nossa primeira visita ao aeródromo. Um campo imenso no meio da planície de Wagram, com uma pista bem traçada, instalações confortáveis para o público; cerca de quinze hangares espaçosos onde um exército internacional de mecânicos se apressava para finalizar montagens e ajustes de última hora. No próprio campo, viam-se máquinas de todas as formas sendo testadas por seus pilotos. Havia uma em particular que chamou nossa atenção. Era a reprodução em grande escala de um brinquedo que estava na moda no início da aviação e que consistia em uma superfície plana presa a uma haste emplumada, equipada com uma hélice acionada por uma borracha. Aqui, a borracha era substituída por um motor qualquer – mas víamos como velame um único tecido esticado sobre uma estrutura, e como fuselagem a haste emplumada: uma grossa vara presa por uma rede de fios de arame. Quanto ao piloto, ele roçava o chão em uma linda cesta oval com duas rodas. Tudo isso tinha uma aparência cômica: imaginávamos o aviador andando devagar sobre a grama dos campos, sem a menor esperança de voar.

Um momento depois, este instrumento passou dez metros acima de nossas cabeças...

Sua velocidade era modesta, sem dúvida; sua aparência incerta e escorregadia inspirava ao espectador angústias desagradáveis, e mais parecia uma borboleta do que um pássaro... mas enfim, ele voava...

Ele passou perto de nós... O piloto parecia bombear uma enorme alavanca que descia de forma oblíqua do topo do aparelho...

Audemars batizou a máquina original de Mosca Maluca.

A Mosca Maluca voou todos os dias do meeting, com admirável coragem e sucesso modesto.

Meu equipamento não me permitia competir nas provas de velocidade – as de duração pareciam-me enfadonhas; mas eu me considerava bem posicionado para todas as outras, mesmo as de altura, porque meu antigo recorde de Dinard ainda estava de pé.

Já no primeiro dia, perdi as ilusões. Eu havia alcançado 3.400 metros. Desci tranquilamente: ninguém me seguira até lá...

Os resultados foram anunciados: venci Bedel (em um *Morane 60 HP Anzani*) por cem metros. O tenente Blaschke – um nobre desconhecido – teria alcançado 4.250 metros, com passageiro...

Era demais... Nenhum de nós acreditava...

Com uma perfeita cortesia, o comitê me ofereceu verificar pessoalmente os barógrafos. Eles os prenderam à minha fuselagem e subi até mil metros. Os instrumentos funcionavam perfeitamente. Foi preciso se render às evidências. Além disso, Blaschke renovava seus feitos todos os dias. Precisei renunciar de uma vez por todas aos prêmios de altitude...

Em outras competições, tive uma sorte variável.

Na corrida de cem quilômetros: Viena–Neustadt–Viena, parti sem rumo em meu 50 HP, aproveitando a falha dos outros.

Mas o golpe de Angers não podia dar certo em todos os lugares: cheguei em quinto, havia apenas quatro prêmios... Foi nessa prova que o pobre Bedel, heroico sob um banho de óleo, deu a volta nos Alpes vizinhos, retornou uma hora depois dos outros e inspirou a Charles Nieuport o apelido de Homem da Montanha...

Com meu 70 HP (que nunca funcionou mais de um quarto de hora sem problemas), venci todos os prêmios de velocidade de ascensão e quase todos os de primeira partida.

Dividi com meu passageiro Audemars o segundo prêmio de lançamento de bombas. A Mosca Maluca ganhou o primeiro... Mas na aterrissagem em campo fechado tive uma revanche cruel sobre ela: esse campo fechado era delimitado por quatro postes, cujos topos estavam ligados por um delicado fio guarnecido de pequenos balões multicoloridos. Segundo o regulamento – era uma pequena lacuna – tratava-se de parar "o mais próximo possível do centro". Dadas as dimensões reduzidas do local, a dificuldade era não sair muito do centro. A Mosca Maluca não o atingiu e parou cedo demais para vencer... Obtive uma vantagem de alguns centímetros... Segundo a lógica, eu deveria ter perdido de longe. Mas a justiça não é desse mundo, como se diz, e os mais modestos são os mais sacrificados...

Alguns meses depois, infelizmente, a Mosca Maluca mataria seu inventor e piloto, o engenheiro romeno Vlaicu.*

Blaschke fazia apenas um voo por dia para o prêmio de altura. Ele quebrou sucessivamente os recordes mundiais com um, dois e três passageiros.

Seu retorno era esperado e saudado com ovações; a cada pouso, era uma correria de fotógrafos e repórteres.

---

* Aurel Vlaicu (1882-1913), engenheiro, inventor, piloto e projetista de aviões, morreu tentando cruzar os Cárpatos a bordo do *Vlaicu II*. (N.T.)

Blaschke, aliás, era um garoto simpático: simples, modesto, com uma fisionomia franca e tranquilamente enérgica, ele carregava seu sucesso com elegância.

Tive poucas oportunidades de conversar com ele, mas mesmo assim guardei boas lembranças daquele que me roubou tão brilhantemente meu querido recorde...

Charles Nieuport estava estreando em público como aviador. Ele se saiu com uma habilidade que não esperávamos de sua corpulência e aparência um tanto antiquada. Usava como equipamento um pequeno motor de dois cilindros, do tipo que Édouard havia criado do zero; motor, magneto, vela incluídos – e um Gnome de 100 HP, tipo militar. Com esses dois aparelhos, ele se classificou e conseguiu uma quantidade de prêmios bastante aceitável.

No entanto, ele não parava de se queixar, gemendo com ironia espirituosa. Ele era excelente em contrastar palavras muito engraçadas com uma voz chorosa em tom lúgubre.

Ele trazia para as competições esportivas um ardor e um amor-próprio extremos.

Na final do prêmio de velocidade de ascensão, ele teve uma boa performance. Seu comissário lhe anunciou, com reservas, que ele provavelmente se classificaria em primeiro lugar; estávamos a poucos segundos de diferença. Esse sucesso o deixou em uma exuberância insuportável naquela noite, e foi uma terrível decepção para ele se ver em segundo lugar no ranking final. Ele invocou o céu e a terra como testemunhos de seus infortúnios, de sua má sorte, da injustiça do comitê... Levamos 24 horas para acalmá-lo.

"Seu azar" o afligiu novamente no concurso de bombardeio. O tiro era feito de uma altura de duzentos metros... Os projéteis consistiam em pequenos sacos de farinha equipados com empenas, e o alvo era um círculo branco com cerca de quinze metros de raio.

Charles, enterrado no meio das enormes asas de seu cem cavalos, fazia seus sacos de farinha serem soltos por um enorme mecânico (Weber), que se esticava sobre a fuselagem até ultrapassar a borda posterior da asa. O pobre homem foi de uma imperícia magnífica: o primeiro saco caiu a duzentos metros do alvo... O segundo pousou fora do aeródromo e quebrou o braço de um velho senhor que subia em um carro para ir embora... Foi uma terrível história, houve até um processo...

Algum tempo depois, ouvíamos Charles resmungar com uma expressão entristecida:

– Que injustiça... Classificar por último o único aparelho que demonstrou reais qualidades destrutivas...

Nossa reputação de virtuosismo nos rendeu, a Audemars e a mim, a honra de uma sessão reservada.

Num domingo à noite, diante de uma enorme multidão, o aeródromo foi evacuado e entregue a nossos exercícios – uma série de espirais e voos mais ou menos combinados.

A sessão foi um sucesso estrondoso. A imprensa fez reportagens sensacionais, ilustradas com esboços explicativos.

Perto do final de nossa estadia, Voisin teve um acesso de febre tifoide. Ele teve energia para pegar o trem, em plena crise, e voltar para se tratar em Paris. Deixou Viena com Raymonde, dois ou três dias antes de nós.

Para além do próprio meeting, nossa vida em Viena foi alegre. Nossos anfitriões nos mimavam com gentilezas. À noite, nosso grupo íntimo aumentava com inúmeros cicerones. Jantávamos juntos nos restaurantes de verão: em todos os lugares, recebíamos a mesma acolhida calorosa: as orquestras ciganas nos saudavam com *Marselhesas* vibrantes e canções improvisadas em nossa homenagem.

Cometi terríveis pecados de gula com caviar russo, fogosch, trutas, lagostins gigantes, goulash, ganso assado etc.

E que hospitalidade de bom gosto encontramos entre os amigos vienenses... Essa festa ininterrupta e constantemente encantadora, que durou cerca de quinze dias, nos deixou uma lembrança entusiasmada e a esperança, que se realizaria, de rever Viena no ano seguinte.

O RECORDE DE HOUGATE

Voltei a Paris com a ideia fixa de recuperar meu recorde. Blériot começou a construir, conforme minhas indicações, um aparelho especial equipado com o novo Gnome de 80 HP. A construção desse aparelho levou cerca de cinco semanas, que passei em Paris de férias bem merecidas.

Foi nesse momento que recebi propostas urgentes de Morane e Saulnier.

Sempre tive uma inclinação pelo *Nieuport*, mas aceitei experimentar em Villacoublay o monoplano tipo *Paris-Pau*, desenvolvido por Tabuteau.

Nunca gostei de testes de aviões. Não tenho, como alguns camaradas, o dom de me sentir à vontade de primeira em qualquer máquina. Pelo contrário, a menor mudança de posição ou ajuste às vezes é suficiente para me desconcertar desagradavelmente. Mas o teste em questão me interessava.

Não durou muito: em comparação com meus *Blériot*, o *P.P.* era, apesar de seu desempenho superior, um aparelho terrivelmente pesado e instável...

– O que achou? – me perguntaram no pouso.

– Comecem aliviando a construção em cem quilos...

– Mas estamos a 120... Subimos a trezentos metros em...

– A questão primordial é voar bem: por enquanto, voamos mal...

Eu estava tão convencido que não poderia deixar de convencer. Depois desse teste, não pensei mais no *Morane Saulnier*.

Eu acompanhava dia após dia a construção de meu avião para o recorde. Assim que ficou pronto, ele foi enviado para Houlgate, onde eu seria hóspede de Émile Dubonnet.*

Fiz a viagem para Houlgate pelo ar, em duas etapas. Audemars me acompanhou até Vernon, onde Voisin havia organizado uma pequena exibição para nós. Passamos um dia e uma noite lá.

Continuei sozinho até Houlgate em um clima que lembrava o de Angers. Levei duas horas e meia para fazer o trajeto e quase fiquei sem gasolina. No entanto, essa jornada foi bastante divertida; eu voava baixo, cerca de cem metros, desviando para a direita e para a esquerda, serpenteando entre as colunas de chuva que eu via avançar no horizonte. Não senti uma gota, enquanto abaixo de mim todo o campo escorria com as chuvas recentes.

Aterrissei em Houlgate em um pequeno campo onde Dubonnet havia mandado preparar um hangar para mim, bem a tempo de escapar de uma daquelas chuvaradas.

Voisin chegou um pouco mais tarde pela estrada com o carro de amigos. Nos hospedamos no grande hotel e começamos os preparativos para o recorde.

Eu ainda não havia experimentado o aparelho especial, mas ele não apresentava nenhuma novidade que pudesse causar uma surpresa desagradável; ele diferia apenas em três pontos dos meus aparelhos habituais: 1) uma envergadura um pouco maior (dezoito metros em vez de dezesseis); 2) 80 HP em vez de 50; 3) um trem de pouso minúsculo, cinco tubos de aço e duas rodas de bicicleta, sem amortecedores.

Desde o primeiro teste, o aparelho mostrou qualidades de voo até então desconhecidas. Ele deixava o solo quase no mesmo lugar; aterrissava a uma velocidade extremamente baixa e, finalmente, subia a mil metros em cerca de três minutos...

* Émile Dubonnet (1883-1950), industrial e balonista francês, grande mecenas do esporte no início do século XX. (N.T.)

Essa máquina me revelou um mundo de sensações novas.

Para o controle de meu desempenho, cerquei-me de todas as precauções possíveis. Mandei vir de Paris, só para isso, um engenheiro da casa Richard, o sr. Charles Magné, encarregado das manipulações do barógrafo.

Por mais de uma semana, aguardamos o bom tempo. O céu permanecia cinzento e baixo, com um vento forte do sudoeste. Eu ardia de impaciência. Estávamos em setembro. Houlgate já estava adquirindo a aparência deserta das praias de inverno. Os negócios de Dubonnet o chamavam de volta a Paris...

Finalmente, uma noite, o tempo melhorou um pouco, vimos estrelas brilhando, dormimos com esperança para o dia seguinte.

A esperança se realizou incompletamente: o vento ainda soprava e o céu estava azul apenas em alguns pontos. Mas era preciso voar...

Aqui está o relato que fiz, logo depois de meu voo, aos leitores do *Matin*. O tom pode parecer um pouco enfático, hoje em dia: os tempos mudaram...

Trouville, 7 de setembro

Fazia oito dias que eu estava pronto para tentar o recorde. Eu tinha cuidadosamente experimentado e ajustado a aeronave que Blériot construíra com base em meus dados, mas o céu permanecia obstinadamente negro de nuvens.

Ontem, finalmente, um pouco de azul aparece. Parto sem convicção; o tempo é muito pouco propício, o frio é glacial, o vento está furioso, sobretudo com muitas nuvens. Paciência! Vamos tentar.

Parto com duas horas de combustível, um estoque sumário de oxigênio e um traje digno de explorador polar.

A decolagem ocorre às 12h45 em meu relógio.

As nuvens estão a mil e poucos metros: alcanço-as em quatro minutos e ultrapasso-as por um buraco azul. Tudo correria bem sem essas malditas nuvens que já me ocultam o mar. Nesse momento, só vejo terra à minha esquerda, intermitentemente.

Subo muito rápido. De acordo com os diagramas dos dois barômetros, um à minha frente e outro atrás de mim, na fuselagem. Estou a dois mil metros: mal passaram dez minutos desde que decolei.

Três mil. Ainda estou visando a costa, que agora vejo quase constantemente à minha esquerda, na direção de Ouistreham, através de uma grande clareira; mas sinto que, em vez de me aproximar, estou me afastando. Minha aeronave, porém, está voando a 115 quilômetros por hora!

Quatro mil! Não há mais dúvidas: estou sendo arrastado pelo vento, que está fazendo mais de 115 quilômetros por hora (32 metros por segundo)... Seria possível acreditar que estamos em uma calmaria, tão regular é o vento. De vez em quando, através de uma janela nas nuvens, vejo abaixo de mim um pedaço da paisagem normanda, graças aos buracos que mandei fazer nas asas da aeronave.

O motor enfraquece, está tendo solavancos. Procuro um novo ajuste de combustível para acabar com eles. Começo a respirar o oxigênio, enquanto conto as pulsações do motor, cujo número continua normal.

A subida se torna penosa. Está muito frio, mas estou bem coberto e sofro pouco.

Quatro mil e seiscentos! Recuperei meu recorde: isso é o que importa. A aeronave começa a flutuar no ar que já não sustenta: a luta contra os solavancos do motor se torna cada vez mais delicada. No entanto, espero subir mais quinhentos ou seiscentos metros. Infelizmente, percebo que meu suprimento de oxigênio, mal calculado, se esgotará antes do fim.

Chego a 4.800: a altura do Mont Blanc. Não tenho mais uma gota de oxigênio e meu motor sofre uma crise de solavancos que interrompe a subida. Posso até ver o traçado dos diagramas descendo.

Mas estou como que hipnotizado pela linha dos cinco mil metros, que está a menos de dois milímetros da agulha do mostrador. Nada me fará descer antes da pane ou de alcançar o objetivo.

Procuro uma corrente de ar mais favorável e uso todos os meus recursos como um velho acrobata.

Finalmente, o traçado retoma uma marcha levemente ascendente: ganho mais 150 ou duzentos metros. A respiração está agora muito penosa.

Mas aqui estão os cinco mil! Eu os alcancei! Quero ultrapassá-los.

Um choque sinistro e um grande estrondo! Fico um pouco surpreso por não sentir minhas asas me abandonarem no vazio. Com um gesto quase instantâneo, mais rápido que qualquer pensamento, desligo o motor e começo a planar.

Cada volta da hélice produz uma vibração violenta em toda a aeronave e tento descer o mais lentamente possível para preservar minhas asas, já muito abaladas por essas agitações. Ao que tudo indica, uma peça fundamental, provavelmente uma biela, está quebrada no motor.

Mas as vibrações diminuem gradualmente e a hélice finalmente para, travada. Deslizo em voo planado com os cabos que assobiam com um som mais ou menos agudo, seguindo a velocidade da descida.

Ainda são 4.500 metros me separando do solo, mas tenho a clara sensação de ter escapado do perigo.

Atravesso as nuvens novamente a cerca de 1.500 metros e tenho a alegria de encontrar abaixo de mim pastagens magníficas: é só escolher a mais bonita. Seria uma brincadeira, não fossem os zumbidos terríveis que sinto nos ouvidos há cinco minutos.

A terra enfim se aproxima! Estou bem de frente para o vento e desço quase parado.

Mais alguns segundos de atenção: aqui estou, suavemente pousado em um campo magnífico.

Retrocedi vinte quilômetros, mas bati meu recorde.

O recorde de Houlgate é um dos cinco ou seis voos que me causaram mais satisfação. Eu não lamentaria nem mesmo a pane que me parou dois ou três metros antes do previsto, se não tivesse perdido por pouco o quinto quilômetro, da mesma forma que havia perdido o quarto no ano anterior, em Dinard.

XIX

Apesar da temporada avançada, Voisin ainda conseguiu agendar exibições em Vichy e Roanne. Sempre a vida livre e imprevisível que eu amava. Em Vichy, especialmente, o sr. Aletti, grande organizador das festividades, nos acolheu com uma recepção inesquecível.

Infelizmente, lá eu soube de uma notícia desagradável: meu recorde de Houlgate tinha acabado de ser quebrado por Legagneux, em um *Morane Saulnier*... Não havia durado um mês...

Por acaso, Blériot estava de férias em Vichy. Ele recebeu por telégrafo detalhes que tornavam a notícia ainda mais desconcertante. Na época, anunciaram 5.700 metros (o número foi reduzido para 5.400 na hora da homologação).

Depois de Vichy e Roanne, peguei o trem para Paris, de mau humor, deixando Voisin cuidar de nossos negócios. Ele deveria passar por Saint-Étienne para ver se havia algo a fazer lá.

Dois dias depois, ao voltar para casa, encontrei o seguinte telegrama:

"Terrível acidente de carro. Charles morto. Raymonde."

A mensagem havia sido enviada de Belleville-sur-Saône, uma localidade alguns quilômetros ao norte de Lyon.

Eu li aquilo dez vezes sem conseguir entender. Mas as palavras eram muito claras: elas me mergulharam em uma dolorosa perplexidade... O que poderia ter acontecido?

Charles não era apenas um motorista habilidoso: ele era tão prudente que costumávamos brincar com isso. Tudo contribuía para tornar aquela catástrofe improvável...

Peguei o primeiro trem para Lyon e, depois de uma viagem em que as horas pareceram muito longas, encontrei Raymonde na plataforma, chorando. Fiquei ao lado dela até a noite. Ela me contou o absurdo acidente, do qual ela e um jovem motorista saíram ilesos por um verdadeiro milagre. Uma roda do carro havia deixado marcas de antiderrapante na casca de uma árvore a dois metros do chão. Fui levado até o corpo de meu amigo, em um sombrio necrotério hospitalar. Sua cabeça estava tão horrivelmente mutilada que não pude suportar a visão e saí.

À noite, Gabriel Voisin chegou de Paris. Apertei sua mão pela primeira vez e fui embora no trem seguinte.

Eu tentava em vão me acostumar com a ideia de que, dali em diante, meu bom Charles não estaria mais ali para espalhar em nossa vida errante seu entusiasmo inesgotável...

De fato, sua perda causou certa perturbação em minha vida. Eu havia me acostumado, graças a ele, a ignorar as mínimas preocupações materiais e sua amizade dedicada se tornara um de meus pontos de apoio moral. No período que se seguiu, não fui brilhante, apesar das duas importantes performances que realizei graças à minha força de vontade.

De repente perdi o bom ânimo de Angers e Houlgate. Foi um momento de depressão, como sofreu a maioria dos pilotos de minha geração, depois do qual muitos abandonaram a aviação.

Em Paris, entrei em contato com Morane Saulnier. Eles me fizeram experimentar o aparelho que detinha o novo recorde e que realizaria tantos voos bonitos mais tarde. Dessa vez fiquei maravilhado. Morane e Saulnier renovaram sua proposta. Tornei--me um colaborador.

Treinei por algum tempo em Villacoublay e recuperei facilmente minha habitual precisão de movimentos.

Saulnier parecia sentir uma satisfação de artista ao mostrar sua obra, tão bonita, aos visitantes de Villacoublay.

Ele tinha adotado todas as minhas ideias, que sabia detalhar inclusive melhor do que eu. Fomos inspiração para uma pequena campanha a favor do "excedente de potência" e da "qualidade de voo", em oposição à pura velocidade, à estabilidade automática e outras fórmulas defendidas por alguns. Frantz Reichel nos dedicou um belo artigo intitulado "Os construtores de asas".

Villacoublay tornou-se o ponto de encontro das estrelas e um centro de atração para todos os amantes de belos voos.

Eu tinha prometido por contrato duas performances equivalentes ao recorde de altura.

Escolhi, para a primeira, recuperar o próprio recorde.

Eu tinha à minha disposição o aparelho que havia sido usado por Legagneux: era preciso fazê-lo subir mais alto. Aumentei os velames em dois metros e parti para Marselha, equipado com o necessário.

Eu me estabeleci no aeródromo de Pas-des-Lanciers. Com a chegada do inverno, o tempo não era muito favorável. No entanto, após alguns dias de espera, achei que poderia convocar meus amigos do aeroclube de Marselha.

Chegamos ao campo com um mistral que se levantou de repente. As circunstâncias me pareceram muito desfavoráveis e adiei o teste. Mas eu queria mostrar à assistência as novas virtudes do meu aparelho e as vantagens de um bom excedente de potência.

Naquele vento, o aparelho subiu rapidamente a duzentos metros; em poucos segundos, a trezentos... Continuei por um momento com agilidade, sem passar a menor impressão de esforço ou desconforto, tenho certeza...

Infelizmente, o pouso apagou todo o efeito positivo do voo.

O trem de pouso estava rígido, frágil, mal posicionado. Era uma imperfeição mínima, que passara despercebida nos gramados de Villacoublay. Aqui, cheguei a derrapar um pouco, em um terreno duro: uma roda cedeu, o aparelho capotou...

Fiquei terrivelmente constrangido e furioso. Mas este foi apenas o primeiro de uma série de contratempos.

Depois do conserto, fiz minha primeira tentativa alguns dias depois. Não foi brilhante...

Eu havia partido de Pas-des-Lanciers, mas deveria descer em Miramas, um campo mais amplo e mais fácil em caso de pane.

Meus esforços foram realizados acima do lago de Berre. A 4.400 metros, congelado e deprimido, me deparei com correntes contrárias e turbulências do pior tipo. Meu diagrama ondulou horizontalmente, e eu senti – já – a proximidade de um teto... Era inútil insistir. Comecei um longo voo planado em direção a Miramas.

Ao me aproximar do chão, encontrei uma agitação violenta em vez da calma relativa do início. Quando tentei usar o motor, ele se recusou a funcionar. Então, paralisado pelo frio e por uma coleção de falhas, nauseado com minha impotência, sofri a vergonha de um segundo capotamento, mais ridículo que o primeiro...

Foi demais... tive uma crise de *spleen* que durou vários dias. Tudo me era hostil; eu perdia confiança...

Não... Eu não queria desistir. Era preciso mudar de ambiente e reagir.

Esbocei abruptamente um plano. Assegurei a colaboração do excelente Manselon, meu empresário de Marselha, e embarquei para Túnis.

Entre todos os lugares que me ofereciam sol e alguns recursos, Túnis tinha uma vantagem particular: em caso de fracasso definitivo, eu encontraria minha revanche em uma viagem Túnis–Roma.

Túnis–Roma, ou seja, Cartago–Roma, não seria uma coisa bonita de se fazer de avião?

Peguei o primeiro barco a zarpar. Era pequeno, velho e chamava-se *Tafna*. Do primeiro ao último minuto da travessia, fiquei mais enjoado que um cachorro e, para completar, ao chegar a Túnis em busca de calor e sol, me deparei – às cinco horas da manhã – com um céu escuro, uma chuva fina e um vento gelado... Nunca me senti tão só no mundo como naquele dia...

TERCEIRO RECORDE DE ALTURA

O tempo melhorou. Durante a primeira semana, dividi com Manselon o trabalho de organização, pois eu queria cobrir minhas despesas. Consegui o apoio necessário e o campo de Kassar-Said. Ofereci à imprensa a tradicional sessão de demonstração e anunciei minha intenção de tentar o recorde de altura.

Fiz três tentativas, sendo as duas primeiras em sessões públicas.

Na primeira, não ultrapassei os 4.500 metros, detido pelo frio e por um céu desfavorável.

Na segunda, parti sem confiança: o tempo ainda me parecia pouco propício. Percebi durante o voo que estava subindo admiravelmente. Ultrapassei os cinco mil metros: o diagrama continuava esplêndido. Mas a 5.200 metros, o frio e a falta de oxigênio me obrigaram a descer.

Finalmente, em uma última tentativa, conquistei o recorde com 5.610 metros. Eu poderia ter ido um pouco mais alto se não fosse o frio.

O diagrama obtido naquele dia, eu acredito, é o diagrama de recorde mais puro que possa existir.

O mar exerce sobre mim uma atração especial; a ideia de passar um dia no mar não me inspira horror. Todo o meu recorde em Túnis foi ao largo de Cartago. Não vi a Sardenha porque os vapores da manhã ainda não tinham se dissipado.

Mas tive, pela primeira vez com tanta clareza, a sensação de voar abaixo de uma enorme bacia, como se a terra fosse côncava.

O voo planado necessário para descer me fez percorrer cerca de trinta quilômetros. No entanto, ao ver que ainda estava longe demais de Kassar-Said, voltei brevemente ao voo horizontal, com o motor ligado. Essa é a explicação para o pequeno platô de minha curva de descida.

Sempre me esforcei muito para estabelecer a autenticidade de meus recordes. Em Túnis, os dois barógrafos Richard ficaram constantemente sob a supervisão do sr. Ginestons, o sábio diretor do observatório. A cada tentativa, ele mesmo colocava os lacres e verificava a instalação.

No dia do recorde, ele recebeu o aparelho para depósito, entregou-o pessoalmente ao capitão de um navio; este o passou ao presidente do aeroclube de Marselha, que o transmitiu finalmente ao aeroclube da França, sempre lacrado.

Por outro lado, um relatório foi elaborado no local e assinado por um comissário da linha aérea nacional, o diretor do observatório de Túnis, vários oficiais e uma dezena de testemunhas.

É lamentável que medidas tão rigorosas não tenham sido tomadas para todos os recordes. Basta ter diante dos olhos a série de diagramas homologados para constatar que nem todos têm a nitidez desejável.

TÚNIS E ARREDORES

Em Túnis, encontrei inesperadamente um excelente colega de escola secundária, com quem havia jogado futebol em 1906.

Ele gentilmente se deixou distrair de seus sérios afazeres para me fazer companhia, e, a partir do dia em que um repórter ávido por detalhes íntimos nos agraciou com o título de "amigos de infância", em nossas conversas só usávamos o vocativo "ó, amigo de infância"...

Eu havia alugado um carro. Fizemos passeios adoráveis nos arredores imediatos de Túnis. Lembro-me especialmente de uma caçada na estrada de Bizerta, cuja narrativa indignaria as almas dos verdadeiros caçadores. O campo estava cheio de cotovias. Podíamos ver seus graciosos bandos voando pelos campos e pousando à beira da estrada. A aproximação de nosso carro não as assustava o suficiente para que não pudéssemos atirar nelas sem sair de nossas almofadas, descansados... Um crime... O amigo de infância me convidou, entre outras coisas, para boas partidas de tênis e inúmeras partidas de bilhar.

À noite, ouvíamos música de excelente qualidade. O teatro de Túnis compartilhava as turnês de artistas contratados pela Ópera de Nice. Isso explica a qualidade muito superior das companhias que passavam por lá.

Ouvi lá, várias vezes, *Tosca* e *Pagliacci* cantados por Campagnola* com soberba maestria.

Mas nunca me perdoarei por não ter visitado nem Tingade, nem Cartago – às portas de Túnis... – nem as curiosidades de Túnis em si... (Não vi a cidade árabe...)

Perdi, como sempre por minha indolência, a oportunidade de conhecer um país tão bonito.

Então de onde vem o encanto cativante que encontrei nesse clima que inicialmente me pareceu tão desagradável?

Do sabor do ar, da alma das coisas; é principalmente, acredito, da luz, menos intensa do que a dos trópicos, mais límpida do que a da Riviera; e dos horizontes do entardecer, suaves e luminosos, a que o crepúsculo confere nuances peroladas e violeta (em dezembro).

Foi em Túnis que fiz minha estreia como conferencista. Atraí, à grande sala de teatro, menos ouvintes, felizmente, do que Campagnola...

Me saí bem, contando as aventuras que vivi na América e em outros lugares...

As pessoas tiveram a indulgência de me ouvir até o fim, talvez por causa do bom exemplo dado pelo residente-geral** e pela srta. Alapetite; no fim, foi uma satisfação ter enfrentado pela primeira vez as luzes do palco...

---

* Léon Campagnola (1875-1955), tenor francês. (N.T.)

** O residente-geral da França na Tunísia é o representante oficial do governo francês em Túnis durante o protetorado francês (1881-1956). Na ocasião, era Gabriel Alapetite (1854-1932). (N.T.)

Assim, Túnis se somou em minha memória à coleção de lugares agradáveis, onde encontrei a ajuda dos homens, assim como os favores da natureza. As autoridades, a imprensa, o público, todos me cercaram de simpatias. Eu partiria cheio de dívidas de gratidão...

O residente me ofereceu um jantar de despedida e me entregou, em nome de Sua Alteza, o bei, em lembrança de meus voos em Túnis, as insígnias de comandante do Nichan Iftikhar.*

DE TÚNIS A ROMA

Nada se opunha a meu segundo projeto; era uma oportunidade de cumprir imediatamente minhas promessas a Morane Saulnier.

Para essa viagem, troquei meu motor de 80 HP por um pequeno de 50, que tinha em reserva, e a asa de 16 m² pela de 14 m².

Então consegui uma escolta de cinco torpedeiros – para a travessia da África até a Sicília.

No futuro próximo, quando a hidroaviação se tornar um meio de turismo ideal, Túnis–Roma será uma das rotas mais atraentes: a via aérea transforma uma viagem bastante longa e complicada em um passeio de algumas horas; ela aproxima, em um contraste mais pitoresco, o clima africano e o clima latino; a antiga Cartago destruída e renovada, e a Roma eterna. Além disso, nada supera a beleza desses panoramas vistos do céu: Túnis, Palermo, Messina, toda a costa da Calábria até Nápoles e, finalmente, a aparição sempre um pouco solene de Roma no horizonte...

Infelizmente, os problemas com meu trem de pouso arruinaram o prazer dessa primeira viagem, deixando-me em constante estado de preocupação e nervosismo.

***

* Antiga ordem honorífica tunisiana. (N.T.)

Saí de Kassar-Said por volta das oito horas da manhã, sob um tempo excelente. Voei imediatamente a baixa altitude em direção ao cabo Bon, ponto de referência inicial de minha travessia.

Vi pela última vez, à minha esquerda, as ruínas de Cartago, mal distinguíveis diante de um horizonte de mar pálido; atrás de mim, a Branca Túnis, mais ao longe as montanhas violeta do Mahouin.

Levei cerca de uma hora para chegar ao cabo Bon. Passei bem perto do farol. Depois, foi preciso escolher uma direção. Eu havia marcado um encontro com o primeiro torpedeiro a dez quilômetros do cabo. Mas eu não havia previsto esse terrível reflexo que me cegava.

Inicialmente, eu não via nada no mar e, sem muita segurança, segui a direção indicada por minha pequena bússola.

Um barco apareceu... Seria o meu? Não, era apenas um rebocador qualquer. Eu explorava o horizonte, perplexo. Finalmente, avistei ao longe um ponto negro; me aproximei. Desta vez, era realmente o meu primeiro torpedeiro. Ele me vira e seguia a toda a velocidade, indicando-me a direção exata. Ultrapassei-os pelo lado direito, bem de perto. A tripulação acenava para mim – acenei com meu lenço. Poucos minutos depois, fotografei o segundo torpedeiro. Fiquei totalmente seguro por um tempo.

Ao chegar ao quinto e último barco, ainda havia cerca de cem quilômetros de mar à minha frente. Mas agora eu estava certo da minha direção e esse voo tinha um atrativo especial de algo nunca realizado: "Por mares nunca dantes navegados...".

A costa baixa da região só apareceu para mim no último momento, por causa do sol. Cheguei a Marsala no momento que descobri um vazamento de combustível no tanque.

Um campo arado, pequeno mas bem localizado, me ofereceu um pouso fácil, e as pessoas de uma fazenda vizinha me ajudaram a empurrar o avião até um abrigo.

Os donos da fazenda me ofereceram hospitalidade e um almoço improvisado. Prepararam meu lugar a sós em uma grande mesa e, embora houvesse criados, meus anfitriões me serviram pessoalmente.

Comi um peixe especial da Sicília, que certamente acabara de ser pescado, de tão fresco e delicioso que estava; e bebi um velho Marsala reservado, que não existe no comércio.

Os mecânicos deveriam chegar a Trapani no dia seguinte. O tanque precisava de cuidados.

Lamento não ter esperado em Marsala. Pensei em simplificar indo para Trapani, já que o vazamento de combustível permitia esses quinze quilômetros.

Subi no avião como se estivesse entrando em um carro, na porta da fazenda, e decolei de uma estrada ladeada por casas – uma verdadeira acrobacia.

Dez minutos depois, estava em Trapani.

Na falta de outro terreno, aterrissei em uma praia que deveria ter sido de areia por sua cor; na verdade, estava coberta de rochas planas mal niveladas. Só percebi quando minhas rodas se quebraram e, pela terceira vez, o avião capotou...

Dessa vez, fiquei realmente doente de raiva. Abandonei o avião avariado sem me preocupar, fui para o hotel que me indicaram, me tranquei no quarto e me deitei...

Felizmente, meus homens não demoraram. Jules me consolou um pouco, afirmando que só precisaria de 48 horas para consertar tudo.

Passei o primeiro dia em Trapani. Mas as atenções que recebia me deixavam nervoso. Eu precisava ficar em algum lugar sozinho, ignorado. Tive a ideia de ir incógnito passar meu segundo dia em Palermo; desapareci sem avisar ninguém, peguei um trem que ia a vinte quilômetros por hora e cheguei a Palermo numa noite escura, chuvosa e triste... Me indicaram um hotel magnífico, com um terraço que dominava a baía oeste.

Com nome falso, peguei um quarto e pedi o jantar. Depois, tentei dar uma volta pela cidade, para me distrair.

Uma chuva fina caía constantemente – eu não tinha guarda--chuva. Andei duas esquinas, a pé na lama, e então, desanimado, peguei um táxi de volta ao hotel.

No dia seguinte, o trem me levou de volta a Trapani em seis ou sete horas, um pouco mais calmo...

Em Trapani, novamente, decolei da pequena avenida em frente ao hotel, bem no centro da cidade – os mecânicos haviam montado o avião ao amanhecer sob minhas janelas. Saí do meu quarto vestido para viajar, montei na sela e arranquei entre os postes e as árvores.

Mantive-me o tempo todo sobre o mar, seguindo a costa, que via deslizar sob minha asa direita.

Infelizmente, a paisagem estava contra a luz, sob um céu manchado que não combinava com o Mediterrâneo.

Além disso, fui bastante sacudido. Mesmo assim, a baía de Palermo parecia bonita: eu a imaginei florida, sob um belo sol de primavera.

Eu tinha planejado reabastecer em Milazzo (ou Pizzo?) mas uma coluna de chuva passava à minha frente; aterrissei um pouco mais cedo em uma longa praia estreita – minhas rodas afundaram sem danos na areia macia.

O lugar estava bastante deserto. Alguns pescadores se aproximaram, um proprietário da vizinhança veio se colocar à disposição.

A chuva estava chegando. Tivemos pouco tempo para empurrar o avião até um abrigo, e durante a chuva, eles foram buscar gasolina e óleo para mim.

Parti por volta das três horas. A decolagem só teve sucesso naquela areia graças ao espaço ilimitado em comprimento.

Essa etapa talvez tenha sido a mais bonita da viagem. Ainda vejo minha chegada a Taormina: o sol atravessava tempestades negras e criava na paisagem zonas luminosas rodeadas de sombra. O estreito de Messina desaparecia à contraluz, para o sul, em um caos de nuvens escuras. Virei para o norte: a costa da Calábria se estendia diante de mim até onde a vista alcançava. No primeiro plano, uma pequena enseada na falésia abrigava um vilarejo de pescadores, cujos barcos coloridos dormiam no seco. O mar, em outro lugar de um azul profundo, formava ali, por transparência, um mosaico de tons claros e degradês até a fina franja de prata que desenhava o crescente da praia. Um feixe de luz caía justamente sobre esse quadro, lhe conferindo mais relevo e frescor.

Subindo em direção ao norte, entrei em um céu mais calmo. O fim do dia se aproximava. Depois de passar Pizzo a uma altura baixa, procurei um refúgio para a noite. O acaso me levou ao pequeno posto alfandegário de Sant'Eufemia de Marina.

Eu não poderia encontrar um descanso mais tranquilo. Três ou quatro fiscais alfandegários eram os únicos habitantes do posto. Eles me ajudaram com os cuidados do avião, me ofereceram um jantar e uma acomodação rústica, além de providenciarem durante a noite a vinda de combustível e óleo de Pizzo.

Por pouco meu voo não terminou ali. A praia era cortada por córregos intransponíveis e composta por uma areia seca que gruda nas rodas como cola nas patas de um pássaro.

Na primeira tentativa, tive que forçar demais a decolagem: o avião flutuou por um segundo e caiu sobre a asa esquerda; ela afundou na areia com um pequeno estalo...

No entanto, constatei com surpresa que nada estava quebrado. Os cordames da esquerda tinham se estendido alguns centímetros: o velame estava deformado, mas ainda deveria poder voar.

Tentei uma segunda decolagem, não sem apreensão. Dessa vez consegui voar mas em condições muito desagradáveis... Eu tinha que segurar a alavanca constantemente virada para a direita e no máximo. Fiquei à mercê de um vento sudeste cortado pelas cristas calabresas...

Procurei a paz das alturas – subi direto para três mil metros. A viagem continuou sem cansaço. O vento me ajudava a atingir 150 quilômetros por hora.

Cada momento me afastava do mau tempo; o céu clareava.

Ao chegar perto de Nápoles, desci para cerca de 1.500 metros. Sobrevoei o Vesúvio pensando: "Sou o primeiro homem a vê-lo assim...". Gases sulfurosos pairavam no ar; meu olhar vasculhou o terrível funil, que parecia pequeno, como se eu pudesse descobrir seu segredo... No centro, uma fumaça branca se dissipava lentamente...

O vulcão desapareceu sob minha asa. Ao chegar a Nápoles, avistei o campo que me indicaram. Uma multidão me esperava.

Aterrissei suavemente em um belo gramado. Surpresa agradável... As duas primeiras pessoas que vejo correr em minha direção são meus dois mecânicos. Eles acabavam de desembarcar – na hora certa. Alegremente, entreguei-lhes o avião com defeito.

Imediatamente, fugindo das entrevistas, me refugiei sozinho em um quarto do Grande Hotel, onde tomei um banho, almocei e tirei duas horas para relaxar o corpo e a mente.

Quando voltei ao campo, o avião estava pronto para partir. Me posicionei imediatamente.

– Sua asa esquerda quase não aguenta mais... – alertou-me Jules.

Mas naquele tapete macio de grama, decolei sem esforço e, com uma curva suave, me orientei em direção a Roma.

Eu estava encantado com o fim daquela viagem, em tudo favorável. Em breve eu veria – sem amargura dessa vez – Roma aparecer no horizonte e crescer, e logo saborearia as satisfações do esforço bem-sucedido.

Cheguei ao destino em velocidade recorde.

O hipódromo dos Parioli me tentou; mas eu era esperado no Campo de Marte. O anúncio de minha chegada atraiu ao grande retângulo verde uma multidão já numerosa.

Desembarquei seguindo uma larga espiral e me esforcei para mais uma vez poupar a roda frágil. Mas a má sorte fez com que eu tocasse talvez a única irregularidade do campo. O eixo cedeu e o avião, conforme o movimento habitual, se ergueu sobre o nariz...

Assim foi a lamentável chegada de Túnis–Roma.

AS TEMPORADAS DE 1913 E DE 1914

XX

Não estamos mais na época em que cada voo deixa uma lembrança. Fiz muitos voos nos aeródromos. Houve poucos meetings. Foi um ano de estudo e reflexão. Apesar dos problemas iniciais, tornei-me um fanático defensor do *Morane Saulnier*.

Encorajei fortemente Saulnier a não mudar de doutrina, a não se deixar tentar pelas tendências ao automatismo.

Em 1913, não era o momento de pensar em outra coisa além da qualidade e da potência do voo. A Morane Saulnier deveria concentrar seus recursos limitados na aviação leve. O avião de Túnis–Roma foi um excelente ponto de partida: deveria ser melhorado gradualmente, pacientemente, e se imporia.

O ano começou com longas férias em Nice, na companhia de Barrier. Eu pretendia aproveitar o tempo livre para melhorar meu recorde de Túnis. Recebi de Paris um avião novo, construído de acordo com minhas especificações e com muito cuidado.

O motor era um Gnome de 80 HP. A fuselagem, reforçada na frente, leve atrás. O velame leve, de 15 m^2. Era uma dimensão especial que oferecia vantagens sobre a de 16 m^2: uma estrutura mais simples, de maneabilidade superior. Isso resultava em um avião menos denso do que aquele com 14 m^2. O trem de pouso era reduzido, alargado, rígido. Acreditei por muito tempo nesse sistema, que era de fato sedutor nos gramados dos aeródromos. Foi preciso a experiência do rali de Mônaco, em 1914, para me convencer definitivamente do meu erro.

Fiz os primeiros testes com o entusiasmo de um amador que adquire uma peça rara – alguns voos sobre o mar, em frente a Nice. O clima do Sul havia amenizado muito meu ardor esportivo: eu não estava animado...

Iniciei um treinamento e obtive resultados lamentáveis – a quatro mil metros, o teto parecia próximo...

A preguiça me convenceu de que havia um defeito de construção no avião. E fazia tão frio lá no alto...

Desistindo do recorde, resolvi participar da Copa Schneider, em Mônaco. Essa competição seria ao mesmo tempo o preço de minhas férias e um pretexto para prolongá-las.

Com pressa, encomendamos a Tellier dois flutuadores para o novo avião. Jules os montou em Saint-Raphaël. Fiz minha estreia na água na véspera da corrida, pilotando meu hidroavião até Mônaco.

Essa corrida improvisada quase foi um sucesso completo para mim. Na metade da prova, eu estava em segundo lugar – Weymann ganhava alguns segundos por volta com seu *Nieuport* de 100 HP. E de repente o vi, parado na água, em pane... Ele ficou fora da corrida. Infelizmente, também tive minha parcela de infortúnios. Tive que voltar ao porto, para consertar uma válvula. Terminei em segundo lugar, bem atrás do Prévost.

Mas a corrida deixou uma impressão feliz. Enfrentei aeronaves muito mais potentes; mostrei flexibilidade e maneabilidade superiores. E apesar dos flutuadores colocados de qualquer jeito, a máquina decolou em poucos metros.

No meeting de Mônaco, fiz meu segundo voo como passageiro. O primeiro tinha sido a famosa aventura com Moisant, em 1910 – de Étampes a Paris.

Havia em Mônaco um grande biplano que Saulnier construíra sem a menor preocupação com originalidade, e que Gilbert – ainda pouco conhecido – manejava com sedutora habilidade. A curiosidade de experimentar essa máquina tranquila foi mais forte do que minha repugnância pelo papel passivo de passageiro.

Desde então, só me deixei levar pelo mesmo Gilbert – quatro vezes, acredito – e apenas uma vez por Brindejonc. No entanto, é bastante instrutivo sentir outro voar.

Passei o mês de maio em Paris. Uma bronquite e outros problemas de saúde me atormentaram. Tudo terminou com uma viagem de convalescença à Suíça. Foi por volta dessa época que organizaram um match-exibição em Juvisy, comigo e Audemars.

O programa incluía um concurso de voos de fantasia. O anúncio da prova desencadeou uma polêmica na imprensa: não se podia perder a oportunidade de pontificar um pouco. E nosso aeroclube nacional interveio pomposamente para proibir nossos exercícios acrobáticos como perigosos e um mau exemplo...

Isso foi três meses antes de Pégoud*...

Nosso *match* aconteceu e foi um grande sucesso – embora o programa não fosse o que esperávamos.

Audemars saiu vencedor de todas as provas.

Houve em Buc uma revista em homenagem ao rei da Espanha. A Morane Saulnier me pediu para apresentar seu monoplano.

Em torno do campo, cerca de setenta aeronaves foram alinhadas, a maioria delas militares. O rei foi apresentado aos aviadores, um por um, e então se ouviu o sinal para decolar. Os setenta aviões partiram sucessivamente com uma bela regularidade... Os civis partiram por último: foi recomendado a todos que desocupassem rapidamente os arredores do aeródromo. Mas ficou combinado extraoficialmente que Chevillard** e eu ficaríamos para voar por alguns instantes na presença do rei.

Eu nunca tinha visto voar Chevillard, cuja virtuosidade era muito elogiada. Assisti do solo às suas primeiras curvas – magníficas. Depois eu soube que sua exibição tinha causado uma profunda impressão. Audemars resumiu assim:

– É como Johnstone em Nova York...

---

* Célestin Adolphe Pégoud (1889-1915), primeiro homem a pular de avião com paraquedas, em agosto de 1913. Ele também foi o primeiro a voar de cabeça para baixo. (N.T.)

** Maurice Chevillard (1887-1943). (N.T.)

Eu, pelo contrário, naquele dia não fui brilhante e fiquei muito intimidado pelas recomendações oficiais. Depois de duas espirais e algumas mudanças de direção, voltei para o ninho – em Villacoublay.

Naquela manhã, acordei preguiçosamente por volta das dez horas. Abri maquinalmente o jornal que tinham acabado de me trazer na cama, com o café com leite... Com um olhar distraído, percorri as manchetes e, de repente, parei em uma delas:

"A Academia dos Esportes concede seu prêmio anual de dez mil francos a Garros."

Fiquei pasmo... Nem por um momento eu havia pensado na Academia dos Esportes ou em seu prêmio... Fiquei muito lisonjeado por ter sido eleito por um grupo tão imparcial.

Esse prêmio original e tão inesperado foi um dos mais agradáveis que já ganhei. Eu o recebi algumas semanas depois, durante um banquete encantador e de gosto requintado. A um canto, uma obra-prima representava um pequeno *Morane* de ouro.

Não houve nenhum evento esportivo antes do segundo encontro de Viena.

Os organizadores, encorajados pelo sucesso de 1912, enriqueceram seu programa. Com a experiência adquirida, a organização foi perfeita.

A boa reputação de Viena atraiu muitos concorrentes bem equipados: a competição foi acirrada.

Tive a infelicidade de chegar doente e perceber que um de meus dois aviões, aquele em que mais confiava – um avião especial que não tive tempo de experimentar – estava dando resultados decepcionantes.

Como no ano anterior, todos os prêmios de altitude foram para os *Lohner* austríacos: o regulamento não dava chance à nossa aviação leve.

Os prêmios de velocidade de ascensão, nos quais eu tinha brilhado da primeira vez, foram monopolizados por Perreyon, com seu *Blériot* de 180 HP.

O prêmio do Ministério da Guerra, a ser dividido entre as aeronaves que carregassem trezentos quilos a dois mil metros em menos de dez minutos, foi todo para Perreyon.

No final, só ganhei o prêmio de velocidade e o prêmio de aterrissagem, além de alguns meio sucessos aqui e ali.

PRÊMIO DE VELOCIDADE VIENA–WIENER NEUSTADT (100 KM)

Prepararam para meu 100 HP especial um pequeno carro plano (8 ou 9 m^2). Eu teria prontamente desistido de usá-lo em *cross-country*. Mas minha performance tão lamentável nesse meeting exigia recorrer a medidas extremas.

Os quarenta minutos que levei para concluir esta prova estão entre os mais desagradáveis que já passei no ar.

Eu estava tão instável que qualquer falha no motor teria me levado ao chão.

Em Neustadt, perdi altitude ao virar – apesar de algumas precauções – e quase toquei o solo sem querer...

Em contrapartida, deixei todos os meus concorrentes para trás no caminho e cheguei em primeiro lugar em Viena. Foi merecido.

O PRÊMIO DE ATERRISSAGEM

Foi difícil prever que eu conquistaria este prêmio sobre adversários como Chevillard, em um *Farman*, e Perreyon, em um *Blériot*...

Meu *Morane* não era apenas uma máquina densa e aerodinâmica, que normalmente atingia 130 km/h: era o velho monoplano de Marselha e de Túnis–Roma, aquele mesmo que capotava tão bem. Mas o chassi tinha sido modificado.

Eu nem sequer queria me inscrever na prova. Saulnier me convenceu:

– Por que não tentar?

Logo no início, uma feliz manobra me fez ganhar – não sei como – um ou dois metros de Chevillard, e oito ou dez de Perreyon, que desistiu. Chevillard tentou novamente e quebrou meu recorde por dois metros.

"Nunca poderei sequer repetir o que fiz por acaso...", pensei.

No entanto, tentei... e ganhei o prêmio, sem entender nada...

AS DECOLAGENS "DE PRIMEIRA"

Era uma das provas de Viena. Às três horas em ponto, partíamos de uma linha estabelecida, a duzentos metros da linha de chegada – onde ocorria a classificação. Em seguida, era necessário permanecer no ar por meia hora para se qualificar.

Os competidores se alinhavam em grande número, lado a lado... Era preciso ter confiança – especialmente nos dias de vento lateral – para não se desviar...

Um minuto antes do sinal, os motores eram ligados. Toda a linha tremia, vibrava no barulho e na fumaça dos escapamentos; no "cheiro de pólvora" de nossos campos de batalha.

Um foguete explodia no ar; a bandeira vermelha do comissário baixava... Não havia nada mais pitoresco do que a partida de todas aquelas aeronaves, grandes e pequenas, biplanos e monoplanos, de todas as formas, de todos os tipos. Alguns – sempre os mesmos – se destacavam imediatamente do grupo e disputavam metro a metro, como cavalos chicoteados, as primeiras posições.

Se nunca houve colisão no momento da partida, houve ao menos uma colisão no ar, quando, passada a linha de chegada, os aviões se dispersavam no céu.

Naquele dia, éramos particularmente numerosos. Eu tinha – acredito – passado a linha em segundo lugar. Subi observando meus vizinhos. Abaixo de mim, à esquerda, o *REP* vermelho de Molla contornou o primeiro pilar.

No mesmo instante, da área dos hangares, partia do outro lado da pista um grande biplano *Lohner*. As duas aeronaves fizeram, para não se chocarem, uma manobra errada. Estavam a uns bons quinze metros de altura... A asa de Molla atingiu a célula esquerda do *Lohner*, que desabou no chão... O *REP* vermelho, com metade de uma asa cortada, continuou em seu impulso em uma espiral terrível... Pareceu interminável... Até que parou, embicado no solo.

Eu voava a poucos metros dessa cena pungente...

Num piscar de olhos, as duas máquinas destroçadas foram cercadas por pessoas agitadas... Nos afastamos para terminar nossa prova em regiões tranquilas.

Molla teve apenas contusões graves; os dois austríacos ficaram gravemente feridos.

Esse acidente foi a causa indireta de outro drama – felizmente menos trágico.

Saulnier nos acompanhava, naquele ano, atraído pelo interesse técnico do meeting. Ele nos prestava, a Audemars e a mim, os serviços de conselheiro e gerente.

Naquela noite, ele soube que eu não me classificara para a decolagem de primeira. Pedimos explicações. Eu tinha sido desqualificado por não ter completado a hora regulamentar... Havia claramente um engano. Mas o presidente do júri, um oficial austríaco, afirmou ter me visto pousar – e acompanhou essa afirmação com um sorriso expressivo, bastante humilhante.

Saulnier perdeu completamente a compostura. Ficou vermelho, roxo, com os olhos esbugalhados e teve um terrível acesso de raiva. Circunstância agravante: o oficial estava de uniforme.

Tentei acalmar nosso amigo.

– É um absurdo... – ele gritava. – Dizer que ele o viu, *viu*... Parece querer nos acusar, mas é ele que está mentindo... Porque está mentindo, descaradamente...

Com muito esforço e com o apoio de nossos amigos do comitê, conseguimos resolver o assunto. Foi reconhecido que eu não havia pousado. Na confusão que se seguiu ao acidente de Molla, os juízes confundiram, de longe, a aeronave de Bielovucic com a minha.

Para encerrar, suplicamos a Saulnier que emitisse um pedido de desculpas pelas expressões muito violentas que havia usado. Mas não adiantou... Qualquer menção ao assunto apenas reacendia o incêndio... Não se falou mais nisso.

Depois do jantar, pedimos notícias de Molla. Ele estava de cama, sozinho em seu quarto de hotel. Ele tinha febre, um olho fechado, o rosto inchado, o corpo coberto de hematomas e contusões, e estava feliz por ter se saído tão bem.

Nossa exibição, o tradicional voo conjunto com Audemars, causou menos impacto do que no primeiro ano.

O público estava ficando entediado, e Chevillard nos havia tirado um pouco de prestígio. Eliminado de tudo pela incapacidade de seu *Farman*, ele passava seu tempo voando com passageiros. Ele colocava nessas viagens livres muita fantasia e virtuosismo, seu avião, fácil de manobrar, produzia as ilusões óticas habituais dos biplanos. Chevillard tinha um estilo muito pessoal, cuja originalidade consistia no uso das diferenças de velocidade. Isso conferia a seus movimentos uma nova flexibilidade. Em nossas longas espirais clássicas, ao contrário, nós nos esforçávamos para manter uma velocidade constante, para não escorregar – era o velho erro fundamental.

A HORA DOS PASSAGEIROS

Todas as noites, pontualmente às seis horas, uma bomba sinalizava o encerramento. A multidão se dissipava lentamente pela estrada de Viena. E havia, no início do crepúsculo, uma hora deliciosamente calma...

No final desses dias um tanto exaustivos, não havia relaxamento mais agradável do que um longo voo livre, sem preocupações, sem destino, sobre a planície de Wagram coberta a perder de vista por um belo trigo dourado, e que a imaginação povoava com fantasmas de epopeia.

Ao sul, quase na borda do aeródromo, o Danúbio fluía em direção ao Oriente. Viena escurecia à sombra do Kahlenberg, que escondia o sol poente. Névoas rosadas velavam toda a paisagem e, de certa altitude, as coisas adquiriam uma aparência leve, suave, feliz.

Esta hora de poesia era a hora dos passageiros. O momento em que se cumpriam as promessas feitas por um sorriso.

O céu ficava pontilhado de casais graciosos que eu me divertia em seguir e surpreender, às vezes de maneira indiscreta...

O grupo francês incluía: Audemars, Saulnier, Bielovucic, Chevillard, Bathiat, Molla etc.

Viena nos recebeu mais calorosamente do que nunca. Os bons lugares já nos eram familiares e toda a nossa turma os frequentava.

Mas eu gostava especialmente das excursões que fazíamos entre amigos aos arredores da cidade. Lembro-me especialmente de um almoço em um terraço cercado de vegetação, no Kahlenberg. Diante de nós se estendia, sob uma luz propícia, o panorama de Viena, com o Danúbio e a planície bordejada ao longe por uma linha de montanhas azuis.

Voltei de Viena pela Itália, visitando Veneza, Milão e os lagos.

Eu tinha sido convidado para dar minha opinião sobre o percurso de uma corrida de hidroaviões que estava sendo preparada para o mês de outubro. Depois de três dias de excursões em iate e carro, retornei a Paris com a cabeça cheia de visões e impressões encantadas. E eu tinha prometido participar do Circuito dos Lagos Italianos.

XXI

Estávamos em julho, e eu não tinha nada sério em vista. O saldo desse período se resumia a uma exibição amadora em Commercy, em homenagem ao presidente Poincaré, passeios turísticos em Deauville e alguns voos de treinamento em Villacoublay.

Para sair dessa inação, estudei alguns projetos de viagem e decidi por um circuito do Mediterrâneo em três partes: a primeira seria Paris–Túnis, com escala em Saint-Raphaël.

Preparei para isso dois aviões semelhantes, cada um levando oito horas de combustível. Eu estava determinado a atravessar o mar de uma só vez, e havia desistido do hidroavião, pois não conhecia nenhum, naquela época, que tivesse o alcance necessário. Eu também havia desistido dos navios de escolta, para partir livremente, quando quisesse, e evitar a ansiedade contagiante do público.

Seguin acabara de dar o exemplo de uma tentativa fracassada. Ele havia mobilizado uma frota de torpedeiros perto de Marselha e esperara que o tempo ficasse favorável até desistir.

Quando meus aviões ficaram prontos, enviei o melhor para Saint-Raphaël – eu sabia que encontraria no centro de aviação da Marinha uma recepção simpática. Jules se manteve pronto para me receber da noite para o dia, por volta das onze horas da manhã, e me colocar de volta em ação imediatamente. Então começou em Paris a espera pelo tempo propício. Eu só poderia ter sucesso em meus 1.400 quilômetros com um vento pelo menos neutro. No entanto, ele soprou obstinadamente do sul por duas semanas.

Eu me congratulava por ter mantido até então um segredo quase completo... Os atrasos me seguraram até setembro. Reims e Como estavam prestes a acontecer. Os dias estavam ficando mais curtos...

Tive que reduzir meu programa para terminar, e, como o tempo estava bom no Mediterrâneo e o vento sul ainda soprava em Paris, peguei à noite o trem rápido para a Côte d'Azur.

Cheguei a Saint-Raphaël em 22 de setembro, por volta do meio-dia. O céu estava tão azul que fui tentado a partir imediatamente. O medo de chegar à noite me reteve.

Passei o resto do dia em uma espécie de recolhimento. Eu estava perfeitamente ciente do perigo. Deduzindo a travessia da Sardenha, eu passaria cinco ou seis horas no meio do mar. Lá, em caso de pane, não haveria esperança.

Nas margens de meu conhecido Mediterrâneo, de beleza cheia de luz, onde viver é uma volúpia, era uma sensação estranha pensar que no dia seguinte, talvez, eu pudesse desaparecer. E por quê? Por luxo, para viver uma bela aventura – mesmo que isso significasse morrer...

Nenhuma hesitação me perturbou. Por uma duplicação que experimentei muitas vezes, eu me vi seguindo meu destino...

Estas últimas horas tinham um gosto raro...

Os oficiais do centro prometeram vir me buscar de carro, na manhã seguinte ao alvorecer.

Deitei cedo, sem sono. Eu tinha a impressão de estar sonhando. Imaginava, com particular lucidez, minhas impressões do dia seguinte, na partida, na viagem, na chegada e... em caso de acidente.

Fiquei quase surpreso de sentir como tudo seria simples. Ao decidir aquela jornada, eu tinha dado um grande salto; e agora chegava ao obstáculo, impulsionado por forças desconhecidas, e me observava passar por ele como se fosse outra pessoa.

Essas reflexões se alternavam com visões que resumiam minha infância.

Finalmente dormi.

Quando o despertador tocou, ainda estava escuro. Eu me levantei e me preparei com cuidado. As menores negligências – um tecido ou um sapato que incomoda ou que protege mal; um lanche insuficiente ou indigesto – são brechas pelas quais se pode perder a última parcela de energia necessária.

Ao alvorecer, os oficiais vieram me buscar. O carro atravessou Saint-Raphaël adormecida e rumou para o campo. No caminho, naquele momento ingrato de entorpecimento matinal, eu pensava nas impressões do condenado levado ao cadafalso.

O céu prometia um belo dia. Os marinheiros abriram as portas do hangar. Eles ajudaram Jules a empurrar o pequeno monoplano limpo e brilhante até o ponto de partida escolhido. Completei meu traje com um macacão impermeável. Tudo havia sido meticulosamente preparado, só restava partir.

Foi simples como eu havia imaginado... Uma despedida rápida aos oficiais, a uma amiga; a voz arrastada de Jules proferiu o habitual:

– Contato...

– Pronto...

Ao primeiro golpe da hélice, o motor começou a girar de maneira suave e regular. Eu podia ouvir seu ronco filtrado pela lã do meu capuz. Um gesto: eles me soltaram. O avião, carregado com oito horas de combustível, rolou por um bom tempo. Assim que ele decolou, mirei no alvo, usando a bússola, manobrando para subir gradualmente. Logo ganhei alguns metros de altitude. Tudo corria bem. Meio torcido em meu assento, contemplei longamente a costa que ia ficando para trás. O maciço de l'Esterel, escuro e violeta, emergia de um mar pálido e liso; a Riviera se estendia até onde a vista alcançava sob um véu de vapor, leve e matizado. Havia um relevo impressionante e tudo parecia congelado, adormecido, aguardando o sol para brilhar com seus clarins de luz...

Era uma daquelas surpresas mágicas que a natureza reserva para nossas almas terrestres recém-emancipadas da terra, e minha sensibilidade aguçada a percebia intensamente. Pouco a pouco, a paisagem desapareceu enquanto, passando as brumas, cheguei, por volta de mil metros, às regiões límpidas. Então, de repente, as montanhas da Córsega apareceram diante de mim. Já! Não fazia mais de vinte minutos que eu estava em voo. Esse ponto de referência eliminou qualquer dificuldade de localização.

Eu tinha um plano de voo. À minha frente, um mapa em pequena escala, suficiente no mar, mostrava a linha reta entre Saint-Raphaël e Bizerta. Essa linha estava marcada por pontos que representavam o horário previsto... Eu estava usando dois relógios, um marcando a hora, o outro ajustado em meio-dia no momento da partida, o tempo de voo. Eu deveria passar por Cagliari depois de cinco horas. Eu tinha três horas de combustível restantes para os últimos 225 quilômetros, ou seja, uma margem de segurança de cerca de uma hora em três. Eu tinha prometido a mim mesmo pousar se chegasse a Cagliari com mais de meia hora de atraso.

A primeira hora passou tão feliz que minhas sensações, inicialmente agudas, se suavizaram. Tudo me inspirava confiança, a calma circundante, o zumbido uniforme do motor, o deslizar suave das asas no ar fresco. Atrás de mim, o l'Esterel, quase apagado, ainda marcava o ponto de onde vinham os votos amigos. À esquerda, a Córsega era tão clara que parecia próxima.

De repente, um estouro sinistro de metal quebrado, um tremor em todo o avião... Me senti perdido... No entanto, o motor continuava funcionando com um ronco regular que repercutia em meu corpo. Instintivamente, olhei para o solo: estava a uma hora de voo... Na carenagem, uma protuberância tinha se formado: a chapa estava perfurada; dela escorriam gotas de óleo preto que o vento atirava no meu rosto. Claramente, uma peça se soltara do motor: por que ele não parava? Quanta ansiedade nos minutos que se seguiram... Mas as angústias muito fortes logo se atenuam... Eu tinha reduzido a velocidade do motor ao mínimo. O avião parecia parado no espaço. Uma hora se passou assim. Por fim, avistei Ajaccio. Dependia de mim terminar a aventura. Mas teria sido lamentável.

"Ele ainda vai aguentar alguns minutos, até a Sardenha. Lá, terei duas horas, acima da terra firme, para observá-lo à vontade..."

Em Cagliari, um mecânico me esperava... Continuei em direção ao sul...

A viagem continuou sem incidentes... Me acostumei com a terrível trepidação. Na Sardenha, encontrei turbulências e um vento contrário que me atrasou. O céu perdeu sua pureza e amontoados de nuvens me forçaram a descer de 1.500 para oitocentos metros aproximadamente. O tempo passou, e ali estava Cagliari. Um dilema angustiante surgia: pousar ou continuar? Eu estava quase uma hora atrasado, minha reserva de combustível havia sido consumida... Acima de tudo, eu tinha o motor que funcionava havia cinco horas com uma peça faltando.

Procurei no chão os sinais de meu mecânico: o sol me ofuscava, não vi nada. Além disso, eu ainda não estava decidido. Pousar significaria mutilar a travessia, arruinar um sonho...

Nunca esquecerei esse momento de hesitação. Uma força misteriosa, mais forte do que minha razão e minha vontade, me levou em direção ao mar.

A partir desse ponto, me empenhei em não perder nem uma gota de combustível, eu só exigia do motor o estritamente necessário. Ganhei altitude por economia, pois consome-se menos lá em cima. Ultrapassei os três mil metros. Abaixo, o ar estava sujo de névoa, nuvens flutuavam. A terra desapareceu; o mar mesmo só era visível em manchas. Acima, o sol explodia, ofuscante, em um céu nu, e eu voava em sua direção, como uma cotovia.

Eu tinha reduzido tanto que o motor hesitava, engasgava, a hélice mal girava, o ar escapava sob as asas. No entanto, minha mão voltava incessantemente ao ponteiro.

Novo alerta, um clique de ruptura com uma nitidez sinistra naquela solidão... Meu coração se contraiu...

"Menos de vinte litros, cerca de uma hora de voo. Onde está a terra? Talvez eu esteja sendo mantido no lugar por um vento contrário?"

Nada indicava meu deslocamento. Eu queimava os olhos tentando enxergar a costa através das nuvens. Em vão. Eu só a veria ao chegar, ou nunca mais...

O nível de combustível contava, como uma ampulheta, os últimos minutos da prova; qual seria o desfecho: trágico? radiante?...

Menos de trinta minutos, desses estranhos e intoxicantes minutos, cheios de uma intensa lucidez de quase bem-estar.

Eu me via, e notava detalhes fúteis, como na espuma do mar, onde tinha a impressão de distinguir os mergulhos ondulados de milhares de golfinhos, e pensava:

"Melhor do que tubarões..."

Menos de vinte minutos... Calculei, talvez pela décima vez, o que deveria restar em meu tanque. O cálculo confirmava invariavelmente o número marcado; eu mesmo o tinha graduado em Villacoublay.

Três torpedeiros... Salvo... Salvo... Essa certeza repentina me atingiu como um raio, me inundou de calor... Eram apenas três pontos negros, informes, apenas vislumbrados: mas eu os havia adivinhado, reconhecido instantaneamente. Estavam vindo a meu encontro... Anunciavam minha vitória e toda a vida reconquistada.

Desliguei a ignição e mergulhei em espiral nas nuvens. Os torpedeiros cresceram. Eles avançavam em direção a Cagliari a toda a velocidade e não me viam. Eu estava a apenas trezentos metros. Eles finalmente pararam. Enquanto davam meia-volta, eu lutava para reiniciar o motor. Foi difícil. Escapei por pouco de um banho ridículo e continuei, perseguido por minhas três escoltas, na direção de Bizerta que os rastros deles tinham deixado na água.

A costa da África logo apareceu, cinzenta, baixa. Eu a alcancei em dez minutos, a oeste de Bizerta. Estava na hora. Pousei no campo de manobra, onde ninguém me esperava. No meio do terreno, sob o sol ardente, me vi sozinho, em silêncio, imóvel, em paz.

Esse momento de recolhimento... como ele fechava bem as horas que eu tinha acabado de viver...

O primeiro homem que vi foi um soldado de blusão. Ele se aproximou sem pressa, me observou com curiosidade. Então, tomando coragem:

– Está vindo de longe?

– Da França...

Ele sorriu perplexo e não disse mais nada.

Um exame superficial revelou duas avarias.

Na cabeça de um cilindro, faltava uma mola de retorno e seu suporte. A força centrífuga tinha sido suficiente para o funcionamento da válvula. Mas a massa em rotação tinha ficado desequilibrada e a trepidação poderia ter causado outras quebras.

Logo depois de Cagliari, um eixo do balancim se partira longitudinalmente: metade da peça saltara, outra metade ficara presa no lugar. Minha salvação havia dependido apenas da aderência desse pedaço de ferro...

Eu havia prometido a mim mesmo chegar a Túnis. Mas o Arsenal precisou construir as três peças necessárias. Ofereceram-me champanhe no refeitório dos oficiais.

Os reparos foram concluídos ao pôr do sol. Parti. A noite me surpreendeu, pois os crepúsculos são curtos na África. Procurei em vão meu caminho e acabei pousando à luz das fogueiras que os árabes acendem em campo aberto. Passei a noite no pequeno posto de Protville. Foi lá, por volta das dez horas, que recebi o primeiro telegrama, enviado pelo presidente de nosso Conselho de Ministros.

À meia-noite fui acordado: pilotos militares de Túnis vieram me oferecer ajuda. Confiei a seus mecânicos meu motor, que as remontagens apressadas de Bizerta haviam desregulado.

No dia seguinte, terminei cedo os poucos quilômetros que me separavam de Túnis. Pousei em Kassar-Said por volta das seis horas da manhã. Eu não era esperado. Meu Gnome parecia sem fôlego. Desisti dos outros planos.

Duas horas depois, eu navegava em direção a Marselha, a bordo do *Manouba*, com meu avião desmontado.

XXII

Não me prepararam nenhum equipamento sério para o meeting de Reims. Na antevéspera da abertura, peguei emprestado em Villacoublay um *Parasol* de estudo e partimos em um grupo de turistas para Bétheny.

Entre um grupo de amigos, assisti – mais como espectador do que participante – a essa bela semana que não teve nada da aparência épica dos primeiros grandes meetings.

Depois de Reims, organizamos a expedição para Como.

Um amigo nos emprestou um Mercedes 90 HP de turismo – um dos melhores carros para alegrar a alma de um amador do volante.

Fizemos em cinco – mais o motorista – uma viagem encantadora, passando por Lausanne e Simplon. Somente a descida do lado italiano foi desagradável à noite, com neblina e chuva.

Em Como, a luz, indispensável para a beleza daquele país, se fez lamentavelmente ausente durante toda a nossa estadia. O tempo melhorou, mas nunca até o azul puro.

O Circuito dos Lagos Italianos foi percorrido de maneira bastante estranha.

Essa corrida de hidroaviões atravessava algumas regiões completamente desprovidas de água. Além disso, o regulamento instituía uma série de eliminatórias que ocorriam depois da prova de classificação.

Como equipamento, eu tinha um terrível 160 HP pesado demais para seus dezesseis metros de envergadura.

Léon Morane, que fazia sua primeira reaparição pública, pilotava um 80 HP de série, mais modesto, mas mais seguro.

Nosso principal concorrente era o monoplano *Albatros*, de Hirth.

Larguei de Como sendo um dos primeiros, em um ritmo brilhante. Num piscar de olhos, cheguei à ponta de Bellagio. Já o motor enchia a fuselagem de vapores sufocantes...

Alguns minutos depois – estava prestes a alcançar o terreno seco – ele engripou completamente, cuspindo longas chamas pelo ventre...

Precisei descer para a água. Fiquei flutuando por um instante no meio do lago – adoravelmente cercado naquele local. Um barco veio em meu socorro e me rebocou até a margem. Meu motor estava frito – irremediavelmente. Vieram me buscar e me levaram de volta a Como – de carro.

Léon havia feito maravilhas. Ele estava em primeiro lugar na primeira etapa, precedendo Hirth por dois ou três minutos...

À noite, nos encontramos em Pavia. O querido amigo estava todo emocionado por recuperar de primeira a tão fiel vitória de outrora.

Ao alvorecer, nós o esperávamos em Pallanza. Hirth chegou primeiro, seguido por Léon por um intervalo insignificante. Eles deixaram para trás todos os outros.

Léon perdeu sua vantagem na partida de Pavia. Seus flutuadores se recusaram a "descolar" da água. O *Morane Saulnier* ainda era o hidroavião improvisado de Mônaco.

Infelizmente, o pobre Morane ficou completamente desmoralizado. Eles encontraram no vale do Ticino uma névoa densa, que despertou nele a angústia de memórias cruéis...

Conseguimos que a partida fosse adiada por meia hora. Mas Léon insistiu em pedir um novo prazo. Usei a pouca influência pessoal que tinha junto ao comitê a seu favor. Houve uma longa discussão por telefone, cujo tom aos poucos se tornou azedo.

Por fim, foi preciso partir e – com a recusa de Léon – deixaram, não sei por qual interpretação do regulamento, que eu terminasse em seu lugar, em seu avião...

Hirth partiu. Parti dois minutos depois dele.

Um movimento propício facilitou a decolagem. A neblina havia se dissipado. O ar estava perfeitamente calmo.

Em Varese, tivemos que descer. A água brilhava como um espelho: levei dez minutos de esforços furiosos para me arrancar dela...

A partir daí, não houve mais dificuldades: mas a corrida estava perdida...

Cheguei a Como em segundo, dez minutos atrás de Hirth.

Toda a imprensa anunciou o resultado: esqueciam-se das famosas eliminatórias que, no dia seguinte... eliminaram Hirth – por ter furado um flutuador em uma parada infeliz... E foi a mim que atribuíram o primeiro prêmio do Circuito dos Lagos.

De Como, me separando de nossa pequena caravana, fui diretamente para Marselha. Meu avião mediterrâneo havia esperado desmontado na casa do amigo Niel até que Manselon organizasse mais uma exibição no parque Borély.

Nunca perco a oportunidade de ir a Marselha. O sol da Canebière, com aquele barulho característico, aquela animação colorida que é própria da exuberância – não da febre –, me relaxa e me descansa. Uma viagem para Marselha me traz alegrias de aluno em férias. Jules, em um piscar de olhos, deixou meu motor em perfeito estado. A estadia se assemelhou às anteriores: sempre com o indispensável Niel, passeios extasiados de carro, os banhos de Canebière, lagostins à provençal de Roquefavour; os mariscos e churrascos ao fogo de *sarmeng* (com o Châteauneuf-du-Pape), em *nossa* sala, na casa de Bassot; os almoços panorâmicos na ponte transportadora.

O sucesso da exibição – eu não me importava muito – foi comprometido por uma circunstância cujo efeito Manselon havia calculado mal. O presidente Poincaré havia voltado da Espanha e os cortejos oficiais pararam, no momento errado, a circulação dos bondes.

De manhã, Legagneux e eu fizemos um voo de boas-vindas à frente da esquadra que trazia o presidente. Ele teve a gentileza de nos mandar chamar à noite para nos agradecer: ele me cumprimentou por minha recente travessia e anunciou a cruz da Legião de Honra que me foi entregue alguns dias depois.

Tive vontade de voltar de Marselha pelo ar.

Com aquele excelente aparelho e suas oito horas de combustível, seria encantador passar metade de um lindo dia atravessando a França, com a mente livre, sem preocupações em encontrar terrenos, abastecimentos difíceis ou a curiosidade irritante dos observadores.

Marselha–Paris é um desses itinerários tão marcantes que podem ser facilmente encontrados de memória. Pode-se partir sem qualquer preparação de Marselha, contanto que se tenha o combustível necessário, e decidir no ar se iremos para Paris, Genebra, Roma, Ajaccio, Argel, Barcelona ou Bordeaux.

São caminhos que encontramos sem nunca termos passado por eles, e sem mapa. Voar assim, exclusivamente de cabeça, proporciona um prazer especial, que faz pensar no pombo-correio: eu tive essa experiência.

Depois de almoçar por volta das dez horas, decolei aos pés de Notre-Dame de la Garde e, seguindo pela costa, passei em revista o velho e o novo porto, atrás dos quais a cidade estendia seu fervilhar de casas cinzentas. Atravessei a lagoa de Berre e alcancei o rio Ródano em Arles.

Do alto, as cidades têm seu próprio rosto. Arles sorri melancolicamente sob o sol escaldante da Provence. Eu nem sabia que era Arles, de tanto que ignorava os detalhes da rota: identifiquei-a depois, no mapa. Eu me guiava pelos grandes traçados da França: o rio Ródano até Lyon, depois um salto para o oeste; o rio Loire até Orléans – um último salto: Paris...

Nada realça mais a deliciosa sensação de independência que o voo proporciona do que essa maneira de conceber e realizar uma viagem.

Vi desfilar ao longo de um rio que eu sabia ser o Ródano paisagens desconhecidas de cidades ignoradas – Paris–Roma me deixara poucas lembranças dessa região. Pressenti Lyon – pelo tempo de voo – e a reconheci facilmente, apenas pelas dimensões.

Houve um momento difícil: uma densa névoa enchia o vale do rio Saône – a névoa, essa coisa odiosa, o pior inimigo.

Saí de Lyon rente aos telhados e teria procurado um local para pousar se não tivesse intuído que ao sair do vale escaparia do flagelo. De fato, consegui escapar por uma fenda e, nas colinas do Beaujolais, reencontrei o horizonte.

O rio Loire corria para o norte sob um céu bastante claro. Novas paisagens. O rio virou gradualmente para o oeste – eu tinha uma pequena bússola, mas facilmente poderia a ter dispensado.

Assim que vi Orléans, virei à direita e logo me encontrei, a cem metros de altura, na famosa rota que testemunhou a primeira viagem aérea (de Toury para Artenay, de Blériot).*

Eu estava de olho em Étampes. Foi então que, com uma surpreendente rapidez, me vi envolto em uma névoa mais densa que a de Lyon, uma dessas névoas viscosas que caem sobre a terra ao entardecer de certas noites de outono. Eu ainda estava na orla dessa camada de algodão úmido que avançava do norte. Encontrei então algumas clareiras de luz; depois, a névoa ficou completamente impenetrável. Passar por cima? Fácil. Mas como pousar em Paris? Porque não havia nenhuma razão – daquela vez – para que ela desaparecesse cinquenta quilômetros adiante.

Sem hesitar por muito tempo (que felicidade não estar em uma competição), dei meia-volta e pousei no primeiro pedaço de terra que consegui avistar.

Foi perto de uma fazenda. Deixei o avião e peguei o primeiro trem que passou na estação vizinha. Naquela noite, ainda fui

* Louis Blériot (1872-1936) realizou esse voo histórico de cerca de 26 km (a primeira viagem aérea de ida e volta entre duas cidades) no dia 31 de outubro de 1908. (N.T.)

o primeiro homem que almoçou em Marselha e jantou em Paris no mesmo dia.

A necessidade de trazer meu avião de volta foi a oportunidade, dois dias depois, de um de meus raros voos como passageiro. Gilbert me inspirava confiança, me interessava. Ele me levou na carona, de Villacoublay até a fazenda em questão, sob um vento muito ruim. Com essa dificuldade, notei algumas diferenças entre seu jeito e o meu, especialmente no pouso, que, naquela turbulência, foi muito seguro. Como fazia antigamente Simon, Gilbert chegava até o contato com o solo em pleno voo, quase acelerado. Ele certamente tinha a intenção de ser cauteloso. Mas me pareceu, mesmo assim, que eu teria buscado mais flexibilidade e que teria freado no ar.

Voltamos asa com asa, fazendo brincadeiras de morcego.

O LOOPING

Contei em minhas memórias da América como conheci Moisant, Hoxsey e aquele Johnstone que morreu, às vésperas de realizar o primeiro looping.

Isso foi em 1910...

A escola americana estava à frente da nossa, e também, infelizmente, em termos de equipamento.

Mais tarde, na França, como todo mundo ouvi falar dos dois primeiros voos invertidos acidentais.* Até me mostraram, na Blériot, uma cópia do relatório do capitão Aubry sobre sua aventura.

Como não percebi, preparado como estava? Há desses estalos do pensamento que são provocados ou interrompidos por qualquer coisa. Todo o meu sistema de reflexos estava impregnado por uma disciplina: a necessidade constante de uma velocidade normal. Eu não *sentia* o voo de outra maneira.

Não sei se devo amaldiçoar esse velho erro que limitou meus progressos ou atribuir a ele a felicidade de minha preservação. Por-

* Pelo capitão Aubry e pelo tenente Morel. (N.T.)

que sem ele, eu também teria avançado em relação ao equipamento. Estremeço só de pensar nos voos que fiz em um frágil *Demoiselle* construído por Santos Dumont *sem nenhuma* estrutura superior (como os primeiros *R.E.P.*).*

Não falemos das asas de Domo d'Ossola;** mas o *Blériot* que suportou o acidente do capitão Aubry provavelmente não teria resistido por muito tempo à prática de inversões e todas as manobras insensatas que delas resultam.

Enfim, a ideia pairava no ar; encontrou uma mente ousada e virgem de racionalizações, floresceu e Pégoud subiu aos céus. Ele conheceu a glória, teve uma vida e uma morte belas como as grandes lendas do passado, simples e maravilhosas.

Nos almanaques e anuários dos aeroclubes, seu nome se confunde com celebridades de menor importância. Seu verdadeiro lugar está em um pequeno número de memórias cheias de relíquias da aviação.

Uma coisa prejudicou Pégoud e sua escola. Talvez não uma coisa, mas uma palavra: *looping*. (Que revela incompletamente a ignorância daqueles que guiam a opinião.)

O looping: um termo de circo...

Pégoud: o Rei dos Acrobatas. A aviação estava se tornando uma espécie de circo. O aeroclube já tinha feito o possível, antes de Pégoud, para desacreditar os acrobatas do ar.

Mas Pégoud, um novo acrobata, se impôs. O looping entrou na moda, triunfou.

O público francês, que admira audácias e bravatas, sentiu que havia algo ali menos mundano do que um salto-mortal.

---

* Avião projetado por Robert Esnault-Pelterie (1881-1957), pioneiro da construção aeronáutica. (N.T.)

** Em Domo d'Ossola, ou Domodossola, se conclui a primeira tentativa exitosa de travessia aérea dos Alpes (da Suíça para a Itália), pelo aviador peruano Jorge Chávez Dartnell. Na ocasião, o vento rompeu as asas do monoplano, que caiu na fase de aterrissagem. (N.T.)

Ninguém o fez entender que Pégoud acabara de abrir verdadeiramente uma nova era para a aviação, e que isso era muito glorioso.

A guerra chegou. Sobre os velhos campos de batalha, inaugurou-se um campo de batalha novo e sublime. O inimigo se apresentou com organização e preparo superiores. Mas Pégoud e seus seguidores tinham o domínio do voo. O resto foi preciso improvisar. Os alemães só mantiveram a luta copiando o melhor que puderam os métodos de Pégoud, o acrobata...

Para Pégoud, a bala na testa em um combate aéreo foi um fim digno para o homem que um dia realizou sozinho, com um gesto insolente e gracioso, a conquista do ar.

Para aqueles que a entendem, sua glória é completa.

Pégoud fez suas primeiras experiências enquanto eu esperava em Paris pelo clima favorável para o voo Paris–Túnis. Minha mente estava totalmente focada nesse projeto, nada me distraía. Eu estava tão mal-humorado que vinha evitando as sessões em Buc.

Precisei desistir do Paris–Túnis, contentando-me com a travessia. Depois vieram Reims, os lagos italianos, Marselha. Comecei a lamentar minha negligência, senti em Marselha a tentação de tentar a famosa manobra, com meu avião comum. Era melhor uma máquina preparada e a tranquilidade de Villacoublay. Assim que retornei a Paris, pressionei Saulnier, que começou a construir uma aeronave especial.

Enquanto isso, Pégoud viajava pela Europa. Hanouille e Hucks foram seus primeiros imitadores. Eu me impacientava.

Um dia, Audemars, voltando de Buc, veio me ver. Ele tinha assistido às primeiras tentativas de looping de dois novos pilotos: Domenjoz e Perreyon.

– Brincadeira de criança... – ele repetia, excitado. – Como é que você ainda não fez isso... Vou levá-lo para Buc amanhã...

Fui. Vi Perreyon voando: ele estava tentando a aventura – pela primeira vez em um *Blériot* de série, não reforçado.

O grande construtor assistiu à experiência bem perto de nós, com um monóculo na mão. Ele acompanhou o voo de Perreyon com a calma de um médico administrando um experimento em uma cobaia. Ouvi-o fazer o seguinte comentário característico:

– Com essas máquinas reforçadas, não prova nada... Vamos ver se a aeronave comum aguenta...

Aguentou... Saí de Buc tão entusiasmado quanto Audemars e convencido como ele de que o looping era uma coisa fácil.

Meu "especial" devia ficar pronto uma semana depois. Considerei inútil esperar essa semana. Se o *Blériot* de série aguentava, um *Morane* aguentaria ainda mais...

Em Villacoublay, no dia seguinte, me amarrei, subi para cerca de oitocentos metros e, depois de alguns ensaios, puxei o manche... com muita brutalidade: a aeronave parou abruptamente ao empinar, realizou uma espécie de inversão deslizante, com vibrações tão intensas que pensei em uma avaria...

Desembarquei bastante emocionado e aterrissei suavemente. Os mecânicos exultavam:

– Conseguiu... Espetacular... Você fez um looping...

Na realidade, eu não tinha feito um looping, mas, pela primeira vez, tinha ficado de cabeça para baixo: isso era o mais importante. O avião foi verificado. Estava intacto. Decolei de novo e, desta vez, fiz um looping quase correto em duas tentativas.

A notícia se espalhou imediatamente pela casa Morane, por telefone. Não imaginávamos que, seis meses depois, os bons alunos da escola terminariam sua formação na escola de Pégoud.

A partir desse dia, descobri no voo toda uma ordem de alegrias e novas possibilidades. Libertos dos últimos medos latentes, iríamos realmente dominar o ar como um elemento nosso – movendo-nos com nervos relaxados, a mente livre e aberta a essas impressões maravilhosas que não encontram em nós nenhum traço ancestral.

***

Meu especial foi entregue em Villacoublay em novembro. Foi construído com um coeficiente de segurança elevado ao extremo e com estruturas simétricas que garantiam ao velame a mesma resistência de cabeça para baixo quanto de cabeça para cima. Assim que testado, o avião foi enviado para Saint-Raphaël, onde eu tinha decidido passar o inverno.

Treinei gradualmente, explorando e descobrindo, uma a uma, as novas manobras por conta própria. Logo percebi a impossibilidade de permanecer de cabeça para baixo. O *Morane* se endireitava apesar do piloto – uma virtude valiosa. Ninguém, depois, conseguiu superar isso – nem mesmo Gilbert, que se empenhou perigosamente nesse sentido. Primeiro, adquiri a habilidade de virar na asa – enquanto buscava por muito tempo o segredo do looping correto. Meu avião, mais pesado, dificilmente passava do ponto morto. Tive a ideia estranha de retirar o revestimento da fuselagem – para a justa indignação de Saulnier... Claro que isso não deu em nada, e acabei precisando revestir tudo de novo.

Entre as novidades, uma das mais impressionantes foi a descida vertical de ré – que termina, assim que iniciada, com uma recuperação automática cuja brutalidade convém suavizar. Só mais tarde conheci o círculo perfeito e o jogo completo das perdas de velocidade. Por fim, vi em Saint-Raphaël a primeira aviadora fazer looping – muito antes de miss Davies, que injustamente reivindicou esse recorde...

Minha primeira exibição pública de looping aconteceu em Nice, sobre o mar, entre o cais e o castelo.

Hanouille – o primeiro a imitar Pégoud – estava na festa. Ele morreu algumas semanas depois em San Sebastián.

Tempo maravilhoso – multidão enorme – Hanouille, em seu *Blériot*, fazia loopings com mais facilidade do que eu; ele era especialmente interessante pelo voo de cabeça para baixo. Em contrapartida, meu *Morane* tinha viradas ágeis e suaves, um voo mais gracioso, rápido e potente.

O *Blériot* era uma máquina surpreendente, mas um pássaro pesado e feio.

As férias e o treinamento em Saint-Raphaël se estenderam. Assinei um contrato de seis exibições com Hilaire Gaignard.

A primeira foi em Barcelona. Frio, terreno ruim, organização insuficiente, tentativa lamentável de voar sem cobertura na fuselagem. No entanto, grande entusiasmo de uma multidão pouco blasé e de uma imprensa bem-disposta.

Depois, fomos para Bordeaux. Lá, o sucesso nos levou a prolongar nossa estadia. No segundo domingo, Audemars fez sua estreia no looping a meu lado. Este evento merece uma nota.

Audemars, contratado e anunciado em Bordeaux como excelente no looping, nunca havia feito um. Eu me responsabilizara por ele, convencido de que, para fazer um looping, bastava querer. Ele mesmo tinha me descrito a simplicidade desse exercício: "Infantil... basta puxar o manche... etc.".

Ele nem se deu ao trabalho de treinar no dia anterior. Chegou de Paris no sábado, mas na hora do jantar.

No entanto, a imprensa fazia a propaganda usual sobre os "virtuoses do ar"...

Nossos dois aviões estavam à espera em Croix d'Hins, onde decidimos fazer um piquenique de almoço. Audemars praticaria à vontade antes da refeição. Na hora da exibição, chegaríamos a Bordeaux voando.

Já estávamos em Bordeaux havia dez dias, cercados de conhecidos. Uma expedição inteira partiu para Croix d'Hins – incluindo jornalistas e fotógrafos.

Chegamos por volta das dez horas. Enquanto o almoço era preparado, os mecânicos tiraram nossas aeronaves. Experimentei a minha. Audemars se estendeu nos preparativos, demorando bastante para ser amarrado. Finalmente, ele decolou.

Todos os olhares o seguiram, aguardando o momento sensacional – enquanto ele subia bem-comportado, em amplos círculos sobre o aeródromo.

Até ali, nada muito arriscado, mas ele certamente estava preparando algum efeito. Cada vez mais cauteloso, o virtuose continuava a subir. Ele estava alto e longe – parecia bem pequeno. Aquilo se tornou monótono e preocupante. Pensei na exibição pública, em breve...

Depois de vinte minutos, Audemars, que ninguém – exceto eu – estava mais observando, desligou suavemente o motor e desceu como alguém que tem medo de escorregar em uma escada escura.

Ele aterrissou. Fui o primeiro a chegar perto dele.

– Bem... O que aconteceu?

– Eu não sei... não consigo... fico nervoso...

– Pare com isso, infeliz..

E, com uma voz clara, gritei aos mecânicos para verificar as válvulas.

Às perguntas que lhe fizeram, ele respondeu vagamente que seu motor estava com problemas e que ele mesmo não estava muito bem...

O aperitivo veio na hora certa para animar a todos. Depois, com as válvulas tendo passado por uma revisão inútil, lá se foi o pseudoloopista para uma segunda tentativa.

Mesma partida, mesma subida a mil metros com movimentos tímidos de montanha-russa. Ninguém mais prestava atenção. Eu mesmo desisti, um pouco irritado. Nos sentamos em círculo ao redor de iguarias apetitosas e garrafas poeirentas. A festa estava prestes a começar. Já se passavam vinte minutos desde que ele partira novamente.

De repente, um grito: "Venham ver... Venham ver...". Corremos para fora do hangar. Como um cão perseguindo o próprio rabo, Audemars liderava no céu uma dança frenética, virando-se, fazendo loopings sem parar, caindo ao acaso para a direita ou para a esquerda... Era um show de fogos de artifício, um buquê de loopings...

Ainda estávamos boquiabertos quando ele pousou e avançou, com um ar hipocritamente tranquilo e modesto... Não preciso descrever a alegria do almoço depois daquele prólogo.

Por volta das duas horas, deixamos Croix d'Hins voando, um atrás do outro, em direção ao hipódromo onde a multidão se espremia. Quase fiz o mesmo na chegada. Tendo levado nosso amigo bordelense Gounouilhon na garupa, não consegui parar nos limites apertados do campo. Um maldito meio-fio nos fez cair de nariz. Sem danos. Reparação rápida. Audemars fez maravilhas. A tarde terminou de forma triunfal.

O looping incentivou por algum tempo a existência divertida das turnês, exceto pela despreocupação inicial de estudante fugitivo. Os anos se acumulavam. Gaignard organizou sucessivamente Niort, Amiens, Bruxelas, Angers, Cholet.

Nas técnicas de Pégoud, o voo invertido é apenas uma experiência específica; o looping, uma trajetória típica, um símbolo expressivo para os iniciados.

Depois do looping, reaprendi completamente a voar.

Audemars entendeu antes de mim o segredo do looping correto. Ele me transmitiu observações valiosas, como nos tempos do *Demoiselle*.

Na verdade, em termos de exercícios de alta categoria, o público – mesmo os iniciados – fica satisfeito com aproximações.

Nos aeródromos, é fácil ganhar uma reputação de piloto incrível. Desde que não haja perigo no ar, basta agitar os controles em todas as direções para causar impressão. Com habilidade suave e precisa, não há ninguém.

Os termos por vezes felizes que foram consagrados às novas manobras eram usados abusivamente. Começando pelo looping: um looping pode não ser redondo – mas deve estar dentro de um mesmo plano vertical.

Quando um looping sai muito mal, o chamamos de *inversão sobre a asa*.

Vi poucos loopings corretos: ainda não vi inversões impecáveis.

Às vezes, chamamos de *parafuso* uma espiral muito abrupta. Todas as quedas incoerentes se tornam *descidas como folha morta*.

Isso é aviação fácil.

XXIII

***

A fórmula do Rali de Mônaco é uma das ideias mais felizes de Georges Prade. Conciliou o interesse esportivo, a conveniência dos participantes, a facilidade das verificações e o sucesso da chegada; o esforço estava adequado às possibilidades do equipamento existente.

Enfim, os trajetos iguais, convergindo de todas as capitais da Europa, conferiam à prova uma variedade pitoresca. Era uma descoberta.

Infelizmente, a competição da Copa Schneider dispersou um pouco os recursos. Pessoalmente, eu quis competir nas duas provas. Na Copa, meu motor de 160 HP de Como parecia bem posicionado, por pouco que funcionasse.

Para o rali, Saulnier criou a meu pedido um equipamento especial – chamado de série *O*. Este tipo *O* nos deu algumas ideias, mostrou-se capaz de vencer o rali, mas foi posteriormente abandonado sem arrependimentos. Eu havia mobilizado cinco aeronaves: um *O* em Paris; um *O* em Bruxelas; meu especial em reserva em Saint-Raphaël; um hidro 80 HP em Marselha; e o 160 HP em Mônaco.

Fiz minha primeira decolagem em Bruxelas, no segundo dia da quinzena, com vento sudoeste. Até a verificação de Calais – uma viagem penosa no frio da manhã e na inevitável névoa misturada com fumaça, o flagelo do Norte. A partir de Calais, o céu clareou, mas o vento de frente aumentou. O tipo *O*, muito dócil em tempo calmo, se agitava como um cabrito e sacudia furiosamente as pequenas asas.

É certo que eu não farei uma viagem sem a odiosa preocupação de ficar sem combustível. Foi necessário fazer um pouso extra. Sézanne ofereceu-me um campo preparado a tempo – com um círculo branco no centro e um hangar novinho em folha a um canto. Aterrissei – no meio de uma série de coices –, corri para o hangar: uma velha zeladora – sem combustível... Um ciclista prestativo foi buscar um pouco – levou uma hora.

Você pode conceber esta estupidez: uma estação para aviões – sem combustível?

A caminho de Dijon – voo baixo para atrasar menos. Nas turbulências do meio-dia, o vale do Sena está particularmente ruim. Dijon – reabastecimento – alguns minutos de descanso. Minha média é execrável. Não é hoje que vou ganhar o rali. Mas talvez na volta – depois de amanhã, se esse vento continuar.

De volta ao avião... Decididamente, esse tipo *O* me irrita como um cavalo malicioso: eu gostaria de lhe dar alguns chutes no estômago, se pudesse. O vento agora está soprando do sul. A uma velocidade cada vez mais baixa, chego a Lyon. Mais uma vez, um reabastecimento é necessário: mas neste aeródromo levo apenas dez minutos.

Alguém me assegura que abaixo de Lyon o vento cessará. Se tudo correr da melhor maneira possível, estarei em Marselha ao entardecer.

Decolo novamente. O vale canaliza o vento: está mais forte que nunca. Espero em vão pela região propícia. Me divido entre a necessidade de poupar o motor e a necessidade de avançar – pois o crepúsculo se aproxima. Para aproveitar melhor a calmaria da noite, voo a dez metros de altura. Abaixo de mim, só há desfiladeiros e pedras. Minha velocidade melhorou, mas Marselha ainda está a cem quilômetros e em meia hora a escuridão estará completa.

Que dia desagradável. Passo sobre um vilarejo – sempre a dez metros dos telhados. Nesse exato momento, crack... uma explosão... Três grandes chamas me atingem na barriga, queimando meu suéter...

Desligo a ignição... uma manobra instintiva... Evito um telhado, passo por cima de um muro e meus olhos avaliam a pequena pedreira onde vou cair; freio no ar o máximo que posso, me empurro para trás e curvo as costas... Pronto... O tipo *O* foi punido. Danificou algumas partes pequenas e enfiou o nariz nas pedras. Estou ileso.

Algumas horas depois, cheguei a Marselha de trem. Brindejonc havia completado sozinho um percurso: Madri–Bordeaux–Marselha.

Sem meu acidente, teríamos chegado quase ao mesmo tempo. Durante todo o dia, tínhamos seguido um ao outro nos mapas, hora por hora, convergindo para o mesmo ponto. Teria sido um grande sucesso para a Morane...

Brindejonc completou regularmente o percurso marítimo e foi o único qualificado do rali até os últimos quatro dias – devido ao tempo desfavorável.

No entanto, no final da primeira semana, uma reviravolta: Hirth terminou o percurso terrestre alemão, batendo Brindejonc por duas horas. Mas no dia seguinte tudo deu errado – ou tudo deu certo; como preferir. Hirth destruiu seu hidroavião no ancoradouro de Boulouris e foi eliminado.

Nesse momento, o rali foi interrompido pela Copa Schneider. Ela me fez perder três dias: mas como eu poderia saber o que estava por vir?

A COPA SCHNEIDER

(A Copa Schneider é disputada mais ou menos como a Copa Gordon-Bennett. A partir de uma certa hora, corremos à vontade contra o relógio – em duzentas milhas, o melhor tempo do dia ganha.)

Uma visita aos hangares.

Havia uma equipe e tanto – Déperdussin, com suas estruturas monocoques de velocidade, modificadas para a água (Gilbert estava no hospital por ter experimentado uma delas).

Meu 160 HP de Como.

Brindejonc, um perigoso outsider, com 100 HP monoválvula.

Não parecia ruim.

No dia da prova – tempo magnífico. Nos preparamos calmamente, pois temos o dia todo pela frente. Mas há uma tensão no ar à medida que a corrida se aproxima, porque alguns têm aeronaves perigosas.

O "brinquedinho" é um dos primeiros a ficar pronto. Ele deixa o porto navegando e vai decolar no mar – fora de vista.

Sua primeira passagem em frente ao cais nos deixa perplexos: o brinquedinho parece ter uma velocidade de projétil. Trocamos reflexões rápidas.

– É incrível...

– Talvez seja um efeito de ótica... ele é tão pequeno...

– Vamos cronometrar...

Nós pegamos a próxima volta:

– Quase 170...

Suspendo meus preparativos e subo a um bom posto de observação.

Há apenas um prêmio – e se esse fenômeno estiver a 170, é inútil competir.

Sou o mais maravilhado dos espectadores. Os voos de velocidade raramente são bonitos: este é fácil, flexível, leve.

Nas curvas – que são acentuadas – a aeronave se inclina obediente e vira, ganhando altura... É magnífico.

As cem milhas são cumpridas com uma regularidade de relógio. Por um momento, nossas esperanças (pobres esperanças...) se reacendem: o brinquedinho acabou de passar com um cilindro mudo. Isso não parece fazer muita diferença. A velocidade caiu cinco a seis quilômetros, mas a volta continua... Nenhum novo sinal de falha. O tempo passa.

Finalmente, o brinquedinho termina, pousa na água levemente, retorna ao porto.

Com as curvas acentuadas de uma pista triangular e seu cilindro parado na metade do tempo, ele simplesmente alcançou uma média de 160, por poucos segundos...

Por desencargo de consciência, tento uma volta – o motor emite o mesmo calor sufocante que em Como: não duraria dez minutos. E a aeronave está tão tensa sob sua carga que o voo dá uma impressão terrível de angústia.

Encurto minha volta e retorno. Saulnier me recebe vermelho de emoção, brandindo o cronômetro:

– Infeliz... Mas você estava na corrida... Você estava segurando...

Eu o acalmei, informando que tinha encurtado a pista em um ou dois quilômetros...

Só restava ir embora.

A revelação daquele dia foi o pequeno biplano *Sopwith*.

O RALI DE MÔNACO (CONTINUAÇÃO)

Nos dias seguintes, me vinguei no rali.

Antes tive que completar meu primeiro percurso para ter o direito de partir de Mônaco. Enquanto em Marselha estavam terminando de consertar o tipo *O* danificado, peguei minha aeronave de Saint-Raphaël e a levei para Marselha; de lá, parti para virar no local de meu acidente e voltar, terminando oficialmente meu primeiro percurso terrestre – Bruxelas–Marselha. No dia seguinte, completei o percurso marítimo.

Duas horas depois de minha chegada a Mônaco eu estava partindo para Marselha, iniciando a rota Mônaco–Bordeaux–Paris. O regulamento autorizava uma noite em Marselha. Saí de

Marselha por volta das sete horas. Eu tinha telegrafado para Albi e conseguido a promessa de um reabastecimento à minha espera.

A viagem foi um belo passeio em minha velha máquina de exibição – porque o tipo *O* reparado havia, no último momento, manifestado intenções hostis.

Tive um contratempo em Albi. O óleo de rícino preparado para mim parecia de má qualidade. Não consegui esconder minha decepção das pessoas prestativas que haviam tentado me ajudar. Decididamente, nunca serei amigável durante uma corrida – me perdoem por isso.

Sem opção, tive que usar o óleo em questão, e devo admitir que não me causou nenhum problema.

Em Bordeaux, cruzei com Moineau. Ele fazia o percurso no sentido inverso em um mastodonte *Bréguet*. Aterrissamos em Croix d'Hins, com poucos minutos de intervalo. Minha viagem continuou sob uma agradável brisa de sudoeste.

Um último abastecimento-verificação, muito bem organizado, em Angers, e logo cheguei a Paris.

Aterrissei em Buc por volta das cinco horas, depois das voltas regulamentares na pista.

Eu era esperado por alguns íntimos – uma chegada como eu gosto.

Até então, eu tinha vencido o rali.

Um segundo tipo *O* estava pronto em Bruxelas. Um bom jantar, um banho: logo embarquei, sonolento, em um trem que chegava a Bruxelas no dia seguinte, por volta das quatro horas da manhã...

Não havia vagões-leitos, mas eu teria dormido em pedras. Um passageiro desconhecido, um pouco perplexo, prometeu a meus amigos que me acordaria à força quando necessário. Ele cumpriu sua palavra.

Bruxelas. Encontrei Péquet e um cronometrista na plataforma. Eles me fizeram tomar um café com leite; pulamos em um táxi, chegamos ao aeródromo de Berchem.

Legagneux e Prévost estavam esperando pelo tempo favorável havia vários dias. Decolei sem perder um minuto. Até Calais, sempre a mesma névoa desagradável. De Calais a Dijon, uma luta épica contra o sono. Dessa vez, abençoo os famosos coices do tipo *O*: a todo momento eles me acordavam sobressaltado.

Em Dijon, experimentei os inconvenientes de meu pequeno avião rígido: um pneu furou; a asa e um pedaço do estabilizador roçaram o solo e se rasgaram.

Algumas jovens os costuraram: enquanto isso, meus tanques foram enchidos de combustível.

Louis Cottereau, uma velha celebridade do pedal, apareceu, se apoderou de mim e me levou para sua casa, onde sua esposa me encheu de coisas reconfortantes. Comi vorazmente, sem elegância, tudo o que me foi oferecido e em dez minutos estava acordado, revigorado, tão fresco e disposto como se tivesse acabado de sair da cama.

A partir daí, tudo correu às mil maravilhas. Passei por Lyon sem pousar. Às quatro horas, estava no Parc Borély, batendo meu recorde do dia anterior em uma hora.

Em cerca de trinta horas, eu havia passado por Marselha – Albi – Bordeaux – Angers – Paris – Bruxelas – Calais – Dijon – Marselha.

Às cinco horas da tarde, eu corria pelas ruas de Marselha atrás do amigo Riel. Encontrei-o ao volante de um Pic-Pic que estava inaugurando.

Minha aparição teve o efeito de uma alucinação.

– De onde está vindo?

– De Bruxelas...

– Hein?... Como?...

Tudo terminou no Chez Bodega com um vinho do Porto.

No dia seguinte, concluí meu último percurso marítimo. Era tarde demais para empreender outra viagem. Eu já tinha uma vitória bastante completa, pois acumulava o primeiro e o segundo prêmio da classificação geral – primeiro prêmio do itinerário de Paris – primeiro prêmio do itinerário de Bruxelas – prêmios especiais do ministro da Marinha; do presidente da República, da grã-duquesa de Mecklemburgo-Schwerin.

MATCH HAMEL

No início da primavera, os diretores de Juvisy organizaram um encontro meu com Hamel.

O programa incluía duas partes:

1. Uma corrida na pista, em duas etapas, em duas aeronaves semelhantes com troca das aeronaves para a segunda etapa.

2. Um concurso de voos livres.

O aeroclube não nos ameaçou de penitência: enviou dois representantes.

Quando nos alinhamos na pista, um vento de tempestade soprava. No fundo da bacia de Juvisy, as rajadas são ruins. Se é apenas uma questão de voar, isso só atrapalha a decolagem e o pouso – alguns segundos que passam rápido. Mas quando uma corrida de velocidade obriga a voar rente ao solo e a calcular curvas fechadas, a tarefa se torna cansativa e perigosa.

Partimos lado a lado, a cem metros de um pilar.

O destino deu a vantagem a Hamel. Essa vantagem deveria garantir a ele a primeira etapa. Mas no início ele teve o descuido de se afastar do solo, perdendo assim um pouco de impulso. Aproveitei a oportunidade, passei por baixo dele: depois do primeiro pilar, eu tinha duas vezes mais vantagem. A corrida estava ganha... E assim fizemos quinze voltas na pista, odiosas e monótonas, que deixaram meus antebraços doloridos.

Isso foi realmente muito bobo. De comum acordo, modificamos a segunda etapa da seguinte forma:

1. Partiríamos não mais lado a lado, mas exatamente com um minuto de intervalo.

2. Faríamos apenas dez voltas, em vez de quinze.

Essa última convenção nos atraiu reprimendas dos senhores do aeroclube: "Havia um regulamento etc.".

Não obstante, fizemos apenas dez voltas e não quinze. Desta vez, novamente, obtive uma leve vantagem sobre Hamel. Em seguida, ocorreram os voos de fantasia.

Cada um de nós fez um, separadamente. Depois voamos juntos. Hamel executou diante de mim um dos voos mais elegantes e variados que já vi. Ele exala todo o atavismo da flexibilidade esportiva.

Nosso voo a dois certamente careceu de harmonia – nós mal nos conhecíamos – mas certamente não de fantasia e animação.

Terminada a festa, passamos a noite entre um grupo de amigos ingleses que tinham vindo de Londres para assistir à "partida".

Hamel era o melhor piloto que a Inglaterra havia produzido e um dos mais talentosos temperamentos de homem voador que já encontrei. Também era um camarada muito charmoso.

Infelizmente, não o veríamos novamente. Alguns dias depois, ele pegou o caminho dos céus para voltar à Inglaterra e nunca chegou. Nada se soube sobre o seu fim.

Algum tempo depois, fui avisado por carta que uma assembleia competente – pergunto-me qual – de nosso aeroclube havia votado uma repreensão a mim por aquele dia em Juvisy.

"O GRUPO"

Desde 1910 a aviação era muito mal dirigida na França. Nosso aeroclube é composto por pessoas encantadoras, balonistas, industriais e até algumas antigas figuras veneráveis. Mas as pessoas do aeródromo e do ar, que constituem a aviação, não participam da vida do clube.

Assim, não há intimidade entre a aviação e seus dirigentes, e estes não a entendem.

Quanto aos aviadores, até então eram um grupo bastante díspar de marmanjos despreocupados. Nossa existência se ajustava mal às responsabilidades públicas. No entanto, fizemos dois esforços de agrupamento e organização. O primeiro resultou na Amicale des Aviateurs, que deu poucos resultados. O segundo prometia mais, mas foi interrompido pela guerra.

Era uma pequena Entente Cordiale formada espontaneamente, e que se intitulava O Grupo, enquanto algo melhor não surgia.

O Grupo se reunia semanalmente em torno de uma mesa farta, em um salão do Carlton. Enquanto banqueteávamos, esboçávamos projetos. Para fazer um trabalho útil, era necessário evitar no início reuniões numerosas e discussões complicadas. A associação foi provisoriamente limitada aos quinze veteranos que éramos. Tínhamos a sorte de poder conseguir dinheiro sem depender de ninguém. Bastava-nos nos reunir no domingo em um aeródromo e voar. Mas tínhamos grandes ambições: enriquecer, ficar poderosos; criar fundos de socorro, prêmios que fossem realmente prêmios, em vez das complicadas esmolas que nos ofereciam; difundir, popularizar a aviação e, ao mesmo tempo, elevar seu prestígio.

Para enriquecer, imaginamos centralizar os contratos de voo e distribuí-los entre os membros do grupo, mediante uma porcentagem para o benefício de nosso caixa. E cada membro teria nas futuras deliberações um número de votos proporcional aos recursos proporcionados à comunidade.

Tudo isso era apenas um esboço e apresentava dificuldades de aplicação. Mas essas dificuldades não deveriam nos deter. O espírito do Grupo podia ser resumido em um lema: Realizar.

Nossa primeira realização foi o dia dos aviadores, em Juvisy.

Esse meeting não teve o sucesso que merecia, não tendo sido suficientemente anunciado pela imprensa. Uma manifestação que pretendia prescindir dos patrocínios oficiais, pareceu, sem dúvida, suspeita aos pontífices. Fomos sufocados pelo silêncio. Apenas o velho amigo Morane, a nosso lado desde o início, desempenhando o papel desinteressado de secretário-geral do Grupo, se esforçava no Excelsior a convencer seus leitores a irem a Juvisy.

A massa permaneceu surda.

Com um tempo favorável, a exibição ocorreu mesmo assim e o espetáculo que se viu, acredito, é único nos anais da aviação. Por duas horas, desenrolou-se sem interrupção um imenso quadrilátero aéreo, onde os pilotos mais renomados da França rivalizavam em habilidade.

Chevillard, Brindejonc, Gilbert, Marc Poupe, Bille, Audemars, Prévost, Gobert etc.

Fizemos um voo conjunto de três aeronaves semelhantes: Gilbert, Audemars e eu.

Prévost se destacou – a contragosto, creio eu – por um parafuso que arrancou gritos de angústia da assistência. Não se sabia para onde olhar para ver tudo, e o público ficou pasmo com tamanha abundância de sensações.

Nos jornais, os relatos da festa foram tão sóbrios quanto seu anúncio. Apesar de tudo, o Grupo havia provado sua existência, sua vontade empreendedora; e encontrava-se, em seu início, à frente de um fundo de cerca de dez mil francos.

PRIMEIRO DUELO AÉREO

Não contei nessas notas todas as minhas exibições. Mas a de Buc, com Audemars, merece uma menção especial.

Foi bem preparada por P. L'Hermite e favorecida pelo clima. Mas foi especialmente original pela ideia que tivemos – pela primeira vez – de simular um duelo aéreo.

Quem teria dito naquela época que o tempo dos verdadeiros combates estava tão próximo...

Em duas aeronaves semelhantes, não ultrapassaríamos os limites do aeródromo. Eu representaria o agressor. Audemars tentaria escapar de meu ataque com manobras apropriadas.

A demonstração foi um completo sucesso. Conquistou a assistência, destacou a vantagem que a completa assimilação das novas técnicas proporcionava ao piloto de combate. Finalmente, nos levou naturalmente à tática comum das batalhas atuais.

O TERCEIRO MEETING DE VIENA, 1914

Encontramos em Viena o programa tradicional, a mesma organização inteligente e uma recepção cortês. Mas a luta esportiva foi tão acirrada que tirou um pouco do encanto da festa, e dois acontecimentos trágicos, no final, tornaram glacial uma estadia outrora tão acolhedora.

Meu equipamento, brilhante mas nem um pouco no ponto, consistia em um 14 m^2 novinho em folha, que Saulnier, infelizmente, havia estragado com pequenas inovações ruins; e uma aeronave reduzida chamada *monocoque* por causa de sua fuselagem arredondada, um verdadeiro modelo para recordes, cujo primeiro exemplar havia desaparecido com Hamel. Essas duas aeronaves carregavam o confiável motor Gnome 80 HP.

Eu tinha também para o monocoque três pares de asas diferentes e uma série de hélices desconhecidas. Nada disso havia sido testado por falta de tempo.

Os prêmios de altitude permaneceram inacessíveis. As decolagens de primeira também. Um acordo me fez dividir com Gilbert o prêmio de velocidade.

Nos cem quilômetros de Wiener Neustadt, uma hélice mal escolhida me fez perder o primeiro lugar. A equipe alemã ficou com todas as diferenças de velocidade; os biplanos lentos (*Caudron*) levaram todas as decolagens e os pousos. Apenas a velocidade de ascensão me coube, apesar de uma hélice lamentável (mil metros em dois minutos e 29 segundos, com um Gnome 80 HP).

No geral, um mau resultado.

E os voos de fantasia naquele ano mal chamavam a atenção, pois Chevillard, Chanteloup, Poulet, Audemars e Bielovucic enchiam continuamente o céu de loops, espirais e trajetórias de todos os tipos.

A primeira catástrofe da semana foi a perda de um dirigível. Ele estava em algum lugar quando um aviador austríaco se aproximou. Se houve uma colisão ou se a proximidade de um escapamento livre foi suficiente para inflamar gases que vazavam através do envelope, não se sabe, mas o avião e o dirigível se chocaram em chamas no chão.

As seis ou sete vítimas eram oficiais austríacos, camaradas de clube ou companheiros de armas, organizadores do nosso meeting.

Eles receberam magníficos funerais e foram enterrados no cemitério em frente ao nosso campo de Aspern, na margem oposta do Danúbio.

Todos os aviadores franceses compareceram em um cortejo aéreo perfeitamente coordenado; cada um se inclinou com um movimento simples, como uma grande genuflexão, sobre os túmulos abertos, depois a multidão se afastou, desapareceu.

Os vienenses ficaram muito emocionados com esse gesto.

O segundo drama foi – no último dia do meeting – o histórico assassinato em Sarajevo.

Esse crime, que oficialmente deixou o império de luto, não pareceu despertar muitos sentimentos profundos. O casal morto não era popular. Expressava-se verdadeira tristeza apenas pelo velho imperador, tão frequentemente atingido em seu coração de homem.

E nunca ocorreu a nenhum de nós que esse evento quase indiferente para as massas seria a faísca que incendiaria a Europa.

No entanto, naquele ano, pela primeira vez, deixei Viena sem arrependimentos.

MANNHEIM

Minha última exibição antes da guerra ocorreu em Mannheim.

Voei na companhia Audemars. Era a primeira vez em minha vida que eu parava na Alemanha.

Fizemos uma exibição qualquer, sem entusiasmo, cuja única originalidade foi a participação de um zepelim: o *Victoria-Luise*.

O dirigível veio carregado de muitos turistas, pousou diante do público e partiu com facilidade.

Pediram-nos para não voar durante sua presença, e o zepelim fez muito mais sucesso do que nossos looping.

Exceto pela excursão a Baden – que foi um ponto de luz e frescor –, a estadia em Mannheim foi opressiva.

PARIS–LONDRES

Eu tinha estado com Hirth nos lagos italianos, em Mônaco, em Viena. Ficamos amigos. Uma sincera simpatia me atraía a este jovem engenheiro, homem de esportes e apaixonado por aviação.

Depois de Viena, Hirth foi para Lyon. Lá, juntou-se à equipe da Mercedes, que se preparava para o grande prêmio.

Meu contrato em Mannheim me impediu de assistir a essa corrida emocionante. Todos lembram da derrota sem precedentes que a Mercedes nos infligiu, graças ao ajuste perfeito, à organização, à disciplina de sua equipe; por fim, graças à tática da qual Hirth foi, creio eu, na véspera da corrida, um dos inspiradores.

Marcamos de nos encontrar em Paris. Hirth deveria experimentar nosso pequeno *Morane*, cujas qualidades de voo o impressionaram.

Por outro lado, eu havia telegrafado de Viena pedindo que Saulnier me preparasse para a próxima corrida Londres–Paris–Londres um dos tipos *O* do rali, com um motor Rhône, um trem de pouso flexível e novas asas – que cometi o erro de escolher sem conhecê-las o suficiente. Nós as chamamos de asas serpente por causa de sua complicada curvatura.

Encontrei Hirth em Paris. Ele experimentou o *Morane Saulnier* e se declarou encantado, embora conservasse suas preferências pela aviação pesada, confortável e sólida, à qual estava acostumado.

Ele até concordou em participar do Londres–Paris–Londres no avião que Saulnier colocou à sua disposição.

Uma pequena expedição foi organizada sob a liderança de Saulnier para nos acompanhar até a Inglaterra. Deveríamos ir para o ponto de partida, Hirth e eu pelo ar.

Partimos juntos em uma manhã nebulosa, voamos lado a lado no início. Tudo tornou esse voo desagradável para mim: uma bússola descontrolada, as asas serpente, um cilindro com defeito.

Irritado com todos esses problemas, eu avançava sem velocidade. Hirth pouco a pouco me ultrapassou e desapareceu. Então, mudei de direção para Crotoy, onde poderia encontrar ajuda se necessário. Mas como o motor parecia capaz de continuar com oito cilindros, segui até Calais.

Hirth e nossa escolta me esperavam no aeródromo. Nossos motores receberam os cuidados necessários e partimos novamente.

O tempo havia melhorado. Cruzamos o Canal da Mancha lado a lado. Meu companheiro me levou a três mil metros de altura. Era suficiente para planar até o chão, em caso de necessidade. Parecia que ele pressentia o que lhe aconteceria alguns minutos depois.

Chegamos à costa inglesa e viramos na direção de Londres a uma altitude um pouco mais moderada. Percebi de repente que Hirth havia desaparecido. Logo entrei na eterna neblina de Londres. Com minha bússola maluca e novamente um cilindro com defeito, vaguei um pouco, perdido acima daquele subúrbio complicado. Por fim pousei, limpei minha vela, perguntei o caminho e cheguei a Hendon.

Descobri que Hirth estava em pane. Partiram para ajudá-lo. Ele chegou mais tarde, todo sujo de óleo. Uma haste de válvula quebrada tinha arrancado seu capô. Ele escapou sem danos apesar do terreno difícil e de um avião pouco conhecido por ele. A haste da válvula foi substituída e ele terminou sem capô.

Desanimado com esses incidentes, Hirth desistiu da corrida. Eu mesmo participei sem entusiasmo, convencido de que meu equipamento me abandonaria no meio do caminho.

No entanto, o motor funcionou do começo ao fim; Lord Carbery – que fazia 170 em um biplano *Bristol* – foi resgatado no Canal da Mancha, e eu teria vencido a prova se tivesse corrido com mais confiança.

A partida ocorreu sob a névoa londrina. Escondido em minhas asas serpente, perdi meia hora e uma aterrissagem para encontrar o pilar de Epson. O trajeto todo foi feito em zigue-zagues. Carbery e X. terminaram o trajeto muito antes de mim.

Em Buc, tive o auge da minha fúria. O estabilizador que eu mandara colocar em Londres e que me torturara os pulsos foi substituído.

Fui de uma impertinência imperdoável com a grã-duquesa de Mecklembourg.

Ao ligar meu motor, descobrimos uma peça quebrada que me fez perder mais um quarto de hora. Por fim, confiando na bússola que parecia querer funcionar, reconheci de repente à minha esquerda, ao longe... Rouen...

Eu certamente merecia ser o último dessa corrida. Mas o destino parece ter me dado direito ao segundo lugar.

Ficamos uma semana na Inglaterra, visitamos a fábrica Sopwith e a de Samuel White.

Nosso amigo W. Wright nos disponibilizou um magnífico Sheffield-Simplex de seis cilindros, onde cabíamos todos confortavelmente.

Uma longa viagem nos levou ao sul da Ilha de Wight, um pequeno paraíso chamado Ventnor, onde ficamos 48 horas.

Depois, voltamos para Londres. Saulnier e as senhoras pegaram a via terrestre de volta a Paris; Hirth e eu, o caminho do ar. Fizemos uma breve parada em Hardelot.

VIAGEM

Na época dos tanques, a aviação francesa ignorava a aviação... e não perdia muito com isso.

É lamentável que esse belo desdém tenha durado tanto.

Já em 1912, no meeting de Viena, nos deparamos com os *Lohner*...

Em 1913, a aviação alemã alcançou belos recordes (raio de ação, altitude). Falou-se de sua regularidade, dos voos noturnos etc.

Em 1914, em Viena, eles se mostraram capazes de disputar conosco quase todas as competições. Agora existia uma aviação pesada bem estabelecida, diferente da nossa, e que conhecíamos mal. Isso despertou nossa curiosidade.

Hirth nos ofereceu a oportunidade de conhecê-la – assim como nós tínhamos mostrado a nossa. Ele nos convidou para atravessar a Alemanha de carro. Ele nos faria visitar fábricas e experimentar uma aeronave.

Partimos como turistas, Saulnier, eu e seu motorista, em um Mercedes sedã. Visitamos sete fábricas: Benz, Bosch, Mercedes, Gotha, Oberursel, L.V.G. Albatros.

Saulnier examinou tudo cuidadosamente, falando pouco, decidido a não se espantar com nada. Às vezes, ele mostrava sinais de decepção ou irritação. Eu nunca soube exatamente o que pensava.

A fábrica da L.V.G. parecia ser o último grito da organização industrial.

Em Oberursel, uma fábrica operava sob licença da Gnome. Mostraram-nos os primeiros motores fabricados, monoválvulas que funcionavam tão mal quanto os da França. Também nos mostraram um laboratório metalúrgico admiravelmente equipado. Nem mesmo a Gnome, eu acredito, possuía uma instalação equivalente àquela dessa jovem filial.

Esse aspecto é digno de nota. Encontramos por toda parte tal meticulosidade técnica.

Os fabricantes de motores fixos (especialmente a Mercedes, que examinamos mais detalhadamente) não pareciam dispor de grandes segredos. Vimos pessoas sérias fabricando um motor com seriedade, ou seja, não negligenciando nenhum detalhe, eliminando uma a uma todas as falhas por meio de métodos lógicos e diretos; não havia transcendência mecânica, mas uma dedicação paciente e metódica de aperfeiçoamento.

Ao sair do banco de testes, pensei: "Essas pessoas raramente devem entregar a Hirth, na véspera de uma corrida, motores com defeito".

– Tudo bem-feito... com segurança... – repetia nosso guia. E vimos muitas coisas bem-feitas e seguras...

Os aviões eram feitos da mesma forma. Não estávamos visitando para saber se eles eram impressionantes ou não. As performances eram conhecidas e eu tinha visto voos em Viena.

O que valia a pena ver em funcionamento, sentir e entender, era o espírito de sua fabricação, a seriedade, a gravidade com a qual cada detalhe era tratado, do escritório de design até o acabamento.

Por que não unimos essa força ao nosso gênio inventivo...?

Hirth me fez experimentar, em Johannisthal, um *Albatros 100 HP.*

Já declarei meu horror por novos aviões; aquela máquina pesada me intimidava. Além disso, o ar estava agitado. Mas contive minhas repulsas.

O *Albatros* me causou uma feliz impressão – não se trata de um julgamento. Entendi as proezas de Hirth em Viena.

Esse aparelho *pesado* me surpreendeu pela sensibilidade aos comandos, pela insensibilidade às turbulências. Eu já contava com sua potência de voo. E gostei muito de um detalhe: o prazer de uma cabine confortável e limpa.

De minha parte, não me arrependi dessa viagem.

Ela ocorreu no final de julho de 1914, alguns dias antes da guerra.

DIÁRIOS DE GUERRA

16 de agosto de 1914 – 17 de abril de 1915

16 DE AGOSTO DE 1914*

Partimos de Buc por volta das dez horas – deveríamos ter partido ao amanhecer, mas as nuvens não permitem voar a mais de quatrocentos ou quinhentos metros e o capitão Le Révérend não considera essa altitude suficiente. As circunstâncias, aliás, são praticamente as mesmas às dez horas. A esquadrilha** chega completa ao acampamento de Mailly. Gilbert e eu viajamos lado a lado, bem próximos. Em Mailly, o capitão De Vergnette estava nos esperando, tendo saído de Buc por volta das cinco horas, de carro. Os tratores da esquadrilha, que partiram às três horas da manhã, chegam pouco depois, exceto um que teve um problema mecânico na partida. Almoçamos na cantina. Os oficiais acham meu traje tão ridículo que me obrigam a trocar minhas roupas por outras, escolhidas no depósito. Chegamos a Nancy com uma tempestade. Gilbert, que não encontra o campo imediatamente, voa em círculos por 55 minutos e depois aterrissa para se informar, sendo alvejado de perto por uma patrulha, felizmente tão desajeitada quanto empolgada. Ele chega aos hangares furioso. Somos levados para jantar com oficiais no castelo de Marbois e para dormir no castelo de Rémicourt.

17 DE AGOSTO

Mudança para Rémicourt. Peguei um resfriado durante a viagem e acordo com uma coriza terrível. Felizmente, estamos confortavelmente hospedados, tenho tempo de me cuidar e nossa anfitriã, sra. De Scitivaux, me trata com os cuidados mais gentis.

18 DE AGOSTO

Gilbert sai com o observador Berger. O capitão De Vergnette me permite descansar e me tratar, o que faço com energia. Nossas operações parecem bem-sucedidas: o inimigo recua.

---

* A Alemanha declarou guerra à França em 3 de agosto de 1914. (N.T.)

** A esquadrilha MS 23, ligada ao Segundo Exército francês, que voa em aviões *Morane-Saulnier L Parasol*. (N.T.)

19 DE AGOSTO

Meu primeiro reconhecimento.

Tempo excelente. Parto por volta das sete horas com tanques cheios. Recebo a missão de ir para Lunéville e me colocar à disposição do capitão Orthlieb, observador do estado-maior. Partimos de Lunéville às oito horas. Antes de partir, me indicam a rota a seguir. Devemos alcançar o vale do Sarre e segui-lo até Sarburgo e depois voltar passando por Saint-Avold e vários pontos inspecionando especialmente as ferrovias. Estamos muito pesados: estou carregando muito combustível, um mosquetão, acessórios e meu passageiro pesa 96 quilos, *nu*. Além disso, meu motor está um pouco fraco. Passamos pela floresta de Parroy enquanto subimos. Chegamos à famosa região dos lagos e seguimos a linha férrea que vai para Sarburgo. Há um combate de artilharia à direita. Pela primeira vez vou lançar bombas no solo. Vejo ao longe outro avião; desviamos de nossa rota para persegui-lo. Nós o alcançamos rapidamente. Próximo ao chão, à nossa esquerda, há um dirigível mole, amarelo; nos perguntamos se esse dirigível, que não é um zepelim, não seria um dos nossos em apuros (ficamos sabendo depois que era um *Drachen*, um balão alemão); alcançamos nosso avião inimigo: é um *Euler* que se parece com um grande *H Farman*. Mas tem grandes cruzes pretas. Disparamos contra ele com nosso mosquetão a menos de cem metros, mas provavelmente erramos. Estamos a cerca de 1.800 metros. De repente, nosso inimigo é cercado por bombas e Shrapnel* que explodem a noventa metros dele. Ele mergulha imediatamente e foge desesperadamente em direção à terra e para trás das linhas. Os alemães, vendo nossa perseguição, devem ter confundido nosso *Euler* com um *Farman* e nosso *Morane* com um *Aviatik* ou *Albatros*, que de longe têm a mesma silhueta. Retomamos a direção de Sarburgo e voltamos sem incidentes; meu observador não vê nada, nem mesmo o que

* Tipo especial de munição de artilharia, que se ejetava em vários estilhaços. (N.T.)

mostro a ele. Retorno depois de duas horas com um cilindro a menos. No último momento, encontramos um *Aviatik*. Disparamos ao passar sem insistir.

21 DE AGOSTO

Morte do tenente Grandry.

As batalhas que sobrevoamos ontem na região dos lagos não terminaram bem para nós. Anunciam um grande recuo de nossas tropas. Não se fala mais em nos estabelecermos em Dieuze, que abandonamos, nem mesmo em Lunéville, de onde todas as esquadrilhas, pelo contrário, se dirigem para Nancy. À noite, nosso colega, o tenente Grandry, parte com meu primeiro observador, o capitão Orthlieb. Ele parte com vento de cauda: vejo-o decolar bastante bem e ganhar dez a quinze metros e desaparecer atrás de minhas asas (estou sentado sobre a fuselagem, na frente do hangar, no chão). Logo ouço gritos ao meu redor: Grandry acaba de cair; todos acorrem. Primeiro removemos os destroços do avião do capitão Orthlieb: ele não está desacordado e tem um ferimento na cabeça; uma perna está quebrada; ele não está em perigo de vida e é um milagre. O pobre Grandry morreu terrivelmente dilacerado, com todos os comandos intactos. Provavelmente, *glissada* e *parafuso*.

22 DE AGOSTO

Partida para Toul.

Meu segundo reconhecimento – Tenente Berger.

Partimos em reconhecimento de Nancy. O tenente Berger é um pouco menos pesado que meu primeiro observador. Também levei menos combustível. O voo é um pouco mais fácil. Levamos de vinte a 25 minutos para atingir os usuais dois mil metros. Nosso itinerário é mais curto que da primeira vez: o primeiro ponto é a aldeia de Maixe: ao chegar lá, estamos a apenas 1.400 metros. O tenente identifica várias posições e logo depois entramos em nuvens muito densas: impossível continuar. Retornamos depois de um pequeno circuito ao sul de Saint-Nicolas.

As notícias sobre as ações do dia anterior são decididamente ruins. À noite, recebemos a ordem de recuar para Toul, onde nos instalamos menos confortavelmente nas barracas do campo de aviação do que no castelo de Rémicourt.

23 DE AGOSTO

Terceira saída. Tenente De Bernis. Primeira caça.

Nossa primeira caça aérea de 19 de agosto nos deu a ideia de perseguir sistematicamente os aviões inimigos. Hoje, fui encarregado de sair à caça com o tenente De Bernis, que tem a reputação de ser um bom atirador. Partimos por volta das sete horas. Meu passageiro está armado com uma carabina automática Browning de cinco tiros. Circulamos pela região a cerca de 2 mil metros entre Nancy, Dieuze e Lunéville. Depois de uma hora, encontramos apenas alguns *Farman*: de repente, vejo um *Albatros* a menos de quinhentos metros à frente, ligeiramente abaixo de nós. Ele passa por nós. Viro bruscamente atrás dele e o persigo em direção a Lunéville. Meu passageiro dispara duas vezes cedo demais, as balas não parecem ter acertado o alvo. Continuo: o *Albatros* permite uma aproximação surpreendente: calculo que estamos a cerca de trinta metros de distância. Estamos atrás dele: ele não parece nos ver: temos a sensação de estar à queima-roupa. O tenente mira, mas a arma não dispara! Por segundos que parecem longos, seus esforços são inúteis: a arma está com defeito. Retornamos.

24 DE AGOSTO

Quarta saída – nenhum encontro.

Partimos cedo de novo, o tenente Bernis e eu. Desta vez, levamos dois mosquetões de cavalaria, uma arma considerada particularmente confiável. Cada um carregado com quatro balas. Infelizmente! Por duas horas, exploramos o campo sem resultado. Vemos uma multidão de aeronaves e as alcançamos: mas todas são francesas. Voltamos desapontados! Obviamente, será difícil encontrar uma oportunidade como a de ontem. Voamos sempre entre 1.800 e 2.800 metros. Ainda não fomos atingidos por balas como alguns colegas, nem vimos obuses explodirem perto de nós.

25 DE AGOSTO

Quinta saída: encontro acima de Lunéville.

Partimos cedo. O tenente De Bernis leva novamente os dois mosquetões. Depois uma hora de caça, vemos um *Albatros* ao sul de Lunéville (que os alemães ainda ocupam). Corremos atrás dele e o alcançamos, mas perto demais de seu ninho. Meu atirador abre fogo sempre um pouco longe: os dois primeiros tiros são perdidos; o terceiro ou quarto é disparado de 75 a cem metros. Eles devem ter atingido pelo menos a aeronave, pois o piloto inimigo, depois de um movimento um pouco brusco, mergulha verticalmente em direção ao terreno de Lunéville. Nós o seguimos até 1.100 metros. Mas a inclinação de nossa aeronave impede que o tenente De Bernis atire com precisão. Ele usa a última bala: estamos a apenas 1.100 metros e acima do aeródromo de Lunéville. Endireito o avião e me afasto: o motor volta a funcionar com um cilindro a menos. Nesse momento, vemos outro *Albatros* cinquenta metros abaixo de nós, para trás. Viramos e atiramos duas ou três balas: como o outro, o avião foge, mergulhando em direção ao aeródromo. Voltamos para Toul a mil metros com nosso cilindro parado.

26 DE AGOSTO

Sexta saída: parto por volta das seis e meia com o tenente De Bernis, vamos diretamente para Nancy. Subimos lentamente: passamos por Nancy a 1.200 metros. Logo vejo, ao longe, uma aeronave muito mais alta: tento alcançá-la, mas ela está longe e tem muita vantagem em altitude. Ela nos atrai na direção de Metz. Depois de cinco minutos, vejo outra aeronave mais próxima e menos alta. Mudamos de direção, corremos atrás dela: ela nos leva ao norte de Lunéville. Consigo alcançá-la, deixando-a, como de costume, à nossa esquerda e um pouco abaixo de nós (dez a quinze metros). O tenente mira e atira duas vezes cedo demais. Grito para ele esperar; nos aproximamos a menos de cem metros. Então percebo que o oponente atira em nossa direção com uma metralhadora. O tenente mira novamente e atira três vezes. Precisamos recarregar nossa carabina. Nos afastamos para a direita para fazer isso e voltamos imediatamente. Mas o *Albatros*, que está dentro de suas linhas (ao norte de Lunéville), desce e desaparece nas nuvens. Abandonamos a perseguição e seguimos para o sudoeste. Chegamos acima de uma batalha importante sobre a qual ficamos três quartos de hora em observação (estou com um cilindro a menos). O espetáculo é fascinante: nossa artilharia em posições muito fortes forma um crescente a sudeste de Nancy e atira com afinco em posições inimigas que mal conseguimos ver e que parecem responder apenas de forma fraca. Temos a impressão de um ataque bem-sucedido para retomar Lunéville. Depois de duas horas e meia de voo, voltamos, ainda com um cilindro parado.

Nosso armamento se mostra insuficiente.

27 DE AGOSTO

Uma forte chuva pela manhã nos permite ficar na cama até as dez horas, o que anima o alojamento. Eu não saio. Grande limpeza e correspondência.

28 DE AGOSTO

Ouvimos uma violenta troca de tiros à noite. Pela manhã, ela recomeça com ainda mais intensidade. Neblina e tempo nublado pela manhã. Não voamos durante o dia. Passamos a tarde, Pinsard, Gilbert, tenente Chevrier e eu, abastecendo nossa despensa. Uma primeira expedição a um pomar próximo nos fornece uma variedade de vegetais frescos; uma segunda, de carro, a um vilarejo, vinho, leite, ovos (!) e manteiga fresca deliciosa. O vilarejo é Fontenoy, cuja ponte foi destruída em 1870.

29 DE AGOSTO

Sétima saída: até o meio-dia, neblina bastante densa; ninguém sai. Ainda ouvimos o canhão quase o tempo todo. O governador de Toul me convoca. Sou recebido com grande cortesia, mas não se fala na missão que eu havia recebido. Prometem-me armas mais eficazes para nossas caçadas. Mas os testes estão desperdiçando tempo e oportunidades. Também me pedem para tentar trazer alguma informação sobre o forte de Manonviller, que está isolado há alguns dias e que preocupa muito. Interceptações de rádio alemãs anunciam a capitulação do forte, mas acredita-se que seja uma artimanha de guerra.

À noite, partimos por volta das três horas com o capitão De Vergnette para ver Manonviller. Sobrevoo o forte por pelo menos quinze minutos. Está cheio de buracos enormes causados por explosões de obuses, e nada vivo é visível por milhares de metros ao redor. Vemos grandes concentrações ao redor de Baccarat: o capitão identifica um corpo de exército, uma bateria de artilharia, um balão *Drachen*. Ao voltarmos, encontramos um *Albatros*. Troca de tiros a longa distância. O capitão quer voltar. O *Albatros* nos faz dar uma volta completa; acabamos de frente para o sol, ofuscados: não vemos nada na névoa à nossa frente. Observamos abaixo um duelo de artilharia: tomamos uma direção errada sem perceber e, depois um tempo, estamos perdidos fora do mapa. Só penso em uma coisa: não pousar em território inimigo. Aponto para o sol sem tentar me orientar. Exagero esse movimento, ajudado pelo vento de cauda, e ao tocar o solo, descobrimos que estamos em Neufchâteau. Retornamos sem incidentes.

30 DE AGOSTO

Neblina pela manhã. Ficamos na cama. Ao meio-dia, depois do almoço, toda a esquadrilha pousa em Pont-Saint-Vincent. Vou em direção ao inimigo entre Manonville e Baccarat com duas mil balas, que tento lançar (a instalação é muito desconfortável) sobre aglomerações. Volto e saio novamente com mais mil balas e dessa vez com meu passageiro habitual, tenente De Bernis e suas armas. Estamos pesados, embora levemos pouco combustível. Lançamos nossas balas e voltamos sem encontrar ninguém.

31 DE AGOSTO

Todos nós tínhamos um encontro à tarde em Pont-Saint-Vincent, de onde partiríamos para lançar projéteis sobre as posições inimigas. Vou voando, bem perto de Gilbert, que me fotografa. Ao chegar, o capitão me diz que houve uma contraordem. O ataque foi adiado para o dia seguinte. Voltamos a Toul juntos. E fazemos juntos um pouso livre, com hélice parada e depois relançada, treinando para futuras exibições.

1º DE SETEMBRO

Todas as manhãs há neblina. Jules descobre em meu motor uma peça quebrada que imobiliza a aeronave pelo dia. Fico sozinho no acampamento e me entedio bastante. As outras esquadrilhas voltaram ao acampamento em Nancy essa manhã. Faremos o mesmo em breve se nossas linhas continuarem a resistir. Mas todos nós vimos reservas ameaçadoras do lado inimigo. E as notícias do norte são vagas, mas bastante preocupantes.

2 DE SETEMBRO

Parto às seis horas da manhã com um tempo magnífico para Pont-Saint-Vincent. Levo o capitão Fougeroux como observador e partimos em reconhecimento em direção a Baccarat. As posições inimigas não mudaram. As reservas parecem ter diminuído bastante. Todas as aldeias ao sul de Moyen, especialmente Magnières, estão queimando. Observamos Manonviller com binóculos. Nada se move no forte nem ao redor: certamente está desativado ou capturado. Encontramos dois *Albatros* ajustando a artilharia; eles operam com um método que os faz ganhar tempo. O principal objetivo do reconhecimento é ver se há embarques de tropas em Avricourt. Vamos para lá e não vemos nada de interessante. Passamos de volta por Château-Salins. Uma pequena ação está ocorrendo ao norte de Lunéville, a oeste da floresta de Parroy, observada por dois balões *Drachen* contra os quais não temos meios de ação eficazes. Ao sul de Château-Salins, os alemães parecem ter estabelecido enormes fortificações. Voltamos a Pont-Saint-Vincent depois de uma hora e meia de voo. Vou ao quartel-general para apertar a mão de Thobois e depois volto a Toul. À tarde, sem ter o que fazer, Gilbert e eu vamos fazer compras de carro em Nancy. Pinsard e o capitão Le Révérend vão visitar a linha de frente em Frascati. Eles voltam com alguns despojos e detalhes pitorescos. Retornamos a Toul por volta das seis e meia. Meu novo motor voou aproximadamente duas horas e meia hoje.

3 DE SETEMBRO

Descanso.

4 DE SETEMBRO

Por volta das duas horas, me coloco à disposição do quartel-general em Pont-Saint-Vincent. Um oficial encarregado de tirar fotos faz duas tentativas frustradas com o *Farman* pilotado pelo tenente De Bernis, que não consegue subir. Ele então parte comigo e tiramos doze fotos ao longo da linha Lunéville–Rinville e nos arredores de Parroy. A luz está perfeita. Podemos ver com uma nitidez extraordinária as linhas das trincheiras inimigas. Meu observador opera sem fazer anotações. Fico pensando como ele fará para identificar suas fotos; provavelmente não as identificará. Tenho a impressão de que um observador acostumado a voar teria obtido informações extremamente valiosas. Retornamos após cerca de uma hora.

5 DE SETEMBRO

Descanso.

6 DE SETEMBRO

Depois de terem decidido a suspensão de nossas caçadas, recebemos ordens para retomá-las. Partimos à tarde com o tenente De Bernis e sobrevoamos toda a linha de batalha de Pont-à-Mousson ao sul de Buyon. A linha está relativamente inativa. Recuou um pouco em vários pontos, mas não muito. Não encontramos nada de interessante. Ao voltar, sobrevoamos Pont-à-Mousson, onde há alguns movimentos: nós os observamos por alguns instantes. Ao retornarmos ao aeródromo, vemos estilhaços de obus no céu. Pensamos que estavam atirando em nós. Ao chegarmos ao aeródromo, somos informados de que um *Albatros* acabara de passar. Era nele que estavam atirando; não o vimos e lamentamos por isso: ele deve ter passado perto de nós e a oportunidade era única: uma caçada acima de nosso campo! Mas fomos distraídos pela observação do bombardeio.

7 DE SETEMBRO

Descanso. À noite, depois de esperar ordens até as quatro horas, sou encarregado pelo coronel de ir a Nancy buscar um revólver esquecido por Gilbert, que está de cama doente e não pode ir. Cumpro a missão. A estrada de Nancy a Toul está congestionada com longas caravanas de lamentáveis refugiados.

8 DE SETEMBRO

Com o capitão Armengaud, longo reconhecimento entre Pont-à-Mousson, Étain, Verdun, Thiancourt etc. Ao sairmos, a cinco ou seis quilômetros do aeródromo, quando estávamos a apenas quinhentos metros de altura, passamos sobre uma bateria francesa que começa a nos bombardear pesadamente; um forte nas proximidades e todas as armas da região seguem esse exemplo, e é sob uma saraivada de projéteis felizmente desajeitados que partimos, ziguezagueando. De Toul até as proximidades de Verdun, não há nada; entre Verdun, Étain e Thiancourt, muitas trincheiras, mas sem aglomerações. Em Étain, um campo de aviação com seis tendas e dois biplanos do lado de fora; também vemos algo que parece ser uma aeronave quebrada. Passamos sobre os fortes a leste de Verdun e pela região por duas horas. Só vemos algo a leste de Pont-à-Mousson: baterias e uma aglomeração importante. Retornamos congelados depois de duas horas e vinte de voo. À noite, os capitães De Vergnette e Le Révérend me levam de carro. Primeiro, vamos ao vilarejo de onde veio a bateria que nos atacou. A bateria se foi. Os moradores me contam que os obuses disparados pelo forte caíram na vila sem causar danos; eles me mostram um enterrado no chão. Partimos dali para uma excursão na linha de frente no planalto de Amance. Os obuses chegam até mais longe do que Amance, a Eulmont. O vilarejo está completamente abandonado. Em um estábulo, há um cavalo velho e dois porcos jovens. Alguns obuses caem a menos de cem metros de nós. Deixamos o carro escondido atrás de uma casa e avançamos alguns metros a pé pela estrada. Um obus cai atrás de um muro a poucos passos de nós e nos faz desistir de ir mais longe. Retornamos por Nancy.

9 DE SETEMBRO

De manhã, um telefonema do quartel-general. Pedem que eu vá à noite vigiar os arredores de Buyon, que um avião negro vem sobrevoando todas as noites por volta das cinco horas, causando pânico no 16º corpo. Parto às duas horas com o capitão Le Révérend como atirador. Aterrissamos em um campo escolhido para nós e marcado com um T: o terreno é muito inclinado, de modo que, uma vez parada, a aeronave desliza para trás por cinco ou seis metros e então é detida bruscamente pelo suporte que se quebra no solo. Coletamos algumas informações sobre o famoso avião negro no local. Às cinco horas, o avião negro não aparece. Partimos para uma batida de Buyon. Depois de uma hora, ainda nada. Fomos bombardeados na partida: todos os aviões que passam são considerados o avião negro. A região está assombrada por isso.

Aliás, estamos nos acostumando aos tiros que nos cumprimentam todos os dias ao longo de toda a linha francesa.

10 DE SETEMBRO

Descanso. Está chovendo e estamos entediados. Saulnier telefona dizendo que Morane e ele vêm nos visitar. Boas notícias de Paris.

11 DE SETEMBRO

Chove. O capitão Le Révérend e o sargento Pinsard são mencionados na ordem do dia do exército. Morane e Saulnier chegam. Alegria geral. Saulnier está vestindo um uniforme de suprema elegância.

12 DE SETEMBRO

Chove o dia todo, com muito vento. Tento um reconhecimento com o capitão Berger, observador. Partimos na direção de Thiancourt: a 1.200 metros, entramos em uma espessa camada de nuvens. Insistimos sem resultado, então só nos resta voltar. Notícias de vitória em toda a linha. Lunéville e Baccarat foram recapturadas. No entanto, ainda há tiros na região do planalto de Amance. Morane, Saulnier e Gilbert estiveram com o capitão Le Révérend em Lunéville. A população está em festa. Não há muitos danos. As paredes da cidade foram cobertas com proclamações dizendo que os russos estavam em fuga, os franceses também etc., com mil detalhes falsos e insolentes. Morane e Gilbert trouxeram de Frascati rifles, capacetes e outros despojos prussianos.

Nossa vitória entre Meaux e Sézanne parece séria. Teríamos derrubado as pontes do Marne, atrás do inimigo etc. Todos estão radiantes. Partimos amanhã para Nancy.

13 DE SETEMBRO

Houve uma verdadeira tempestade com chuvas torrenciais durante a noite. Fui acordado no meio da noite por rajadas que ameaçavam demolir nossa tenda. Pela manhã, o vento acalmou um pouco, mas ainda está forte, então o capitão decide adiar nossa partida para o dia seguinte. À tarde, Bobba e eu conseguimos visitar pela primeira vez um campo de batalha: saímos sob a orientação do capitão Le Révérend na Panhard entre Amance e a floresta de Champenoux. No início, encontramos um campo coberto de cadáveres franceses da infantaria geral, um ou dois cavaleiros mortos com seus cavalos. Um desses últimos está no meio da estrada, difícil evitá-lo com nosso carro. O rosto está esmagado no chão, em decomposição; ele ainda está montado no cavalo caído de lado, as patas dianteiras quebradas. Uma das mãos ainda segura o mosquete, a outra as rédeas. Passamos e chegamos à floresta de Champenoux. Na borda, encontramos os primeiros cadáveres alemães. Pegamos rifles carregados e em excelente estado e mochilas. Exploramos a floresta, que foi ocupada por quinze dias pelos alemães. Eles fizeram abrigos subterrâneos por toda parte, nos quais encontramos uma variedade de objetos sem interesse abandonados. Um desses abrigos é mobiliado com uma mesa, cadeiras e um pequeno tapete de jogo, evidência de que jogavam cartas lá. Também há garrafas vazias. Tudo está agora molhado de chuva. Em uma trincheira, encontramos um suprimento abandonado de obuses de 77 milímetros. Trazemos cestos de vime com os obuses. O abandono dessas munições indica uma retirada precipitada. Observamos várias sepulturas novas com cruzes e folhagens em coroas. Da floresta, voltamos pela colina de Amance. Os primeiros destacamentos franceses que encontramos nos informam que, enquanto passeávamos, fomos mais longe em direção ao inimigo do que nossos postos avançados! As coisas poderiam ter acabado mal. Retornamos a Toul.

14 DE SETEMBRO

Às seis horas, todos são acordados. Partimos para Nancy sob chuva e vento. Os hangares estão lotados: mal conseguimos acomodar nossas aeronaves. Retomamos nossos alojamentos no castelo de Rémicourt, de agradável lembrança. O tempo permanece nublado, chuvoso, com ventos fortes do oeste. À tarde, damos um passeio em Nancy a pé com Gilbert e Marc Pourpe, que chegou ontem e em quem conseguimos pregar uma peça à noite. Retornamos às sete horas depois de caminhar sem parar desde as três horas da tarde.

15 DE SETEMBRO

Ficamos dois dias sem fazer nada, chove.

16 DE SETEMBRO

Partida para Commercy. A esquadrilha viaja em grupo homogêneo e nossa chegada rende elogios. O sr. Grosdidier, nosso velho amigo e rei da região, nos recebe com sua habitual gentileza e se esforça pessoalmente para nos alojar em duas casas particulares: somos acomodados como príncipes. O sr. senador prefeito nos convida para almoçar amanhã.

17 DE SETEMBRO

Realizo um bom reconhecimento com o capitão De Vergnette como observador. O tempo está nublado. Fazemos três decolagens: uma vela para de funcionar todas as vezes nos primeiros cinco minutos. Finalmente, o motor funciona. Exploramos a região de Thiancourt, Conflans e Étain, depois os arredores de Metz, Mars-La-Tour etc. Poucas tropas, alguns grupos ao redor do lago Chaussée. Dois aglomerados de vagões em Mars-la-Tour e Conflans, cerca de duzentos ou trezentos. Dois grandes grupos de cavalaria na estrada ao norte de Conflans marchando para o norte. Dois pequenos comboios vindo de Metz para Conflans etc. Ficamos presos nas nuvens negras e tomamos o caminho de volta. Obrigados a descer até apenas cem metros, não avançamos rapidamente, com vento forte contra nós. Chegamos em nossas linhas em Vigneulles. Estamos a apenas quatrocentos metros. Um pouco mais adiante, somos alvejados copiosamente. Um pequeno som seco bem perto me faz supor que uma bala atingiu uma parte metálica. Finalmente chegamos a Commercy. Descobrimos a marca da bala. Ela atravessou a fuselagem a cinco ou dez centímetros das costas do capitão De Vergnette, perfurando o tanque traseiro e o compensado superior.

Às 12h30, Gilbert, Pourpe e eu fazemos um excelente almoço na casa do sr. Grosdidier, que à noite nos faz a honra de jantar conosco em nossa barraca. De sua parte, é ao mesmo tempo amável e corajoso.

18 DE SETEMBRO

Acordamos tarde. Mau tempo. À noite, Gilbert e Pinsard partem em condições muito ruins e seu retorno ao anoitecer, com chuva e nuvens escuras, nos preocupa muito. No entanto, tudo termina bem. À noite, o capitão De Vergnette nos avisa bruscamente para nos prepararmos para partir amanhã cedo às seis horas, destino desconhecido. Primeira etapa: campo de Mailly.

19 DE SETEMBRO

Hesitamos em partir, o tempo está ruim e frio. Vento e chuva. O dia passa na indecisão. Ficamos em Commercy.

20 DE SETEMBRO

Passamos a noite no Hotel de la Cloche. Nos dirigimos cedo ao campo de aviação. O tempo ainda está ruim, mas decidimos partir mesmo assim. Marc Pourpe decola primeiro e sofre uma terrível queda: de novo um parafuso. O mecânico que voava junto, um pouco atordoado, não sofre nada. Pourpe está com a perna esquerda machucada. Torceu o tornozelo. É um milagre. Nós o colocamos na cama da zeladora do aeródromo. E partimos. Pinsard fica para esperar o médico e para consertar suas velas. O capitão Le Révérend parte conosco, mas retorna quase imediatamente ao aeródromo com falhas no motor. Ficamos no ar, Gilbert e eu voando juntos, e Bobba, que desapareceu. Tentamos subir, mas perdemos a terra de vista. Descemos então abaixo do teto, que está a apenas duzentos metros. Depois de Saint-Dizier, não vejo mais Gilbert. Um cilindro apresenta falha e eu aterrisso no aeródromo de Saint-Dizier, que identifiquei enquanto passava. Gilbert já está lá. Ele está simplesmente desgostoso de viajar tão baixo e de forma tão desagradável. Telefonamos aos capitães. Enquanto isso, Pinsard chega e também aterrissa para descansar, sem saber de nossa presença, e desembarca Pourpe, que pegou como passageiro. É uma boa surpresa, lanchamos copiosamente perto do aeródromo em um albergue onde nos servem ovos frescos e um delicioso queijo branco. Pinsard e Gilbert o comem com cebola. Vamos almoçar e chegamos meia hora depois em Mailly, os três, em perfeita coordenação, depois de sobrevoar uma parte do grande campo de batalha crivado de obuses e coberto de ruínas. O capitão Le Révérend chega à noite. Bobba não chega.

21 DE SETEMBRO

Partimos cedo para Meaux, os quatro. Boa viagem sem incidentes. Bobba ainda não chegou.

22 DE SETEMBRO

Partimos cedo para Clermont. Gilbert e o capitão Le Révérend partem primeiro. Esperando por eles para uma missão de reconhecimento. Pinsard e eu partimos meia hora depois, voando lado a lado até Clermont.

23 DE SETEMBRO

Sou encarregado de um longo reconhecimento com o capitão Berger. Partimos por volta das onze horas depois de uma refeição fria; o tempo está magnífico. Ao cabo de dez minutos, um grande barulho e sacolejos: um pistão pulverizado. Aterrissamos em um campo. O capitão Berger vai de bicicleta buscar ajuda para mim e outro piloto para ele. Jules rapidamente me instala outro motor e à noite volto com Gilbert como passageiro. Ele faz acrobacias na fuselagem. Hoje é o aniversário da travessia do Mediterrâneo. Às sete horas do ano passado, eu estava em Protville um pouco atordoado.

24 DE SETEMBRO

Parto às oito horas com o capitão Maginel para Lassigny, Ham, Saint-Quentin, Cambrai, Péronne, Roye e retorno. A rota é longa, e minha confiança no motor reserva é pequena. Chegamos a Ham sem incidentes, mas somos recebidos por várias salvas de Shrapnels que explodem bem perto, fazendo o avião tremer. É a primeira vez que enfrento o fogo das baterias especiais alemãs. Continuamos sempre a 1.800 ou 2 mil metros. O frio é muito intenso. No retorno, testemunhamos uma retirada de nossa cavalaria entre Péronne e Roye diante do fogo da artilharia inimiga. Um pouco mais adiante, encontramos um *Albatros* ou um *Aviatik*, que perseguimos. Ele foge em direção às suas linhas com um mergulho. Nós o alcançamos, mas no primeiro tiro nossa carabina emperra. Voltamos sem incidentes.

À noite, caçada com Pinsard e o capitão Le Révérend perto de Creil: duas lebres e vários faisões.

25 DE SETEMBRO

Descanso.

26 DE SETEMBRO

Grande reconhecimento com o tenente Baltus. Rota: Lassigny, Noyon, Saint-Quentin, Wassigny. Retorno. Tempo esplêndido. Visibilidade extraordinária. A viagem dura cerca de 2h40. Na última hora, um cilindro me abandona e o motor tremula tanto que o medo da pane me domina: estamos longe de todas as nossas linhas. Foi uma das horas mais desagradáveis que já passei. O reconhecimento foi bastante frutífero, de todo modo bastante preciso, graças à visibilidade excepcional. Podemos afirmar que não há nada além da linha Saint-Quentin–Noyon, até Wassigny, à esquerda do vale do rio Oise.

Nas ferrovias, nenhum movimento. Mas entre Saint-Quentin e Wassigny, uma enorme aglomeração de vagões obstrui a via por talvez dez quilômetros.

Entre as linhas Saint-Quentin–Noyon e Péronne–Lassigny, muitos e importantes parques, algumas tropas e alguns comboios nas estradas.

Em Noyon, uma estação de aviação: três aviões LWG; encontramos dois deles no ar, um antes do reconhecimento no campo de aterrissagem. Portanto, nos desinteressamos dele. O outro está em nosso caminho de volta: mas meu cilindro a menos me desgosta e só penso em retornar.

27 DE SETEMBRO A 7 DE OUTUBRO

Faço uma viagem a Paris para buscar uma aeronave. Passo a noite na casa de Audemars. Na volta, a esquadrilha deixou Clermont. Eu a alcanço em Breteuil, ou melhor, em Esquennoy, uma pequena vila a oeste. O mau tempo e pequenos incidentes fazem com que eu não voe até 7 de outubro. Estou hospedado com pequenos locatários, o sr. e sra. Delaforge, um casal idoso sem filhos, que adotou uma menina. Estou cercado de cuidados. E com um tato e cortesia naturais que admiro. Para o meu aniversário (6 de outubro – 26 anos), a menina me oferece um buquê e preparam para mim uma deliciosa torta de maçã.

7 DE OUTUBRO

Reconhecimento matinal com o tenente Baltus a leste de Arras. As velas nos aborrecem e nos obrigam a aterrissar em Saint-Pol. Partimos em direção a Cambrai. Mas as falhas recomeçam. Acabamos voltando depois de três horas, tendo cumprido mais ou menos nossa missão. O inimigo avança ao sul de Arras, bombardeando os subúrbios ao leste. Grandes concentrações cercam Bapaume.

À noite, obtenho a autorização do capitão Dalloz, com Gilbert como passageiro, para lançar obuses de 90. Levamos dois. Encontramos dois parques ao sul de Péronne. Disparamos aleatoriamente porque não temos uma instalação especial para os dois projéteis. Eles não acertam o alvo, mas caem bastante perto com uma nuvem de fumaça negra. Vemos uma fuga desesperada em torno dos parques. Dessa vez, devem ter levado um susto. Disparamos de uma altura de 1.800 e de 1.600 metros. Os obuses levaram cerca de vinte segundos para atingir o solo. Disparamos tarde demais por inexperiência, pois a mira parecia fácil devido às dimensões do alvo.

8 DE OUTUBRO

Parto à tarde para lançar obuses. De novo foi preciso arrancar a autorização do capitão. Finalmente partimos, ficando entendido que é porque nos dá prazer. Meu passageiro desta vez é Pinsard: nem sempre os mesmos. Pinsard já tem experiência: ele demonstra isso sobre um aglomerado a leste de Roye, acertando dois de três tiros. É certo que causamos danos, a julgar pela explosão e pela fuga provocada. Notamos na estrada de Roye-Noyon uma série de carros que partem em alta velocidade. O Kaiser parece que estava na região ontem... Seria engraçado! Voltamos entusiasmados.

9 DE OUTUBRO

Pela manhã, longo reconhecimento com o capitão Armengaud. Péronne – Bapaume – Arras – Cambrai – ferrovia em direção a Saint-Quentin. Tempo esplêndido. Reconhecemos muitas forças na região de Bapaume. A maioria conhecida; nada até Cambrai, mas uma longa coluna vinda de Arras em direção ao sul, que interessa muito ao observador. Na volta, alguns parques a sudeste de Péronne. Tempo esplêndido, voamos por quase três horas e encontramos dois ou três aviões alemães e várias pistas de pouso. À tarde, saio com Gilbert em sua aeronave para lançar três obuses. O princípio dessas expedições parece ser aceito. Vamos para

Noyon, o tempo está nebuloso, é difícil de enxergar. Encontramos uma concentração apenas perto de Roye, como sempre. Perdemos os dois primeiros projéteis. Começam a atirar em nós, de baixo e bem perto, as baterias especiais estão lá. No entanto, posicionamos o nosso terceiro obus e dessa vez felizmente acertamos. Partimos rapidamente. As baterias especiais nos acompanham até nossas linhas. Certamente fizemos com que gastassem muita munição.

10 DE OUTUBRO

Nevoeiro. Descanso. Visita de Maurane e Saulnier.

11 DE OUTUBRO

Partimos em esquadrilha para Amiens. Vinte minutos de voo rente ao solo. Saulnier é meu passageiro. À noite, partimos dali com o capitão Verg para tentar encontrar outro campo. Sou informado de que estou sendo requisitado em Paris para caçar o *Taube*.

12 DE OUTUBRO

Partida para Paris com Saulnier como passageiro. Passamos pela linha de fogo. Viagem agradável: 1h35 devido a alguns desvios. Vou me apresentar à direção da aviação militar. Não há ninguém.

13 DE OUTUBRO

Encontro com o comando militar na pessoa do capitão Faucompré, encarregado de ajustar a metralhadora fixa enquanto, se necessário, eu caço em meu biplano. À tarde, vou para Villacoublay recepcionar o MS 43. Consegui alcançar dois mil metros com a carga em catorze minutos. Faço outro voo com Baudry; o tempo está ruim, mas estou me sentindo bem.

13 DE OUTUBRO A 30 DE JANEIRO DE 1915

Estadia em Paris.

Interrompi essas anotações durante o tempo que passei em Paris. Eu havia pensado que uma estadia de três a quatro semanas seria suficiente para desenvolver um dispositivo para atirar em monopostos através do campo de rotação da hélice. Esse aperfeiçoamento era a verdadeira razão da minha estadia em Paris, embora a defesa do campo fortificado fosse o pretexto. Na realidade, devido às dificuldades imprevistas e às complicações dos regulamentos oficiais (procedimentos para pedidos etc.), minha estadia em Paris foi de três meses e meio. Isso felizmente coincidiu com o período de inverno, durante o qual a aviação permaneceu bastante inativa. O primeiro serviço que prestei em Paris foi uma campanha de demonstração nos centros oficiais. O *Parasol MS*, do qual uma única esquadrilha, a nossa, havia elogiado as incomparáveis qualidades de avião de reconhecimento rápido, era muito criticado e considerado perigoso, depois de uma série de acidentes. Consegui mudar essa impressão nos chefes da aviação e em muitos pilotos, fazendo-os voar apenas alguns dias antes das decisões oficiais sobre os pedidos. Fiz voar, entre outros, o coronel Bouttiaux, que declarou, ao desembarcar, que "não teria acreditado possível as coisas que eu havia mostrado e que estava ainda mais feliz porque estava prestes a decidir os pedidos". O comandante Girod, o capitão de Goÿs do comandante Barès etc. Destaco este ponto porque acredito ter tido uma grande influência, de uma forma muito direta, na decisão de um grande pedido para a Morane, e agora é reconhecido que a eliminação ou o uso restrito dessa aeronave teria sido um erro grave. O aprimoramento do meu monoposto não ocorreu sem dificuldades. O comandante Barès havia dado ordens para que tudo fosse colocado à minha disposição. Os primeiros testes foram feitos em um 14,5 m^2, tipo G, com hélice comum, equipado com peças enormes fabricadas há muito tempo por Saulnier e que haviam dado resultados considerados satisfatórios em experimentos em terra. Depois de voar bastante com o aparelho equipado com esse dispositivo, decido, antes de atirar nos ares, fazer um último teste de tiro em terra. O aparelho é fixado e a hélice é ligada. Mal o motor começa a funcionar, uma peça se solta devido à força centrífuga, arrancou o motor, quebrou a fuselagem e as asas. Cinco minutos antes, o mesmo acidente ocorreu a dois mil metros. Reconhecendo a causa do acidente (fixação insuficiente das peças), faço um relatório recomendando a continuação dos experimentos. Tornando-me mais cauteloso, coloco as mesmas peças em outra hélice, desta vez com uma fixação mais segura, e os testes na Escola de Artes e Ofícios mostram que este sistema suporta até 1.600 rotações e provavelmente mais, que o dispositivo consome apenas dois ou três cavalos de potência do motor. Para finalizar, faço girar uma hélice à prova de balas por seis horas a 1.250 rotações em um motor monovalvulado Gnome de 100 HP sem qualquer folga. Auxiliado então por Chauvière, procuro diminuir o peso das peças e reduzir suas dimensões para economizar proporcionalmente as balas perdidas. Graças a uma hélice de forma especial, conseguimos uma economia de peso das peças e dos estilhaços de balas em cerca de 50%. Não devemos perder mais do que 4 a 5% das balas disparadas. Acredito estar pronto para atirar no ar, pelo menos estou voando com o aparelho completo. Nesse momento, o comandante Barès me pede para fazer um teste de tiro em terra em Satory. Vou para lá muito confiante e me instalo diante de um alvo na presença do comandante e de sua comitiva. Ligamos a hélice e eu disparo cerca de trezentos cartuchos sem parar. Um travamento da metralhadora ocorre e eu paro o motor: infelizmente, a hélice está esfacelada, um suporte à prova de balas está danificado e uma bala ricocheteou na asa. Fico consternado. E naturalmente, cada um dá sua opinião sobre algo que nunca tinha visto no dia anterior, com algumas teorias em mente. Fico um pouco irritado. O comandante me encoraja ao declarar que está satisfeito com a experiência, que prova que o dispositivo ainda não está pronto, mas que já possibilita disparar trezentos tiros sem uma falha irreparável.

No dia seguinte, percebo que os contratempos do dia anterior têm uma causa independente do dispositivo. A metralhadora mal fixada se moveu no suporte e estava atirando fora da peça à prova de balas, diretamente na parte não blindada. Mando fazer novas peças e uma hélice aperfeiçoada e, após uma breve mas bem-sucedida sessão de tiro em voo, declaro ao comandante Barès que meu aparelho está pronto. Ele marca um encontro comigo, junto com outros, certa manhã em Villacoublay. Vou para lá voando e antes de pousar disparo 25 cartuchos. Continuo atirando e aterrisso; a hélice está rachada: saio de lá muito envergonhado. A análise das peças me mostra que os ricochetes estão corretos e que os acidentes são causados por fragmentos de balas projetados como respingos no momento do impacto. Concluo que é necessário: primeiro, usar balas homogêneas de 8 mm (munições Lebel) em vez da bala ogival de 7 mm que eu estava usando até então. Em segundo lugar, é necessário um dispositivo que impeça não apenas a bala de atingir a hélice, mas também os estilhaços de bala, se houver. Imediatamente imagino duas paredes metálicas para deter os fragmentos e, tendo conseguido uma pequena metralhadora de 8 mm, constato o bom funcionamento de todo o dispositivo. Convoco o comandante Barès uma última vez e finalmente obtenho sucesso. Recebo então a ordem de me juntar à esquadrilha MS 26, em Dunquerque, onde o *Taube* alemão é abundante. Faço a viagem com uma escala de 24 horas em Treux, perto de Amiens, onde encontro minha antiga esquadrilha MS 23 em pleno esplendor; todos se destacaram e Gilbert finalmente abateu um *Taube*. Concluo a viagem penosamente, no frio e na neve, com um motor velho e defeituoso, que mando trocar no primeiro dia por um novo.

DUNQUERQUE

Os primeiros dias são dedicados a animar um pouco a esquadrilha. Faço os pilotos voarem um por um e demonstro a eles que seus medos em relação à aeronave são infundados. Faço muitos voos neste período, mas eles não apresentam nenhum interesse do ponto de vista deste pequeno registro de impressões. Destaco apenas dois testes de tiro bem-sucedidos, um em uma pequena laguna, o outro em um alvo desenhado na areia da praia. O alvo tem cerca de três metros de diâmetro; não tenho dificuldade em enchê-lo de balas diante dos oficiais da esquadrilha. Um relatório é feito ao quartel-general, creio, mas parece passar despercebido. Ainda não há relatos de aviões. Faço algumas patrulhas sem sucesso sobre nossas linhas. Nada.

Um dia, de manhã cedo, é relatada por telefone a presença de aviões sobre Furnes. Vou até lá com meu monoposto – nada. Depois de uma hora, volto. Na aterrissagem, correm em minha direção. Uma segunda ligação telefônica, novamente de Furnes, reporta novos aviões. Parto às pressas e passo meia hora sobre nossas linhas – nada. Estou prestes a voltar quando, de repente, vejo à esquerda três pequenos pontos negros: três biplanos que vêm em minha direção. Uma grande emoção toma conta de mim; finalmente! Mobilizo toda minha vontade e me imponho calma. Os aviões se aproximam. Eles certamente vão bombardear a França. O primeiro está mais baixo que os outros e é mais fácil de perseguir. Escolho-o e mergulho em sua direção. Nesse momento, avisto um segundo *Morane* pilotado por Faure e pelo capitão Brunet, que perseguem o mesmo biplano que eu. Passo por cima deles e chego a trinta metros do alvo. Disparo um carregador. Com certeza acerto algo, mas nada cai. Retiro-me para recarregar a metralhadora, o outro *Morane* também se aproxima. Mas o alemão mergulha em suas linhas enquanto o segundo biplano parece querer perseguir Faure. Coloco-me em posição de perseguição acima e atrás dele e disparo um carregador – ainda sem resultados visíveis. Tempo de recarregar e ele está perto de suas linhas. Cuido do próximo alvo, sobre o qual disparo dois carregadores e, finalmente, um quarto. Parece que estou atirando em boas condições a cerca de trinta metros. Miro sem dificuldades, não entendo meu insucesso.

Recupero toda a minha calma, mas estou perplexo. O que está acontecendo? Parece que estou atirando à queima-roupa em um homem em quem minhas balas fariam sorrir. No entanto, aqueles que estão nos biplanos certamente não estão sorrindo e escapam em desordem. Mas ainda não caem. Por fim, esse exercício termina com uma travada da metralhadora quando ainda havia dois aviões para perseguir. Estou tão aturdido que nem tento consertar a falha. Além disso, tanto falaram sobre travamentos que eu esperava um, e um travamento não se conserta tão facilmente. Volto de cabeça baixa. Jules me faz perceber que, para continuar, bastava eu recarregar: houve apenas uma parada. Isso não me consola. É difícil não se deixar desanimar. Felizmente, tenho fé, uma fé sólida.

Tempo nublado e vento forte. Estou um pouco triste. Para piorar as coisas, uma rajada de vento derruba o hangar, que desaba sobre as aeronaves e esmaga três, incluindo a minha, de forma irreparável. Acabou, ou tudo precisa ser recomeçado. O capitão De Malherbe me propõe ir com ele a Paris em busca de aeronaves. Embora essa viagem me repugne, aceito na esperança de conseguir algo do quartel-general fornecendo explicações. Quero motores de 100 HP. Pegamos a estrada.

Visitamos o comandante Barès, que nos recebe com toda gentileza. Durante o almoço que ele nos oferece, exponho meus desejos. Ele discute um pouco, mas acaba prometendo tudo o que quero: hélices sobressalentes, um Gnome de 100 HP e um Rhône de 120 HP para testes etc. Mandamos preparar duas aeronaves selecionadas, equipando-as com o que há de mais novo. Isso leva alguns dias. Fico surpreso que Saulnier não tenha nenhuma notícia dos pedidos prometidos pelo tenente Barès. Telefono para pedir uma segunda reunião. A resposta é seca: o tenente mudou de ideia. Não vou receber o Gnome de 100 HP e preciso voltar urgentemente para Dunquerque. O tom da resposta acaba com todas as minhas esperanças. Entendo que, enquanto não conseguir um sucesso por meios próprios – e que meios –, não tenho mais nada a dizer. Os aviões de caça encomendados à Morane são cancelados, embora estejam quase prontos.

Partimos para Dunquerque, o capitão De Malherbe e eu. Talvez só cheguemos a Amiens antes do anoitecer. As nuvens estão a duzentos metros. O tempo está muito cinzento. Não tenho mapa, minha bússola está louca. Chego por acaso, por um desvio, ao rio Oise. Viajamos próximos um do outro. Um pouco antes de Creil, o capitão aterrissa. Desço perto dele, ele está em pane. Troco três velas e o coloco em funcionamento. Deixando sua aeronave em marcha lenta, ele me ajuda a ligar meu motor. Depois partimos. Segundo pouso do capitão no mesmo campo. Eu desço; seu motor não está funcionando, ele me diz para continuar, eu volto sozinho. Mal consigo chegar a Amiens antes do anoitecer. Vou dormir em Treux com a esquadrilha MS 23, que sempre me recebe com prazer. A 25 quilômetros do destino, meu motor para de repente. Pouso em um campo. Percebo que meu tanque de combustível está vazio. Esqueceram de abastecê-lo em Villacoublay. Felizmente, há alguns litros no tanque traseiro. Bombeando, faço-os passar para o da frente. Enquanto isso, um esquadrão de territoriais comandado por um velho tenente de barba branca surge e me cerca com revólveres na mão, avançando muito cuidadosamente. Me faço reconhecer e todos esses bravos soldados se tornam muito amáveis. Parto novamente meia hora depois em direção a Treux. Está escuro, muito cinzento, sem mapa, não encontro o aeródromo e chego quase à linha de fogo. Volto um pouco, pousando sem desligar o motor, peço orientações e decolo novamente. Pouso em frente aos hangares do 23 quase à noite. No dia seguinte, depois de uma boa noite e uma manhã preguiçosa, parto para Dunquerque às duas horas, apesar da gentil insistência do capitão De Vergnette, que me convida a ficar devido ao mau tempo. Escapo dessas ofertas tentadoras e chego a Dunquerque depois de uma viagem a cinquenta metros de altura.

Durante minha viagem, em Paris meu fiel Jules transformou meu biplano novo, que Audemars havia trazido alguns dias antes da catástrofe do hangar. Estou novamente com uma metralhadora, atirando através da hélice. Mas o tempo está ruim e muito frio. Voamos pouco. Aproveito para acrescentar um magnífico lançador de bombas de 155. Jules faz maravilhas. Minha aeronave finalmente está pronta. O capitão De Malherbe está de cama com um abscesso na mandíbula. Cahuzac está em Paris, Marmier, que quebrou duas aeronaves no oitavo dia, vai para Paris, onde quebra uma terceira. O capitão me passa o comando da esquadrilha. Faço meu melhor e, com muito esforço, consigo alguns pequenos resultados. O quartel-general me pede todos os dias para fazer um reconhecimento das ferrovias entre Cambrai, Tournai e Lille. De minha parte, faço isso três vezes com o tenente Sarda como observador. Durante uma dessas viagens, perseguimos um biplano alemão, mas bem dentro de suas linhas. Enviamos dois tiros de mosquetão à queima-roupa. Porque nos aproximamos sem que ele nos veja. Sem resultados. Ele mergulha e escapa do nosso fogo. Os reconhecimentos de Tournai-Courtrai duram de duas horas a duas horas e meia, metade sobre o inimigo. Passando pelas linhas com um forte vento contrário, somos alvo de um bombardeio impressionante. Um dos projéteis explode tão perto que a aeronave recebe 24 estilhaços. Um desses estilhaços quebrou um suporte inferior da fuselagem. Mas nenhum órgão essencial foi atingido e pudemos cumprir a missão. Na volta, Jules recuperou um foguete completo que compunha o estopim do projétil que havia ficado na fuselagem. Guardei essa peça bastante curiosa como lembrança.

Passei longas horas procurando um *Taube* sem sucesso. Realmente não os vemos mais. Ouvimos falar de seus tímidos bombardeios aqui e ali, mas é impossível encontrá-los.

Em uma bela noite de lua, recebo do comandante Bure a missão de fazer um relatório sobre a visibilidade das luzes de

Dunquerque. Faço um primeiro voo. Então o tempo fica tão bom que decido fazer uma pequena incursão de bombardeio, mesmo que seja para destruir a lenda de que o *Morane* não pode voar à noite. Parto então com dois obuses de 155. Faço uma viagem adorável sobre o mar até Ostende. Desço entre duzentos e trezentos metros sobre os trilhos da estação sem ser incomodado e coloco minhas duas bombas bem no meio dos trilhos. Volto para o mar. Então os holofotes se acendem. Há um enorme em Ostende e três pequenos na costa. O grande passa por cima de mim duas ou três vezes sem parar; os outros são ridículos. Todos aqueles senhores estavam dormindo quando cheguei, agora é tarde demais. Eles não serão elogiados por seus superiores. Volto para casa às onze horas.

1º DE ABRIL

Parto por volta das três horas com dois 155 destinados a uma estação alemã. Subo lentamente e chego a Furnes a 1.500 metros. De repente, distingo, nos estilhaços de bombas que chamaram minha atenção, uma aeronave; é um alemão. Ele vai de Furnes para La Panne. Imediatamente tomo uma direção paralela à dele para cortar sua retirada. E me esforço para alcançar sua altitude, pois ele está quatrocentos ou quinhentos metros mais alto que eu. Chegando perto de La Panne, ele é acompanhado por uma bateria especial que o força a dar meia-volta. Ele volta para Furnes. Eu o sigo. Estou um pouco acima dele, como deve ser, e começo a persegui-lo. Então vejo cerca de trezentos metros à esquerda um *Voisin* que já disparou algumas balas sem resultados e está sendo rapidamente ultrapassado. Chego a cerca de trinta metros e começo a atirar: desde o primeiro carregador de 24 balas, o inimigo faz esforços visíveis para fugir mergulhando. O passageiro atira em mim com um rifle sem outro sucesso além de uma bala que atravessa a longarina da asa. Eu disparo sucessivamente três carregadores, a fuga fica cada vez mais desordenada, estamos a apenas cem metros; nesse momento, uma enorme chama jorra do motor alemão e se propaga instantaneamente. Coisa curiosa, o avião não cai, mas descreve uma imensa espiral. O espetáculo é terrivelmente trágico, irreal. A descida se acentua por vinte segundos e termina com uma queda de duzentos metros e um choque terrível. Olho por um longo tempo para me convencer de que não se trata de um pesadelo, identifico exatamente o local e volto. Naturalmente, a notícia causa sensação em Dunquerque. Partimos de carro para ver os destroços: um monte de fragmentos carbonizados e dois cadáveres nus e ensanguentados.

Os reservatórios estavam perfurados, o passageiro tinha uma bala na cabeça. Não pudemos identificar outros devido ao horrível estado dos cadáveres nus e sangrando. O combate terminou quase nas linhas de trincheiras; assim, milhares de soldados aliados ou inimigos puderam testemunhá-lo. Parece que os alemães que saíram de seus buracos para nos ver foram fuzilados pelos nossos. Esse sucesso é uma imensa alegria para mim.

5 DE ABRIL

Choveu por três dias. Hoje está bonito. Parto sozinho para a caça às 8h25. Voo por uma hora sobre nossas linhas entre Ypres e Nieuwpoort. Estou a cerca de dois mil metros de altura; encontro um *Albatros*. Persigo-o por precaução. Mas ele me vê imediatamente e mergulha. Sigo-o até mil metros. Ele dispara sobre mim cerca de dez tiros de Mauser automático. Ouço os disparos claramente. Miro o melhor que posso e disparo cerca de dez tiros. A metralhadora emperra. Desisto. O retorno às nossas linhas é preocupante porque estou muito baixo. No final, tudo corre bem. Voo por mais uns instantes. Alguns canhões pequenos bastante enlameados. Volto a ganhar altitude. Ainda persigo uma aeronave sobre a qual estão atirando ao longe. Mas de perto é um *Voisin*. Volto às dez e quinze. O tempo piorou. Nuvens e vento forte.

8 DE ABRIL

Ainda com vento e nuvens baixas: Simon me pede para experimentar sua aeronave. Aproveito para ir para os lados de

Nieuwpoort até as linhas, durante um intervalo de tempo bom. Simon trouxe uma pequena pistola automática Mauser. Encontramos um alemão em flagrante delito de ajuste de mira. Eu o vejo de muito longe e manobro para contorná-lo sem ser visto. Consigo perfeitamente e ataco de cima. Simon atira um pouco cedo demais. Estamos na distância certa na segunda bala, mas fomos vistos, e a aventura termina com a habitual descida precipitada, que não tentamos seguir porque estamos longe de nossas linhas e teremos que voltar contra o vento. Simon disparou oito tiros, a uma média de trinta metros de distância. Vi um pedaço de algo explodir, não pude perceber se era uma das balas de Simon ou o que inicialmente acreditei ser um projétil disparado pelo passageiro alemão. Ao voltar, vejo dois biplanos no mar ao longo da costa em direção a Dunquerque: penso que são ingleses. Eu os observo, eles viram bem antes de Nieuwpoort e os vejo descendo em direção a Ostende. Eram na verdade alemães.

10 DE ABRIL

Parto por volta das quatro horas sozinho. Vou voar sobre Nieuwpoort, onde foi reportado por telefone um avião alemão ajustando um tiro. Chego a Nieuwpoort a cerca de 1.800 metros e realmente avisto uma aeronave, mas muito acima de mim. Me afasto para subir, tentando não ser visto. A ascensão é difícil, percebo que o outro está pelo menos a três mil metros. O tempo para alcançá-lo parece longo. Finalmente me aproximo, antes de chegar ao mesmo nível. Reconheço que a aeronave em questão tem a cabine na frente (motor atrás). Não me ocorre que pode ser um *Farman*, pois me disseram inicialmente que havia um alemão. Vejo-o dez minutos depois, não há dúvida; aliás, o que faria naquela altura? Mas eis que ele vem na minha direção. Imediatamente creio entender, é uma armadilha: os alemães estão cansados de estar mal posicionados para atirar em seus biplanos com hélice dianteira. Eles trouxeram uma nova aeronave armada, um *Euler* qualquer ou uma novidade. Estando mais baixo, não posso fazer nada: é por isso que ele estava subindo ao mesmo tempo que eu, não quer ser sobrevoado, mas eu também não. Faço uma curva e começo a subir novamente; não sem um pouco de emoção: há um avião novo. Ele aceita a luta, será um combate acirrado. Finalmente, chego bastante alto e rumo ao adversário. Hesito em atirar: devo abrir fogo de um pouco mais longe do que o habitual? Não: estou bem posicionado, não devo perder a oportunidade, e então, afinal de contas, ainda não vi as cruzes negras: vou me aproximar. Estou dolorosamente congelado em minha aeronave sem para-brisa, cheia de buracos para fazer mira. Agora vejo claramente que o biplano não tem cruzes e de repente, reconheço que é um dos nossos *Farman*. Como pude confundi-lo com outra coisa? E pensar que quase atirei. Mas o que eles estão fazendo a três mil metros? De todo modo, o piloto reduz a velocidade do motor e desce. Planamos perto um do outro por um bom tempo. Ele desce para Furnes. Volto para Dunquerque congelado e nauseado.

11 DE ABRIL

Recebo ordens de passar todos os dias de bom tempo no aeródromo de Furnes. Parto às 7h45 e cruzo por quase duas horas entre Nieuwpoort e Diksmuide. Vejo muito longe em direção a Ostende um biplano alemão voando em grandes círculos a 1.800 metros. O que ele está fazendo? Observo até ele começar a descer. Um *Maurice Farman* voa muito alto sobre Nieuwpoort. Me aproximo. O passageiro faz gestos de pânico e entendo ao ver um longo fio metálico arrastado atrás dele: a antena do rádio. Me afasto ostensivamente para tranquilizá-lo e então aterrisso. Telefonema do quartel-general reclamando da presença de uma aeronave sobre Nieuwpoort. É muito provável que seja eu mesmo ou o *Farman*: de todo modo, tenho certeza de que não havia nenhum alemão além daquele que foi avistado muito longe em direção a Ostende. Mesmo assim, sou forçado a sair novamente. Mais uma vez, constato que não há nada e desço rapidamente, pois o óleo parece não estar circulando direito. Telefono para Jules, que está em Dunquerque. Verificação da lubrificação. À tarde, depois de um falso alarme, vejo muito longe de binóculos, na direção de Diksmuide, um biplano inimigo. Parto por volta das quatro horas ganhando altitude. Descubro outro avião muito alto vindo de Dunquerque. Embora esteja muito longe para reconhecê-lo, suponho que seja um *Morane* vindo de Dunquerque. Nossas baterias não atiram nele. Tento segui-lo com os olhos enquanto ganho altitude, mas o perco de vista apesar das torções do pescoço que me imponho. Tenho um momento de preocupação: e se fosse um inimigo e estivesse acima de mim? Minhas asas me impedem de olhar para cima. Decido parar de me preocupar com isso e vou em direção a Diksmuide, onde vi o biplano alemão sendo recebido por nossas baterias. Na verdade, já não o vejo mais. Mas de repente meus olhos o encontram novamente ao mesmo tempo que a outra aeronave, que era realmente um *Morane*. Assisto de longe a uma perseguição sem resultado. O alemão mergulha em direção às suas linhas e o *Morane* faz um esforço inútil para se aproximar dele; no entanto, ele o obriga a descer. A interrupção de um ajuste de tiro já é um resultado. Desanimado por não ver nada, cruzo até perto de Armentières. Realmente não encontro mais nada. Volto para Dunquerque. Mal havia me instalado quando um telefonema de La Panne informa a presença de quatro aviões inimigos. Parto, voo até a noite e pouso na escuridão sem ter visto nada além de uma estrela cadente que persegui por um momento, pensando ser uma luz de avião. Me informam que os quatro aviões voltaram para casa logo depois de bombardear La Panne.

13 DE ABRIL

Tempo cinzento – nuvens a setecentos metros. No entanto, por volta das quatro horas, nos alertam que um alemão está bombardeando Furnes. Parto sozinho. Há de fato uma abertura entre Furnes e Ostende. Eles aproveitaram, mas, como poderíamos prever, cheguei tarde demais. No entanto, cruzo sobre a região por cerca de uma hora. Mas o mar de nuvens se forma abaixo de mim, é altamente improvável que encontre algo; retorno depois de 1h35 de voo; altura máxima de 2.400 metros. Ajustamos o novo motor Rhône construído pela Gnome. É mais bem-feito e tudo indica que é à prova de panes, ou quase. Mas consome cerca de um terço a mais de combustível do que o anterior. O alcance de nossas aeronaves é diminuído em um terço, portanto. Tentamos várias formas de reduzir o consumo, com base em diferentes hipóteses, até agora sem sucesso.

15 DE ABRIL

Nesta manhã, às 8h35, um avião alemão é avistado sobre Calais. Ele lançou bombas sobre a cidade e está se dirigindo para Dunquerque. Parto às 8h40 e voo por 45 minutos a 2.400 metros sobre Dunquerque. Nada. Aproveito o fato de estar tão alto para fazer uma volta sobre as linhas. Voo por quinze minutos sobre elas, entre Armentières e Ypres. Há muitas nuvens, inicialmente não vejo nada. Então descubro dois pontos, duas aeronaves entre Ypres e Lys. Eles estão sobre suas linhas e, como não estão sendo alvejados, são claramente alemães. Estão mais baixos do que eu. Estão subindo para cruzar nossas linhas? Não. Por seu comportamento, logo percebo que estão ajustando a artilharia. Eles não virão até nós, então é preciso atacá-los lá mesmo ou desistir. Tento me aproximar daquele que está voando mais alto, ele está a 1.800 metros, eu a dois mil. Aproveito um momento em que ele se aproxima mais de nossas linhas para abordá-lo por trás e por cima. Chego muito perto sem ser visto e disparo 25 tiros, provavelmente com muita pressa, pois evidentemente erro o alvo. O piloto ouve o barulho incomum da metralhadora. Vejo o olhar em todas as direções por alguns segundos. Ele me vê finalmente. Antes que eu tenha tempo de recarregar, ele mergulha e desce. A outra aeronave está um pouco mais longe e mais baixa, a cerca de 1.500 metros. Ela não viu nada. Mergulho em direção a ela e chego ao alcance de tiro, sem ser visto. Disparo um carregador. Acerto em cheio. O motor para e por alguns segundos sinto uma queda real, rápida e para o lado. Acompanho com os olhos. Ele recupera o equilíbrio com dificuldade, mas continua descendo em direção ao solo. Estou a apenas mil metros. Espero vê-lo se espatifar, mas não, ele para em um campo e nada mais se move. Se ao menos fosse em nossas linhas! Finalmente! Das trincheiras, devem tê-lo visto descer. Enquanto isso, preciso voltar e estou bastante baixo. Volto sem incidentes, mas furioso.

No mesmo dia. À tarde, o grupo de bombardeio, reforçado por um ou dois ingleses, decide uma expedição sobre Ostende, onde estão os submarinos e oficinas etc. O capitão De Malherbe e eu nos juntamos à expedição com dois obuses de 155 cada (os *Voisin* carregam apenas um). Partimos após os *Voisin* e os alcançamos no caminho. Passamos pelo mar fora do alcance. Do lado da costa, vemos nuvens de Shrapnels, por que as aeronaves passam por ali? Chego em frente a Ostende sem problemas, a cerca de dois mil metros. Pela luz dos canhões, conto seis peças de um lado e quatro do outro, além das que não vejo. Para chegar acima do alvo indicado, é preciso serpentear por entre as explosões; mesmo que perca um pouco de altura, mergulho ligeiramente com o motor no máximo para ir mais rápido. A manobra é bem-sucedida. Solto meus obuses da melhor maneira possível; depois de uma curva fechada, viva o mar aberto. Tentei ver meus obuses explodirem, mas não consegui. Fui cercado apenas por salvas de tiros. Mas sinto pena dos *Voisin* com toda aquela superfície e a baixa velocidade. Como eles não são derrubados? Pura sorte, aliás, pois à noite contamos vários atingidos por estilhaços; um deles teve a célula completamente atravessada por um obus que explodiu mais acima. Outro, pilotado por De Marmier, teve a fuselagem danificada, as rodas quebradas, o leme de direção torcido. O piloto perdeu metade de um pé, teve o rosto e as mãos esfolados. Ele conseguiu retornar às nossas linhas e pousar no aeródromo de Furnes.

16 DE ABRIL

Relatam de Calais às 12h30 um avião inimigo vindo das costas inglesas e dirigindo-se para Dunquerque. Voo por uma hora a 2.700m. Não vejo nada. Sou cegado pelas nuvens. Aterrisso. Não temos outras notícias.

17 DE ABRIL

Finalmente, um pouco de tempo bom. Expedição de bombardeio em Roulers com a equipe Voisin e o capitão De Malherbe. Lanço meus dois projéteis e volto para Ypres, saudado por alguns tiros de canhão, mal direcionados se comparados com Ostende. Tenho uma grande sensação de segurança. O dia está bonito: voo por duas horas e meia entre Armentières e Nieuwpoort. Mas só persigo velhos *Farman* e ingleses. Não se vê nada, especialmente quando o tempo está bom.

Santos Dumont em seu *Demoiselle*.
Saint-Cyr, 28 de junho de 1909.

Roland Garros no comando do *Demoiselle*.
Issy-les-Moulineaux, 1910.

Da esquerda para a direita: Hamilton, Simon, Barrier, Audemars, Garros, Seymour. Nova Orleans, dezembro de 1910.

O Circo Moisant. Nova Orleans, dezembro de 1910.

O Circo Moisant não consegue evitar os penetras.
Fort Worth, janeiro de 1911.

Le Petit Parisien

CINQ CENTIMES

Supplément Littéraire Illustré

Dimanche 11 Juin 1911

CINQ CENTIMES

MATCH SENSATIONNEL ENTRE VÉDRINES ET UN AIGLE DE LA GUADARRAMA

Le Petit Parisien, 11 de junho de 1911.

"Sensacional duelo entre
Védrines e uma águia de Guadarrama"

Roland Garros solta os comandos de seu *Blériot XI*.
Dinard, setembro de 1911.

Roland Garros, Jean Bielovuc e Élise Deroche, ou baronesa de Laroche. Agosto de 1911.

Vindo de São Paulo, Roland Garros é festejado. À sua esquerda, o amigo Edu Chaves. Santos, 9 de março de 1912.

Com Joseph Aletti e Audemars.
Vichy, 17 de setembro de 1912.

Roland Garros em um hidroavião monoplano *Morane-Saulnier G*
na plataforma da ponte de Mônaco.
Copa Schneider, abril de 1913.

Duelo Audemars-Garros. Durante a prova de corrida
de 50 quilômetros, Audemars alcançou Garros em uma curva.
Juvisy, junho de 1913.

Roland Garros e sua companheira, Marcelle Gorge.
Lago de Como, 1913.

Depois da travessia do Mediterrâneo.
Bizerta, 23 de setembro de 1913.

Na casa de Anastásia, grã-duquesa de Mecklemburgo-Schwerin, com Hellmuth Hirth à direita. Èze, abril de 1914.

O subtenente Roland Garros de uniforme militar.

ANEXOS

Cronologia da vida de Roland Garros

1888

6 de outubro de 1888 – Nascimento de Roland, filho de Georges Garros (advogado) e Clara Faure, em Saint-Denis, na Ilha da Reunião.

1892

A família emigra para a Cochinchina, onde Georges abre um escritório de advocacia.

1900

Abril – Inscrito no sexto ano do colégio Stanislas de Paris, depois de viajar sozinho de Saigon até a França. Acometido por uma pneumonia, não termina o ano letivo. É enviado para pegar sol na sede do colégio Stanislas em Cannes. "Onde a Faculdade falhou, a Pequena Rainha [a bicicleta] o salvou", diz Jacques Mortane: ele recupera a saúde graças à prática de esportes e ao clima da Côte d'Azur.

1902-1905

Aluno semi-interno (seus pais permanecem certo tempo na França antes de retornar à Cochinchina) e depois interno no Liceu de Nice (futuro Liceu Masséna). *Baccalauréat* em latim-línguas; esportes: bicicleta e capitão do time de futebol.

1905-1906

Baccalauréat em filosofia no liceu Janson-de-Sailly (Paris), 9 de julho de 1906 – "Danlor" (anagrama de seu nome) é campeão intercolegial de ciclismo.

1906-1908

H.E.C. (Escola de Altos Estudos Comerciais de Paris), 2º ano da Faculdade de Direito. Apadrinhado pelo colega Émile Lesieur, entra para o Stade Français (esportes: bicicleta, rugby).

1908

18 de julho – Diploma da H.E.C., 2º ano de direito, diploma da Câmara de Comércio Britânica. Faz amizade na H.E.C. com Jacques Quellennec, cuja família o acolhe calorosamente.

1º de setembro – Contratado pela Automobiles Grégoire, gere o estande da empresa no Salão de 1908.

1909

– Abre seu próprio negócio de automóveis ao lado do Arco do Triunfo, graças a um empréstimo do pai de Quellennec (seu próprio pai havia cortado seu sustento).

2 de fevereiro – Ato de emancipação pelo tribunal de Paz de Saigon.

26 de fevereiro – Divórcio dos pais.

22 de agosto – Com Quellennec, na Semana da Aviação de Champagne: é definitivamente conquistado pela aviação.

Setembro – Encomenda no primeiro Salão de Locomoção Aérea um *Demoiselle Santos Dumont n. XX* fabricado por Clément-Bayard.

1910

Maio – Recebe seu avião em Issy-les-Moulineaux. Primeiro voo: o *Demoiselle* é destruído por um *Voisin-Delagrange* pilotado por Maurice Clément, que substitui os destroços por um aparelho novinho em folha.

Maio-junho – Aprendizado de pilotagem em Issy, encontro com o suíço Edmond Audemars, também piloto de *Demoiselle*. Eles simpatizam e trocam segredos de pilotagem.

19 de julho – Brevê de piloto n. 147 em Cholet.

24 de julho – Contratado para o 14 de julho pelo Comitê de Festas de Cholet, primeiro voo público triunfal dez dias depois.

Domingo, 7 de agosto – Conhece em Issy o franco-americano John Moisant, que o leva em seu *Blériot XI* de Étampes a Issy, para assistir à partida do Circuito do Leste: sobrevoo da Torre Eiffel, pouso entre os comissários da corrida, estupefatos com a chegada inesperada de dois perfeitos desconhecidos...

Quarta-feira, 17 de agosto – Quer repetir sozinho a façanha para a chegada da corrida: decola de Saint-Cyr, tem uma pane de motor sobre o castelo de Versalhes, o *Demoiselle* se espatifa na Avenue de Paris. Resultado: avião reduzido "a fósforos", mas uma simples fratura no cóccix para o piloto.

9 de setembro – Primeira travessia do rio Rance, de Paramé até Dinard, com ventos de 25 m/s. No dia seguinte, primeiro voo Dinard-Ilha de Cézembre e retorno.

9 de outubro – Assina com o industrial americano Hart O. Berg um contrato para o meeting no Belmont Park de Long Island, Nova York.

22 a 29 de outubro – Os *Demoiselles* de Garros e Audemars, "os menores aparelhos já voados", despertam o entusiasmo do público.

5 de novembro – Assinatura do contrato com John e Alfred Moisant: os dois irmãos montam um verdadeiro circo aéreo ambulante de trem, como P. T. Barnum.

Novembro a abril de 1911 – Turnê do "Cirque Moisant" nos Estados Unidos. Garros troca o *Demoiselle* pelo *Blériot XI* – Acidente fatal de John Moisant em Nova Orleans – A turnê continua no Texas, no México e em Cuba, com os quatro jovens astros europeus: Roland "G." Garros, Edmond Audemars, René Simon e René Barrier.

1911

21 de maio – Retorno à França, para a largada do circuito Paris–Madri. Sob um tempo terrível, ao lado dos quarenta melhores aviadores do mundo, é o único a completar a primeira etapa

Issy-Angoulême; recebido em triunfo; no dia seguinte, com bom tempo, os outros concorrentes recebem autorização para partir. Védrines vence em Madri. Garros, por sua vez, caiu com seu exausto *Blériot* em um riacho perto de Andoain.

28 de maio – Partida do circuito Paris-Roma, Garros é o primeiro em várias etapas, mas chega a Roma atrás de Beaumont. Conhece Jean Ajalbert em Roma.

19 de junho – Participa do Circuito Europeu. Gravemente doente, às vezes começa as corridas com 40 graus de febre. No último minuto, quando está prestes a vencer em Vincennes, é ultrapassado por Beaumont; para os jornalistas, ele se torna "o Eterno Segundo".

Fim de agosto – Na Semana de Saint-Étienne, faz amizade com Charles Voisin e sua amiga a "baronesa de Laroche" (brevê de piloto n. 36!). Voisin torna-se seu manager.

6 de setembro – Primeiro recorde de altitude em Cancale com 3.910 metros num *Blériot* 50 HP.

Fim de setembro a novembro – Meeting em Marselha onde, pela primeira vez, seu pai o vê voar.

2 de dezembro – Viagem de Garros, Audemars, Barrier e Voisin para a América do Sul a serviço da Queen Aviation Company Ltd do industrial americano Willis McCormick.

1912

Janeiro – No Rio, contatado pelo major Paiva Meira (Chefe da Comissão de Aviação Militar do Brasil) para a organização de uma semana aeronáutica com o Exército; concede o batismo de voo a cerca de trinta jovens oficiais: entre eles, o assistente do major, o tenente Ricardo Kirk, um dos fundadores da aviação militar brasileira, que tirará seu brevê em Étampes com outros militares brasileiros em outubro de 1912. Primeiro voo Rio-Teresópolis, reconhecimento aéreo de um acampamento militar, primeiras fotografias estereoscópicas da floresta e das montanhas, primeiro sobrevoo de Petrópolis.

9 de março – Primeiro voo São Paulo-Santos na companhia de Eduardo Chaves, futuro herói da aviação civil brasileira.

16 de junho – Retorno à França, Circuito de Anjou (Grande Prêmio do Aéroclub de França): sozinho contra os melhores pilotos do mundo, decola em plena tempestade e completa, ainda sozinho, os três circuitos do primeiro dia. Para os jornalistas, ele se torna “o campeão dos campeões”.

21 de junho – Primeiro meeting de Viena: ganha a maior quantia em prêmios, 21 mil coroas.

5 de setembro – Segundo recorde de altitude em Houlgate: 4.900 metros no *Blériot* 80 HP.

17 de setembro – Exibições organizadas por Joseph Aletti em Vichy, onde ele descobre que seu recorde acaba de ser batido por Georges Legagneux no *Morane-Saulnier H*, com 5.450 m.

18 de setembro – Charles Voisin morre em um acidente de carro em Belleville (Rhône); muito abalado, e depois de alguns momentos de profundo desânimo, Garros assina com a casa Morane-Saulnier.

Outubro a início de novembro – Tenta recuperar o recorde de altitude de Legagneux, com a aeronave deste, que havia comprado; tentativas malsucedidas no Pas des Lanciers: decide mudar de ares e vai para a Tunísia.

11 de dezembro – Em Túnis, terceiro recorde de altitude, no MS 80 HP Gnome, 16 m^2, hélice Chauvière, com 5.610 m.

18 de dezembro – No MS H 50 HP, 14 m^2, sem flutuadores nem cintos de segurança, “pesados demais”, parte de Túnis para Trapani na Sicília, para a primeira ligação aérea entre dois continentes, África e Europa, depois, via Palermo e Messina, até Roma.

1913

16 de abril – Copa Schneider para hidroaviões em Mônaco, terceiro lugar atrás de Prévost e Weymann, à frente de Espanet.

Maio – Prêmio da Académie des Sports.

6 de junho – Primeiro "duelo" público com Audemars em Juvisy.

15 de junho – Segundo meeting de Viena. Prêmio de aterrissagem.

Agosto – Em seu MS-H, faz várias visitas a Ettore Bugatti em Molsheim (na Alsácia alemã). Encomenda o famoso 5 litros, que lhe será entregue em 18 de setembro; também começa a preparar uma travessia Paris-Túnis via Saint-Raphaël; manda preparar por seu mecânico Jules Hue dois MS H Gnome 7 CYL/60 hp, um deles enviado ao Campo de Aviação da Marinha de Fréjus.

23 de setembro – Primeira travessia aérea do Mediterrâneo. Às 5h47, na presença dos oficiais do cruzador *Foudre* e do pessoal militar da base, bem como de sua companheira Marcelle Gorge, decola demoradamente com 280 litros de gasolina e 60 litros de óleo, em direção ao sudeste, pousando em Bizerta depois de 7h53 de voo a uma média de 101 km/h. Ele era esperado Túnis. O campo de pouso está deserto, um único soldado o recebe de olhos arregalados quando o aviador diz "venho da França".

5 de outubro – Assiste com amigos a uma noite na Ópera; depois do intervalo, não retorna à sala. Seus amigos levarão vários anos para resolver o mistério desse desaparecimento, sobre o qual Garros nunca falará com nenhum de seus próximos. Um deles descobrirá, nos documentos deixados pelo aviador, uma carta de agradecimento do presidente da Universidade Popular do Faubourg Saint-Antoine pela série de palestras sobre aviação que Garros deu a seus membros.

6 de outubro – Circuito dos Lagos Italianos: 1º lugar Roland Garros, 2º lugar Hellmuth Hirth. No mesmo mês, "Sou o primeiro a ter almoçado em Marselha e jantado em Paris".

Novembro – Em Villacoublay, no campo de aviação criado por Léon Morane, leva várias personalidades para voar, dentre as quais Jean Cocteau.

Funda com colegas "Le Groupe", associação de ajuda aos pais de aviadores mortos ou incapacitados.

1914

Fevereiro – Primeiro circuito feminino com Marcelle.

1 a 20 de abril – Vence triunfalmente o Rally de Mônaco, realizando três vezes o circuito com 5 MS!!!

10 de maio – Duelo Audemars-Garros no "Aéro-Park" de Buc.

21 de junho – Terceiro meeting de Viena, Garros desfila com os outros aviadores em seu MS tipo N com uma faixa preta em homenagem aos colegas austríacos mortos em um acidente de zepelim; no último dia do meeting, ocorre o atentado de Sarajevo.

Julho – Convidado por Hirth, ao lado de Saulnier, para ir a Mannheim visitar as fábricas alemãs: Albatros, Benz, Bosch, Gotha, L.V.G., Mercedes, Oberursel.

28 de julho – De Berlim, cartão-postal para Jacques Quellennec.

2 de agosto – Alista-se: 2ª classe.

10 de agosto – Na MS 23, no campo de Malzéville, primeiro reconhecimento com o capitão Berthier, voo sobre Lunéville, confronto com um *Euler*.

20 de agosto – Primeiro reconhecimento com o capitão Orthlieb.

23 de agosto – Confronto com um *Albatros*, artilheiro capitão de Bernis.

8 de outubro – Cabo, depois sargento; com Pinsard, bombardeio a leste de Roye, descobre no dia seguinte a possível presença do comboio do Kaiser no local.

De 14 de outubro a 15 de janeiro de 1915 – na esquadrilha do "Campo Entrincheirado de Paris", aprimora no Morane-Saulnier a "invenção de Saulnier": o tiro através do campo de rotação da hélice; subtenente em 25 de outubro.

3 de novembro – Relatório ao Grande Quartel-General definindo o avião de caça para as próximas décadas.

24 de dezembro – Seu último Natal como homem livre, na casa do amigo Jean Ajalbert no castelo de Malmaison, do qual ele é então o administrador, na companhia de Marcelle Gorge.

1915

3 de fevereiro – Na MS 26, pilota o primeiro avião de caça do mundo em Saint-Pol, perto de Dunquerque.

1º de abril – Com seu *Parasol* equipado com um sistema de tiro, obtém a primeira vitória sobre um *Albatros BII*; relata esse feito em cartas à mãe, a Cocteau, e a Ajalbert.

15 de abril – Abate um segundo avião, um *Aviatik* – Propõe em carta ao amigo Ettore que disponha de sua fortuna (duzentos mil francos) porque Bugatti, assim como ele, "contribui para a defesa nacional" e enfrenta dificuldades financeiras para o desenvolvimento de seu motor de avião.

18 de abril – 3ª vitória.

No mesmo dia, porém, uma pane o obriga a aterrissar em Hulste, na Flandres ocupada pelos alemães. Capturado, ele passará 32 longos meses em cativeiro, sendo transferido de Küstrin, no Forte do Cavaleiro Scharnorst, para Trèves, Gnadenfrei, Magdeburg, Burg e depois de novo para Magdeburg.

...1918

15 de fevereiro – Fuga na companhia do tenente Anselme Marchal; os dois fugitivos se disfarçam primeiro de oficiais alemães para passar mais facilmente pelas sentinelas do forte, depois como simples civis. Passam pela Holanda e pela Inglaterra.

6 de março – Cerimônia no campo de Hétomesnil diante do GC 12 "das Cegonhas": Garros é feito oficial da Legião de Honra; Marchal é feito cavaleiro, e o porta-bandeira não é outro senão René Fonck. Garros deseja retornar à esquadrilha MS 26 e voltar ao combate.

Abril – Últimas férias com o amigo Niel em Marselha, no Carro, no Lavandou, em Hyères, em Porquerolles; projetos futuros: depois da guerra, criar na Côte d'Azur um sanatório aéreo para tuberculosos.

Maio e junho – Retoma o ciclo normal de instrução, no campo de Cazaux em um *Nieuport*, em Pau (no *SPAD XIII*, René

Simon, agora capitão, comanda a escola, e se despedem improvisando manobras combinadas com seus *SPAD*).

26 de junho – Faz seu último testamento (metade de sua fortuna para sua jovem irmã Gilberte, a outra para sua companheira Marcelle Gorge).

15 de setembro – Primeira patrulha. É obrigado a mandar fazer óculos.

Fim de setembro – Em licença em Paris, encontra Isadora Duncan no famoso salão de sua amiga, a pianista polonesa Maria Godebska (futura Misia Sert). Ele a acompanha até seu hotel no Quai d'Orsay. Um alerta aéreo ocorre enquanto atravessam a Place de la Concorde. Sentado na borda de uma fonte, ele observa, admirado, Isadora dançar "para ele", iluminada apenas pelos disparos da artilharia antiaérea.

2 de outubro – Última vitória contra um *Fokker DVII*.

5 de outubro – Última patrulha, com o capitão de Sevin; eles atacam sete *Fokker DVII*, depois se separam nas nuvens; Sevin espera por Garros até esgotar seu combustível, mas é obrigado a retornar ao campo. Sozinho.

12 de outubro – Retomada de Vouziers pelo exército francês; descoberta de uma cova recente.

Em dezembro, seu pai Georges e Jean Ajalbert reconhecem o corpo mutilado de Roland graças a um alfinete de gravata em ouro (com o motivo de um *MS* em voo) e um medalhão adornado com um retrato de Marcelle Gorge.

1927

Seu amigo Émile Lesieur, então presidente do Stade Français, sugere o nome do amigo e colega de H.E.C., Roland, para o novo estádio de tênis onde os "Mosqueteiros" vencem para a França a Copa Davis.

Quinze perfis biográficos de personalidades que marcaram a trajetória de Roland Garros

AJALBERT, Jean
1863-1947

Personalidade particularmente complexa e versátil, Jean Ajalbert começou sua carreira de advogado rotulado como *militante anarquista* e a encerrou em 1945, em Fresnes, por colaboração com o órgão do Partido Popular Francês de Jacques Doriot e por ter assinado um *Protesto dos intelectuais franceses contra os crimes ingleses* ao lado de Céline, Drieu e Brasillach.

Jean Ajalbert nasceu em 10 de junho de 1863, em Levallois-Perret, filho de um negociante de vinho auvernês da linha férrea circular parisiense. Estudou no Liceu Condorcet e, depois de concluir os estudos de direito, trabalhou no jornal de Clemenceau, *La Justice*, publicando seus primeiros escritos poéticos. Em 1884, tornou-se advogado na corte de apelação.

Ao longo da vida, teve uma produção literária bastante abundante e diversa, cerca de quarenta ensaios e romances sobre temas tão diversos quanto a Auvergne, a Alemanha, a arquitetura, a tapeçaria, a pirataria no Extremo Oriente, a aviação, os costumes no Laos, Roland Garros e a Academia Goncourt (da qual foi membro a partir de 1917). Sem falar de seus artigos para a imprensa.

Seu amigo Aristide Briand lhe confiou uma missão de informação na companhia do geólogo Henri Moinot e do etnólogo Spire no Extremo Oriente. Ele percorreu a Indochina, o Sião e Java, e foi em Saigon que conheceu o advogado Georges Garros, pai de

Roland. Conheceu Roland Garros ao fim do circuito Paris-Roma e conseguiu reconciliar pai e filho.

Mais tarde, tornou-se administrador do castelo de Malmaison, recebeu, em dezembro de 1914, Roland Garros e Marcelle Gorge para o último Natal em liberdade do aviador.

Somente em 1926 publicou *La Passion de Roland Garros*, dois volumes cheios de informações de primeira mão e muito interessantes, considerando a amizade entre os dois. No entanto, a leitura de suas linhas, quase todas cheias de superlativos redundantes que conferem à obra um aspecto hagiográfico difícil de suportar, é laboriosa.

AUDEMARS, Edmond
1884-1970

O *Tiny*, como Roland o chamava afetuosamente devido à sua pequena estatura, participou, com Barrier e Simon, da epopeia do Cirque Moisant nos Estados Unidos, México e Cuba (com interrupções para resolver seus assuntos na Europa). Como Barrier e Charles Voisin, juntou-se à aventura da Queen Aviation Company Ltd no Brasil e na Argentina. Com a baronesa de Laroche, esteve ao lado de Roland para apoiá-lo em sua jornada solitária no Circuito de Anjou... Foi com a bússola de seu Berlin-Paris, que ele havia dado a Garros, que este se orientou durante a lendária travessia do Mediterrâneo.

Apesar de muito francófilo, ele não pôde participar dos combates contra os alemães devido à sua nacionalidade suíça. Ainda assim, prestou muitos serviços ao país, assegurando a entrega de aparelhos militares.

A amizade fiel e duradoura entre os dois jovens aviadores fez com que Jacques Mortane os batizasse de Orestes e Pílades do século XX.

BARRIER, René
1884-1930

Participou, ao lado de Garros, de duas grandes turnês americanas, com o Cirque Moisant nos Estados Unidos, no México e em Cuba, e com a Queen Aviation Company Ltd no Brasil e na Argentina.

Licenciado em letras, ele se interessou por automóveis antes de se converter à aviação. Barrier também se dedicava à fotografia, tendo deixado ao Museu do Ar e do Espaço um álbum de fotos tiradas durante as duas turnês de que participou. Foi ele quem tirou a famosa foto dos "penetras de Fort Worth", que subiam em árvores para melhor desfrutar, sem pagar, do espetáculo aéreo oferecido pelo Cirque Moisant (ver caderno de fotos).

Ele gostava do apelido que recebeu dentro do Cirque Moisant, "Rei dos Dólares", ou do usado pelos jornalistas: "Recordista de voos sobre cidades".

BIELOVUCIC, Jean
1889-1949

Bielô, como seus amigos o chamavam carinhosamente, nasceu em Lima. Seu pai, Juan Miguel Bielovucic, era filho de uma opulenta família de armadores de origem croata; sua mãe era a francesa Adrienne Cavalié Le Bihan. Ele tinha dupla nacionalidade, portanto, peruana e francesa, mas também era considerado em Zagreb o primeiro aviador croata! Juan Miguel adoeceu, a família trocou Lima por Dubrovnik, onde, infelizmente, ele faleceu quando o filho Jean tinha apenas oito anos. Depois disso, sua mãe se mudou para Paris para ficar com uma boa parte de sua própria família. O jovem Jean terminou os estudos no liceu Janson-de-Sailly, onde seu caminho cruzou pela primeira vez com o de Roland Garros.

Assim como Garros, ele se apaixonou pela aviação, que dava seus primeiros passos, e, sem preocupações financeiras, se inscreveu diretamente na escola de pilotagem dos irmãos Voisin, obtendo rapidamente, em 10 de junho de 1910, o brevê de piloto n. 87. Ele começou então uma brilhante carreira aeronáutica, na Europa e em seu país natal: logo quebrou o recorde mundial de voo *cross-country* com escalas, voando em setembro de 1910 de Paris a Bordeaux em um *Voisin* de corrida, antes de participar do meeting de Milão!

Retornou a seu país natal e passou grande parte de 1911 realizando sobrevoos incessantes de cidades, voos de cidade a cidade e sobrevoos do Pacífico, sempre aclamado como um herói, seu nome ovacionado ao lado do de Jorge Chávez, aviador peruano mortalmente ferido em 1910 ao pousar em Domodossola (Piemonte) depois de realizar a primeira travessia aérea dos Alpes. Bielovucic criou a primeira escola de pilotagem da América do Sul, que ainda leva seu nome e continua a formar pilotos civis peruanos. E recebeu o posto de coronel do Corpo Aéreo Peruano.

De volta à França, participou, ao lado de Garros, dos três meetings de Viena, os dois primeiros sob a bandeira peruana, o terceiro, em 1914, sob a bandeira francesa. Em 1913, em memória de Jorge Chávez e depois de uma tentativa fracassada, conseguiu a segunda travessia aérea dos Alpes.

Com a declaração de guerra, alistou-se como voluntário e foi designado para a MS 26 do prestigioso GC 12 "das Cegonhas", ao qual Garros se juntou no início de 1915. Ele obteve a Legião de Honra a título militar, a cruz de guerra com palma e três citações, a cruz de guerra belga, a ordem do rei Leopoldo I, a ordem da coroa da Itália, a medalha de combatente da batalha de Yser, a cruz do combatente estrangeiro ferido etc.

Ele deixou a aviação ativa em 1920 e voltou ao Peru, onde se tornou tenente comandante do Corpo Aéreo Peruano da reserva.

A Segunda Guerra Mundial o encontrou como adido militar peruano em Paris, mas ele manteve contatos cada vez mais estreitos com a Resistência antes de se dedicar inteiramente a ela.

Jean Bielovucic morreu aos sessenta anos no hospital de Chaillot em Paris, em 14 de janeiro de 1949.

DEROCHE, Élise Raymonde
1882-1919

Detentora do brevê n. 36, Élise Deroche foi a primeira mulher no mundo a ser titular de um brevê de piloto, que no início parecia reservado ao sexo masculino, e fez jus a essa distinção.

Nascida em Paris em um ambiente bastante modesto, ela conseguiu impor o pseudônimo que adotou para o teatro ("baronesa de Laroche"), tanto que foi com esse nome e esse título que foi recebida no palácio de São Petersburgo pelo próprio czar.

Depois de ser modelo para o escultor e futuro aviador Léon Delagrange, ela conheceu Charles Voisin, que se tornou seu amigo íntimo e facilitou sua vocação de piloto. Ela participou de muitos meetings aéreos, no exterior ou na França: Heliópolis, Budapeste, Rouen, São Petersburgo, Reims. Foi neste último meeting que ela se acidentou com seu *Voisin*, sofrendo fraturas no braço esquerdo e na perna esquerda.

A morte de Charles Voisin a afetou muito, e foi só depois da guerra que ela voltou a pilotar. Em 17 de junho de 1919, em Issy, quebrou o recorde feminino de altitude com 3.900 metros, mas esse recorde foi batido pela americana Ruth Law com 4.720 metros. A baronesa não demorou a recuperá-lo, alcançando 4.800 metros. Especialista em voos de altitude, esta foi sua maior marca.

Em 18 de julho de 1919, ela morreu durante um voo de treinamento sobre Le Crotoy em um protótipo *Caudron*. Mas ela não estava no comando: sua honra estava salva.

GILBERT, Eugène
1889-1918

Gilbert era um ano mais novo que Garros: nasceu em 1889 em Riom, de pai desconhecido. Sua mãe, Françoise Gilbert, era filha de um empreiteiro de obras públicas. Apaixonado por mecânica e aviação, ele abandonou os estudos para trabalhar na oficina automotiva Bastide em Clermont-Ferrand. Em 1910, ingressou na escola de aviação Blériot de Étampes. Como Garros, rapidamente se revelou um piloto instintivo: bastaram-lhe oito lições de voo (um total de uma hora e meia) para obter, em 24 de setembro daquele ano, o brevê n. 240! Ele tinha 21 anos.

Fez o serviço militar no ano seguinte: iniciou como cabo--aviador, mas depois de seis meses de serviço um grave acidente durante uma manobra o obrigou a deixar o exército. No entanto, ele não abandonou a aviação e se lançou em competições esportivas, nas quais rapidamente demonstrou a qualidade de sua pilotagem. Um vislumbre de seus prêmios é bastante eloquente: Copa Deutsch de la Meurthe em 1913, Circuito de Paris em 1913, viagem Paris--Baltic-Nord-Stettin (1.250 km em 15h25), Copa Pommery, Copa Michelin em 1914 (3.000 km em 39 horas sob condições climáticas adversas).

A guerra eclodiu e ele foi mobilizado na esquadrilha MS 23 comandada pelo capitão François de Vergnette, onde fez amizade com seu contemporâneo Garros e com Marc Pourpe. Abateu seu primeiro avião inimigo em 2 de novembro de 1914. Como três dos aparelhos que abateu caíram do outro lado das linhas inimigas, apenas quatro de suas vitórias foram homologadas, privando-o do título de ás, que teria sido o primeiro na França.

A seguir, ele foi designado para a MS 49, cujos *MS L Parasol* foram substituídos pelo *MS N*, que, com uma asa mediana e uma grande carenagem de hélice, tinha um aspecto particularmente moderno. Os britânicos, que o utilizaram tanto quanto os russos, o apelidaram de Bullet. Gilbert batizou o seu, com grandes letras pintadas nas laterais, de *Le Vengeur* [O vingador], em homenagem aos amigos Marc Pourpe, morto pela França, e Roland Garros, prisioneiro à época. Foi no *MS N* que Gilbert instalou o sistema defletor de tiros desenvolvido pelo amigo Garros e continuou sua carreira de piloto de caça, mas em 27 de junho de 1915, depois de bombardear com sucesso um hangar de zepelins em Friedrichshafen, Gilbert teve que pousar na Suíça e foi feito prisioneiro.

Depois de duas tentativas fracassadas, conseguiu escapar e chegou a Annemasse em 1º de junho de 1916.

Para ele, porém, a guerra havia terminado. A otite contraída no acidente de 1911 foi mal tratada durante o cativeiro, seu estado piorou e os especialistas franceses foram categóricos: o piloto Eugène Gilbert não deveria mais voar. Gilbert encontrou uma maneira de contornar a proibição: tornou-se receptor, ou seja, responsável por receber os aviões saídos da fábrica para entregá-los ao exército depois de testá-los. Em 17 de agosto de 1918, Gilbert morreu no bosque de Villacoublay, durante um voo de testes rotineiro.

Roland Garros, que havia fugido em 15 de fevereiro, pôde assistir ao funeral do amigo.

LESIEUR, Émile
1885-1985

Colega de Roland Garros nos bancos da H.E.C., Émile Lesieur também era um formidável jogador de rúgbi, que marcou o primeiro *try* francês de toda a história do Torneio das Cinco Nações. Em 1906, foi padrinho de Garros quando este se juntou ao Stade Français. Durante a guerra, também foi piloto de caça.

Em 1927, tornou-se presidente da venerável organização esportiva e sugeriu que o estádio de tênis que estava sendo construído na Porte d'Auteuil para sediar a Copa Davis, vencida para a França pelos Mosqueteiros, levasse o nome de seu amigo, morto pela França nove anos antes, depois de um combate aéreo.

Émile Lesieur morreu em 1985, aos quase cem anos.

MECKLEMBOURG-SCHWERIN, Anastásia, grã-duquesa de
1860-1922

Antes da Primeira Guerra, quando os alunos brincavam de aviador no pátio da escola, com os braços estendidos como asas e fazendo sons de motores, eles usavam o boné virado para trás, a viseira abaixada na nuca. Não era *ao estilo Blériot* ou *ao estilo Védrines*, grandes estrelas da época. Era *ao estilo Garros*, eles diziam, porque para os pequenos aspirantes a homens voadores, os futuros Guynemer, Saint-Exupéry e Mermoz, Roland Garros era um semideus e um modelo. Sua popularidade, porém, para não dizer sua glória, não se limitava aos recreios escolares, ele realmente se tornou o que na linguagem atual chamamos de ídolo, com bons motivos para merecer esse título.

A mais ardente admiradora de Roland Garros foi sem dúvida a grã-duquesa Anastásia da Rússia, neta de Nicolau I. Grã-duquesa da Rússia por nascimento, Anastásia se tornou grã-duquesa prussiana por casamento (aos dezoito anos, arranjado como costumava acontecer na época entre as famílias principescas).

No final de maio de 1911, durante a etapa de Nice da corrida Paris-Roma-Turim, ela assistiu ao pouso, orientado na escuridão apenas por uma pequena fogueira, do *Blériot* de Garros. A partir desse dia, ela passou a seguir de longe a carreira aeronáutica de Roland, enviando-lhe a cada um de seus recordes, provas e travessias uma carta calorosa, muitas vezes acompanhada de uma lembrança, como uma esplêndida boquilha de charuto de ouro maciço.

"Eu penso muitas vezes no senhor e em seu querido filho", escreve ela a Georges Garros, pai de Roland, em uma carta de 16 de janeiro de 1919. "Todos esses festejos devem ter deixado seu coração muito pesado pensando naquele que poderia ter participado, como muitos outros. Mas, afinal, pensemos pelo menos nas famílias que têm a felicidade de rever seus bravos soldados".

A carta foi escrita em papel timbrado do hotel Beaurivage em Genebra, porque a grã-duquesa Anastásia de Mecklembourg-Schwerin, cujo genro era o Kronprinz Wilhelm, que tinha os irmãos lutando nas fileiras do Exército russo e os cunhados no exército alemão, não pôde permanecer em território francês e em sua adorada Côte d'Azur durante a guerra, devido à sua nacionalidade alemã.

E ela continua:

"Eu também gostaria muito de saber detalhes a respeito da saúde de seu filho depois do retorno do cativeiro e também de sua última primavera e de seu último verão; o senhor me contará tudo um dia [...] Não me lembro se lhe mostrei em Èze uma gravura representando um avião voando em direção à África acima do Mediterrâneo? Deveríamos reproduzi-la em aquarela. Gosto tanto de pensar nesse episódio de seu filho – porque na história da aeronáutica ninguém antes nem depois realizou um voo tão corajoso e audacioso [...] Que Deus o abençoe e lhe dê a capacidade de se lembrar, sem lágrimas, das incomparáveis proezas e dos tantos dias felizes da vida de seu herói."

MOISANT, John
1868-1910

Há várias versões sobre a origem da fortuna da família Moisant. Quando se considera o espírito aventureiro de John, a mais plausível parece ser a preferida de Audemars, que no entanto parece a mais inverossímil.

A família Moisant, agricultores franco-canadenses estabelecidos em El Salvador, cultivava cana-de-açúcar. Certo dia, uma tempestade, como só o Pacífico sabia desencadear à época, atingiu as costas do país. Um navio carregado de ouro encalhou perto da margem e sua tripulação, aterrorizada, fugiu. A notícia chegou aos ouvidos de John, que, remando, chegou ao navio e se amarrou firmemente ao mastro. Bastou-lhe esperar o fim da tempestade para se tornar proprietário de um navio abandonado.

Depois disso, a família de agricultores se tornou uma família de banqueiros... e de aviadores.

NIEL, Albert
1883-?

Apesar do importante e muito afetuoso lugar que Garros lhe dedica em suas *Notas*, pouco se sabe sobre o casal Niel, exceto que Albert teria nascido em 1883 (em Marselha ou Toulon?) e obtido o brevê do Aéro-club de France n. 104 emitido em 10 de junho de 1910.

Por muito tempo, acreditou-se que a titular do brevê de piloto n. 226, Marthe Niel, seria sua esposa, mas pesquisas recentes tendem a estabelecer que, na verdade, este seria o pseudônimo usado por uma mulher chamada Marie-Ange Denieul (1878-1929).

Por outro lado, a participação de Albert Niel na 2ª Grande Semana de Aviação de Champagne (de 3 a 10 de julho de 1910) a bordo de um *Nieuport* é uma certeza. Mas as circunstâncias exatas do acidente que o incapacitou e sua verdadeira carreira aeronáutica são desconhecidas.

Em 1918, depois de sua fuga e antes de seu retorno ao front, Roland enviou a Albert o seguinte bilhete:

"Léon Morane diz que Marselha tem dois sóis: o do Sul e você. Estou precisando muito de sol, justamente, e fazendo esforços desesperados para vê-los os dois. Se eu não conseguir, com certeza não será por minha culpa. Mas ainda tenho uma pequena esperança."

Ele teve sua bem merecida convalescença, sob o sol do Sul, e voltou a ver "toda a paisagem de sol, alegria, *bouillabaisse*, lagostins à provençal e lebre, com estradas empoeiradas e carros capotados".

Garros conseguiu passar vários dias na companhia do casal amigo. Marcelle não esteve presente: estava acamada na Rue Lalo, depois partiu para uma convalescença em Billère e, mais tarde, em Villefranche-sur-Mer. Longe das cerimônias oficiais, eles fizeram longas viagens de carro ao longo da costa, até Carros, Lavandou, passaram por Porquerolles graças à bondade do prefeito de Hyères, amigo de Niel, e tiveram grandes banquetes de *bouillabaisse*.

Mas Garros logo teve que deixá-los para iniciar um ciclo de instrução, que o preparou para o retorno ao front.

PINSARD, Armand
1887-1953

Dentro da MS 23, o sargento Pinsard realizou muitas patrulhas e vários bombardeios ao lado do sargento Roland Garros. Antes mesmo de Garros, Pinsard também foi capturado pelos alemães, mas seu cativeiro durou apenas um ano. Promovido a tenente logo depois de sua fuga, ele voltou ao combate após passar por uma reciclagem e se tornou o 8º ás francês, com 27 vitórias homologadas.

Durante esse período, ele teria salvado a vida de Jean Renoir, então observador aéreo. Essa parece ser a razão pela qual, já general, Pinsard se tornou conselheiro militar do cineasta durante as filmagens de *A Grande Ilusão*, em 1937. Sua personalidade dura e sólida inspirou a Renoir o personagem interpretado por Jean Gabin, o tenente "Maréchal". Note-se que havia sido com o tenente Anselme "Marchal" que Garros escapara de Magdeburg. Além disso, é difícil não ver no personagem de Boëldieu, inspirado na personalidade do comandante de tanques Louis-Marie Bossut e seu monóculo, alguns dos traços de caráter de Garros, como o amor pela música, a frieza, o humor e o rigor moral.

Seja como for, Armand Pinsard não era o tipo de homem que esqueceria o colega da 23ª.

POURPE, Marc
1887-1914

Não deve ter sido fácil ser filho de uma mulher como Liane de Pougy, mas podemos dizer que Marc Pourpe enfrentou esse desafio com grande talento, sobretudo com a ajuda de sua família paterna. Ele nasceu em 17 de maio de 1887, em Lorient, filho da futura famosa cortesã e de Joseph Pourpe, alferes da Marinha. Depois do divórcio de seus pais, ele foi confiado aos avós paternos. Seu avô era engenheiro no Canal de Suez, onde Marc passou a primeira infância. Mais tarde, ao longo de quase dois anos, ele estudou na Inglaterra, em Harrow, na escola preparatória para as universidades de Oxford e Cambridge.

Na França, ele encontrou emprego em uma fábrica de mecânica automotiva. Em 1908, conheceu um aviador inglês chamado Defries, que havia comprado um biplano *Wright* para uma turnê de exibições na Austrália. Ele conseguiu ser contratado como mecânico e os dois desembarcaram em Sydney, onde Defries logo se apaixonou por uma bela australiana, com quem se casou imediatamente. Como resultado, Pourpe herdou o velho biplano e, como muitos aviadores na época, aprendeu a voar por conta própria.

De volta à França em 1909, ele se tornou o principal piloto de Nice, mas só em julho de 1911 finalmente obteve seu brevê de piloto (n. 560), embora voasse há mais de três anos! Em 27 de agosto, ele realizou a travessia dupla do Canal da Mancha, Boulogne-sur-Mer-Dover, e no dia seguinte Dover-Folkestone e de volta a Boulogne. Em 1912, participou da Copa Pommery, voou de Étampes a Liège e sofreu um acidente. Durante sua convalescença, decidiu se dedicar à aviação colonial.

Ele voou com um *Blériot* pelas Índias Inglesas, Malásia, Camboja e Indochina. Percorreu as rotas Saigon-Phnom Penh, Long Xuyen-Bac Ninh, Langson-Hanói, Hanói-Nam Dinh. Esta última antecipava a linha aérea diária que ligava Hanói a Nam Dinh durante a Guerra da Indochina em aviões *Dragonfly De Havilland*. Em Saigon, Pourpe conheceu o pai de Roland Garros e, assim, ao retornar à França, conheceu seu filho, que finalmente reencontraria na MS 23.

Em 1914, ele vai e volta de Cairo a Cartum.

Com a guerra, ele se alista. Em quatro meses, acumula oitenta horas de voo na MS 23. No entanto, permanece como soldado de segunda classe! Em 2 de dezembro de 1914, no departamento de Somme, depois de um voo de reconhecimento sobre as linhas inimigas, sua aeronave cai. Ele morre no mesmo dia em Villers-Bretonneux.

Em uma carta ao pai de Roland datada de 30 de junho de 1915, o príncipe romeno Georges Ghika, segundo marido (legítimo) de Liane de Pougy, agradece a Georges Garros, em nome de sua esposa, pelo que este fez na Cochinchina em memória do "Petit Marco", como sua mãe o chamava. Provavelmente se tratava de uma alusão ao cais do porto de Tourane (mais tarde chamada Da Nang), que, pelo menos até abril de 1954, era chamado de "cais Marc Pourpe".

SIMON, René
1885-1947

René Simon foi certamente o piloto mais admirado por Roland Garros. Rapagão de vinte e cinco anos, cheio de elegância e refinamento artístico, o "Flying Fool" dos jornalistas americanos estava destinado à carreira diplomática por sua origem e fortuna familiar, até conhecer a Aviação. Muito talentoso, fez suas primeiras exibições públicas em um *Blériot*, em Barcelona e depois em Córdoba, antes de "sair", como dizia o jornal esportivo *L'Auto*, no meeting da Baía do Sena, onde estabeleceu o "recorde mundial de distância total percorrida em um único meeting", ganhando a bela quantia de 25 mil francos. Logo depois, venceu a Copa Michelin com um voo de 280 quilômetros. Seus sucessos não o abalaram, e nunca diminuíram sua paixão pela aviação.

Simon conheceu Garros no trem que os levava a Le Havre para o embarque rumo a Nova York, para o meeting de Belmont Park, em Long Island. Mais tarde ele seria, como Garros, contratado pela Moisant International Aviators, e Garros seguiria com interesse os progressos realizados por seus dois mestres: René Simon e John Moisant, dando preferência à suavidade e à flexibilidade da pilotagem de Simon. Durante a turnê da M.I.A., René Simon se casou com uma jovem americana, Mabel Thorpe, que seguiu o marido junto com a trupe. Em fevereiro de 1911, o governo mexicano contratou Simon para uma missão de reconhecimento aéreo das posições rebeldes perto de Ciudad Juárez.

Mas ele não fez parte da turnê pela América do Sul, pois queria apresentar seu país natal à sua jovem esposa. Em 21 de janeiro de 1913, ele obteve seu brevê militar, de número 199, na Escola de Reims. Foi designado para o Centro de Aviação Militar de Reims, onde se destacou em 7 de maio de 1913 em um acidente de avião (que resultou em um nariz e uma perna quebrados). Logo foi promovido a segundo-tenente e, com o início da guerra, foi designado para o esquadrão C 27 por quase todo o ano de 1915 e recebeu a Croix de Guerre. Depois de uma breve passagem pela escola militar de aviação de Tours, Simon lecionou na escola militar de pilotagem de Pau, de 14 de dezembro de 1915 até o fim da guerra. Lá, ele conseguiu, não sem grandes dificuldades, introduzir a acrobacia aérea no currículo dos novos pilotos de caça.

Depois de sua fuga e durante sua reciclagem, Garros fez questão de não esquecer a temporada em Pau, marcada por um caloroso reencontro com Simon e Mabel e algumas noites agradáveis embaladas por um piano delicadamente nostálgico (que saudade de Houston!). No dia da partida, os dois ex-membros do Cirque Moisant relembraram a juventude em Nova Orleans executando, em seus *SPAD*, um deslumbrante balé aéreo... Garros tinha apenas algumas semanas de vida. Simon esperaria um pouco mais.

VÉDRINES, Jules
1882-1919

Jules Védrines era seis anos mais velho que Garros, de modo que desde o primeiro encontro, durante o circuito Paris–Madrid, ele se acostumou a tratar o jovem com um certo paternalismo que horrorizava o mais novo. Curiosamente, porém, isso nunca impediu que uma profunda estima nascesse e se desenvolvesse entre esses dois temperamentos diametralmente opostos.

O jornalista Jacques Mortane relatou a seguinte anedota a esse respeito: com suas múltiplas travessuras, Védrines tinha conseguido desagradar a todos os fabricantes de aviões, que acabaram por não lhe confiar nem mesmo a sombra de um avião. Sim, o vencedor do Paris–Madrid estava desempregado!

Mortane resolveu ajudá-lo, visitando os construtores e aviadores. Sem resultado. Apesar de conhecer o clima entre Garros e Védrines, ele não hesitou em continuar sua busca pela Rue Lalo. Garros o recebeu com sua habitual gentileza, mas permaneceu calado e impassível durante toda a fala de seu interlocutor. Até que o interrompeu:

– Acho que sei como ajudá-lo...

– Ah, sim? Como?

– Bem, acabei de finalizar o *Blériot XI* que acabei de comprar...

– E então?

– E então? Bem, é dele quando ele quiser!

Estupefação de Mortane.

– Mas como ele poderia pagar uma dívida tão grande com você?

Momento de silêncio, depois, um leve sorriso:

– É muito simples... Que ele pare de me chamar de *tu*.

Parece que foi com este *Blériot* que Védrines realizou sua travessia mais delirante, improvisada e brilhante, o percurso Nancy-Le Caire (Nancy, Praga, Viena, Belgrado, Sofia, Constantinopla, Konya, Trípoli (Síria), Beirute, Jafa, Cairo), totalizando 5.400 quilômetros entre 20 de novembro e 29 de dezembro de 1913.

Também é digno de nota que, nos círculos dos serviços secretos assiduamente frequentados por Védrines durante a guerra (as "missões especiais" de Védrines envolviam depositar e resgatar espiões, de avião, além das linhas inimigas), quando se tratou de organizar uma operação de fuga de Garros pelos ares, Védrines foi o primeiro a se voluntariar...

VOISIN, CHARLES
1882-1912

Foi no início de agosto de 1911, em Saint-Étienne, que Garros conheceu Charles Voisin, no meeting de Bouthéon. Voisin estava acompanhado de sua companheira Élise Deroche, mais conhecida pelo pseudônimo de baronesa de Laroche, a primeira mulher a obter um brevê de piloto (número 36!). Assim como por Jean Bielovucic, de quem Voisin era uma espécie de mentor. A afinidade entre Roland e Charles foi imediata, tanto que este último concordou em cuidar dos negócios de Roland, como já fazia com os de Bielovucic: o primeiro foi a organização do recorde de altitude de Cancale. Depois, as exibições de Vichy com Joseph Aletti. Foi Charles quem organizou a turnê da Queen Aviation Company Ltd na América do Sul.

Mas não podemos esquecer que antes de deixar a empresa Les Frères Voisin, fundada com seu irmão Gabriel, Charles Voisin realizou, em 15 de março de 1907, em Bagatelle, o primeiro voo motorizado na França em um avião equipado com um motor à explosão (um V8 *Antoinette*).

Garros ficou muito abalado com a morte do amigo Charles em um acidente de automóvel, em 26 de setembro de 1912.

Créditos

Com exceção das fotografias tiradas no Brasil e em Vichy, pertencentes às coleções privadas de Jean-Pierre Lefèvre-Garros, e da primeira página do *Le Petit Parisien*, todas as imagens fazem parte das coleções do Museu do Ar e do Espaço. Todos os direitos reservados.

As fotografias de Santos Dumont, de Roland Garros pilotando seu *Demoiselle* e de Roland Garros de carro, acompanhado de Jean Bielovucic e Élise Deroche, pertencem à agência Prieur-Branger; as fotografias na plataforma da ponte de Mônaco e em Juvisy, à agência Monde et Caméra.

IMPRESSÃO:
PALLOTTI
GRÁFICA
Santa Maria - RS | Fone: (55) 3220.4500
www.graficapallotti.com.br